PAGODA
IELTS
Listening

KB079953

PAGODA
IELTS
Listening

초판 1쇄 인쇄 2020년 3월 12일
초판 1쇄 발행 2020년 3월 12일
초판 2쇄 발행 2024년 3월 15일

지 은 이 | 파고다교육그룹 언어교육연구소
펴 낸 이 | 박경실
펴 낸 곳 | **PAGODA Books** 파고다북스
출판등록 | 2005년 5월 27일 제 300-2005-90호
주   소 | 06614 서울특별시 서초구 강남대로 419, 19층(서초동, 파고다타워)
전   화 | (02) 6940-4070
팩   스 | (02) 536-0660
홈페이지 | www.pagodabook.com

저작권자 | ⓒ 2020 조세핀 육, 파고다 아카데미

이 책의 저작권은 저자에 있습니다. 서면에 의한 저작권자와 출판사의 허락 없이
내용의 일부 혹은 전부를 인용 및 복제하거나 발췌하는 것을 금합니다.

Copyright ⓒ 2020 by Josephine Yuk, PAGODA Academy

All rights reserved. No part of this publication may be reproduced, stored
in a retrieval system, or transmitted, in any form, or by any means, electronic,
mechanical, photocopying, recording or otherwise, without the prior written
permission of the copyright holder and the publisher.

ISBN 978-89-6281-840-6 (14740)

파고다북스   www.pagodabook.com
파고다 어학원   www.pagoda21.com
파고다 인강   www.pagodastar.com
테스트 클리닉   www.testclinic.com

▌낙장 및 파본은 구매처에서 교환해 드립니다.

PAGODA
IELTS
Listening

조세핀 욱, 파고다교육그룹 언어교육연구소 | 저

목차

ACTUAL
TEST

해설서

부록

- Paraphrasing Sheet PDF

- Fill-in-the-blank Sheet PDF

＊ 부록 및 음원은 파고다북스 홈페이지(www.pagodabook.com)에서 다운받아보실 수
있습니다.

이 책의 구성과 특징

» IELTS 5.5~6.5 달성을 위한 최신 문제 및 유형별 전략 수록!

IELTS 5.5~6.5를 목표로 하는 학습자를 위해 최신 IELTS 출제 경향을 충실하게 반영한 실전 문제를 골고루 다루고 있습니다.

» 기초 다지기와 실전 다지기를 통해 탄탄한 고득점 기반 완성!

기초 다지기를 통해 IELTS Listening에 꼭 필요한 기본 스킬을 배우고, 이어지는 실전 다지기에서 파트별로 자주 등장하는 문제 유형들을 통해 가장 효과적인 문제풀이 전략을 학습할 수 있도록 구성하였습니다.

» IELTS 실전 연습을 해볼 수 있는 Actual Test 4회분 수록!

기초 다지기와 실전 다지기를 통해 학습한 내용을 확인해볼 수 있도록, 난이도 및 문제 구성에서 실제 IELTS 시험과 동일하게 구성된 Actual Test 4회분을 수록했습니다.

» 파고다 IELTS 전문 강사의 생생한 노하우를 밀착 케어 해설!

교재에 수록된 모든 문제마다 파고다 IELTS 전문 강사의 학습 노하우를 그대로 담은 상세한 해설을 제공합니다.

» 그룹 스터디와 독학에 유용한 단어 시험지 생성기 제공!

자동 단어 시험지 생성기를 통해 교재를 학습하면서 외운 단어 실력을 테스트해 볼 수 있습니다.

▶ **사용 방법:** 파고다북스 홈페이지(www.pagodabook.com)에 로그인한 후 상단 메뉴의 [모의테스트] 클릭 > 모의테스트 메뉴에서 [단어 시험] 클릭 > IELTS – PAGODA IELTS Listening을 고른 후, 4주 학습 플랜에 나온 Day와 원하는 문제 수를 입력하고 문제 유형 선택 > '단어 시험지 생성'을 누르고 별도의 브라우저 창으로 뜬 단어 시험지를 PDF로 내려받거나 인쇄

» QR 코드 음원 및 풍부한 부가 자료 제공!

다양한 성우로 구성된 음원을 파고다북스 홈페이지의 도서 상세 페이지에서 제공할 뿐만 아니라 본서 매 유닛 페이지에서 QR코드로 제공하여 학습자들이 언제 어디서든 편리하게 학습할 수 있도록 제공합니다. 또한, Actual Test 4회분에 대한 Paraphrasing Sheet과 Fill-in-the-blank Sheet를 홈페이지에서 PDF로 제공하여 철저한 복습을 할 수 있게끔 구성하였습니다.

▶ **음원/ PDF 자료 다운로드:** www. pagodabook.com > 해당 도서 검색 > 도서 상세 페이지에서 다운로드

자료 다운로드 바로 가기

CHAPTER 01 기초 다지기

실전 문제 학습에 들어가기에 앞서, 필수적인 Listening 스킬을 익히고 연습문제에 바로 적용해 봄으로써 기본적인 문제풀이 실력을 다질 수 있도록 구성하였습니다.

CHAPTER 02 실전 다지기

앞서 학습한 기초 지식을 가지고 Listening 영역에서 자주 등장하는 문제 유형들에 대해 학습합니다.

- **Overview & 문제 출제 형태 & 실전 전략**
  문제의 특성에 대한 분석과 함께, 실제로 문제를 풀 때처럼 단계별로 정답에 쉽게 접근할 수 있는 최적의 방법을 제시합니다.

- **핵심 예제 유형 & 예제 풀이**
  앞에서 학습한 실전 전략을 가지고, 실제 IELTS 문제를 맛볼 수 있게 구성된 예제를 단계별로 집중 공략합니다.

- **Practice**
  실전과 유사한 유형으로 구성된 연습문제를 풀어보며 실전 감각을 익히고 학습한 전략을 다시 한 번 확인합니다.

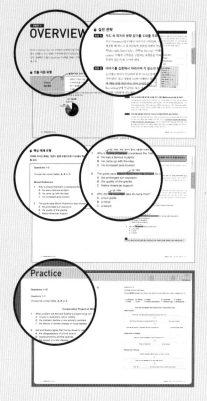

ACTUAL TEST

실제 시험과 동일한 난이도로 구성된 4회분의 Actual Test를 통해 실전에 대비합니다.

해설서

본문에 수록된 스크립트 해석과 중요 어휘 정리는 물론, 정·오답을 구분하여 정답을 찾는 방법에 대한 상세한 해설을 수록하였습니다.

IELTS 소개

» IELTS란?

IELTS(International English Language Testing System)는 영어 사용 국가에서 유학 또는 취업을 하고자 하는 사람들의 언어 능력을 평가하기 위해 개발된 시험으로, 종이 시험지로 시험을 보는 Paper-based IELTS(이하 PB IELTS)와 컴퓨터로 보는 Computer-delivered IELTS(이하 CD IELTS)가 있다.

시험은 Listening, Reading, Writing, Speaking 총 4개 영역으로 시험 시간은 약 2시간 55분이 소요된다. 각 영역별 점수는 1.0부터 9.0까지의 Band 단위로 평가가 되며, 총점은 네 영역의 평균 점수로 계산한다.

시험 모듈은 응시 목적에 따라 두 가지로 나뉘게 된다. 대학교 및 대학원 진학을 위해 학문적 영어 소통 능력을 중점적으로 측정하는 Academic Module과, 이민 또는 취업을 위한 기본적인 영어 소통 능력을 중점적으로 측정하는 General Training Module이 있다. 어떤 모듈을 선택하느냐에 따라 Reading과 Writing의 시험 내용이 달라진다.

» IELTS 구성

시험 영역	
시험 영역	Listening, Reading, Writing, Speaking
시험 시간	약 2시간 55분
시험 순서	PB IELTS: Writing → Reading → Listening CD IELTS: Listening → Reading → Writing *Speaking은 개별 배정 시간에 실시
시험 횟수	PB IELTS: 월 4회 / CD IELTS: 일 2회, 주 6일
총 점	네 가지 영역의 Band 평균
영역별 점수	1.0~9.0 Band
성적 확인	PB IELTS: 시험일로부터 13일 후 온라인에서 성적 확인 가능 CD IELTS: 시험일로부터 5~7일 후 온라인에서 성적 확인 가능

시험 영역	문제 구성	소요 시간
Listening	– 총 4개 Part, 40문항 출제 – 다양한 발음(영국식, 호주식, 미국식)으로 출제됨 – 객관식, 주관식, 빈칸 완성, 표 완성 등의 문제가 출제됨	약 30분 * 답안 작성 시간 별도 제공 – PB IELTS: 10분 – CD IELTS: 2분
Reading	– 총 3개 Section, 40문항 출제 – 객관식, 주관식, 빈칸 완성, 표 완성 등의 문제가 출제됨 * Academic: 저널, 신문 기사 등의 학술적인 내용 출제 * General Training: 사용 설명서, 잡지 기사 등의 일상 생활 내용 출제	60분 * 답안 작성 시간 추가 제공 없음
Writing	– 총 2개 Task(Task 1, 2) 출제 * Academic: Task 1은 그래프, 표 등의 시각 정보를 보고 요약문 쓰기, 　Task 2는 에세이 쓰기 * General Training: Task 1은 부탁, 초대 등 주어진 목적에 맞게 편지 쓰기, 　Task 2는 에세이 쓰기로 Academic과 동일함	60분
대기 시간		
Speaking	– 총 3개 Part(Part 1, 2, 3) 출제	11~14분
총 시험 시간		약 2시간 55분

» IELTS 등록 및 응시 절차

1. 시험 등록

온라인 및 방문 접수는 시험 응시일과 각 지역의 시험장을 확인하여 신청이 가능하며, 시험 연기 및 취소는 영국문화원은 시험일 7일 전, IDP는 시험일 4일 전까지 가능하다.

- 온라인 등록
  영국문화원 홈페이지(reg.britishcouncil.kr) 또는 IDP 홈페이지(www.ieltskorea.org)에서 접수가 가능하며 자세한 사항은 각 사이트를 참조한다. 온라인 접수 시 여권 스캔 파일을 첨부해야 하니 미리 준비하도록 한다.

- 방문 접수
  PB IELTS만 접수 가능하며, 여권을 가지고 평일 오전 9시~5시 사이에 영국 문화원 또는 IDP 강남 공식 접수처에서 접수한다.

2. 시험 비용(2020년 기준)

온라인 접수 시에는 신용카드 또는 실시간 계좌이체가 가능하며, 방문 접수의 경우 신용카드 또는 무통장입금이 가능하다.
- PB IELTS: 260,000원
- CD IELTS: 273,000원

3. 시험 당일 소지품

- 유효한 여권과 여권 사본 1부(여권만 신분증으로 인정)
- 필기도구(연필, 지우개 등)

4. 시험 절차

❶ 신분 확인, 사진 촬영 및 지문 등록을 진행한다.
❷ 필기류를 제외한 소지품은 모두 보관소에 맡긴다. (투명한 병에 담긴 생수병을 제외한 기타 음식물 반입 불가)
❸ 감독관이 영어로 오리엔테이션을 진행한 후 시험을 시작한다.
❹ 세 가지 영역의 시험을 모두 마치면, 각자 통지 받은 시간에 Speaking 시험을 진행한다.
❺ 면접관과 1:1 Speaking 시험 종료 후, 소지품을 챙겨 퇴실한다.

5. 성적 확인

PB IELTS는 시험일로부터 13일 후, CD IELTS는 시험일로부터 5~7일 후 온라인에서 성적 확인이 가능하며 해당 성적은 2년간 유효하다.

6. 시험 주의 사항

❶ 신분증은 여권만 인정되니 여권을 반드시 챙긴다.
❷ 영어 글씨가 적힌 생수병은 반입이 불가하다.
❸ 시험 도중 별도의 쉬는 시간이 없으므로, 화장실에 가야 할 경우 손을 들어 감독관의 동행 하에 간다.
❹ Speaking 시험 시작 시간은 응시자 별로 다르며(PB IELTS: 무작위 배정 / CD IELTS: 선택 가능) 지정된 장소에서 약 20분 대기해야 한다.
❺ Writing은 Task 간의 구분 없이 시험이 진행되므로, 완료되는 대로 다음 Task로 넘어간다.

IELTS 소개

≫ IELTS 점수 체계

IELTS는 각 영역별로 1점부터 9점까지 0.5 단위의 Band Score로 성적이 산출되며, 각 영역에 대한 과목 점수와 이 네 가지 영역의 평균 점수가 총 점수로 표기된다. 각 Band Score는 아래와 같은 언어 능력 수준을 의미한다.

점수	단계	설명
9.0	Expert user	영어를 완전히 이해한 상태에서 유창하고 정확하고 적절하게 구사할 수 있음
8.0	Very good user	일부 상황에서 때로는 부정확하고 부적절한 언어 사용과 의사소통에 오해가 발생하지만 복잡하고 어려운 주장 가능
7.0	Good user	가끔 부정확하고 부적절한 언어 사용과 의사소통의 오해가 발생하지만 대체로 복잡한 한 언어를 구사할 수 있으며 상세한 추론을 이해할 수 있음
6.0	Competent user	부정확하고 부적절한 언어를 사용하고 의사소통 시 오해가 발생하지만 익숙한 상황에는 복잡한 언어를 사용하고 이해할 수 있음
5.0	Modest user	부분적인 구사력을 갖추고 있으며 대부분의 상황에서 전반적인 이해가 가능하지만 실수를 할 가능성이 높음. 자신의 분야에서는 기본적인 의사소통이 가능
4.0	Limited user	익숙한 상황에서만 제한적으로 언어 구사가 가능하나 내용의 이해나 표현에 있어 잦은 문제를 경험하고 복잡하고 어려운 언어는 사용하지 못함
3.0	Extremely limited user	매우 익숙한 상황에서 단순한 의미 전달과 이해가 가능한 수준
2.0	Intermittent user	의사소통이 거의 불가능하고 영어를 말하거나 적는 걸 이해하지 못함
1.0	Non user	단어 나열 정도의 언어 구사 능력
0.0	Did not attempt the test	시험에 응시하지 않아 평가할 수 없음

≫ IELTS 점수 계산법

점수는 아래 예시와 같이 각 영역에 대한 Band Score가 나오고 이 네 가지 영역의 평균 점수가 계산되어 총점인 Overall Band Score가 나오게 된다.

	Listening	Reading	Writing	Speaking	Overall Band Score
응시자 이름	7.0	6.5	5.5	7.0	6.5

IELTS Listening 소개 및 학습 전략

IELTS Listening의 경우, 최근에 Section에서 Part로 명칭 변경이 되었고, Part 1에서 더 이상 예제를 제공하지 않고 있다.

1. 시험 구성

IELTS Listening 영역은 총 4개의 Part로 구성되어 있으며, 총 4지문, 40문항이 출제가 된다. 시험은 총 30분간 진행이 되며, 모든 Part가 완료되고 나면 추가로 답안 작성 시간이 주어진다.

* PB IELTS vs. CD IELTS 시험 비교

PB IELTS	CD IELTS
Listening 3교시 시험	Listening 1교시 시험
답안 작성 시간 10분	답안 작성 시간 2분
스피커 또는 헤드폰 착용	헤드폰 착용
문제지 메모 가능	별도 메모지 메모 가능

2. 파트 구성

구성	지문	지문 수	문항 수
Part 1	일상생활과 관련된 화자 두 명의 대화	1 지문씩	각 10문항
Part 2	일상생활과 관련된 독백		
Part 3	전문적인 주제와 관련된 2명 이상의 토론		
Part 4	전문적인 주제와 관련된 독백		

3. 문제 유형

Multiple Choice 다지선다형	주어진 여러 개의 보기 중 알맞은 답을 선택하는 유형
Note/Form/Table Completion 노트/서식/테이블 완성형	주어진 노트/서식/테이블의 빈칸에 알맞은 답을 주관식으로 작성하는 유형
Sentence/Summary/Flow-chart Completion 문장/정보 요약/흐름 차트 완성형	주어진 문장/정보 요약/흐름 차트의 빈칸에 들어갈 답을 주관식 또는 주어진 보기 중 선택하는 유형
Plan/Map/Diagram Labelling 평면도/지도/도형 표기형	주어진 평면도/지도/도형의 빈칸에 들어갈 답을 주관식 또는 주어진 보기 중 선택하는 유형
Matching 정보 연결형	주어진 보기 리스트에서 문제와 관련된 정보를 선택하는 유형
Short Answer 단답형	빈칸에 알맞은 답을 주관식으로 작성하는 유형

4. 학습 방법

❶ 평소에 TV 프로그램이나 영화 등을 통해 영국 사람들의 말투, 발음, 억양, 그리고 어조를 경험하고 그들의 자연스러운 대화 속도에 친숙해지도록 하자.

❷ 각 파트의 주요 문제 유형들을 경험하고 알맞은 접근법을 반복적으로 연습하여 익숙해지도록 한다.

❸ 문제 풀이 후, 필수 어휘 정리, 오답 노트 정리, 그리고 Paraphrasing 정리를 반드시 하도록 한다.

❹ Recording을 들으면서 나만의 방식으로 주요 실마리 정보를 메모하는 습관을 기른다.

IELTS 자주 묻는 질문(FAQ)

≫ IELTS 전반에 대하여

Q1. IELTS는 상대평가로 채점되나요?

A. IELTS는 상대평가가 아닌 절대평가로, Reading과 Listening은 맞힌 개수에 따라 Band Score가 정해집니다.

Q2. 시험 당일 소지해야 하는 준비물은 무엇이 있나요?

A. 시험 접수 시 사용한 유효기간이 만료되지 않은 여권, 연필 또는 샤프, 그리고 지우개가 필요합니다. 세 시간 가량 시험을 봐야 하므로 혹시나 물이 필요한 경우 상표가 붙어있지 않은 투명한 물병에 물을 가져가도 됩니다. 다만, 형광펜이나 색상이 있는 펜, 휴대폰, 그리고 손목시계 등은 시험장 안에 반입이 불가하니 이 점 꼭 주의하기 바랍니다.

Q3. 시험 당일 주민등록증으로 시험 응시가 가능한가요?

A. 시험 당일 신분증으로 사용 가능한 것은 접수 시 등록한 여권으로, 주민등록증이나 운전면허증, 주민등록등본 등으로는 시험 응시가 불가능합니다.

Q4. 신분 확인은 어떻게 진행되나요?

A. 시험 당일 오전 신분 확인 절차는 여권 확인, 사진 촬영, 지문 스캔 3단계로 이루어집니다. Speaking 시험 전에 다시 응시자의 여권 확인과 지문 스캔을 통해 본인 확인을 한번 더 하게 됩니다.

≫ IELTS Listening에 대하여

Q1. 시험지에 메모를 해도 되나요?

A. 그렇습니다. 시험지에 수험번호와 성명을 기재하고 시험 후 제출하는 것은 문제의 유출을 막기 위한 방법일 뿐이오니 시험지에는 얼마든지 메모와 표기를 하며 적극적으로 문제를 해결하시기 바랍니다. CD IELTS(컴퓨터 시험)에서도 별도로 메모할 수 있는 메모지와 연필을 제공하오니 Recording을 들으며 실마리들을 메모하는 훈련을 늘 하시기 바랍니다.

Q2. 주관식 문제들의 답안을 작성할 때 반드시 영국식 영문 표기법을 따라야 하나요?

A. 그렇지 않습니다. 미국식 철자법(color)과 영국식 철자법(colour) 모두 정답으로 처리됩니다.

Q3. Recording에서는 영국식 영어만 나오나요?

A. 그렇지 않습니다. 영국인 성우들의 비중이 가장 크지만, 미국, 호주 또는 뉴질랜드식 억양과 발음 또한 접하게 됩니다. 따라서 다양한 스타일의 영어를 미리 경험해두면 도움은 되지만, 실제 시험에서 호주나 뉴질랜드식 영어가 등장하는 비중이 그리 크지는 않으니 너무 긴장하지 마시고 빈출 문제 유형들을 분석하고 준비해가시면 됩니다.

Q4. 아무리 듣고 연습해도 잘 안 들려요. 잘 들을 수 있는 방법이 없을까요?

A. 청해력(들으며 동시에 이해하는 능력)은 단기간에 습득하기 쉽지 않은 것이 사실입니다. Recording을 제대로 듣기 위해서는 들리는 영어 자체를 완벽하게 다 듣기 위해 부담감을 가지고 듣기 보다는 우선 문제지에 적혀 있는 정보를 토대로 상황을 파악하고, 내용 예측 훈련을 통해 내용 예측을 해야합니다. 그런 후, 예상된 내용들을 가지고 Recording의 흐름을 따라가는 것이 정답을 고르는 데 더 효과적입니다. 즉, 단기간에 점수를 얻는 데는 청해력이 아니라 시험 문제를 해결할 수 있는 능력을 우선적으로 기르는 것이 효과적인 방법이라고 할 수 있습니다.

Q5. 주관식 답안들 중 간혹 대문자와 소문자를 구분해서 처리해야 하는 경우가 있던데 모호한 경우 모두 대문자로 표기하면 오답 처리가 되나요?

A. 그렇지 않습니다. 만약 정답이 Friday인 경우 FRIDAY 또는 friday 이렇게 모두 대문자 또는 모두 소문자로 표기를 해도 정답으로 처리가 되기는 합니다. 하지만 어떤 IELTS 문제집에도 정답에 Friday/FRIDAY/friday 이렇게 세 가지 모두 정답으로 표기하고 있지 않습니다. 그 이유는 Friday만이 올바른 영문의 표기법이기 때문입니다. 대소문자를 구분해서 답안 작성을 해야 하는 문제는 총 40문제 중 한 두문제 정도 출제되므로 크게 신경 쓰지 않되 Listening뿐 아니라 Reading과 Writing 시험에서도 '보편적인 영문 표기법'을 따라야 한다는 것을 유의하셔야 합니다.

Q6. 시험을 칠 때마다 내용은 잘 들리는데 정작 실수를 해서 문제를 잘 틀립니다. 실수를 줄일 수 있는 방법이 있을까요?

A. 다지선다형(객관식) 문제의 경우 들으면서 이해한 내용들을 한글로 메모해 두면 더욱 빠르고 정확하게 정답을 결정할 수 있습니다. IELTS Listening 시험에서 다지선다형 문제들의 정답은 들린 단어가 아니라 들린 내용을 바탕으로 결정하는 것이므로 정답과 오답의 실마리를 구분하여 메모하는 방식을 훈련해 보세요. 또한, 주관식 문제의 경우 사소한 스펠링의 오류나 명사의 단수 또는 복수 처리 등을 소홀히 하지 않았나 꼭 되짚어 보시기 바랍니다. 예를 들어, 한 가게에서 샌드위치를 하나만 팔지 않을 테니 sandwiches라고 표기해야 하듯이 명사 답들의 단수나 복수 처리는 상식적인 선에서 해결할 수 있으면 해결하고 그 이외는 a/many/복수 동사 등 빈칸 주변의 단서들을 바탕으로 단·복수 여부를 결정합니다.

4주 완성 학습 플랜

DAY 1	DAY 2	DAY 3	DAY 4	DAY 5
CHAPTER 01. 기초 다지기				CHAPTER 02. 실전 다지기
UNIT 01. IELTS Listening 전 파트 필수 스킬	**UNIT 02.** IELTS Listening 대화 필수 스킬	**UNIT 03.** IELTS Listening 독백 필수 스킬	**기초 다지기 복습**	**UNIT 01. PART 1** 빈출 유형 및 실전 전략
DAY 6	DAY 7	DAY 8	DAY 9	DAY 10
CHAPTER 02. 실전 다지기				
UNIT 02. PART 2 빈출 유형 및 실전 전략	**UNIT 03. PART 3** 빈출 유형 및 실전 전략	**UNIT 04. PART 4** 빈출 유형 및 실전 전략	**실전 다지기 복습**	**총 복습** [기초 + 실전]
DAY 11	DAY 12	DAY 13	DAY 14	DAY 15
ACTUAL TEST				
Actual Test 1	Actual Test 1 복습	Actual Test 2	Actual Test 2 복습	Actual Test 1, 2 부록 복습 • Paraphrasing PDF • Fill-in-the-blank PDF
DAY 16	DAY 17	DAY 18	DAY 19	DAY 20
ACTUAL TEST				
Actual Test 3	Actual Test 3 복습	Actual Test 4	Actual Test 4 복습	Actual Test 3, 4 부록 복습 • Paraphrasing PDF • Fill-in-the-blank PDF

PAGODA
IELTS Listening

PAGODA IELTS Listening

CHAPTER
01

기초 다지기

UNIT 01

IELTS Listening
전 파트 필수 스킬

음원 바로 듣기

IELTS Listening의 모든 파트에서는 Recording의 가장 첫 부분에서 내용 전체의 배경 정보를 제공하는 소개 멘트가 나온다. 대부분의 경우 이 멘트를 제대로 듣지 않은 채 문제지에만 집중하게 되는데, 이 소개 멘트에 중요한 배경 정보가 나오므로 반드시 이를 주의 깊게 듣고 필요한 정보를 메모해 두어야 한다. 따라서, Recording 시작하기 전에 등장한 소개 멘트와 문제지에 나와 있는 정보를 토대로 상식적으로 파악할 수 있는 정보를 먼저 예측하도록 한다. 이번 유닛에서는 IELTS Listening의 전 파트에 반드시 필요한 스킬들인 배경 상황 파악 스킬, Paraphrasing 스킬, 그리고 그 Paraphrasing 표현을 바탕으로 최종 정답 찾기 스킬까지 함께 살펴보도록 한다.

필수 스킬 1   각 파트의 배경 상황 소개를 듣고 나올 내용을 미리 예측한다.

각 파트의 소개 멘트는 문제지나 스크립트에 적혀 있지 않고 Recording상에서만 제공된다. 이 멘트는 일정한 패턴으로 진행되므로 멘트를 듣고 어디에 어떤 정보가 나올지 미리 예측해 둔다면 주요 정보를 메모하는 것이 더 수월해질 것이다. 가령, "Part 1. You will hear a telephone conversation between a hotel manager and a student who's looking for a part-time job." 이라는 소개 멘트를 듣고, 한 호텔의 매니저와 아르바이트를 구하는 학생 사이의 대화 내용이라는 것을 파악할 수 있다. 나아가 호텔의 위치, 근무 시간 또는 시급 등에 대한 이야기가 나올 것이라고 미리 예측한다면 전체 대화의 흐름에 더 집중할 수 있게 된다.

"Part 1. You will hear + WHO is going to talk + WHAT they are going to talk about."
파트 1. 누군가 무엇에 대해 말하는 것을 듣게 됩니다.

위와 같은 패턴으로 소개 멘트가 나오므로 최소한 이 두 가지 정보, 누가 그리고 무엇에 대해 앞으로 이야기를 할지 문제지의 윗부분에 미리 메모해 둔다면 전체 이야기의 흐름을 따라가는 것에 도움이 될 것이다.

다음 각 파트의 배경 상황 소개를 듣고 실제 Recording에서 등장할 것으로 예측되는 정보에 ✓ 표기해 보세요.

Part 1	Part 2	Part 3	Part 4
☐ 아르바이트 시급	☐ 신축 아파트 가격	☐ 논문 준비 순서	☐ 학생들의 토론
☐ 한 달 전화 비용	☐ 서점의 위치	☐ 연구 방법 발표	☐ 환경 문제의 원인
☐ 남자의 이전 직업	☐ 인기 프로그램	☐ 아동교육의 문제	☐ 교수님의 강의
☐ 실업률의 심각성	☐ 부대시설들	☐ 참고자료 추천	☐ 다양한 해결책들

Part 1. You will hear a man phoning to enquire about a job vacancy.
남자가 일자리에 대해 전화 문의를 하는 것을 듣게 됩니다.
>> 일자리를 구하는 남자의 이야기이므로, 새 직장에 관한 시급, 장소, 조건 등에 대한 정보가 예측된다. 정답은 아르바이트 시급, 남자의 이전 직업이다.

Part 2. You will hear part of a local radio programme about the opening of a new bookstore.
새 서점의 오픈에 대한 한 지역 라디오 프로그램의 일부를 듣게 됩니다.
>> 새로 생긴 서점에 대한 이야기이므로, 서점의 위치나 부대시설 등에 대한 정보가 예측된다. 정답은 서점의 위치, 부대시설들이다.

Part 3. You will hear a student called Michelle and her tutor discussing how she will design her research project on children's education.
미셸이라는 한 학생이 아이들의 교육에 대한 연구 과제를 어떻게 고안할 것인지에 대해 지도 교수님과 논의하는 것을 듣게 됩니다.
>> 학생이 지도 교수와 함께 논문 준비에 대해 토론하는 내용이므로, 준비 과정이나 참고 자료 추천 등에 대한 정보가 예측된다. 정답은 논문 준비 순서와 참고자료 추천이다.

Part 4. You will hear part of a presentation on environmental problems and solutions.
환경적 문제들과 해결책에 대한 한 프레젠테이션의 일부를 듣게 됩니다.
>> 환경 문제와 해결책에 대한 발표이므로, 문제의 원인과 해결책이 언급될 것으로 예측된다. 정답은 환경 문제의 원인과 다양한 해결책들이다.

✏️ **Vocabulary**

enquire about ~에 대해 문의하다   job vacancy (직장에서의) 공석, 빈자리   local [adj] (한 특정) 지역의   tutor [n] 지도 교수
design [v] 고안하다, 설계하다   environmental [adj] 환경적인

'IELTS 시험은 'Collocation(어울리는 표현끼리의 배치) 싸움이자 Paraphrasing(패러프레이징) 전쟁이다.'
라고 말할 수 있을 정도로 Paraphrasing 스킬은 IELTS 시험에서 기본 중의 기본이라고 할 수 있다. 특히
Listening의 경우 문제지에 쓰여진 정보와 Recording상에서 제공되는 정보가 서로 다른 표현으로 제시되므
로 Paraphrasing에 대한 기초적인 훈련이 매우 중요하다고 할 수 있다. 아래는 가장 기초적인 Paraphrasing
방식들이다. 의미는 같지만 겉으로 표현되는 방식은 다르다는 점을 유의하며 아래 표현들을 살펴보도록 한다.

기초적인 Paraphrasing 방식

동의어 대체	• The shop is **opposite** the library. → The shop is **across from** the library. 그 가게는 도서관의 반대편에 있다.　　　　　　그 가게는 도서관 건너편에 있다. • It's the price for **weekends**. → It's the price for **Saturdays and Sundays**. 그것은 주말 가격이다.　　　　　　그것은 토요일과 일요일 가격이다. • **Most people** use public transport. → **A majority of people** use public transport. 대부분의 사람들이 대중교통을 이용한다.　　　대다수의 사람들이 대중교통을 이용한다.
품사/구조 변경	• He is **able** to do this. → He has the **ability** to do this. 그는 이것을 할 수 있다.　　　그는 이것을 할 수 있는 능력이 있다. • Cash **payment** is needed. → This must be **paid** in cash. 현금 지불은 필수이다.　　　　이것은 반드시 현금으로 지불되어야 한다. • The **main composition** of Saturn is gas. → Saturn is **mainly composed** of gas. 토성의 주요 구성물질은 기체이다.　　　　　토성은 주로 기체로 이루어져 있다.
W-H 의문사 활용	• Tell me about **the cost**. → Tell me **how much** it will cost. 비용에 대해 알려 주세요.　　　비용이 얼마나 들지 알려 주세요. • And…**the location** of the restaurant? → And…**where** exactly is the restaurant? 그리고…식당의 위치는요?　　　그리고… 식당이 정확히 어디에 있지요? • I'd like to know **the opening hour**. → I'd like to know **when** the shop opens. 개점 시간을 알고 싶습니다.　　　가게가 언제 문을 여는지 알고 싶습니다.

아래의 문제지에 주어진 표현들과 같은 의미를 가진 표현들을 스크립트에서 찾아 적어 보세요. 🎧 U1-02

JOB ENQUIRY

- **Name:** Jason Murray
- **Type of work: 1** _____
- **Hours:** 3 days a week
- **Location:** next to **2** _____
- **Pay: 3** £_____ an hour
- **Qualities required:**
  - ability to **4** _____ quickly
  - ability to work well with others

M: Hello. My name is Jason Murray, and I'm ringing to enquire about the job vacancy. Are you still looking for people?

W: Oh, absolutely. What would you like to know about it?

M: Well, first of all, what sort of job is it?

W: We're hiring five shelf-stackers at the moment. They will work 3 days a week.

M: Great, it wouldn't interfere with my study then. Where exactly is the shop? Is it the one right next to the library?

W: Actually, it is the larger one by the school. And you may want to know that we pay £9.50 an hour.

M: Okay. Is there anything else you can tell me about the work?

W: Well, we get a lot of customers during the Christmas season, so we need people who can think promptly at work.

M: Oh, sure…

1. enquiry _____
2. type of work _____
3. location _____
4. next to _____
5. required _____
6. ability to _____
7. quickly _____

CHAPTER 01 기초 다지기

CHAPTER 02 실전 다지기

UNIT 01. IELTS Listening 전 파트 필수 스킬 021

JOB ❶ ENQUIRY

- **Name:** Jason Murray
- **❷ Type of work: 1** _____
- **Hours:** 3 days a week
- **❸ Location: ❹ next to 2** _____
- **Pay: 3** £_____ an hour
- **Qualities ❺ required:**
  - **❻ ability to 4** _____ **❼ quickly**
  - ability to work well with others

일자리 문의

- **이름:** 제이슨 머레이
- **담당 업무: 1** _____
- **시간:** 일주일에 3일
- **장소: 2** _____ 옆
- **시급:** 시간 당 **3** _____ 파운드
- **자격 요건:**
  - 빠르게 **4** _____ 하는 능력
  - 다른 사람들과 원만하게 일하는 능력

M: Hello. My name is Jason Murray, and I'm ringing to ❶ enquire about the job vacancy. Are you still looking for people?

W: Oh, absolutely. What would you like to know about it?

M: Well, first of all, what ❷ sort of job is it?

W: We're hiring five shelf-stackers at the moment. They will work 3 days a week.

M: Great, it wouldn't interfere with my study then. ❸ Where exactly is the shop? Is it the one right next to the library?

W: Actually, it is the larger one ❹ by the school. And you may want to know that we pay £9.50 an hour.

M: Okay. Is there anything else you can tell me about the work?

W: Well, we get a lot of customers during the Christmas season, so we ❺ need people who ❻ can think ❼ promptly at work.

M: Oh, sure…

남: 안녕하세요. 전 제이슨 머레이라고 합니다. 구인 자리를 ❶ 문의하려고 전화했는데요, 아직 사람 구하고 계시나요?

여: 오, 그럼요. 무엇에 대해 알려 드릴까요?

남: 아, 먼저, ❷ 무슨 업무인가요?

여: 지금 저희가 진열대 담당자 다섯 명을 채용하고 있어요. 일주일에 3일 일하실 겁니다.

남: 좋네요. 그러면 공부하는 데에 방해되지 않겠어요. 정확히 ❸ 어디에 가게가 있나요? 도서관 바로 옆에 있는 곳인가요?

여: 사실, 학교 ❹ 옆에 있는 더 큰 가게예요. 그리고 궁금하실 것 같아서 말씀 드리는데 저희는 시급이 9파운드50펜스입니다.

남: 알겠습니다. 혹시 업무에 대해 더 말씀해 주실 수 있는 게 있나요?

여: 음, 크리스마스 시즌에는 손님들이 많아서 근무 중에 ❼ 빠른 판단을 ❻ 할 수 있는 분들이 ❺ 필요합니다.

남: 오, 그렇군요.

1. **enquiry → enquire** 품사 변경

   문제지의 enquiry(문의)가 스크립트에서 동사 enquire(문의하다)로 Paraphrasing되었다.

2. **type of work → sort of job** 동의어 대체

   type(유형, 종류)은 sort 또는 kind 등의 동의어로 종종 변경되어 나온다.

3. **location → where** W-H 의문사 활용

   location뿐 아니라 time은 when으로 money는 how much등으로 변경되어 자주 등장한다.

4. **next to → by** 동의어 대체

   next to의 동의적 표현인 전치사 by로 Paraphrasing되었다.

5. **required → need** 동의어 대체

   require, need, necessary, essential, must, have to 등 '필수적이다'라는 표현들은 교대로 등장한다.

6. **ability to → can** 동의어 대체

   조동사 can의 의미를 가지고 있는 be able to, ability to도 IELTS Listening의 단골손님이다.

7. **quickly → promptly** 동의어 대체

   문제지의 부사 quickly가 스크립트에서는 동의어인 부사 promptly로 Paraphrasing되었다.

> **Tip!**
> Paraphrasing 스킬을 기르기 위한 가장 이상적인 학습 방법은 각 파트에 주어진 10개의 문제를 해결한 후 문제지와 스크립트를 비교하며 스크립트에 실제 나온 표현들과 같은 의미를 가지고 있는 문제지상 표현들을 정리하는 습관을 들이는 것이다. 꾸준히 실력을 쌓는다면 Listening뿐 아니라 IELTS의 모든 영역에서 유용하게 사용할 수 있는 스킬이 되므로 이를 습관적으로 잘 정리해 두도록 하자.

Vocabulary

hire v 고용하다, 대여하다 shelf-stacker n (선반을 채우는) 진열대 담당자 interfere with ~을 방해하다 customer n 고객
promptly adv 신속하게, 빠르게 at work 근무 중에

필수 스킬 **3**   Paraphrasing된 표현을 정확한 논리로 파악하여 정답을 결정한다.

앞서 학습한 Paraphrasing은 단순히 같은 의미를 가진 다른 표현들을 찾는 것만을 의미하는 것이 아니다. Recording상에서 들린 정보를 정확히 이해하고, 그 정보 속에 포함된 사실 관계들까지 올바르게 파악하여 최종적으로 정답을 결정할 줄 아는 능력까지도 기본적으로 갖춰져야 함을 의미한다. 특히 다지선다형 (Multiple Choice)들과 정보 연결형(Matching) 문제 유형들을 해결하기 위해서는 조금 더 높은 난이도의 Paraphrasing 훈련을 할 필요가 있다.

단순한 Paraphrasing을 넘어서 사실 관계를 파악해야 하는 Paraphrasing 풀이 방식은 다음과 같다.

1. 들리는 정보의 정확한 이해	You don't have to wait long for your meal. 식사를 오래 기다리지 않아도 됩니다.
↓	
2. 정보에 포함된 관련 사실 파악	주문한 음식이 빨리 나온다.
↓	
3. 정답 결정하기	They serve meals quickly. 그들은 음식을 빠르게 제공합니다.

단, 사실 관계를 파악할 때 주의해야 할 점은 제시된 정보에 '포함된' 사실만을 고려해야 한다는 것이다. 개인적인 판단으로 추론하거나 억측을 하는 행위는 절대 금물이다. 예를 들어, '식사를 오래 기다릴 필요가 없다'라는 정보만으로 '직원들이 일을 잘 한다' 또는 '미리 조리된 음식들이다'와 같은 억측은 하지 않도록 주의한다.

 각 문제와 동일한 사실 관계를 가지고 있는 보기를 모두 골라 보세요.

> **1.** His parents won't be back home until March.
>   A The parents are having a good time.
>   B The parents will be home in March.
>   C The parents are away at the moment.
>
> **2.** There are fewer vehicles on the roads than last year.
>   A The number of vehicles has increased.
>   B There are more cars speeding up on the roads.
>   C There has been a decline in the number of vehicles.
>
> **3.** Peter felt left out during the discussion session.
>   A He actively participated in the discussion.
>   B He was welcome to express his opinions.
>   C He didn't say much during the discussion.

1. His parents won't be back home until March.

    A The parents are having a good time.
    B **The parents will be home in March.**
    C **The parents are away at the moment.**

그의 부모님은 3월까지는 돌아오지 않을 것이다.
부모님이 좋은 시간을 보내고 있다.
부모님이 3월에 집에 있을 것이다.
부모님이 지금 떠나 있다.

[해설] 'not ~ until+시간'은 '~가 돼서야 비로소'라고 해석한다. '부모님이 3월은 돼야 집에 돌아올 것이다'라는 의미로, 부모님이 현재는 여행 중이라 없지만 3월에는 집에 있을 것이라는 의미이다. 따라서 정답은 B The parents will be home in March, C The parents are away at the moment 이다.

2. There are fewer vehicles on the roads than last year.

    A The number of vehicles has increased.
    B There are more cars speeding up on the roads.
    C **There has been a decline in the number of vehicles.**

작년보다 도로에 더 적은 수의 차량들이 있다.
차량들의 수가 증가했다.
도로에서 속도를 내는 차들이 더 많아졌다.
차량들의 수가 감소했다.

[해설] 보통 양적인 개념에서는 less를, 수적인 개념에서는 fewer를 사용하여 그 양이나 수가 감소했다(decline, decrease, drop, fall, go down)고 표현한다. 반대로 증가했다(rise, increase, grow, climb, go up)는 의미의 표현은 양이나 수의 개념과 상관없이 '더 많은'의 의미를 가진 more를 사용한다. 정답은 C There has been a decline in the number of vehicles이다.

3. Peter felt left out during the discussion session.

    A He actively participated in the discussion.
    B He was welcome to express his opinions.
    C **He didn't say much during the discussion.**

피터는 토론 시간 동안에 소외감을 느꼈다.
그는 토론에 적극적으로 참여했다.
그는 기꺼이 의견을 피력할 수 있었다.
그는 토론 시간 동안에 많이 말하지 않았다.

[해설] feel left out, feel isolated는 잘 어울리지 못하고 소외되거나 고립된 감정을 느꼈다는 의미이다. 토론에서 혼자 소외감을 느꼈다는 말은 바꾸어 말하면 토론에 잘 참여하지 못하고 말을 많이 하지 못했다는 의미이다. 정답은 C He didn't say much during the discussion이다.

Vocabulary

vehicle n 차량, 이동 수단   increase v 증가하다   speed up 속도를 올리다   decline n 감소, 쇠퇴   discussion n 토론
session n (특정 활동을 위한) 시간   actively adv 활동적으로, 적극적으로

IELTS Listening
대화 필수 스킬

음원 바로 듣기

IELTS Listening의 Part 1과 Part 3은 서로 다른 화자들 사이의 대화이다. Part 1에서는 두 남녀 사이의 정보 공유 및 질의 응답이 다뤄진다. 그리고 Part 3에서는 두 명 또는 그 이상의 화자들 사이의 의견 공유 및 토론이 다뤄진다. 이렇게 여러 명의 화자들이 주고 받는 대화들을 듣고 해결해야 하는 문제들에 대비하여 기본적으로 갖춰야 하는 필수 스킬들인 화자의 역할 파악하기, 정답과 오답 구분하기, 그리고 옥신각신 토론 패턴에 대해 배워보자.

필수 스킬 1   청취 전 배경 소개 멘트에서 대화 속 화자들의 역할을 파악한다.

Part 1 대화 속에 등장하는 두 화자는 각자의 역할이 뚜렷하다. 주로 대화의 흐름을 주도하는 사람(오답 제공자)과 정답을 위한 결정적인 실마리 정보를 제공하는 사람으로 구분된다. 대화의 흐름을 주도하는 사람은 주로 문의를 하는 사람으로, 정확한 정보를 가지고 있지 않으므로 정답을 고를 때 우리에게 함정을 주는 역할을 한다. 따라서, 본격적인 대화가 시작되기 전에 정답의 실마리를 제공하는 사람과 오답 정보를 제공하는 화자가 누구인지를 구분하는 화자 구분 스킬을 통해 각 화자의 역할을 파악해 놓으면 대화의 흐름을 좀 더 집중해서 잘 따라갈 수 있다. 또한 이 화자 구분 스킬은 Part 1 문제의 약 70% 이상에 활용할 수 있으므로 반드시 훈련을 통해 익혀두도록 한다.

각 화자의 역할은 아래와 같이 배경 상황을 소개하는 멘트나 대화의 초반 내용을 통해 쉽게 파악이 가능하다.

Part 1. You will hear a telephone conversation between a hotel manager and a woman who wants to hire a room.

W: Hello, I'm ringing to see if your hotel has a room available.
    ≫ 여자의 역할: 고객[대화의 흐름을 주도하는 사람=오답 제공자]

M: Oh, you've reached the right person. We have two beautiful rooms to hire. What's the occasion?
    ≫ 남자의 역할: 호텔 직원[정답에 대한 결정적 실마리 정보 제공자]

다음 대화를 듣고 아래 문제를 풀어 보세요.　🎧 U2-01

PART 1　*Questions 1–3*

Complete the notes below.

Write **ONE WORD AND/OR A NUMBER** *for each answer.*

HIRING A VENUE

Rooms and costs
- the Diamond Room – **1** £ _____ for weekends
- the **2** _____ Room - £180 for weekends
- no additional charges for use of a **3** _____ and a podium

대화 전체를 듣기 전 이 파트의 상황을 알려 주는 소개 멘트를 듣고 남자의 목소리와 여자의 목소리가 각각 어떤 역할을 하는지 파악하세요.

호텔 직원	문의하는 고객
남자 / 여자	남자 / 여자

이제 대화 전체를 들으며 아래의 정보를 어떤 화자가 언급하는지 체크하세요.

❶ the Diamond Room	남자 / 여자
❷ £120	남자 / 여자
❸ £150	남자 / 여자
❹ £115	남자 / 여자
❺ the Liborndell Room	남자 / 여자
❻ £180	남자 / 여자
❼ a stage	남자 / 여자
❽ a microphone	남자 / 여자

Part 1. You will hear a telephone conversation between a hotel manager and a woman who wants to hire a room.

W: Hello, I'm ringing to see if your hotel has a room available.

M: Oh, you've reached the right person. We have two beautiful rooms to hire. What's the occasion?

W: Well, we're planning to hold a goodbye party for a colleague this Saturday.

M: ❶ Oh, let me check first. Fortunately, we have both rooms available for the day. The first room is the Diamond Room, which seats no more than 30 people.

W: Hmm…we might have more than 30, but I would still want to check the cost. ❷ I heard from a friend that he once hired the room for £120 for a conference.

M: ❸ Oh, that's the weekday price. It's £150 for Saturdays and Sundays.

W: ❹ I'm sorry, a hundred and fifteen?

M: No, it's more expensive than on weekdays, a hundred and fifty pounds.

W: Oh, sure. How about the other room?

M: ❺ Well, the other room is called the Liborndell Room, which we named after the founder of the hotel.

W: Oh, could you spell that for me?

M: Sure, it's L-I-B-O-R-N-D-E-double L, Liborndell.

W: Good, and the price for weekends?

M: ❻ That's…… £180 for it is more spacious and decorated with great antiques.

W: ❼ Excellent. Oh, I almost forgot. Is there a stage we can use?

M: ❽ I'm afraid not, but each room has a small podium and a microphone, and they are free to use.

파트 1. 한 호텔 매니저와 대관을 하려는 한 여성의 통화 내용을 듣게 됩니다.

여: 여보세요, 혹시 호텔에 대관이 가능한 방이 있을까 해서 전화 드렸습니다.

남: 오, 전화 잘 거셨네요. 대관하실 수 있는 아름다운 방이 두 개 있습니다. 어떤 일로 사용하실 건가요?

여: 음, 이번 주 토요일에 직장 동료를 위한 송별회를 계획 중입니다.

남: ❶ 오, 확인 먼저 해 볼게요. 다행히도, 토요일에 두 개의 방 모두 대관이 가능하겠네요. 첫 번째 방은 다이아몬드 룸입니다. 최대한 서른 명까지 수용 가능합니다.

여: 흠… 서른 명이 넘을 것 같지만, 비용을 좀 알고 싶네요. ❷ 제 친구 한 명이 콘퍼런스 때문에 그 방을 120파운드에 대관했다는 이야기를 들었습니다.

남: ❸ 아, 그건 평일 가격입니다. 주말에는 150파운드예요.

여: ❹ 죄송해요, 115파운드라고요?

남: 아니요, 평일보다 비쌉니다. 150 파운드예요.

여: 아, 그렇죠. 다른 방은 어떤가요?

남: ❺ 네, 다른 방은 리번델 룸이라고 합니다. 저희 호텔 창업주의 이름을 따서 지은 방이에요.

여: 오, 철자 좀 불러 주시겠습니까?

남: 물론이죠. L-I-B-O-R-N-D-E-더블 L, 리번델입니다.

여: 네, 그리고 주말 가격은 얼마인가요?

남: ❻ 그것이……180파운드네요. 이 방은 공간이 더 넓고 멋진 엔틱 가구들로 꾸며졌거든요.

여: ❼ 멋지겠네요. 오, 잊을 뻔 했어요. 방에 저희가 사용할 수 있는 무대가 있나요?

남: ❽ 죄송하지만 없습니다. 하지만 각 방마다 작은 연단과 마이크가 비치되어 있습니다. 모두 사용료는 무료입니다.

대화의 파트 소개 멘트를 듣고 화자 구분 스킬을 적용해 보면, 대화 전체의 흐름을 주도 및 진행하는 사람은 전화를 해서 문의를 하는 여자(고객)이며, 실제 정답에 해당하는 결정적인 정보를 주는 사람은 남자(호텔 직원)라고 볼 수 있다.

호텔 직원	문의하는 고객
남자 / 여자	남자 / 여자

한 가지 주의할 점은 여자는 문의를 하는 고객으로 대화를 주도하기는 하지만 호텔에 대한 정확한 정보를 가지고 있지 않기 때문에 오답의 정보를 제공한다는 점이다. 예를 들어, 2번에서 대관비를 120파운드로 잘못 알고 있는 여자 고객에게 남자 호텔 직원이 그건 평일가이며 주말가는 150파운드라고 정정해주고 있다. 이렇게 호텔 직원인 남자는 여자의 잘못된 정보를 바로잡아 주거나 정답이 되는 단서를 알려준다는 사실에 유의하도록 한다.

❶ the Diamond Room	남자 / 여자
❷ £120	남자 / 여자[오답]
❸ £150	남자[정답] / 여자
❹ £115	남자 / 여자[오답]
❺ the Liborndell Room	남자[정답] / 여자
❻ £180	남자 / 여자
❼ a stage	남자 / 여자[오답]
❽ a microphone	남자[정답] / 여자

Tip! 영국식 R 발음과 주의해야 할 숫자 발음 U2-02

사람 이름이나 도로명 등 철자를 하나씩 불러줄 때 영국식 발음에서 가장 주의해야 하는 것은 바로 R 발음이다. 영국에서는 R을 [아r-]로 혀를 굴리며 발음하지 않고 [아-]라고 뒤를 허투르듯 담백하게 발음한다는 것에 반드시 주의하도록 하자!

ex there [데아-] mother [마더] better [베러] clear [클리아] writer [라이러] first [뻐스트] heard [허드]

Listening에서 가장 혼동되는 숫자 표현은 바로 15와 50이다. 초반의 'fif' 부분만 듣고 성급하게 판단하지 말고 반드시 fifteen과 fifty의 끝까지 차분히 다 듣고 난 후 정답을 적어야 한다. 평소에 직접 fifteen은 끝을 길게, fifty는 끝을 짧게 소리를 내어 연습해 보자.

ex 13 vs. 30 [떠틴- vs. 떠리] 14 vs. 40 [포틴- vs. 포리]
115 vs. 150 [원헌드레드 앤드 핍틴- vs. 원헌드레드 앤드 피프티]
217 vs. 270 [투헌드레드 앤드 세븐틴- vs. 투헌드레드 앤드 세븐티]
319 vs. 390 [뜨리헌드레드 앤드 나인틴- vs. 뜨리헌드레드 앤드 나인티]

🔖 Vocabulary

hire [v] 빌리다   available [adj] 이용 가능한   occasion [n] 경우, 상황   colleague [n] (직장) 동료   spacious [adj] 널찍한, 공간이 넉넉한
antique [n] 고가구, 골동품   podium [n] 단, 지휘대

필수 스킬 2 — 옥신각신 패턴에 집중하여 정답과 오답을 구분한다.

Part 1이 질문 후에 답하는 단순 질의응답이라면 Part 3의 대화 속 화자들은 주로 어떤 사안에 대해 늘 토론과 협상을 한다. 따라서, 어떠한 토론 끝에 결론에 도달하는 대화 형식을 집중해서 잘 듣고 정답과 오답을 구분하는 훈련을 해야 한다. 이러한 대화의 패턴으로는 '옥신각신 패턴'이 있다. 일반적으로 이는 한 사람의 제안을 다른 사람이 거절하고, 또 다른 제안을 다시 거절한 후 결국 마지막에 둘 다 동의(agree)하여 결론에 도달하는 패턴을 가리킨다. 이러한 대화 패턴은 쉽게는 Part 1에서, 어렵게는 Part 3에서 언제든 만나볼 수 있는 패턴이니 반드시 훈련을 통해 익숙해져야 한다.

다음의 대화를 듣고 가장 일반적인 옥신각신 패턴을 직접 경험해 보세요. U2-03

M: Hey, Jennie. How is your presentation going?
W: Oh, Mark, hi. Well, it doesn't seem fine.
M: What seems to be the problem?
W: It's my slides. Professor Marlon advised me to make them more interesting so that my audience would pay more attention.
M: Well, why don't you include some photos? You can always find great ones online. [제안 1]
W: Actually, he said that photographic images might distract the audience. [거절]
M: Alright. Then, how about interviewing a few people and adding the clips? [제안 2]
W: Well, it sounds very interesting, but I don't know how to do that. I'm not really good at making videos. [거절]
M: I see. I once used some diagrams and graphs on my slides and got a good feedback. You should try it. [제안 3]
W: Oh, that's such a great idea. I'm going to do that! [수락]

남: 안녕, 제니. 프레젠테이션은 잘 돼가니?
여: 오, 마크. 안녕. 글쎄. 별로인 것 같아.
남: 뭐가 문젠데?
여: 내 슬라이드가 문제야. 말론 교수님께서 청중들이 집중할 수 있도록 슬라이드를 좀 더 흥미롭게 만들라고 조언해 주셨거든.
남: 음, 사진을 좀 추가하면 어때? 인터넷에서 늘 좋은 사진들을 찾을 수 있잖아.
여: 사실, 교수님께서 사진이 청중들의 집중력을 흩트릴 수 있다고 하셨어.
남: 그래. 그러면, 몇 명 인터뷰를 해서 그 영상을 추가하는 건 어때?
여: 글쎄, 진짜 흥미로울 것 같기는 한데, 내가 그걸 어떻게 하는지 잘 몰라. 영상 만드는 건 정말 잘 못해.
남: 그렇구나. 내가 한 번 슬라이드에 도형이랑 그래프들을 사용한 적이 있었는데 피드백이 좋았어. 너도 한 번 해 봐.
여: 오, 정말 좋은 생각이야. 해 봐야겠다!

위에서 볼 수 있듯이, 제안 1(some photos)과 제안 2(interviewing)에서 언급된 표현들은 오답 함정이며, 마지막으로 언급된 제안 3(diagrams and graphs)이 결국 정답이 되는 가장 난이도가 낮은 옥신각신 패턴이다.

옥신각신 주요 패턴

옥신각신 패턴 ① – 난이도 하

앞서 대화 속에서 경험했던 패턴으로 제안 1과 제안 2에서 언급된 주요 표현들은 오답 함정들이며, 마지막으로 제안한 제안 3이 결국 정답이 되는 가장 난이도가 낮은 패턴이다.

옥신각신 패턴 ② – 난이도 중

제안 1에서 언급된 정보가 거절된 후 제안 2에서 바로 정답이 나오는 경우로, 옥신각신 패턴 ① 보다는 난이도가 높다. 마지막 제안 3에 언급되는 정보가 중간에 주어진 정답과 비교되어 언급되며 마지막에 함정을 파 놓은 패턴이라고 볼 수 있다.

옥신각신 패턴 ③ – 난이도 상

가장 난이도가 높은 옥신각신 패턴으로 대부분의 경우 가장 먼저 제안된 정보는 오답일 것이라는 편견에 허를 찌르는 작전이라고 볼 수 있다. 그리 흔하게 나오는 패턴은 아니지만 간혹 난이도가 전반적으로 높게 출제되는 시험의 경우 곧잘 나올 수 있으니, 미리 연습해 두고 오답에 관련된 표현들이나 정답에 관련된 표현들을 늘 문제지에 메모하는 걸 습관화하도록 한다.

옥신각신 주요 표현

상대방의 제안을 거절하는 경우	상대방의 제안을 수락하는 경우
• Actually,/ Well,/But,/Hmm… 사실./글쎄./그러나./흠…	• Yeah, you're right. 그래, 네 말이 맞아.
• Yes, but~ 좋아. 하지만 ~	• Oh, that's a great idea. 오, 좋은 생각이다.
• I can see your point, but ~ 무슨 말인지는 알겠어. 하지만 ~	• I totally agree with that. 그것에 전적으로 동의해.
• Well, I'm not sure about that. 글쎄, 잘 모르겠는데.	• You've made a very valid point. 네가 정말 중요한 지적을 했어.
• That seems quite doubtful. 꽤 의심스러운데.	• You're absolutely right. 네 말이 전적으로 옳아.
• I don't like the sound of that. 그리 좋은 아이디어는 아닌 것 같아.	• You can say that again. 네가 정말 맞는 말을 했어.

다음 대화를 듣고 아래 문제를 풀어 보세요. 또한 각 대화가 옥신각신 패턴 중 몇 번에 해당하는 지와 문제의 보기들의 제안 후 반응을 메모해 보세요.

PART 3

Questions 1 and 2
*Choose a correct letter, **A**, **B** or **C**.*

1 Nick and Emma decide that Nick should write a paper on
   A medieval Italian poetry.
   B modern Italian authors.
   C Italian-American literature.

2 Emma advises Nick to focus on
   A the reasons for large-scale immigration.
   B the influence of a genre on society.
   C the writings of two similar authors.

옥신각신 패턴 ① / ② / ③

[제안 1] medieval Italian poetry
제안 후 반응 _____

[제안 2] modern Italian authors
제안 후 반응 _____

[제안 3] Italian-American literature
제안 후 반응 _____

옥신각신 패턴 ① / ② / ③

[제안 1] the reasons for large-scale immigration
제안 후 반응 _____

[제안 2] the writings of two similar authors
제안 후 반응 _____

[제안 3] the influence of a genre on society
제안 후 반응 _____

W: Hi, Nick? How is your term paper going so far?

M: Oh, hey, Emma. Actually, I haven't started yet. I can use some advice.

W: Sure, have you thought of a topic yet?

M: Well, I was thinking of doing something about ❶ medieval Italian poetry, perhaps something about Dante.

W: ❶ Hmm…Well, a lot of students try to write papers on that, but I wouldn't really recommend it. It's always hard to write something that unique.

M: Oh, okay. That's good to know.

W: I would suggest ❶ modern Italian authors. What do you think?

M: ❶ Actually, I already wrote an essay on that last time.

W: Oh, okay. Then, ❶ Italian-American literature, maybe?

M: ❶ Oh, that could be a good way to go since I've read a lot of works by Italian immigrants to the U.S.

W: Seems like that's the best choice for you.

M: Yes. So…what shall I focus on specifically?

W: Well, what about writing mainly on ❷ the reasons so many Italians came to America?

M: ❷ Well, I'm not sure about that. I know many other students have already written about it.

W: Well, then how about picking out ❷ a couple of writers who have a lot in common and then comparing and contrasting their works?

M: ❷ Oh, that's such a brilliant idea! I think that's more interesting than just ❷ writing about how the genre in general has affected society.

W: Oh, I know that would be ❷ too broad.

여: 닉, 안녕? 학기말 레포트는 잘 돼가니?

남: 어, 안녕, 엠마. 사실, 아직 시작도 못 했어. 조언 좀 해 줄 수 있니?

여: 물론이지. 아직 주제 안 정했어?

남: 글쎄, ❶ 중세 이탈리안 시에 대해서 쓸까 생각 중이었어. 아마도 단테에 대해서 쓸까 생각 중이야.

여: ❶ 흠… 글쎄. 다들 많이 쓰는 주제잖아. 그래서 별로 추천하고 싶지는 않아. 그렇게 독특한 주제는 레포트로 쓰기가 항상 참 어렵거든.

남: 아, 그렇지. 맞는 말이야.

여: 나는 차라리 ❶ 이탈리아의 현대 작가들이 더 나을 것 같아. 네 생각은 어떠니?

남: ❶ 사실, 지난번 레포트에서 이미 썼던 주제야.

여: 아, 그렇구나. 그러면, ❶ 이탈리안-아메리칸 문학은 혹시 어때?

남: ❶ 오, 괜찮은 생각이다. 내가 미국으로 이민 온 이탈리아 작가들의 작품들을 많이 읽어 봤거든.

여: 너에게 가장 적합한 주제인 것 같아.

남: 그래. 그러면… 구체적으로 어디에 초점을 맞춰서 써야 할까?

여: 글쎄, 주로 ❷ 왜 많은 이탈리아인들이 미국으로 이민을 왔는지에 대해 써 볼래?

남: ❷ 글쎄, 그건 좀 아닌 것 같은데. 다른 학생들이 이미 많이들 그 주제에 대해 쓴 것 같아.

여: 그래, 그렇다면 ❷ 많은 공통점을 가진 두 작가를 선택해서 그들의 작품을 비교 대조하는 레포트를 쓰는 것이 어떨까?

남: ❷ 오, 정말 멋진 아이디어! 내 생각에도 그냥 ❷ 일반적으로 문학 장르가 사회에 미친 영향에 대해 쓰는 것 보다 더 흥미로운 것 같아.

여: 그래. 그건 ❷ 너무 광범위하지.

1

> **[제안 1]** medieval Italian poetry
> 제안 후 반응 <u>Hmm...Well,</u>
>
> **[제안 2]** modern Italian authors
> 제안 후 반응 <u>Actually,</u>
>
> **[제안 3]** Italian-American literature
> 제안 후 반응 <u>Oh, that could be a good way to go</u>

해설 제안 1과 제안 2에 거절을 하고 마지막 제안 3을 수락하는 옥신각신 패턴 ①이다. 화자가 거절한 제안 1(A medieval Italian poetry)과 제안 2(B modern Italian authors)는 오답이므로 소거한다. 두 화자가 토론 끝에 결정하는 논문의 주제는 이탈리안–아메리칸 문학이므로 정답은 제안 3에 해당하는 C Italian-American literature가 정답이다.

2

> **[제안 1]** the reasons for large-scale immigration
> 제안 후 반응 <u>Well, I'm not sure about that.</u>
>
> **[제안 2]** the writings of two similar authors
> 제안 후 반응 <u>Oh, that's such a brilliant idea!</u>
>
> **[제안 3]** the influence of a genre on society
> 제안 후 반응 <u>too broad.</u>

해설 제안 2를 수락하는 옥신각신 패턴 ②이다. 화자가 거절한 제안 1(A the reasons for large-scale immigration)과 제안 3(the influence of a genre on society)을 소거한다. 제안 3은 정답이 이미 결정된 후에 혼돈을 주기 위한 비교 오답 함정임을 주의한다. 정답은 이미 두 화자가 합의를 마친 제안 2에 해당하는 것으로 보기 C the writings of two similar authors가 정답이다.

Vocabulary

term n 학기　**medieval** adj (서기 1000–1450년) 중세의　**poetry** n 시, 시가　**author** n 저자, 작가　**literature** n 문학　**immigrant** n 이민, 이주자　**compare** v 비교하다　**contrast** v 대조하다　**work** n 작품　**brilliant** adj 멋진, 훌륭한　**affect** v 영향을 미치다　**society** n 사회

PAGODA
IELTS Listening

IELTS Listening
독백 필수 스킬

음원 바로 듣기

IELTS Listening Part 2와 Part 4는 한 명의 화자가 내용을 이끌어 가는 독백이다. 남녀의 목소리가 교차적으로 나오는 Part 1과 Part 3에 비해 상대적으로 청취 과정에서 집중력이 떨어질 가능성이 높으므로 반드시 기초적인 훈련을 통해 대비해야 한다. 이번 유닛에서는 객관식(다지선다형) 문제 해결 시 정답 관련 실마리를 가능한 많이 메모하는 실마리 메모법, 주관식 문제 해결 시 청취와 동시에 필요한 정보를 메모하는 표적 메모법, 그리고 내용 속 소재의 전환 및 흐름을 따라갈 수 있게 도와주는 표현들을 배워보도록 한다.

필수 스킬 1 청취를 하는 동시에 주요 실마리 표현들을 메모하는 습관을 들인다.

대화와는 다르게 독백 형식의 Part 2와 Part 4는 중간에 흐름을 놓치면 헤매기 십상이다. 현실적으로 모든 문제에 관련된 내용들을 청취와 동시에 바로 이해한다는 것은 매우 부담스러운 능력이다. 따라서 이를 보완할 수 있는 다양한 부수적인 방책들이 필요하다. 그 중 가장 의지하기 좋은 것이 바로 메모하는(Note-taking) 습관이다. 들으면서 빠르게 실마리 단서 표현들을 메모하고, 메모된 표현들을 바탕으로 내용을 짜깁기하여 정답을 결정하는 능력이 반드시 필요하다.

1 실마리 메모법

객관식(다지선다형) 문제를 해결하기 위한 필수적인 메모법으로, 각 문제의 정답을 결정하는 데에 중요한 역할을 하는 실마리들을 메모하는 것이다. 여기서 '실마리'란 정답에 관련된 정보만을 의미하는 것이 아니며, 정답을 도출해 내기 위해 오답들을 소거시킬 수 있는 단서가 되는 정보들까지도 포함한다. 따라서, 들리는 영어 표현 그대로나 영어를 몰라도 들리는 그대로 한글로 적극적으로 메모하는 훈련을 해야한다. 이번 유닛의 핵심 예제 유형에서 이 메모법을 직접 연습해 보자.

2 표적 메모법

주관식(빈칸 채우기) 문제를 해결하기 위한 필수적인 메모법으로, 표적적으로 메모를 하기 위해서 가장 중요한 것은 '청취 전' 단계이다. 여기서는 들리는 표현들을 '가능한 한 많이' 적는 것이 아니라, '나에게 필요한 정보'만 표적적으로 메모하는 것을 의미한다. 따라서, Recording이 시작되기 전 빈칸에 누락된 정보가 무엇인지 먼저 제대로 파악하는 것이 중요하며, 파악된 정보에 해당하는 실마리들만 메모해야 한다. 아래의 문장을 함께 살펴보자.

ex Edward thinks that his tutor is more _____ than other lecturers.
에드워드는 그의 지도 교수님이 다른 교수님들보다 더 _____ 하다고 생각한다.

위와 같은 주관식 문제에서는 빈칸에 '사람을 묘사하는 형용사'가 들어간다는 것을 미리 파악한 후, 청취할 때는 그에 해당되는 정보들만 메모해야 한다. 이 표적 메모법은 이후에 실전 다지기 챕터에서 좀 더 상세히 학습해 보자.

🔷 메모하기(Note-taking) 스킬

1 신호 키워드를 듣고 주요 실마리 단서 표현을 메모하기 시작한다.

각 문제마다 메모의 시작을 알려주는 신호(Signal) 역할을 하는 키워드들이 있다. 이런 신호 키워드를 체크하지 않고 들으면 청취 중 본인이 현재 듣고 있는 내용이 몇 번에 해당하는지 제대로 파악하지 못한 채 지나칠 수 있다. 따라서 미리 이야기의 흐름을 잡아주는 '흐름 키워드'를 체크해서 Recording의 흐름을 우선 파악하고, 각 문제의 신호 키워드를 들리는 순간부터 집중적으로 메모를 한다.

> **Tip!**
> 시간상 모든 단어들을 메모할 수 없으므로 화자가 특히 강조해서 발음하는 단어를 보기 좋게 세로로 메모해두면 나중에 내용 짜깁기를 하여 정답을 결정하는 데 도움이 된다.

2 메모한 내용을 바탕으로 Recording에서 들린 내용이 제대로 Paraphrasing된 보기를 정답으로 선택한다.

Paraphrasing은 동의어로 표현을 대체하는 경우도 있고, 문장의 문법적인 구조를 변형하는 경우도 있으며, 함축된 의미를 직설적으로 드러내는 경우도 있다. 아래 주어진 예문에서도 알 수 있듯이, 동의적 표현들로 대체한 첫 번째 예문과 달리, 두 번째 예문은 각 문장의 표면적인 의미 자체가 다르게 주어져 있다. 따라서, 듣고 성급하게 문제를 풀려고 하지 말고 필요한 정보들을 잘 메모한 후 그 '실제 의미'를 파악하고 판단하는 시간을 충분히 가져야 한다.

ex pricey = expensive [동의어 사용]
You won't need to wait for long. = It serves meals quickly. [함축적 의미]
오래 기다리지 않아도 됩니다.　　　　　　그곳은 식사를 빨리 제공합니다.

 U3-01

🔷 다음 대화를 듣고 정답을 두개 골라보세요. 필요하다면 반복적으로 청취하여 가능한 한 메모를 많이 해보세요. 그런 후, 실마리 메모법을 이용하여 작성한 메모를 Paraphrasing 스킬을 통해 정답을 골라보세요.

PART 2　　*Question 1*

*Choose the correct letter, **A-E**.*

Which **TWO** pieces of information does the speaker give about the Spanish restaurant?

　　A　It uses traditional ways of cooking.
　　B　It has tables outside.
　　C　It serves meals quickly.
　　D　It is expensive.
　　E　It is far from the hotel.

MEMO

Which **TWO** pieces of information does the speaker give about the Spanish restaurant?

A It uses *traditional* ways of cooking.
B It has tables *outside*.
C It serves meals *quickly*.
D It is *expensive*.
E It is *far* from the hotel.

M: Excuse me, could you suggest me a good place for dinner around the hotel? ↪ 신호 키워드
W: Certainly, sir. There is a wonderful Spanish restaurant just around the corner, and I'd be happy to recommend the place. The restaurant looks really nice inside – very clean, with excellent lighting, and it always smells so good. The windows are very big, so you can enjoy great views outside while dining. They serve varieties of their ethnic dishes and you won't have to wait long for your food. Not only that, but the place also offers their traditional drinks, which can be a very interesting experience. The only downside is the price. It's a bit pricey.

MEMO
✓ *around the corner*
✓ *nice inside*
✓ *clean*
✓ *lighting*
✓ *smells good*
✓ *big windows*
✓ *great views*
✓ *outside*
✓ 토속 음식
✓ *no wait*
✓ *traditional*
✓ 단점 *price*
✓ *pricey*

스페인 식당에 대해 제공된 두 가지 정보는 무엇인가?

A 전통적인 요리방식을 이용한다.
B 야외석이 있다.
C 식사를 빠르게 제공한다.
D 가격이 비싸다.
E 호텔에서 멀다.

남: 실례합니다. 호텔 주변에 저녁 식사하기 좋은 곳을 추천해 주실 수 있나요?
여: 물론이죠. 코너만 돌아가시면 멋진 스페인 식당이 하나 있어요. 정말 추천해 드리고 싶은 곳이죠. 내부가 정말 멋지고 조명이 훌륭하며 매우 깔끔한 식당입니다. 그리고 언제나 맛있는 냄새가 풍기는 곳이에요. 창문들도 매우 커서 식사하시면서 바깥 풍경도 즐길 수 있어요. 갖가지 스페인 토속 음식을 맛볼 수 있고, 음식을 오래 기다리지 않아도 됩니다. 그뿐 아니라, 스페인 전통 음료도 파는데요, 정말 흔치 않은 경험이죠. 유일한 단점은 가격인데요. 다소 비싼 편입니다.

실제 문제에서는 각 문제마다 메모의 시작을 알려주는 신호 역할을 하는 키워드 표현들이 있다. 위의 문제의 경우, Spanish restaurant이 그 역할을 한다. Spanish restaurant이 들리는 순간부터 신호 키워드임을 알아채고 메모를 하기 시작해야 한다. 메모가 끝나면 메모에 적힌 그대로 보기에 나온 표현은 오답함정일 가능성이 크므로 반드시 메모를 바탕으로 의미가 Paraphrasing된 보기를 정답으로 선택한다.

메모해 둔 실마리들을 바탕으로 정답 두 개를 결정할 때에는 정답을 찾는 것보다 '오답들'을 시험의 성격에 알맞게 소거하는 것이 더 효과적이다. 가령, 위의 문제에서 outside와 traditional과 같이 너무 Recording에서 들린 그대로 나온 실마리들이 포함되어 있는 보기인 A와 B는 오답 함정인 경우가 대부분이다. 그리고 처음 이야기를 시작할 때 just around the corner(코너만 돌면)라고 했으므로 마지막 보기 E도 오답이된다. 이렇게 정답에 확신을 가지고 정답을 결정하는 것보다, 오답에 확신을 가지고 정답을 '도출'해내는 방법도 훈련해야 하는 것을 잊지 말자. 대부분의 경우 출제자들은 정답은 어렵게, 오답은 쉽게 출제하므로 그런 특징을 잘 알고 공략하는 것도 좋은 방법이다. 실제 Recording 상에서 you won't have to wait long (오래 기다릴 필요가 없다)이라고 했으니 '식사를 빠르게 제공한다'는 의미의 C와 It's a bit pricey(다소 가격이 높다)라고 했으니 '비싸다'는 의미의 D가 정답이 된다. 정답은 C It serves meals quickly, D It is expensive이다.

🖉 **Vocabulary**

recommend v 추천하다, 제안하다   lighting n 조명   view n 전망, 경관   a variety of 갖가지의, 가지각색의   ethnic adj (한 특정)
민족의, 종족의   downside n 단점, 불리한 점

IELTS Listening Part 2와 Part 4에서 대부분의 IELTS 수험생들이 Recording 속에서 다음 문제로 넘어가는 흐름을 신속하게 따라가지 못하고 놓치는 경우가 많다. 메모 없이 그냥 듣다 보면, 들리는 내용이 몇 번문제에 해당하는지 아예 파악하지도 못한 채 대화가 끝나버릴 수 있으므로 흐름을 제대로 파악하는 것이 관건이라고 할 수 있다. 앞서 메모하기 스킬에서 Recording이 문제 근처에 근접했는 지 알려주는 신호 키워드를 잡는 법을 학습했다. 이번에는 Recording의 전반적인 흐름의 전환을 파악하는 데 도움을 주는 소재 전환표현들을 학습해보도록 한다.

독백의 경우, 한 가지의 가장 큰 주제 아래 다양한 소주제들로 이루어져 있는데, 이러한 내용 구성을 미리 파악할 수 있었더라면 자칫 이야기의 중간에 흐름을 놓치더라도 아직 충분히 맞출 기회가 있는 다음 문제들로 신속히 이동할 수 있게 될 것이다. 아래에서 소재가 전환될 때 사용되는 주요 표현들을 반드시 익히도록 한다.

소재 전환을 나타내는 주요 표현

① When it comes to _____, 주어+동사.
② In terms of _____, 주어+동사.
③ As far as _____ is concerned, 주어+동사.
④ In the case of _____, 주어+동사.
⑤ As regards _____, 주어+동사.

①번부터 ⑤번까지 모든 표현들의 의미는 **'~에 관련하여'** 또는 **'~에 관한 한'**이다.

이 표현들은 빈칸에 새로운 소재가 언급되며, 이야기하는 **내용이 전환되었음**을 나타내 준다.

이번에는 소재가 전환될 때 사용되는 키워드 표현들을 주의 깊게 듣고 아래 문제를 풀어 보세요. 🎧 U3-02

PART 4

Questions 1–3

Complete the table below.

Write **ONE WORD ONLY** *for each answer.*

Comparisons between eating locally and non-locally

Type	Environment	Economy	Health
Local food	low 1 _____	helps local economy	better consumer 3 _____
Non-local food	high emissions	helps 2 _____	harmful ingredients

M: In recent decades there has been a trend toward eating local food. Eating locally simply means eating food that was raised and processed nearby, rather than being shipped from other regions or countries. A 2005 study found that the ingredients used to make strawberry yogurt - milk, sugar, strawberries - travelled 3,558 kilometres simply to arrive at the processing plant. This idea has offered the public a great opportunity to compare eating local food with eating non-local one.

Proponents of local food emphasise that ❶ in terms of the environment, local food has a relatively low impact on it when non-local food creates a great deal of emissions when processed. Vehicles with high fuel consumption are used to transport non-local food to markets, so without a doubt eating locally is far more environmentally friendly. ❷ As far as economic impacts are concerned, local food pumps money into the local economy while ❷ non-local food tends to benefit large corporations. And ❸ when it comes to public health, buying locally often results in consumers having a higher level of awareness of the origins of their food, as opposed to non-local food which often contains unhealthy ingredients such as preservatives.

남: 최근 몇십 년 동안 지역 식품의 섭취에 대한 추세가 이어져 왔다. 지역 식품을 섭취한다는 것은 쉽게 말해 다른 지역이나 해외에서 들여온 음식이 아니라 근거리에서 재배되고 가공된 음식을 먹는다는 것을 의미한다. 2005년 한 연구에 따르면 딸기 요거트를 만드는 데에 사용된 재료들인 우유, 설탕 그리고 딸기가 제조 공장까지 도달하는 데에 3,558킬로를 이동했다고 한다. 이는 대중들이 지역 식품과 지역 외 식품을 섭취하는 것에 대해 비교할 수 있는 좋은 기회를 제공했다고 볼 수 있다.

지역 식품을 옹호하는 사람들은 ❶ 환경적인 면에서 봤을 때, 지역 외 식품들이 가공될 때 상당량의 배기가스를 배출하는 반면, ❶ 지역 식품은 환경에 상대적으로 적은 영향을 미친다고 강조한다. 고연비 차량들이 지역 외 식품들을 시장으로 운송하는 데에 사용되므로, 지역 식품을 섭취하는 것이 훨씬 더 친환경적이다라는 것은 당연한 사실일 것이다. ❷ 경제적인 영향 면에 관한 한, 지역 식품은 그 지역의 경제에 돈을 퍼부어 주는 반면, ❷ 지역 외 식품은 대기업들에 이익을 가져다주는 경향이 있다. 그리고 ❸ 공공 보건에 관련하여, 지역적인 소비는 종종 소비자들이 그들이 먹는 음식이 어디에서 온 것인지 더 잘 알 수 있게 해주는 반면 다른 지역에서 들여온 식품들은 방부제와 같은 건강에 해로운 성분들을 함유하고 있을 가능성이 높다.

Recording을 듣기 전 반드시 문항 1번부터 3번까지 잘 살펴보고 내용의 진행 순서를 미리 파악해 두어야 한다. 해당 문제의 경우 제목에 '비교'라는 의미의 comparisons란 단어가 나오고 소재는 local food와 non-local food이다. 이 두 종류의 식품이 environment, economy, health의 순서로 즉, 세로로 내용이 진행된다는 것을 파악해 두지 않았다면 청취를 하는 동안 내용을 따라가는 것이 더 힘들었을 것이다. 늘 문제지를 제대로 이해하는 연습을 해야 한다는 사실을 꼭 잊지 말자.

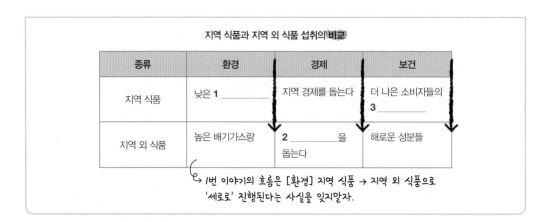

지역 식품과 지역 외 식품 섭취의 **비교**

종류	환경	경제	보건
지역 식품	낮은 1 _____	지역 경제를 돕는다	더 나은 소비자들의 3 _____
지역 외 식품	높은 배기가스량	2 _____ 을 돕는다	해로운 성분들

↳ *1번 이야기의 흐름은 [환경] 지역 식품 → 지역 외 식품으로 '세로로' 진행된다는 사실을 잊지말자.*

---

1   low **1** _____

[해설] Environment 항목 안에 있는 내용으로 environment(환경)에 대한 이야기가 시작되면 해당 부분에 대한 정답 실마리가 나오게 된다는 사실을 미리 파악하고 듣는다. Recording에서 지역 식품은 환경에 상대적으로 '적은 영향'을 미친다고 했으므로 타이밍을 놓치지 않고 low를 들었다면 impact를 맞출 수 있다. 정답은 impact이다.

2   helps **2** _____

[해설] Economy 항목 안에 있는 내용으로 economy(경제)에 관한 이야기가 시작되면 해당 부분에 대한 정답 실마리가 나오게 된다는 사실을 미리 파악하고 듣는다. Recording에서 지역 식품은 그 지역의 경제에 돈을 주는 반면, 지역 외 식품은 대기업들에게만 이익을 준다고 하였으므로 정답은 help와 유의어인 benefit 뒤의 목적어 corporations이다. 지시사항에 ONE WORD ONLY를 확인하고 large corporations 두 단어를 적지 않도록 주의하자.

(Paraphrasing!) helps → benefit

3   better consumer **3** _____

[해설] Health 항목 안에 있는 내용으로 health(건강)에 관한 이야기가 시작되면 해당 부분에 대한 실마리가 나오게 된다는 사실을 미리 파악하고 듣는다. Recording에서 공공 보건과 관련하여 지역적인 소비는 종종 소비자들이 그들이 먹는 음식이 어디에서 온 것인지 더 잘 알게 해준다고 하고 있으므로 정답은 문제지상 better와 동의적 표현인 a higher level of 뒤의 목적어 awareness이다. health라는 신호 키워드가 들리면 지역 식품과 지역 외 식품 간의 비교가 시작되니 놓치지 않도록 집중해야 한다.

📎 **Vocabulary**

decade ⓝ 십 년   raise ⓥ 높이다   process ⓥ 가공 처리하다   region ⓝ 지역   ingredient ⓝ 성분, 재료   plant ⓝ 공장
the public 대중   emphasise ⓥ 강조하다   relatively ⓐⓓⓥ 상대적으로   impact ⓝ 영향, 효과   emission ⓝ 배기가스
consumption ⓝ 소비(량)   transport ⓥ 운송하다   benefit ⓥ 이롭게 하다   result in 초래하다   consumer ⓝ 소비자
awareness ⓝ 인식, 인지   origin ⓝ 출처, 기원   oppose ⓥ 반대하다   preservative ⓝ 방부제

PAGODA
IELTS Listening

PAGODA IELTS Listening

CHAPTER 02

실전 다지기

OVERVIEW

IELTS Listening Part 1은 1번부터 10번까지 열 문제가 출제되며 두 남녀 사이의 대화이다. 일상 생활 속에서 흔히 발생할 수 있는 상황이 주어지며 영어권 나라에서 생활할 때에 도움이 되는 좋은 표현들도 더불어 공부할 수 있다. 청해력과 더불어 Speaking 구사력을 위해서 문제 풀이 후 반드시 꼼꼼하게 복습하고, 좋은 표현들을 공부해 두자.

◆ 빈출 지문 유형

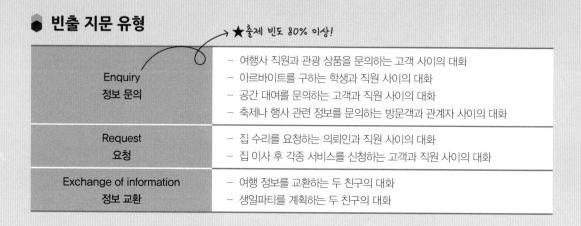

★ 출제 빈도 80% 이상!

Enquiry 정보 문의	– 여행사 직원과 관광 상품을 문의하는 고객 사이의 대화 – 아르바이트를 구하는 학생과 직원 사이의 대화 – 공간 대여를 문의하는 고객과 직원 사이의 대화 – 축제나 행사 관련 정보를 문의하는 방문객과 관계자 사이의 대화
Request 요청	– 집 수리를 요청하는 의뢰인과 직원 사이의 대화 – 집 이사 후 각종 서비스를 신청하는 고객과 직원 사이의 대화
Exchange of information 정보 교환	– 여행 정보를 교환하는 두 친구의 대화 – 생일파티를 계획하는 두 친구의 대화

◆ 빈출 문제 유형

Part 1에서 다지선다형(Multiple Choice) 문제 유형의 출제 빈도는 낮지만 만일의 경우에 대비하여 Part 2 와 Part 3 학습 시 해당되는 접근법들을 꼼꼼히 학습한 후 활용해야 한다.

Part 1 빈출 경향

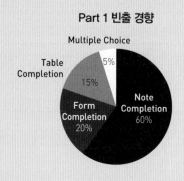

Multiple Choice

Table Completion

5%

15%

Form Completion 20%

Note Completion 60%

🔷 핵심 실전 전략

앞서 Chapter 1 기초 다지기에서 배운 필수 스킬들 중 '각 화자의 역할 파악하기'와 '정답과 오답 구분하기'를 활용하여 Part 1에서 가장 자주 출제되는 세 가지의 문제 유형(Note Completion, Form Completion, Table Completion)들을 학습해 보도록 한다. Part 1 실전 전략은 아래와 같이 청취 전, 청취 중 그리고 청취 후 이렇게 크게 세 가지로 구분된다.

청취 전 주어진 배경 상황과 각 화자의 역할을 파악한 후 누락된 정보에 대해 다각도로 예측한다.
⋮
청취 중 대화의 흐름을 따라가며 누락된 정보를 위한 실마리를 메모한다.
⋮
청취 후 청취 중 메모를 바탕으로 정확한 해석과 논리 파악을 통해 최종 정답을 결정한다.

🔷 파트 유의 사항

❶ 사람들이 누구나 일상 속에서 겪을 수 있는 상황들이 주어지므로 영어적인 부분보다 상식적인 부분을 최대한 활용하여 '내용' 자체를 파악하는 것이 중요하다.

↪ 이 상황에서 두 사람이 주고 받을 내용은 지갑을 분실한 장소, 시간, 지갑 안의 내용물 등에 대한 내용일 거라는 점을 누구나 충분히 예측 가능하다. 긴장한 채로 들리는 영어에만 집중하지 말고 대화의 전개를 파악하며 따라가는 것이 중요하다.

❷ 어려운 표현들보다 '낯선' 표현들이 다소 등장하므로 영어 드라마나 영화 또는 책 등을 통해 일상 생활 속에서 사용되는 표현들을 미리 학습해야 한다. 가령, 발급된 주차 허가증을 '어디에' 부착해야 하는지를 알려주는 내용에서 '자동차의 앞 유리'라는 의미의 windshield를 알아듣고 적을 수 없다면 주관식 정답 처리가 불가능하다. 따라서 학문적으로 난이도가 높은 어휘들보다 일단 본인 주변의 온갖 집기들을 영어로 표현할 줄 아는지 먼저 확인해야 한다. 아래의 단어들 중 몇 개나 적을 수 있는지 스스로 테스트해 보자.

비둘기	pigeon	인공위성	satellite
(차량의) 브레이크	brake	타조	ostrich
(막힌 변기용) 플런저	plunger	놀이 공원	theme park
국자	ladle	서랍	drawer
기린	giraffe	풍선	balloon

실제 정기시험의 Part 1에서 출제 빈도가 높은 문제 유형들은 주로 세 가지(Note Completion, Form Completion, Table Completion)로 정해져 있다. 일반적으로 출제되는 빈도에 따르면, ONE WORD AND/OR A NUMBER(하나의 단어 그리고/또는 하나의 숫자)가 정답이 되는 주관식 문제들이 주를 이루며, 노트/서식 완성형(Note/Form Completion)과 테이블 완성형(Table Completion)은 그 접근법이 유사하므로 이번 Unit에서 함께 다룬다. Part 1을 학습할 때는 단어들의 스펠링을 주의 깊게 봐야 하며 명사들의 단수나 복수 형태 등 답안 작성 표기에 필수적인 문법과 규칙들을 점검해야 한다.

📋 문제 출제 형태

Note/Form Completion 노트/서식 완성형

대화 속 주요 정보를 메모하는 형태의 문제이다. 이름, 전화번호, 집 주소 등 단순한 개인 정보를 받아 적는 기존의 서식 완성형(Form Completion) 문제 유형은 독립적인 문제 형태로 출제되는 경우가 드물며 간혹 이 노트 완성형 문제 유형 속에 포함되어 출제되는 경우는 있다. 이에 비해 실제 내용 속에서 주고 받는 정보 중 <u>누락된 정보를 파악하는</u> 노트 완성형 유형의 출제빈도가 매우 높다.

Complete the notes below. Write **ONE WORD AND/OR A NUMBER** for each answer.	Complete the form below. Write **NO MORE THAN TWO WORDS** for each answer.
JOB ENQUIRY	**PERSONAL DETAILS FORM**
• **Name:** Tanya Thompson • **Type of work: 1** _____ • **Working hours per week:** 28 hours • **Perk:** free **2** _____	**Name:** Jason **1** _____ **Date of Birth:** 27th July 1980 **Current Address: 2** _____ Road **Email Address:** kky2364@ **3** _____.co.uk

Table Completion 테이블 완성형

대화 속 주요 정보를 요약해 표 형식으로 만들어 놓은 형태이다. 가로 항목들과 세로 항목들을 바탕으로 <u>대화의 '진행 순서'</u>를 먼저 파악하는 것이 중요하다. 누락된 정보는 빈칸의 앞뒤보다 '위 아래에' 이미 주어진 같은 카테고리의 정보를 바탕으로 예측하는 것이 더 효과적이다.

Complete the table below.
Write **ONE WORD AND/OR A NUMBER** for each answer.

Evening Classes for Employees

Classes	Time	Venue	Note
6 _____	7.00 pm	Conference Room 5	• **7** _____ • small groups

실전 전략

청취 전 **배경 상황 파악 후, 누락된 정보에 대해 다각도로 예측한다.**

주어진 배경 상황을 파악하고, 대화를 진행하는 화자와 정답 실마리를 제공하는 화자가 누군지 구분한다. 누락된 빈칸 정보에 대해서는 아래와 같이 '형태→내용→어휘' 순으로 다각도 예측을 한다.

❶ 형태 예측: 빈칸의 품사와 형태를 파악한다.
❷ 내용 예측: 상식을 바탕으로 빈칸에 나올 내용을 미리 예측한다.
❸ 어휘 예측: 빈칸 주변에 있는 표현들이 어떤 말로 들릴지 미리 예측한다.

청취 중 **빈칸과 관련된 실마리 정보를 메모한다.**

이미 지나간 놓친 문제에 흔들리지 않고 대화의 흐름을 따라가며 내용 속에서 미리 예측된 빈칸 정보에 관련된다고 생각되는 실마리 표현들을 위주로 메모한다. 들리는 그대로의 영어로, 또는 스펠링이 생각나지 않을 때는 대충 한글로 신속하게 메모한다.

청취 후 **정확한 해석과 논리를 바탕으로 답안 작성 조건에 맞게 정답을 작성한다.**

청취하며 메모한 정보들을 실제 영문 표기법에 알맞게 따로 주어진 답안지에 스펠링, 단어 수, 표기법, 기호 또는 단위 등을 모두 고려하여 최종적으로 옮겨 적는다.

⊘ 답안 작성 요령 Tip

빈칸에 누락된 정보를 채우는 주관식 문제의 경우, 별도로 제공되는 답지에 답을 옮겨 적을 때는 주어진 조건에 맞춰 반드시 아래의 사항들을 모두 고려하여 작성해야 한다.

지시사항 속 단어 수 제한	① **ONE WORD ONLY:** 한 단어로 작성
	ⓔ shoes ◉　　　　　the shoes ✕
	② **ONE WORD AND/OR A NUMBER:** 한 단어 / 숫자 하나 / 한 단어와 숫자 하나의 조합으로 작성
	ⓔ shoes ◉　　20% ◉　　M143700 ◉ (여권번호)
	March 31st ◉　　March 31st, 1970 ✕
	③ **NO MORE THAN TWO WORDS:** 한 단어 또는 최대 두 단어로 작성
	ⓔ shoes ◉　　red shoes ◉　　the red shoes ✕
	④ **NO MORE THAN TWO WORDS AND/OR A NUMBER:** 최대 두 단어 / 숫자 하나 / 최대 두 단어와 숫자 하나의 조합으로 작성
	ⓔ Friday ◉　　Friday morning ◉　　every Friday morning ✕ (세 단어)
	20% ◉　　20% discount ◉　　March 31st ◉
	March 31st, 1970 ✕ (숫자 두 개)
정확한 철자	friends ◉　　freinds ✕
	batteries ◉　　betteries ✕
	brakes ◉　　breaks ✕
명사의 단수 혹은 복수 형태	men ◉　　man ✕
	gardens ◉　　garden ✕
	chocolate ◉　　chocolates ✕
	Tip! 셀 수 있는 명사의 경우, 빈칸 주변에 정확한 단수의 근거인 a나 단수형 동사가 나오면 단수 취급하고 many나 복수형 동사가 나오면 복수 취급을 한다. 그 외 빈칸 주변에 정확한 단·복수 형태에 대한 근거가 없는 경우에는 둘 다 정답이 가능하다.
대소문자의 올바른 구분	Sweden ◉　　sweden ✕
	Black Street ◉　　black street ✕
	Room A ◉　　room A ✕

올바른 영문 표기법을 습득하기 위해서는 써 보는 것보다 쓰여진 정보를 많이 접하는 것이 더 효과적이다. 그날의 날짜가 적힌 신문, 레스토랑 메뉴판에 쓰인 식재료의 영문 표기 등 늘 영어로 적혀진 정보를 눈여겨 보자.

● 핵심 예제 유형

 U1-01

Questions 1–5

Complete the notes below.

*Write **ONE WORD AND/OR A NUMBER** for each answer.*

Sylvan Lake National Park

- **Weather:** dry and cool
- **Best time to visit: 1** _____ of the year
  good fishing year-round
- **Types of fish: 2** _____ trout and yellow perch
- **Location:** near Sylvan
  five miles **3** _____ of Fishby
- **Entrance fee:** recently raised to **4** $ _____
- **Information on bears:** usually not aggressive
  purchase a **5** _____ from a local shop

스크립트 및 정답 p. 002

주어진 상황을 정확히 파악하기 위해서 배경 소개를 듣고 배경 상황과 화자의 역할을 파악한 후, 문제지의 제목과 소제목들을 신속하게 읽고 해석해 둔다.

Sylvan Lake National Park

- **Weather:** dry and cool
- **Best time to visit: 1** _____ of the year
    good fishing year-round
- **Types of fish: 2** _____ trout and yellow perch
- **Location:** near Sylvan
    five miles **3** _____ of Fishby
- **Entrance fee:** recently raised to **4** $ _____
- **Information on bears:** usually not aggressive
    purchase a **5** _____ from a local shop

⊙ 각 화자의 역할 파악
남성: 공원에 대한 갖가지 질문을 하는 고객
여성: 공원 관리 직원으로 남자의 질문들에 대한 답변 제공

→ 남자의 목소리
  (수화기 너머 확성기 소리)
→ 여자의 목소리(육성)

---

1 배경 상황 파악하기

Recording의 *"Part 1. You will hear a man phoning a park management office to ask an employee some questions."*를 듣고, 한 남성이 공원 관리 사무소에 전화해 직원에게 질문을 하는 상황임을 알 수 있다. 남자의 목소리는 주로 질문을, 직원인 여자의 목소리는 주로 정답에 관련된 정보를 줄 것임을 미리 예측한다.

2 문제지의 제목과 소제목 읽고 화자 구분하기

표에서 왼쪽 소제목 부분에 대해서는 남자가 물어보고, 여자는 이 소제목들에 대한 답변을 제공할 것임을 미리 예측할 수 있다. 문제지에 제시된 소주제들을 통해 대화 속에 언급될 내용들을 미리 파악하여 흐름을 놓치지 않고 따라가자.

- Weather – 공원의 날씨
- Best time to visit – 최적의 방문 시기
- Types of fish – 주로 낚시되는 어종
- Location – 공원의 위치
- Entrance fee – 공원의 입장료
- Information on bears – 곰 관련 정보

❸ 빈칸 다각도 예측하기

빈칸 정보에 대해서는 아래와 같이 '형태→내용→어휘' 순으로 예측한다. 이때, 형태 예측과 내용 예측은 필수적인 반면에 어휘 예측은 가능한 경우에만 선택적으로 적용하는 스킬이다.

Sylvan Lake National Park

- **Weather:** dry and cool →ⓛ 내용 예측: 방문하기 좋은 시기
- **Best time to visit: 1** _____ of the year

  good fishing year-round →ⓛ 내용 예측: 낚시 가능한 어종
- **Types of fish: 2** _____ trout and yellow perch
- **Location:** near Sylvan →ⓛ 내용 예측: 위치/거리/방향 관련 내용

  five miles **3** _____ of Fishby →① 형태 예측: 돈 액수 자리
- **Entrance fee:** recently raised to **4** $ _____
- **Information on bears:** usually not aggressive →① 형태 예측: 관사 a 뒤의 명사 자리

  purchase a **5** _____ from a local shop

  ⓛ 어휘 예측: purchase=buy

---

❶ 형태 예측: 빈칸의 품사와 형태를 파악한다.

빈칸의 문법적 형태를 파악해 두는 것은 필요한 정보만 골라 들을 수 있도록 도와주며, 간혹 정답을 놓쳤더라도 어느 정도 정답을 예측 가능하게끔 해 준다.

❷ 내용 예측: 상식을 바탕으로 빈칸에 나올 내용을 미리 예측한다.

빈칸에 해당되는 '정보의 범위'를 줄이기 위해 반드시 주어진 상황을 먼저 이해하고 주제에 알맞은 예측을 해야 한다. 주어진 모든 문제들을 예측할 필요는 없으며 본인의 상식과 편견을 최대한 활용해 단시간에 빈칸에 어떤 내용이 올지 예측할 수 있도록 훈련하자.

❸ 어휘 예측: 빈칸 주변에 있는 표현들이 어떤 말로 들릴지 미리 예측한다.

실제 시험 현장에서는 미리 문제지를 살펴볼 수 있는 시간이 그리 길지 않다. 문제당 5초 가량의 시간이 주어지며 5개의 문제를 살펴보는 데에 25초 가량의 시간이 주어진다. 그러므로 이 어휘 예측은 선택 사항이며, 가능한 시행할 수 있도록 평소에 문제를 푼 후 Paraphrasing된 표현들, 즉 실제 들린 내용과 문제상 나온 표현이 서로 어떻게 달라졌는지 정리하는 작업을 게을리하지 말아야 한다.

청취 중에는 대화의 흐름을 놓치지 않는 것이 가장 중요하다. 내용이 빈칸 주변까지 접근했을 때 들리는 실마리들을 메모해야 한다. 이때, 정답의 철자, 글자 수, 대소문자의 구분 처리, 명사의 단·복수 처리 등에 신경 쓰지 말고 정확한 정보를 듣고 메모만 해 두자. 아래 예제의 대화를 다시 들으며 오른쪽에 메모해 둔 실마리 표현들을 살펴보자.

Sylvan Lake National Park

- **Weather:** dry and cool

- **Best time to visit: 1** _____ of the year
  good fishing year-round

> • Best time to visit
>   − beginning → best
>   − visit later → no problem

- **Types of fish: 2** _____ trout and yellow perch

> • Types of fish
>   − mostly 레인보우?
>   − actually, brown

- **Location:** near Sylvan
  five miles **3** _____ of Fishby

> • Location
>   − south of the city

- **Entrance fee:** recently raised to **4** $ _____

> • Entrance fee
>   − $5 → 10

- **Information on bears:** usually not aggressive
  purchase a **5** _____ from a local shop

> • Information on bears
>   − special
>   − 휘슬

Tip!
메모는 한글로 해도 전혀 상관없다. 가령, 갑작스럽게 restaurant를 써야할 때, 스펠링이 생각이 나지 않는 경우도 있다. 그때 당황하지 말고 문제의 옆에 한글로 '레스토랑' 또는 '식당'이라고 대충 적어 놓고 신속하게 대화의 흐름을 이어서 따라가도록 한다.

실전 전략 3 　청취 후　메모를 바탕으로 정확한 해석과 논리 파악을 통해 정답을 결정한다.

청취를 하는 동안에는 메모를 하느라 바빴다면 이제는 내용과 논리에 맞게 메모해 놓은 정보를 활용하여 정답을 결정하는 단계이다. 예측된 누락 정보를 바로 파악하고 표적적으로 메모할 수도 있지만 대부분의 경우 바로 판단하기 어려우므로, 정답을 결정하는 데 도움이 되는 실마리들을 메모해 둔 후 내용상 가장 적절한 정보를 최종 결정한다.

1　• **Best time** to visit: 1 _____ of the year
　　　신호 키워드

해설 빈칸 앞 소제목(Best time)과 빈칸 뒤 year를 보고 빈칸은 '시간이나 시기' 관련 내용 자리임을 미리 예측할 수 있다. 문제의 신호 키워드인 best time이 들린 후 대화에 집중한다. 공원 관리소 여자 직원과 문의를 하는 남자의 대화로 남자가 가장 방문하기 좋은 시기는 언제인지 질문하자 여자 직원이 '연초(the beginning of the year)'가 가장 적합하겠다고 대답한다. 오답 함정으로 남자가 나중에(later) 가도 괜찮은지 물어보는데 이걸 듣고 later를 답으로 적지 않도록 주의한다. 또한, 답안을 작성할 때 begining으로 스펠링을 잘못 적지 않도록 조심하자. 정답은 beginning이다.

2　• **Types of fish**: 2 _____ trout and yellow perch
　　　신호 키워드

해설 빈칸의 앞뒤에 주어진 정보를 보고 미리 '어떤 어종'에 대한 이야기가 나올 것임을 파악한다. 신호 키워드인 types of fish가 들린 순간부터 집중한다. 강에서 낚시할 때 잘 잡히는 어종에 대한 대화 속에서 남자는 rainbow trout(무지개 송어)를 언급하는 반면 여자는 brown trout(갈색 송어)를 언급한다. 그 강에서 잘 잡히는 어종을 정확히 알고 있는 사람은 공원 관리소 직원인 여자이므로 오답 함정으로 혼란을 주는 남자의 이야기에 헷갈리지 않도록 조심하자. 정답은 brown이다.

3　• **Location**: five miles 3 _____ of Fishby
　　　신호 키워드

해설 빈칸에 누락된 정보는 앞에 주어진 Location(위치)과 miles라는 표현을 보고 '위치/거리/방향' 관련 내용 자리임을 미리 예측할 수 있다. 문제의 신호 키워드인 location이 들린 이후의 대화에 집중한다. 영문으로 five miles _____ of Fishby라고 적혀있는 정보를 통해 Fishby라는 도시의 동/서/남/북 방향으로 5마일 떨어진 곳이라는 사실이 나올 것이라는 내용 예측이 가능하다. 실제 Recording상에서 Fishby에서 남쪽으로 5마일 떨어진 곳에 공원이 있다고 했으니 정답은 south이다.

4   • **Entrance fee:** recently raised to **4** $ _____
　　　　신호 키워드

해설 빈칸 앞 소제목(Entrance fee)과 가격표시($)를 보아 빈칸은 '돈 액수' 자리임을 미리 예측할 수 있다. 문제의 신호 키워드인 fee가 들린 부분부터 자세히 듣는다. 가격 정보가 5달러, 10달러 이렇게 두 가지가 등장하나 빈칸 앞에 raised를 보고 5달러에서 10달러로 인상되었다는 것을 알 수 있다. 날씨로 인해 피해를 복구하기 위한 목적으로 방문객들에게 소정의 입장료(a small fee)를 받고 있다고 했지만 최근 극심한 폭우로 인해 인상했다고 했으니 두 가지 돈의 액수 중 더 비싼 10달러가 정답이다. 답지에는 아라비아 숫자 10을 작성하도록 한다. 영문으로 ten을 적으면 돈 액수 표기법에 어긋나므로 주의한다.

5   • **Information on bears:** purchase a **5** _____ from a local shop
　　　　신호 키워드

해설 빈칸의 앞뒤를 살펴보며 '가게에서 구매할 수 있는 것'이 정답임을 예측한다. 문제의 신호 키워드인 bears가 들린 이후의 대화에 집중한다. 여자가 곰(bear)을 만날 경우에 대해 언급하며 혹시 모르니 곰에게 겁을 줘 쫓을 수 있는 호루라기를 공원 근처 상점에서 구매하라고 조언하므로 정답은 whistle이다. whistle은 호루라기 말고도 생활 영어에서는 휘파람이라는 뜻으로도 사용되므로 발음과 철자를 꼭 외워 두자. 참고로 보통명사들은 모두 일괄적으로 소문자 처리하도록 한다.

(Paraphrasing!) purchase → buy

PAGODA
IELTS Listening

Practice

 Pr1-01

Complete the notes below.

*Write **ONE WORD AND/OR A NUMBER** for each answer.*

JOB ENQUIRY
• **Name:** Paul Brown
• **Type of work: 1** _____ of small vehicles
• **Days open per week:** 6 days
• **Certification preferred**
• **Location: 2** _____ Road
• **Nearest bus stop:** opposite the **3** _____ station
• **Pay: 4** £ _____ an hour
• **Extra benefits:**
- flexible work, extra hours paid higher rate
- no work on public **5** _____
- hotel room provided when working **6** _____
• **Qualities required:**
- ability for effective **7** _____ with clients
- ability to work with a **8** _____
• **Interview:**
- to be conducted on **9** _____ at 10 am
- names of two **10** _____ required
- ask for Meera

Questions 11–20

 Pr1-02

Questions 11–16

Complete the notes below.

Write **NO MORE THAN TWO WORDS AND/OR A NUMBER** *for each answer.*

Valley Pine Golf Course

Working Hours
- Clubhouse closes around **11** _____ – time depends on season
- Open late on Thursdays – until 11pm
  - Need key to open the **12** _____

Costs
- Weekly cost for sons: **13** £ _____ each

Parking
- Parking lot attached to course
- Extra parking on **14** _____ Street

Facilities
- A **15** _____ on the second floor
- Changing rooms on the first floor
- For cart rentals, call secretary at **16** _____

Questions 17–20

Complete the table below.

*Write **NO MORE THAN TWO WORDS** for each answer.*

Courses	Frequency	Details
Teenager Course	4 times a year	- lasts 3 days - all equipment provided - bring **17** _____
18 _____ Class	twice a month	- morning or afternoon - taught by pro trainer
Beginners Class	3 times a month	- **19** _____ waived
20 _____ Clinics	once a month	- free for members - £15 for non-members

PAGODA
IELTS Listening

OVERVIEW

IELTS Listening Part 2는 11번부터 20번까지 열 문제가 출제되며 한 명의 화자가 특정 대상들에게 정보를 전달하는 상황이 주어진다. 일상 생활에서 누구나 경험할 수 있는 상황이 주어지므로 내용 자체에 큰 거리감 없이 쉽게 접근할 수 있다. 그러므로 들리는 영어에만 집중하려고 긴장하지 말고 본인의 상식과 경험을 활용해 융통성 있게 내용을 파악하도록 하자.

◆ 빈출 지문 유형

★출제 빈도 60% 이상!

Introduction 소개	– 한 관광지의 유래와 변화에 대한 소개 – 한 지역의 새로운 시설에 대한 계획과 혜택에 대한 소개 – 신입 직원들에게 회사 소개와 담당 업무 및 주의사항 전달
Guide 안내	– 관광객 또는 방문객들에게 각종 시설과 서비스를 안내하는 상황 – 박물관 갤러리들에게 전시에 대해 안내하는 상황 – 새 회원들에게 각종 수업과 서비스를 안내하는 상황
Suggestions and Advice 제안과 조언	– 한 지역의 각종 범죄 현황과 예방법에 대해 조언을 하는 상황 – 올바른 건강 관리에 대한 다양한 제안 및 조언을 하는 상황

◆ 빈출 문제 유형

Part 2에서 주관식 문제 유형인 문장 완성형(Sentence Completion) 또는 노트 완성형(Note Completion) 문제 유형이 나오는 경우는 극히 드물다. 하지만 만약 이런 주관식 문제 유형을 Part 2에서 만나게 된다면 Part 1에서 함께 공부했던 '빈칸에 누락된 정보에 대한 다각도 예측 – 형태/내용/어휘 예측' 스킬을 적용할 줄 알아야 한다.

Part 2 빈출 경향

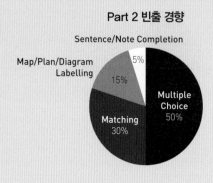

Sentence/Note Completion

Map/Plan/Diagram Labelling

5%

15%

Multiple Choice 50%

Matching 30%

🔷 핵심 실전 전략

앞서 Chapter 1 기초 다지기에서 배운 필수 스킬들 중 '흐름 따라가며 실마리 메모하기'를 활용하여 Part 2에서 가장 자주 출제되는 문제 유형(Multiple Choice, Matching, Map/Plan/Diagram Labelling)들을 학습하자. Part 2의 실전 전략은 아래와 같이 청취 전, 청취 중 그리고 청취 후 이렇게 크게 세 가지로 구분된다.

청취 전 배경 상황과 화자, 그리고 청자를 파악한 후, 내용의 흐름을 잡아 줄 신호 키워드를 체크한다.
⋮
청취 중 이야기의 흐름을 따라가며 각 문제를 해결하기 위한 주요 실마리 표현을 최대한 많이 메모해 둔다.
⋮
청취 후 청취 중에 메모한 실마리 표현들을 바탕으로, 정확한 해석과 논리 파악을 통해 최종 정답을 결정한다.

🔷 파트 유의 사항

❶ 사람들이 누구나 일상 속에서 겪을 수 있는 상황들이 주어진다. 그러므로 영어적인 부분보다 본인의 상식적인 부분을 최대한 활용하여 '내용' 자체를 빠르게 파악하는 것이 중요하다.

～ 청자(미술관 관람자)의 입장에서 화자(미술관 안내원)의
설명을 듣는다고 생각하면 이해하기 쉽다.

❷ 파트가 시작되면 최소 3분 이상은 들리는 내용에 집중해야 하므로 평소 이에 익숙하지 않다면 집중하기가 어려운 파트이다. 평소에 영국 또는 미국 TV 뉴스 등을 자주 시청하며 일단 한 자리에 앉아 집중력 있게 듣는 것에 익숙해지는 연습을 하도록 한다. 이때, 뉴스를 듣고 구체적인 내용을 파악하기 보다는 길게 진행되는 내용을 듣는 것 자체에 익숙해지는 훈련을 지속적으로 해 보자.

Tip!
뉴스 시청을 할 때에 반드시 새로운 화제로 전환되는 부분에서 말하는 사람의 어조와 말투, 그리고 분위기를 전환시키는 표현들을 체크해 두자.

UNIT 02

PART 2
빈출 유형 및 실전 전략

음원 바로 듣기

출제 비중에 있어 변동이 간혹 있는 것이 사실이지만, 실제 정기시험에서 Listening Part 2에서 주로 다루는 문제 유형들은 대체로 다섯 가지(Multiple Choice, Matching, Map Labelling, Plan Labelling, Diagram Labelling)로 정해져 있다. 가장 출제 빈도수가 높은 이 유형들을 이번 Unit에서 함께 공부해 보자. 다지선다형(Multiple Choice)과 정보 연결형(Matching) 문제 유형은 그 접근법이 유사하므로 함께 다루고, 도형 표기형(Diagram Labeling) 문제 유형은 별도로 학습하도록 한다.

🔷 문제 출제 형태

Multiple Choice 다지선다형

주로 세 개의 보기 중 하나의 정답을 도출해 내는 형식으로 출제된다. 간혹 다섯 개의 보기 중 두 개의 정답을 선택하는 다지선다형 문제도 출제되므로 더불어 그 접근법을 학습해야 한다.

---

*Choose the correct letter, **A, B** or **C**.*

11 Why is Edward Percy considered the greatest architect of all time?
    A for his great achievements in the field of study
    B for the way social issues are reflected in his works
    C for his interest in art works of various areas

*Choose **TWO** letters, **A–E**.*

12 Which **TWO** pieces of advice does the manager give about dealing with customers?
    A They should always be smiling.
    B They should always make eye contacts.
    C They should always ask for the receipts first.
    D They should give a refund without requirements.
    E They should always repeat the questions given.

Matching 정보 연결형

위의 다지선다형 문제 유형과 유사하나 접근법만 제대로 익힌다면 난이도는 훨씬 낮은 문제 유형이다. 각 문제마다 해당하는 관련 정보를 선택하여 맞는 정보를 매칭하는 형식으로, 방해가 되는 오답들만 잘 소거한다면 충분히 쉽게 정답을 공략할 수 있는 유형이다.

064 **PAGODA IELTS** Listening

*Choose **FOUR** answers from the box*
*and write the correct letter, **A–F**, next to*
Questions 11–14.

Problems	**Restaurants**	
A It is too costly.	**11** Paul's Café	_____
B The staff are unfriendly.	**12** Big Brothers'	_____
C There are always many people waiting.	**13** Green Forest	_____
D The parking space is limited.	**14** Butter Naan House	_____
E They change the head chef all the time.		
F There are no vegetarian dishes.		

Diagram Labelling 도형 표기형

일상 생활 속에서 흔히 볼 수 있는 가전 제품이나 상품들의 일부를 그림으로 보여주어 각 부위의 명칭을 표기하는 도형 표기형 문제는 앞서 배운 두 문제 유형과 유사하나 실제 정기시험에 출제되는 빈도는 낮은 편이다. 주관식으로 직접 해당 부위의 명칭을 적는 형태보다 아래와 같이 보기를 주고 각 부위가 하는 역할과 맞는 보기를 선택하는 방식으로 주로 출제된다.

Label the diagram below.

*Choose **THREE** answers from the box*
*and write the correct letter, **A–E**, next to*
Questions 11–13.

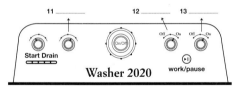

A main power switch
B reset button
C water controller
D heat controller
E warning indicator

Tip! 도형 표기형(Diagram Labelling) 접근법

보통 도형 표기형(Diagram Labelling) 문제 유형에는 생소한 그림이 등장하는데 이때 가장 먼저 문제의 순서를 파악해야 한다. 문제를 순서대로(11번 → 12번 → 13번) 살펴보며 만약 11번 옆에 많은 버튼들이 등장한다면 이들이 12번에 가기 전에 집중력을 흐트러서 함정에 빠질 수 있게 한다는 점을 미리 예측하고 집중하며 따라가야 한다. 또한, 학습 후 스크립트를 통해 다양한 표현들을 따로 정리하며 그림과 도형의 '위치'를 나타내는 표현들을 틈틈이 암기하도록 한다.

한 가지 주의할 점은 Recording에서 들린 단어가 보기에 그대로 주어지는 경우에는 오답 함정일 수 있으므로 Recording을 들을 때 반드시 문제 옆에 관련 정보를 메모하고 보기에서 정오답을 구분해야 한다. 예를 들어, 실제 Recording상에서 warning이라는 단어가 들렸다면, warning이 적힌 보기는 무시해야 한다. warning이라는 단어 대신 비슷한 말로 Paraphrasing된 danger가 들렸다면 warning이 적힌 보기를 과감히 선택한다.

◆ 실전 전략

청취 전 배경 상황 및 화자와 청자 파악과 신호 및 문제의 키워드를 체크한다.

❶ 주어진 배경 상황과 화자 및 청자의 역할을 파악한다.

❷ 문제별로 이야기의 흐름을 잡아주는 신호 키워드를 체크한다.

각 문제별로 이야기의 흐름이 어디로 흘러가는지를 잡아주는 신호 키워드를 찾아서 미리 표기해 둔다.

❸ 각 문제별로 문제 풀이 키워드를 체크한다.

다지선다형 문제들에는 주어진 보기 세 개를 정답과 오답들로 구분 지을 수 있는 결정적인 키워드가 문제 속에 늘 존재한다. 그 문제 풀이용 키워드를 신속하게 파악해서 체크해 두어야 한다.

청취 중 반드시 필요한 주요 실마리 표현 위주로 메모한다.

다지선다형 문제들은 각 문제들을 해결할 수 있는 실마리들을 가능한 한 많이 메모하는 것이 중요하나, 필요 없는 정보까지 메모하는 경우에는 혼돈을 줄 수 있다. 그러므로 청취 전 단계에서 파악해 놓은 것을 바탕으로 정말 필요한 실마리 표현들 위주로 메모할 수 있어야 한다.

청취 후 메모에 근거하여 정확한 해석과 논리를 바탕으로 정답을 선택한다.

청취하면서 메모한 정보들을 바탕으로 오답을 소거하고 정답을 도출하는 단계이다. 다지선다형 문제에서 주어지는 보기들은 실제 내용상에 모두 언급되기 때문에, 단순히 메모해 둔 표현들과 보기 속 표현들이 같다고 하여 정답으로 성급하게 결정하지 않도록 주의한다. 대부분 정답은 같은 표현이 아닌 Paraphrasing된 보기가 정답인 경우가 많으므로 이 점을 유의하여 정답을 선택하도록 한다.

Map/Plan Labelling 지도/평면도 표기형

한 특정 장소의 지도가 이미지로 주어지며 화자의 안내를 집중해서 듣고 따라가야 하는 문제 유형이다. 출제 방식은 '현 위치(You are here)'에서 안내 내용을 따라가며 문제 속 장소들을 찾아내는 형식의 문제와 단순히 각 문제 속 장소들의 위치만 파악해 정답을 찾는 문제 등 다양한 형식으로 출제된다. 한 가지 유의할 점은 Map/Plan Labelling 유형의 실전 전략은 청취 전과 청취 중 단계만으로 해결해야 한다는 것이다. 이는 이전에 학습한 실전 전략과 다르므로 지도/평면도 표기형 문제를 접근할 때는 반드시 아래 전략을 사용하자.

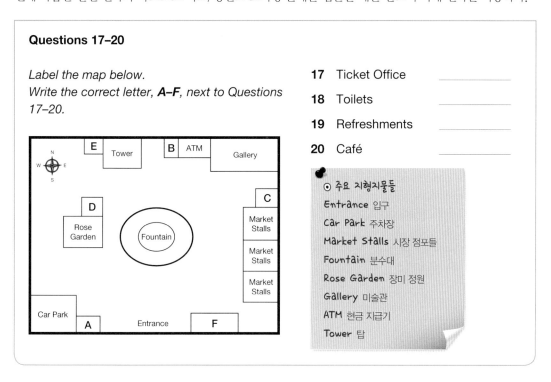

Questions 17-20

Label the map below.
*Write the correct letter, **A-F**, next to Questions 17-20.*

17 Ticket Office _____

18 Toilets _____

19 Refreshments _____

20 Café _____

⊙ 주요 지형지물들
Entrance 입구
Car Park 주차장
Market Stalls 시장 점포들
Fountain 분수대
Rose Garden 장미 정원
Gallery 미술관
ATM 현금 지급기
Tower 탑

🔵 실전 전략

청취 전 지도 속 위치와 방향 잡기를 도와줄 주요 지형지물들(landmarks)을 잘 살핀다.

주로 Entrance(입구)에서 이야기가 시작되며, 지도 속에 동서남북 표기가 있는 경우 위치 정보를 제공할 때 반드시 동서남북에 관련된 표현이 언급된다. 지도에서 왼쪽(the left-hand side), 오른쪽(the right-hand side), 위쪽(at the top), 아래쪽(at the bottom) 그리고 중앙(in the middle/centre) 이렇게 구역들을 구분하는 표현들을 익혀두고 미리 정 중앙을 기준으로 동서남북 어디에 무엇이 있는지 봐 두어야 한다.

청취 중 이야기를 집중해서 따라가며 각 장소의 위치를 파악하여 정답 처리한다.

순서대로 위치가 언급되며 한 번 지나간 문제는 다시 언급되지 않으니 흐름을 놓치지 말고 잘 따라가야 한다. 모든 내용을 100% 이해하기 힘든 경우, 반드시 각 문제들마다 언급된 주변 지형지물들에 '해당 문항 번호'라도 적어 두어야 한다. 가령, 위의 18번 문제처럼 Toilets를 들어야 하는 경우 Recording상에 언급되는 모든 내용을 이해하지 못하더라도 Car Park나 parking 등의 실마리가 들리면 신속하게 지도에서 A의 주변에 숫자 18을 적어 두자.

아래에 주어진 예제는 다지선다형 문제 유형이므로 66쪽에서 학습한 실전 전략을 활용하여 그 접근법을 훈련하도록 하자.

Questions 1–3

*Choose the correct letter, **A, B** or **C**.*

Mount Rushmore

1 Why is Doane Robinson considered the 'Father of Mount Rushmore'?
   A He was a famous sculptor.
   B He came up with the idea.
   C He increased area tourism.

2 The guide says Mount Rushmore was chosen for carving mainly because of
   A the prolonged sun exposure.
   B the quality of the granite.
   C Native American support.

3 Who did the mountain take its name from?
   A a tour guide
   B a miner
   C a lawyer

스크립트 및 정답 p. 014

실전 전략 1 청취 전 배경 상황을 파악하고 문제별로 이야기의 흐름을 잡아줄 신호 키워드를 체크한다.

배경 소개를 듣고 주어진 배경 상황을 이해하고, 각 문제별로 이야기의 흐름을 잡는 데 도움이 되는 신호 키워드들을 파악하여 체크해 둔다.

1 배경 상황 파악하기

Recording의 *"Part 2. You will hear a guide at a national park in the U.S. giving information to a group of visitors."* 를 듣고 미국의 한 국립공원을 방문한 방문객들에게 정보를 제공하는 가이드의 이야기임을 파악한다. 청취할 때 본인이 공원의 방문객들 중 한 명이라고 가정하고 듣는다면 집중하는 데 더욱 도움이 될 것이다.

2 신호 키워드 잡기

이야기의 중간에 내용 이해가 제대로 이루어지지 않으면 문제와 문제 사이의 흐름을 놓칠 수 있으므로 반드시 각 문제별로 이야기의 흐름을 잡는 데 핵심 키워드가 될 만한 소재를 파악하여 미리 체크해 두고 듣도록 한다. 주로 각 문제에 '처음 언급되는 표현들'이 흐름을 잡아줄 수 있는 신호 키워드인 경우가 대부분이니, 나름대로 판단하여 신속하게 연필로 동그라미 쳐 두고 신호 키워드를 바탕으로 자세히 듣도록 한다.

신호 키워드: 해당 단어가 들리는 부분부터 자세히 듣는다!

1 Why is Doane Robinson considered the 'Father of Mount Rushmore'?
  A He was a famous sculptor.
  B He came up with the idea.
  C He increased area tourism.

신호 키워드

2 The guide says Mount Rushmore was chosen for carving mainly because of
  A the prolonged sun exposure.
  B the quality of the granite.
  C Native American support.

신호 키워드

3 Who did the mountain take its name from?
  A a tour guide
  B a miner
  C a lawyer

Tip! 신호 키워드를 잡을 때는 무엇이든 좋으니, 흐름을 잡을 수 있는 키워드를 나름대로 판단하여 신속히 체크하도록 한다.

3 문제별 정오답 구분 키워드 체크하기

다른 파트와 달리, Part 2에서는 신호 키워드뿐만 아니라 문제별 키워드를 잡아야 한다. 다지선다형 문제들은 Recording에서 흘러나오는 정보를 알아듣는 것뿐 아니라 문제지에 적혀있는 '문제 자체'를 이해하는 것역시 중요하다. 그러니 청취 전 주어지는 짧은 시간 동안 주어진 보기들을 모두 빠르게 읽고 문제만 제대로해석해서 정답과 오답들을 구분해 주는 문제 풀이 키워드(who, what, when 등)를 체크해 둔다면 문제를 푸는 데 훨씬 수월할 것이다. 필요하다면 한글로 질문의 포인트를 옆에 적어 두는 것도 좋다.

문제 풀이 키워드

1 **Why** is **Doane Robinson** considered the 'Father of Mount Rushmore'?

도안 로빈슨은 '왜' '러시모어산의 아버지'라고 여겨지는가?

A He was a famous sculptor.

B He came up with the idea.

C He increased area tourism.

문제 풀이 키워드

2 The guide says **Mount Rushmore was chosen** for carving mainly because of

조각을 위해 러시모어산이 선택된 '주된 이유'는

A the prolonged sun exposure.

B the quality of the granite.

C Native American support.

문제 풀이 키워드   문제 풀이 키워드

3 **Who** did **the mountain** take its name from?

러시모어산은 '누구'의 '이름을 따서 지은' 것인가?

A a tour guide

B a miner

C a lawyer

실전 전략 2

청취 중 흐름을 놓치지 않고 따라가며 주요 실마리 표현을 위주로 메모한다.

청취 전 파악해 놓은 신호 키워드를 놓치지 않고 이야기의 흐름을 따라가며 메모하는 습관이 필요하다. 다만, 여기서 주의해야 할 점은 들리는 모든 정보를 메모하는 것이 아니라, '문제 해결에 꼭 필요한 정보' 위주로만 메모해야 한다는 것이다. 말처럼 쉬운 행동이 아니니 아래 예제의 내용을 다시 듣고 오른쪽에 메모한 표현을 살펴보자. 아래와 같은 방식으로 정답 관련 실마리들과 오답 관련 실마리들을 모두 메모할 수 있도록 해야 한다.

---

1 Why is Doane Robinson considered the 'Father of Mount Rushmore'?
　↳ 도안 로빈슨 관련 정보만 메모한다!

　A He was a famous sculptor.
　B He came up with the idea.
　C He increased area tourism.

> He became interested
> He thought~
> he who conceived ~

2 The guide says Mount Rushmore was chosen for carving mainly because of
　↳ chosen 다음 '주된' 이유에 타이밍을 잡아서 메모한다!

　A the prolonged sun exposure.
　B the quality of the granite.
　C Native American support.

> chosen
> most suitable
> good sunlight

3 Who did the mountain take its name from?
　↳ 산의 이름은 러시모어이므로 러시모어라는 인물에 대한 정보를 메모한다!

　A a tour guide
　B a miner
　C a lawyer

> 찾스 Rushmore
> A lawyer
> mining company
> asked guide

메모해 놓은 정보를 활용하여 정확한 해석과 논리에 맞게 정답을 결정하는 단계이다. 문제가 물어보는 것이 무엇이었는지, 혹시 중간에 함정에 빠뜨리기 위해 구색을 맞추어 제시해 놓은 보기는 없었는지 등 다양한 각도에서 고민하고 정답을 도출해 내도록 한다.

---

1 Why is Doane Robinson considered the 'Father of Mount Rushmore'?

A He was a famous sculptor.
B He came up with the idea.
C He increased area tourism.

왜 도안 로빈슨은 '러시모어산의 아버지'라고 여겨지나?

A 그가 유명한 조각가였기 때문에
B 그가 아이디어를 제안했기 때문에
C 그가 지역 관광산업을 발전시켰기 때문에

해설 메모의 포인트는 바로 도안 로빈슨을 지칭하는 주어 He이다. He became interested(그가 관심이 생겼다), He thought(그는 생각했다), He conceived(그는 이해했다) 등의 모든 메모에서 도안 로빈슨이라는 사람이 어떤 생각을 해냈다는 사실을 추리해낼 수 있다. 주어진 세 개의 보기 중 누군가가 가지고 있는 생각을 의미하는 것을 골라야 하므로 정답은 B He came up with the idea이다.

---

2 The guide says Mount Rushmore was chosen for carving mainly because of

A the prolonged sun exposure.
B the quality of the granite.
C Native American support.

가이드가 말하는 러시모어산이 조각을 위해 선택된 주된 이유는

A 지속적인 일광 노출 때문에
B 화강암의 질 때문에
C 북미 원주민들의 지지 덕분에

해설 러시모어산 말고 조각을 염두에 두었던 다른 후보도 언급이 되지만 정작 러시모어산이 '가장 적합하다 (most suitable)'라고 여겨졌던 이유는 바로 good sunlight 때문이었다. 그렇다면 세 개의 보기 중 '좋은 햇살'에 관련된 A the prolonged sun exposure가 정답이다.

---

3 Who did the mountain take its name from?

A a tour guide
B a miner
C a lawyer

그 산은 누구의 이름을 따서 지어진 것인가?

A 어느 관광 가이드
B 어느 광부
C 어느 변호사

해설 산의 이름이 누구의 이름을 따서 지어졌냐고 물어보고 있다. 즉, Rushmore = Who를 묻는 질문인데, 미리 러시모어라는 '누군가'의 이름을 따서 산 이름을 지었다는 것을 파악해야 한다. Recording상에서 Charles E. Rushmore, a lawyer라고 언급한 순간 정답이 C a lawyer라는 것을 알 수 있다.

PAGODA
IELTS Listening

Practice

Questions 1–6

*Choose the correct letter, **A**, **B** or **C**.*

1 Why was the speaker interested in sport as a child?
  A She got involved in school.
  B Her parents were physically active.
  C She wanted to become an athlete.

2 What is the speaker's job?
  A physical therapist
  B sport psychologist
  C professional athlete

3 Where did the speaker become interested in kayaking?
  A Thailand
  B the Philippines
  C Malaysia

4 The greatest health benefit of kayaking is
  A improved balance and coordination.
  B muscular development.
  C improved cardiovascular fitness.

5 Beginning kayakers should purchase
  A a throwline.
  B a water pump.
  C a reboarding device.

6 First-time kayakers should avoid
  A rivers.
  B lakes.
  C oceans.

Questions 7–10

Which features match the locations below?

*Choose **FOUR** answers from the box and write the correct letter, **A–G**, next to Questions 7–10.*

Features

A gentle water
B changing facilities
C professional supervision
D equipment for rent
E guide for hire
F challenging conditions
G good view

---

7 Stony Beach   _____

8 Green River   _____

9 Glass Lake   _____

10 Marlin Bay   _____

Questions 11–15

Which statement is true about each of the following restaurants?

*Choose **FIVE** answers from the box and write the correct letter, **A–F**, next to Questions 11–15.*

A It uses local products.
B It has tables outside.
C It serves meals quickly.
D It has a new head chef.
E It changes its menu daily.
F It is expensive.

Restaurants

11 The Reservoir   _____

12 Black Forest   _____

13 Naan House   _____

14 Red Sauce   _____

15 King's Head   _____

Questions 16–20

Label the map below.

*Write the correct letter, **A–G**, next to Questions 16–20.*

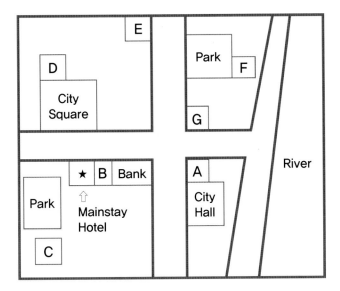

List of places

16	Rocker's Lounge	
17	Fair Trade Market	
18	Community Centre	
19	Lifetime Fitness	
20	Village Bike	

OVERVIEW

IELTS Listening Part 3은 21번부터 30번까지 열 문제가 출제되며 두 남녀 학생 또는 학생과 지도 교수 사이에 토론을 하는 상황이 주어진다. 주로 과제물에 대한 토론이나 교과 과정에 대한 상담 및 학습 방법 등에 대한 조언을 구하는 등 일반적인 학교 생활 속에서 흔히 발생할 수 있는 상황들이 주어진다. 이런 주제에 등장하는 화자들의 전 공은 화학, 생물학, 경영학, 지질학 등 매우 다양한 편이나 시험에서 이에 대한 전문 지식을 물어보지는 않는다. 따라서, 긴장하지 말고 Part 3의 주요 문제 유형들과 대화의 패턴에 익숙해질 수 있도록 훈련하자.

◈ 빈출 지문 유형

★ 출제 빈도 60% 이상!

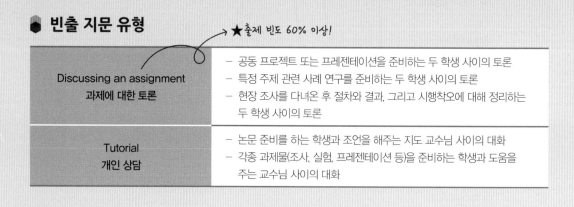

Discussing an assignment 과제에 대한 토론	– 공동 프로젝트 또는 프레젠테이션을 준비하는 두 학생 사이의 토론 – 특정 주제 관련 사례 연구를 준비하는 두 학생 사이의 토론 – 현장 조사를 다녀온 후 절차와 결과, 그리고 시행착오에 대해 정리하는 두 학생 사이의 토론
Tutorial 개인 상담	– 논문 준비를 하는 학생과 조언을 해주는 지도 교수님 사이의 대화 – 각종 과제물(조사, 실험, 프레젠테이션 등)을 준비하는 학생과 도움을 주는 교수님 사이의 대화

◈ 빈출 문제 유형

Part 3에서 노트 완성형(Note Completion)이나 단답형(Short Answer) 유형들의 출제 빈도는 매우 낮은 편이나 혹시나 출제될 경우를 대비하여 그 형태도 반드시 살펴보도록 한다. Part 3의 Note Completion 문 제 유형의 경우에는 Part 1에서 함께 공부했던 '빈칸에 누락된 정보에 대한 다각도 예측 – 형태/내용/어휘 예 측' 스킬을 적용할 줄 알아야 한다.

Part 3 빈출 경향

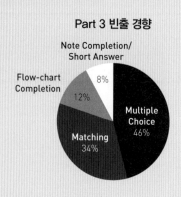

Note Completion/
Short Answer
8%

Flow-chart
Completion
12%

Matching
34%

Multiple
Choice
46%

🔷 핵심 실전 전략

앞서 Chapter 1 기초 다지기에서 배운 필수 스킬들 중 '옥신각신 토론 패턴에 집중하여 정답과 오답을 구분하기'를 활용하여 Part 3에서 가장 자주 출제되는 네 가지 주요 문제 유형(Multiple Choice, Matching, Flow-chart Completion, Short Answer)들을 학습하자. Part 3 실전 전략은 다른 파트들과 마찬가지로 '청취 전, 청취 중 그리고 청취 후' 이렇게 크게 세 가지로 구분된다.

청취 전 주어진 배경 상황과 각 화자의 역할을 파악한 후, 대화의 흐름을 잡아 줄 신호 키워드를 체크한다.

청취 중 대화의 흐름을 따라가며 문제가 원하는 정보에 관련된 실마리들을 최대한 많이 메모한다.

청취 후 청취 중 메모한 실마리들을 바탕으로 최종적으로 정답을 결정한다.

🔷 파트 유의 사항

❶ 가장 출제 빈도가 높은 다지선다형 문제의 경우, 각 문제마다 정답의 실마리를 제공하는 사람이 누구인지를 먼저 파악하는 것이 중요하다. 그에 따라 누구의 목소리에 집중을 해야 하는지 결정이 되기 때문이다. 집중해야 할 목소리가 여학생인지 아니면 남학생인지 또는 조언을 주는 교수님의 이야기에 집중해야 하는지, 아니면 두 사람 모두 동의하는 부분을 들어야 하는지 등 각 문제가 요구하는 부분을 반드시 미리 체크하자.

이 상황에서 두 사람 사이에 주고 받는 대화의 흐름은 대부분 '조언을 구하는 학생'과 '조언을 해 주는 교수님'의 입장에서 진행된다. 또한, 대화의 절반은 학생의 문제점에 대한 설명이, 나머지 절반은 교수님의 조언이 진행된다. 이런 대화 흐름의 성격들을 미리 알고 듣기 시작하면 내용이 훨씬 잘 들린다.

❷ 다양한 전공과목을 다루기는 하지만 그 전공분야의 전문적인 지식을 요하는 문제가 나오는 경우는 극히 드물기 때문에 긴장할 필요 없다. 또한, Part 3에 등장하는 대화와 표현들은 정해져 있으므로 아래 표에서 Part 3에 자주 등장하는 표현들을 얼마나 알고 있는지 스스로 먼저 체크해 보자.

(paper/essay의) 초안	first draft	(논문의) 주제	theme
사례 연구	case study	논문	thesis/dissertation
현장 조사	field trip	마감기한	deadline
지원금/보조금	grant	설문 (조사)지	questionnaire

Part 3에서 실제 출제되는 문제 유형들은 거의 대부분 다지선다형(객관식) 유형 위주라고 봐도 무방하다. 이 유형의 문제를 해결할 때는 대화의 흐름을 파악하기 위해 신호 키워드를 체크하는 '청취 전' 단계 외에도 대화의 토론이 어떠한 패턴으로 진행되는지 파악하는 것이 중요하다. 또한 정답이 제시되는 방식과 오답들이 제시되는 방식들을 직접 경험하고 익히지 않으면 오히려 오답 함정에 빠질 수도 있으므로 주의한다. 따라서, 이번 유닛에서는 그 패턴을 경험하고 분석하는 연습을 해 보도록 한다.

🔷 문제 출제 형태

Multiple Choice 다지선다형

Part 3의 다지선다형 문제 유형은 Part 2에 비해 보기가 더 길어지고 어휘도 많이 사용된다. 하지만 토론의 '옥신각신 패턴'과 '화자 구분 스킬'을 학습하면 충분히 이를 극복할 수 있다. 무조건 문제를 풀어 보는 게 중요한 게 아니라, 문제의 성격과 풀이에 사용될 방식을 정확하게 분석하는 것이 중요하다. 독백인 Part 2와는 다르게 Part 3의 다지선다형 문제는 각 문제마다 남자 또는 여자, 둘 중 한 명의 화자에게서 정답 관련 실마리가 나오는 경우도 있지만 두 사람 모두가 입을 모아 동의하는 것이 정답인 경우도 종종 있다. 그러니 각 문제마다 집중해서 메모해야 하는 실마리 정보를 제공하는 사람이 누구인지 우선 파악해 두어야 한다.

---

*Choose the correct letter, **A, B** or **C**.*

Research on wildlife in urban environments

21 Mark is concerned about the possibility that
   A the target species will not appear in the spot.
   B their habitats are not ideal for them to reproduce in.
   C the weather conditions may affect the way he is planning to investigate.

Matching 정보 연결형

주어진 여러 개의 보기들 중 각 문제에 해당하는 정보를 연결하는 문제 유형으로, 앞서 Part 2에서도 연습한 적이 있는 유형이다. 두 사람의 토론 속에서 주로 한 쪽의 일방적인 평가나 조언, 또는 제안을 듣고 메모해 둔 실마리 표현들이 Paraphrasing되어 있는 보기가 정답이 되므로 충분한 연습을 한다면 생각보다 쉽게 공략할 수 있는 문제 유형이다. 이때, 메모해 둔 실마리 표현들이 그대로 주어진 보기는 대부분 오답이니 반드시 주의한다.

*Choose **FOUR** answers from the box and write the correct letter, **A–E**, next to Questions 21–24.*

Problems
A   too much noise
B   too risky
C   too challenging
D   too much preparation
E   too short

21   Experiment 1   _____

22   Experiment 2   _____

23   Experiment 3   _____

24   Experiment 4   _____

Flow–chart Completion 흐름 차트 완성형

Part 3에서 흐름 차트 완성형이 나온다면 대부분 한 학생이 특정 과제를 수행하는 절차에 대해 물어본다. 보통 대학생들이 어떤 특정 주제를 대상으로 보고서를 작성할 때 보편적인 연구 과정이 정해져 있기 때문에 그 순서의 패턴에 익숙해져야 한다. 그 과정은 [주제 선택 → 조사 시행 → 결과 분석 → 보고서 작성] 순으로 정해져 있다. 여기서 학생들이 각자의 전공과목에 관련된 주제를 선택하여 과제를 시행하지만 실제 그 전공분야에 관련된 내용을 문제에서 물어보는 것은 아니다. 그러므로 내용에 대한 이해가 다소 부족하더라도 흐름 차트의 문제 패턴에 익숙해지면 충분히 공략할 수 있다. 이 문제 유형의 경우 실마리 표현을 메모한 후, 고른 정답 보기를 빈칸에 꼭 대입해 보고 말이 되는지 최종 확인 작업을 거쳐야 한다. 이렇게 확인 작업 후 정답을 결정하면 오답 함정을 피해갈 수 있을 것이다.

Complete the flow-chart below.

*Choose **FIVE** answers from the box and write the correct letter, **A–G**, next to Questions 26–28.*

A   documents
B   course books
C   dictionaries
D   structure
E   numbering
F   visual aids
G   video clips

How Charlie will conduct his research

He'll make **26** _____ on the subject.

He'll ask his tutor for **27** _____.

He'll read **28** _____ before writing.

Short Answer 단답형

앞서 소개된 문제 유형들에 비해 출제 빈도는 매우 희박한 편이지만 Part 1의 Note Completion 유형과 더불어 Part 3에 출제되는 경우가 아예 없다고 단정 지을 수는 없는 유형이다. 단답형 문제의 경우, 대부분 W-H 의문사로 시작하는 의문문이 등장하는데, 각 문제마다 요구하는 W-H 의문사가 정해져 있기 때문에 미리 빠르게 파악하여 무엇을 묻는 질문인지 옆에 메모해 두는 것이 중요하다. 가령, 아래의 21번 문제의 경우 'In what year ~'로 질문이 시작되므로 '연도'에 대한 대답이 정답이고, 22번의 경우 'Which section of the paper ~'로 질문이 시작되므로 학생들이 과제로 쓰는 논문의 섹션인 서론(introduction), 본론(body) 또는 결론(conclusion)이 정답이 된다. 이렇게 청취가 시작되기 전 신속하게 각 문제가 원하는 정보를 W-H 의문사를 통해 파악하여 메모해 두자.

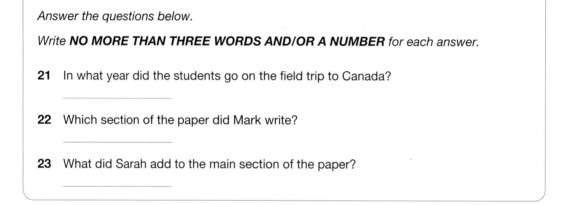

Answer the questions below.

*Write **NO MORE THAN THREE WORDS AND/OR A NUMBER** for each answer.*

21   In what year did the students go on the field trip to Canada?

_____

22   Which section of the paper did Mark write?

_____

23   What did Sarah add to the main section of the paper?

_____

🔷 실전 전략

청취 전 **배경 상황과 각 화자의 역할 및 문제의 키워드를 체크한다.**

❶ 주어진 배경 상황과 각 화자의 역할을 파악한다.

❷ 문제별로 흐름을 잡아주는 신호 키워드를 체크한다.

Part 3의 모든 문제 유형들이 더 어렵게 느껴지는 가장 큰 요인은 바로 문제와 문제 사이의 흐름을 잡지 못하기 때문이다. Part 1보다 화자들 사이의 실랑이는 길어지고, Part 2와는 다르게 두 화자가 주고 받는 대화로 이루어져 있다 보니 그 타이밍을 잡는 것이 쉽지 않다. 따라서 주어진 문제지 안에서 흐름을 잡아줄 수 있는 신호 키워드를 신속하게 체크하는 것이 직접 관련된 꼭 필요한 실마리를 메모하기 위해서도 매우 중요하다. 반드시 각 문제별로 대화의 흐름이 어디로 흘러가는지를 잡아주는 신호 키워드를 찾아서 문제에 표기해 둔다.

❸ 각 문제의 정확한 해석과 정답 관련 실마리를 제공해 줄 화자를 파악한다.

문제들마다 남자 또는 여자, 둘 중 한 명의 화자에게서 정답 관련 실마리가 나오는 경우도 있지만 두 사람 모두가 입을 모아 동의하는 것이 정답인 경우도 종종 있다. 그러니 각 문제마다 화자 구분 스킬을 적용하여 필요한 정보를 제공하는 사람이 누구인지 파악해 두어야 한다.

청취 중 **대화의 흐름을 따라가며 필요한 실마리들을 메모한다.**

다지선다형 문제들은 각 문제를 해결할 수 있는 실마리들을 가능한 한 많이 메모하는 것이 중요하나, 필요 없는 정보까지 메모하는 경우에는 혼돈을 줄 수 있다. 그러므로 청취 전 단계에서 파악해 놓은 것을 바탕으로 정말 필요한 실마리 표현들 위주로 메모할 수 있어야 한다. Part 3에 출제되는 다지선다형 문제들의 경우, 각 문제마다 정답 관련 실마리를 제공하는 화자들이 정해져 있으니 정답과 오답을 구분할 수 있게끔 보기 쉽게 메모해야 한다.

청취 후 **메모에 근거하여 정확한 해석과 논리를 바탕으로 정답을 선택한다.**

청취하면서 메모한 정보들을 바탕으로 오답을 소거하고 정답을 도출하는 단계이다. 다지선다형 문제에서 주어지는 보기들은 실제 내용상에 모두 언급되기 때문에 단순히 메모해 둔 표현들과 보기 속 표현들이 같다고 하여 정답으로 성급하게 결정하지 않도록 주의한다. 대부분 같은 표현이 아닌 Paraphrasing된 보기가 정답인 경우가 많으므로 이 점을 유의하여 정답을 선택하도록 한다.

Questions 1–3

*Choose the correct letter, **A, B** or **C**.*

Study on traditional preservation methods for fresh produce

1 How did Lawrence become interested in this topic?
   A by trying various exotic items at local ethnic restaurants
   B by travelling to another country and experiencing new foods
   C by enrolling in a course to learn advanced cooking skills

2 Lawrence and the tutor agree that he should perform experiments
   A preserving one type of food by various traditional methods.
   B applying one specific technique to several different foods.
   C using a number of processes on a variety of food products.

3 What was the problem with using smoking as a preservation method?
   A It resulted in a finished product with an undesirable flavour.
   B It caused the peppers to turn an unappealing colour.
   C It made Lawrence feel ill when he tried eating the finished product.

스크립트 및 정답 p. 024

실전 전략 **1**   청취 전 배경 상황을 파악하고 신호 키워드와 문제별 핵심 키워드를 잡는다.

1 배경 상황과 화자 파악하기

Recording상의 *"Part 3. You will hear a chemistry student called Lawrence discussing a project he is doing with his tutor."* 를 듣고 로렌스라는 한 화학과 학생이 현재 진행 중인 프로젝트에 대해 지도 교수와 상의하는 내용임을 파악한다. 따라서 남학생은 주로 과제물의 진행 과정과 문제점을, 여자 목소리의 교수는 주로 질문과 조언을 할 것으로 예측된다.

2 문제 속 신호 키워드에 체크하기

각 문제마다 언급되는 소재가 다르므로 문제와 문제 사이의 흐름을 잡아 주는 신호 키워드를 찾아 체크하자. 간혹 문제에 집중하기 어려울 때 아래와 같이 문제들 사이에 줄을 그어 보는 것도 좋은 방법이다.

제목을 보고 신선한 농산물(produce)을 보존(preservation)하는 방법에 대한 연구임을 미리 파악한다.   신호 키워드

Study on traditional preservation methods for fresh produce

신호 키워드: 해당 단어가 들리는 부분이 해당 문제에 대한 내용이 시작됨을 알린다.

1 How did Lawrence become interested in this topic?

A by trying various exotic items at local ethnic restaurants

B by travelling to another country and experiencing new foods

C by enrolling in a course to learn advanced cooking skills

신호 키워드

2 Lawrence and the tutor agree that he should perform experiments

A preserving one type of food by various traditional methods.

B applying one specific technique to several different foods.

C using a number of processes on a variety of food products.

대화의 흐름
topic [1번 문제]
⋮
experiments [2번 문제]
⋮
smoking [3번 문제]

신호 키워드

3 What was the problem with using smoking as a preservation method?

A It resulted in a finished product with an undesirable flavour.

B It caused the peppers to turn an unappealing colour.

C It made Lawrence feel ill when he tried eating the finished product.

Tip! 문제별로 대화의 흐름을 잡아주는 신호 키워드는 주로 각 문제에 '처음 언급되는' 표현들(topic, experiment, smoking)인 경우가 대부분이니 신속하게 연필로 동그라미 쳐 두도록 하자. topic 에 대해 언급하면 1번에 관한 내용이 나오고, 실험에 관한 내용이 나오면 2번, smoking에 관한 내용이 나오면 3번에 대한 내용이 나온다는 것을 알 수 있다.

❸ 화자 구분 스킬로 정오답 화자 구분하기

앞서 배운 옥신각신 패턴과 화자 구분 스킬을 상기시켜 보자. 문제마다 둘 중 한 명의 화자에게서 정답 관련 실마리가 나오는 경우도 있지만, 두 화자가 모두 입을 모아 동의하는 것이 정답인 경우도 종종 있다. 따라서, 정답 관련 실마리를 줄 화자가 누구인지 미리 파악하고, 이를 바탕으로 실마리를 메모하며 들어야 한다.

1 How did Lawrence become interested in **this topic**? [정답출처: 남자]
로렌스는 어떻게 '이 연구 주제'에 관심을 가지게 되었나?
A by trying various exotic items at local ethnic restaurants
B by travelling to another country and experiencing new foods
C by enrolling in a course to learn advanced cooking skills

2 Lawrence and the tutor agree that he should perform **experiments** [옥신각신 패턴]
실험을 어떻게 해야 한다고 '입 모아' 찬성하는가?
A preserving one type of food by various traditional methods.
B applying one specific technique to several different foods.
C using a number of processes on a variety of food products.

3 What was the problem with using **smoking** as a preservation method? [정답출처: 남자]
농산물을 보존하는 방법 중 '훈연'하는 것의 문제는 무엇이었나?
A It resulted in a finished product with an undesirable flavour.
B It caused the peppers to turn an unappealing colour.
C It made Lawrence feel ill when he tried eating the finished product.

실전 전략 2 **청취 중** 대화의 흐름을 따라가며 필요한 실마리들을 메모한다.

청취 전에 파악해 놓은 신호 키워드를 들으면서 대화의 흐름을 놓치지 않고 따라가며 메모해야 한다. 다만, 여기서 주의해야 할 점은 '들리는 모든 정보'를 메모하는 것이 아니라, 미리 파악해 둔 문제가 '원하는 정보'와 관련된 실마리들을 위주로 메모해야 한다는 것이다. 들으며 동시에 영어로 메모하는 것이 힘든 경우, 한글을 섞어가며 메모해도 좋다. 대화 내용을 다시 듣고 <u>오른쪽 메모를 살펴보며 본인이 얼마나 맞게 메모했</u><u>는지 비교해 보자.</u>

---

1 How did Lawrence become interested in this topic? ↳ 왜 그 주제를 더 살펴보고 싶었는지를 물어보는 교수의 질문 이후부터 실마리를 메모한다.

  A by trying various exotic items at local ethnic restaurants

  B by travelling to another country and experiencing new foods

  C by enrolling in a course to learn advanced cooking skills

> - foreign 식당
> - 특히 fascinated ~
> - trip to Russia
> - 정말 impressed~
> - 돌아와서 cooking 수업

2 Lawrence and the tutor agree that he should perform experiments ↳ perform experiments가 들린 직후부터 실마리를 메모한다.

  A preserving one type of food by various traditional methods.

  B applying one specific technique to several different foods.

  C using a number of processes on a variety of food products.

> - one of the 테크닉
> - makes sense
> - But…expand…other things
> - Okay, 그럴게요
> - variety of data
> - hope so

3 What was the problem with using smoking as a preservation method? ↳ 교수가 언급한 smoking이 들린 직후부터 실마리를 메모한다.

  A It resulted in a finished product with an undesirable flavour.

  B It caused the peppers to turn an unappealing colour.

  C It made Lawrence feel ill when he tried eating the finished product.

> - 파프리카
> - beautiful colour, but ~
> - finished product
> - strange taste
> - feel sick? / no

1 메모 실마리로 내용 짜깁기

메모해 놓은 정보를 활용하여 정답을 결정하는 단계이다. 실제 시험에서는 '1. 대화의 흐름을 따라가는 것 2. 해당되는 문제 옆 빈 공간에 실마리들을 메모하는 것 3. 메모해 놓은 실마리들을 바탕으로 보기 세 개 중 정답을 결정하는 것', 이 세 가지의 행동을 완벽하게 해내기가 쉽지는 않다. 그러므로 반드시 훈련을 많이 해두도록 하자. 실마리들을 메모하고, 메모들을 바탕으로 가장 정답에 근접한 보기 하나를 선택하는 연습을 많이 할수록 요령이 생기니 한번 도전해 보자.

---

1 How did Lawrence become interested in this
topic? 질문 속 become interested(흥미가 생기다)와 의미가 같은 표현을 메모했다면, 메모 주변을 잘 살펴보자.

   A by trying various exotic items at local ethnic restaurants

   B by travelling to another country and experiencing new foods

   C by enrolling in a course to learn advanced cooking skills

> - foreign 식당
> - 특히 fascinated ~
> - trip to Russia
> - 정말 impressed~
> - 돌아와서 cooking 수업

질문 속 agree(동의하다)에 해당하는 정보를 파악하기 위한
상대방의 반응들을 잘 메모했는지 점검하자.

2 Lawrence and the tutor agree that he should
perform experiments

   A preserving one type of food by various traditional methods.

   B applying one specific technique to several different foods.

   C using a number of processes on a variety of food products.

> - one of the 매크닉
> - makes sense
> - But…expand…other things
> - Okay, 그럴게요
> - variety of data
> - hope so

질문 속 problem(문제점)은 부정적인 의미이므로 긍정적 또는
부정적 의미의 표현들도 함께 잘 구분해서 메모를 했는지 점검하자.

3 What was the problem with using smoking as a
preservation method?

   A It resulted in a finished product with an undesirable flavour.

   B It caused the peppers to turn an unappealing colour.

   C It made Lawrence feel ill when he tried eating the finished product.

> - 파프리카
> - beautiful colour, but ~
> - finished product
> - strange taste
> - feel sick? / no

2 정확한 해석과 논리를 통해 최종 정답 결정하기

정답을 결정할 때, 문제에서 묻는 것이 무엇이었는지, 혹시 중간에 함정에 빠뜨리게 하려고 구색을 맞추어 제시해 놓은 보기는 없는지 다양한 각도에서 고민하고 정답을 도출해 내도록 하자.

---

1 How did Lawrence become interested in this topic?

  A by trying various exotic items at local ethnic restaurants

  B **by travelling to another country and experiencing new foods**

  C by enrolling in a course to learn advanced cooking skills

로렌스는 어떤 계기로 이 주제에 대해 관심을 가지게 되었는가?

  A 지역 전통 음식점들에서 다양한 이국적인 음식들을 먹어 봄으로써

  B **다른 나라를 방문했을 때 새로운 음식들을 경험해 봄으로써**

  C 고급 요리 기술을 배우기 위해 한 수업에 등록함으로써

해설 로렌스가 '주제에 관심을 가지게 된 계기'를 묻는 문제이다. 다양한 정보가 나오지만 '문제에서 원하는 포인트'를 잡는 것이 가장 중요하다. 우선 문제지 상의 제목을 보면 '신선 농산물의 전통적인 보존 방법에 대한 연구'임을 알 수 있다. 발효 음식(fermented food)을 러시아 여행을 가서 먹어본 후 관심을 가지게 되었다고 했고 문제에서 묻고자 했던 것은 How ~ become interested 바로 '계기'이므로 정답은 B by travelling to another country and experiencing new foods이다.

---

2 Lawrence and the tutor agree that he should perform experiments

  A preserving one type of food by various traditional methods.

  B **applying one specific technique to several different foods.**

  C using a number of processes on a variety of food products.

로렌스와 교수는 실험을 어떻게 진행해야 한다고 동의하는가?

  A 다양한 전통 방법을 이용하여 한 가지 음식을 보존하는 것

  B **여러 개의 다양한 음식들에 한 가지 특정 방식을 적용하는 것**

  C 다양한 종류의 음식에 여러 가지 과정들을 사용하는 것

해설 로렌스와 교수가 '동의한 실험 진행 방식'에 대해 묻는 문제이다. 옥신각신 대화 패턴에서 두 사람이 함께 입을 모아 동의하는 것이 정답이다. 우선, 한 가지 테크닉을 사용하는 것에 대해서는 둘 다 찬성했다. 하지만 한 가지 음식만으로 실험을 할 것이냐 아니면 여러 가지 음식들로 실험을 할 것이냐에 대해 의견이 달랐다. 실제로 중간에 variety 라는 표현이 들리고 보기 C에서 다양한 음식의 종류(variety)가 언급되기도 하였으나 이는 오답 함정이다. 다른 종류의 음식도 포함해 보라는 교수님의 제안에 학생이 동의했으므로 정답은 B applying one specific technique to several different foods이다.

3 What was the problem with using smoking as a preservation method?

A It resulted in a finished product with an undesirable flavour.
B It caused the peppers to turn an unappealing colour.
C It made Lawrence feel ill when he tried eating the finished product.

식품의 보존 방법으로서 훈연 방법을 사용한 것의 문제점은 무엇이었나?

A 기대치 못했던 맛을 가진 완성품이 나왔다.
B 훈연된 피망에 매력적이지 못한 색상이 나타났다.
C 완성된 식품을 먹었을 때 로렌스의 속이 안 좋아졌다.

해설 식품 보존 방법으로 '훈연 방법을 사용한 것의 문제점'을 묻는 문제이다. 학생이 실험 도중 겪었던 문제점(problem)을 묻는 것이므로 학생이 아닌 교수가 언급하는 것은 오답이다. feel sick(= feel ill)은 학생이 아니라 교수가 언급한 것이며, 학생은 colour는 좋았지만 실험을 마쳤을 때 strange taste(이상한 맛)였다고 했으므로 이를 Paraphrasing하여 undesirable flavour라고 표현한 A It resulted in a finished product with an undesirable flavour가 정답이다.

PAGODA
IELTS Listening

Practice

Pr3-01

Questions 1–3

*Choose the correct letter, **A, B** or **C**.*

Conservation Project on Wildlife

1 What problem will Asif and Bushra's project focus on?
  A   threats to Australia's native wildlife
  B   the dramatic decline in one animal's numbers
  C   the effects of climate change on local habitats

2 Asif and Bushra agree that the top threat to red squirrels is
  A   the disappearance of a food source.
  B   displacement by another species.
  C   the spread of a new disease.

3 Asif worried about the possibility that
  A   a species will start refusing to reproduce.
  B   animals will have difficulty moving from place to place.
  C   humans will attempt to keep wild animals as indoor pets.

Questions 4–10

Complete the flow-chart below.

*Choose **SEVEN** answers from the box and write the correct letter, **A–J**, next to Questions 4–10.*

A predators	B vehicles	C shelter	D movement	E analysis
F forest	G hair	H medical examination	I electronic tags	J photographs

How Asif and Bushra will conduct their conservation work

Initial Contact

First they will capture the squirrels and give them a **4** _____.

⬇

Next they will remove a small amount of **5** _____ from each animal.

⬇

This will be sent to a scientific facility to perform **6** _____ of the animals' DNA.

Preparation for Release

They will move unhealthy or hurt animals to a **7** _____.

⬇

They will attach **8** _____ to the others.

Release and Followup

Healthy animals will be taken to Harris County.

⬇

They will be released in an area with few **9** _____.

⬇

Their **10** _____ will be tracked in the months that follow.

Questions 11–17

What does the survey reveal about each of the following items?

*Choose **SEVEN** answers from the box and write the correct letter, **A–I**, next to Questions 11–17.*

Comments

A   helpful but not complete
B   somewhat inconvenient
C   faculty members were unavailable
D   helpful for foreign students
E   unanimous praise
F   mostly unnecessary
G   too difficult
H   insufficiently staffed
I   lectures difficult to understand

---

11   Study groups _____

12   Tutoring _____

13   Computer labs _____

14   Library _____

15   Registration assistance _____

16   Courses _____

17   Online materials _____

Questions 18–20

*Choose the correct letter, **A, B** or **C**.*

18 What major did the student choose?
   A Accounting
   B Marketing
   C Business

19 What does the professor recommend?
   A enrolling in a summer course
   B doing an internship
   C taking a break

20 What does the professor offer to do when Eric graduates?
   A write a letter of recommendation
   B provide academic assistance
   C proofread a document

OVERVIEW

IELTS Listening Part 4는 31번부터 40번까지 열 개의 문제가 출제되며 한 명의 화자가 한 특정 학문 주제에 대해 강의를 하거나 발표를 하는 상황이 주어진다. Part 4의 문제 중 대부분은 주제에 대한 내용을 이해하고 푸는 것이 아니다. 화자가 무슨 이야기를 하는지 전부 다 알아듣지 못해도 해결할 수 있는 문제들이 대부분이니 Recording 의 분량이나 어휘의 난이도에 위축되지 말고 자신 있게 시험 문제를 해결하는 훈련을 하자.

🔷 빈출 지문 유형

★ 출제 빈도 80% 이상!

Giving a lecture 필수 전공 과목에 대한 교수님의 강의	– 경영학과 교수님의 마케팅에 대한 강의 – 건축학과 교수님의 건축 설계의 중요성과 사회적 의미에 대한 강의 – 생물학과 교수님의 한 특정 야생동물에 대한 강의 – 심리학과 교수님의 한 특정 연구에 대한 결과 분석

Giving a presentation
조사·연구·실험에 대한 학생의
발표
	– 역사학과 학생의 어떤 특정 대상의 역사적 변천과 의미에 대한 연구 발표
	– 지리학과 학생의 최근 현장 조사의 절차와 결과, 그리고 시행착오에 대한
	  발표 및 정리
	– 생태학과 학생의 환경적인 변화와 야생동물에 미치는 영향에 대한 조사의
	  발표

🔷 빈출 문제 유형

Part 4에서 노트 완성형(Note Completion) 문제 유형을 제외하고, 실제 시험에서 아래 나머지 세 개의 문제 유형을 만날 가능성은 그리 높지 않다. 하지만 예상치 못했던 문제 유형이 해당 파트에 등장하면 심리적으로 당황할 수 있으므로 간단히 이번 유닛에서 다뤄보고 넘어가자. Part 4의 테이블 완성형(Table Completion) 문제 유형은 Chapter 1 기초 다지기 Unit 3 독백 필수 스킬에서 학습했던 접근법들을, 그리고 다지선다형 (Multiple Choice) 문제 유형은 Part 2와 Part 3에서 학습했던 접근법들인 '흐름을 놓치지 않기 위해 신호 키 워드 잡기, 신호에 따라 실마리 메모하기, 메모된 실마리들을 바탕으로 정답 결정하기'를 잊지 말고 활용하자.

Part 4 빈출 경향

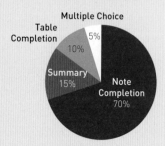

Multiple Choice

Table Completion

5%

10%

Summary 15%

Note Completion 70%

핵심 실전 전략

앞서 Chapter 1 기초 다지기 Unit 3에서 배운 필수 스킬들 중 '소재의 전환을 놓치지 않고 따라가기'를 활용하여 Part 4에서 가장 자주 출제되는 네 가지의 문제 유형(Note Completion, Table Completion, Summary, Multiple Choice)들을 학습해 보도록 한다. Part 4 실전 전략은 다른 파트들과 마찬가지로 '청취 전, 청취 중 그리고 청취 후' 이렇게 크게 세 가지로 구분된다.

청취 전 주어진 배경 상황과 이야기 전체의 주제 및 각 단락의 소주제를 파악한 후, 흐름을 잡아 줄 신호 키워드를 체크한다.

청취 중 Recording의 흐름과 문제지의 흐름을 동시에 따라가며 듣다가, 들리는 내용이 빈칸 주변에 이르렀을 때 가장 선명히 들리는 단어들을 표적적으로 메모한다.

청취 후 청취 중에 메모한 어휘들 중 빈칸이 포함된 문장 전체를 해석하여 가장 논리적으로 알맞은 실마리를 정답으로 최종 결정한다.

파트 유의 사항

❶ Part 4에서 7분가량의 강의나 발표 내용을 요약한 것이 바로 노트 완성형(Note Completion) 문제이다. 따라서, 화자는 어떤 작은 소재든 그에 대한 부연 설명을 길게 할 것이고 거기서 집중력이 흐트러지면 정작 문제를 해결해야 하는 결정적인 부분에서 타이밍을 놓치게 된다. 그러므로 편하게 들어도 되는 부분은 문제지에 적힌 정보를 따라 편하게 듣고, 빈칸 근처에 도달했을 때 바짝 집중하도록 한다.

다른 파트들과는 다르게 중간에 쉬는 시간이 전혀 주어지지 않고 열 개의 문제가 이어진다. 중간에 잠시 3초 가량의 텀이 전부이다. 집중력을 6분 30초에서 7분가량 끌고 가는 것은 쉽지 않다. 그러므로 파트 4를 위해 준비된 Recording들을 반복적으로 청취하며 훈련해야 한다.

❷ 아래의 단어들은 정기시험에 실제 출제되었던 Part 4의 주관식 정답들 중 '가장 난이도가 높았다'고 평가할 수 있는 단어들이다. 직접 적어보고 스스로 확인해 보자.

관개	irrigation	열망, 포부	aspiration
민주주의	democracy	(쓰레기) 소각	incineration
단열, 방음	insulation	우등감, 열등감	superiority, inferiority
조세제도	taxation	(생물의) 번식, 생식	reproduction

UNIT 04

PART 4
빈출 유형 및 실전 전략

음원 바로 듣기

IELTS Listening Part 4의 문제 유형들은 하나의 긴 강의나 발표를 들으며 주요 포인트들을 정리해 놓은 노트 완성형(Note Completion) 문제 유형이 출제 빈도의 70% 이상을 차지한다. 하지만 같은 노트 완성형(Note Completion) 문제 유형이라도 한 단어 처리(ONE WORD ONLY)를 하는 문제만 나오는 것은 아니므로, 항상 문제지에 주어지는 답안 작성 지시사항에서 단어 수를 확인해야 한다. 그리고 출제 빈도가 낮은 정보 요약형(Summary) 문제 유형이나 테이블 완성형(Table Completion), 다지선다형(Multiple Choice) 문제 유형들도 그 형태와 주의사항 정도는 꼼꼼하게 읽어 두도록 하자.

문제 출제 형태

Note Completion 노트 완성형

Part 4의 대표 문제 유형인 노트 완성형(Note Completion)은 앞서 Overview에서 언급한 것과 같이 정확하게 내용을 이해하지 못하더라도 그 흐름만 침착하게 따라가다 보면 해결할 수 있다. Recording 속 내용이 빈칸에 접근해 가는 순간 화자가 특히 강세를 주거나 언급 전 침묵하는 경우가 있는데 이때, 정답 실마리가 나올 것이라는 점을 눈치챌 수 있다. 이런 특징을 미리 알고 접근하면 어떤 학문적인 주제가 등장하더라도 긴장하지 않고 편하게 문제를 해결할 수 있다. 이 문제 유형에서는 전문적인 지식이나 박식함이 중요한 것이 아니므로 긴장하지 말자.

Complete the notes below.

Write **ONE WORD ONLY** for each answer.

An Introduction to Silk

Early production

- In China, silk fibres were first found from a **31** _____.
- In order to produce silk, a **32** _____ was invented.
- The growing and harvesting were done only by **33** _____.

Summary 정보 요약형

위의 노트 완성형(Note Completion) 문제와 서술되어 있는 그 형태만 다를 뿐, 정보 요약형(Summary) 문제의 접근법과 요령, 특히 듣는 것과 동시에 Paraphasing된 표현들을 눈치채는 스킬은 별다를 바가 없다. 따라서, 이 유형은 흐름을 놓치지 않고 따라가는 것이 가장 중요하며 빈칸에 내용이 접근하는 순간 반드시 주요 명사들을 놓치지 말고 메모하는 것이 핵심이다.

Complete the summary below.

*Write **ONE WORD ONLY** for each answer.*

5 Surprising Benefits of Industrial Education

The strength of industrial education lies in its **31** _____. Students need to learn how a factory operates, and how a single **32** _____ is done within it. They are prepared to start work. This efficiency, however, can also lead to **33** _____.

Table Completion 테이블 완성형

테이블 완성형(Table Completion) 문제 유형은 Part 4에 자주 출제되지는 않는다. 출제 빈도도 낮고 앞의 두 문제 유형에 비해 난이도도 상대적으로 낮다. 오히려 긴 이야기에서 가장 중요한 포인트들을 표 형식으로 정리해 두어 문제지가 훨씬 깔끔하게 느껴질 것이고 소재들의 전환을 따라가는 것도 더 수월할 것이다. 실전 전략은 앞의 두 문제 유형과 동일하나, 한 가지 다른 점은 청취 전 표를 연구하여 진행 방향을 파악하고 가로 항목과 세로 항목에 정리되어 있는 각 열과 행의 제목들을 한글로 미리 메모해 두어야 한다는 점이다.

Complete the table below.

*Write **NO MORE THAN TWO WORDS AND/OR A NUMBER** for each answer.*

Social Importance of a Building

Area	Country	Meaning
political	Germany	A high-rise building with at least 100 storeys refers to the status of a **31** _____.
economic	France	**32** _____ show how slow the local economy is at the time. The percentage of leases increases or declines depending on the standard of living.

Multiple Choice 다지선다형

위의 테이블 완성형(Table Completion) 문제 유형과 마찬가지로 실제 정기 시험의 Part 4에서 자주 출제되는 유형은 아니다. Part 2와 특히 Part 3에서 다수로 출제되는 문제 유형으로, 그 접근법과 주의 사항은 이전과 다를 바 없다. 이전 유닛들에서 학습한 내용들을 토대로 '흐름 따라가며 실마리 메모하기, 메모한 실마리들 중 Paraphrasing되어 있는 보기를 정답으로 결정하기'의 접근법을 반드시 기억하고 실전에서 활용하도록 한다.

---

*Choose the correct letter, **A, B** or **C**.*

31 According to the speaker, which problem related to homeschooling is predicted to increase?
    A lack of physical activities
    B conflicts with parents
    C lack of social contacts

32 When a problem is posed, what is the speaker's suggestion for a parent to do?
    A He should be able to observe how his child acts over what he tells him to do.
    B He should form a social relationship with other parents who homeschool their children.
    C He should not underestimate the level of stress his child is under.

💠 실전 전략

청취 전 배경 상황과 이야기 전체의 주제 및 각 단락의 소주제 파악 후 신호 키워드를 체크한다.

❶ 배경 상황 파악과 강의 또는 발표의 주제 및 문제지에 주어진 소주제를 확인한다.

듣기 전 주어진 배경 상황을 이해하고 이야기의 주요 소재를 정확히 파악한 후 31번부터 40번까지 모든 문항들을 개괄적으로 살펴보는 시간을 반드시 가져야 한다. 문제 하나하나 꼼꼼하게 살펴보는 게 아니라 전체적인 이야기의 구성과 흐름을 살펴보고 대충 '이런 이야기가 나오는구나' 정도만 파악하면 된다. 전체적으로 다 파악하기가 힘들다면 집중력을 위해 꼭 초반 Introduction(서두 부분)은 제대로 해석해 두자.

❷ 문제와 문제 사이의 흐름을 잡아줄 신호 키워드를 체크한다.

앞서 설명한 것과 같이 Part 4의 문제들은 내용 이해가 아닌 내용이 흘러가는 것을 제대로 쫓아가는 것이 가장 중요하다. 신호 키워드는 빈칸 주변에 적혀 있는 정보들 중 가장 눈에 띄는 표현들 '고유명사(이름), 수치 정보(연도), 용어 또는 명칭' 등 Paraphrasing되기 힘든 명칭들을 위주로 동그라미 표시를 해 두고 흐름을 쫓아가자. 참고로 빈칸의 양 옆에 주어진 동사들은 Recording상에서 대부분 Paraphrasing이 되며 신호 키워드의 역할을 하지 못한다.

청취 중 이야기의 흐름을 따라가며 정답 가능성이 있는 표현들을 메모한다.

청취 중 가장 중요한 것은 집중을 할 때와 하지 않아도 되는 때를 조절하며 문제지를 따라가는 것이다. 차분히 기다릴 때는 기다리고, 집중해야 하는 순간이 오면 화자가 특히 강조하는 표현들을 신속히 메모해 두자. 한글로 메모해도 좋고 영어의 발음을 한글로 그대로 메모해도 좋다. 이때, 객관식 문제를 해결할 때 사용하는 실마리 메모법은 금물이다. 주관식 문제는 실마리 메모가 아니라 '표적 메모법'을 사용해야 한다. 표적 메모법은 정답이 될 가능성이 있는 표적들만 메모하는 것이다. 또한, 정보의 배열 순서나 말의 순서, 즉 어순이 바뀌는 경우를 대비하여 새로운 소재가 들리면 바로 메모하는 습관을 가진다.

청취 후 메모에 근거하여 정확한 해석과 논리를 바탕으로 정답을 선택한다.

들으며 빈칸 주변에 '정답이 될 수도 있을 것 같은 표현들'을 메모해 두었다면 이제 혼자만의 시간을 차분히 가지며 그 표현들을 하나씩 빈칸에 대입하여 전체 메모나 문장을 꼼꼼히 해석해 보자. 대입해 보았을 때, 내용상 딱 맞아 떨어지거나 자연스럽게 내용 연결이 되는 것을 정답으로 결정하고, 답안 작성 시 스펠링에 주의하며 옮겨 적는다.

Questions 1–5

Complete the notes below.

*Write **ONE WORD ONLY** for each answer.*

Genghis Khan

Introduction

He was the founder of the Mongol Empire.
People have continued to have serious **1** _____ about his life.

Early Life

At birth, his **2** _____ contained a blood clot, predicting his success.
At age twenty, he escaped capture and began **3** _____ tribes that were at war.

Leadership and Military Strategy

He used promotions to make his **4** _____ into generals.
He destroyed not only humans but also **5** _____ and household animals.

스크립트 및 정답 p. 036

실전 전략 1 　청취 전 주어진 상황과 전체 주제를 파악하고 각 단락의 소주제를 파악한다.

1 배경 상황 파악하기

Recording의 *"Part 3. You will hear an anthropology student giving a presentation about his study on Genghis Khan."*을 듣고 한 인류학과 학생이 칭기즈 칸에 대한 자신의 연구에 대해 발표를 하는 상황임을 파악한다. 칭기즈 칸에 대한 지식이 있다면 내용에 집중하고 따라가는 것에 단연 도움이 되겠지만, 사실 중요한 것은 타이밍을 잡고 빈칸을 공략하는 것이므로 칭기즈 칸에 대해 잘 알지 못하더라도 그리 긴장할 필요는 없다.

2 전체 주제와 소주제 파악하기

전체 주제를 파악한 후, 각 단락의 소주제를 반드시 살펴본 후 한글로 옆에 메모해 두자. 빈칸 양옆을 해석하는 것이 아니라 이야기 전체의 구성을 파악해야 한 문제를 놓쳐도 신속하게 버리고 따라갈 수 있으니 꼭 기억하자.

Genghis Khan ⤳ 칭기즈 칸

Introduction ⤳ 칭기즈 칸의 소개

He was the founder of the Mongol Empire.
People have continued to have serious **1** _____ about his life.

Early Life ⤳ 칭기즈 칸의 젊은 시절

At birth, his **2** _____ contained a blood clot, predicting his success.
At age twenty, he escaped capture and began **3** _____ tribes that were at war.

Leadership and Military Strategy ⤳ 칭기즈 칸의 리더십과 군사 전략

He used promotions to make his **4** _____ into generals.
He destroyed not only humans but also **5** _____ and household animals.

Tip!
화살표와 같은 순서대로 주제와 소주제를 파악하는 것은 흐름을 따라가는 것에 도움을 준다. 생소한 단어나 표현들이 나와도 긴장할 필요는 없으며 최소한 어떻게 소리가 나는지 정도만 미리 체크해 두자. 가령, Consolidation(강화)이라는 단어가 소제목으로 나온다면 어떤 의미인지는 모르나 Recording에서 컨솔리데이션이라고 '소리가 날 것이다' 정도는 파악해 두자.

이야기의 전체적인 구성을 파악한 후에는 다시 1번 문제로 돌아와 각 문제들에 근접했다는 것을 알려주는 신호 키워드를 신속하게 체크해야 한다. 빈칸이 속해 있는 문장 전체를 미리 해석하는 것은 시간도 오래 걸리고 크게 도움이 되지 않으므로 단순히 빈칸의 형태만 파악해도 좋다. 따라서, 문제를 풀 때는 먼저 제목과 소제목을 전부 다 확인하고 문제들의 신호 키워드들을 다 체크한 후에도 시간이 남으면 각 빈칸의 형태를 파악하며 메모를 하면 된다. 이 문제에서는 신호 키워드를 아래와 같이 잡아 보도록 한다.

Genghis Khan

Introduction

→ 신호 키워드

He was the founder of the Mongol Empire.
People have continued to have serious **1** _____ about his life.

Early Life → 신호 키워드

At birth, his **2** _____ contained a blood clot, predicting his success.
At age twenty, he escaped capture and began **3** _____ tribes that were at war.

→ 신호 키워드
Leadership and Military Strategy

He used promotions to make his **4** _____ into generals.
He destroyed not only humans but also **5** _____ and household animals.

Tip!

신호 키워드는 대화의 흐름을 잡아주는 것일 뿐 직접적인 정답 실마리를 주지는 않는다. 대부분 가장 도움이 많이 되는 신호 키워드는 고유명사(지역명, 사람 이름 등) 또는 수치(연도, 연령 등)와 같이 다른 말로 Paraphrasing하기 쉽지 않은 표현들이다. 위 문제지의 경우 가장 도움이 되는 신호 키워드는 Mongol Empire나 twenty와 같이 변형하지 못하는 정보들이다. 하지만 늘 신호 키워드가 이렇게 깔끔하게 주어지는 것이 아니므로 어떤 표현들이든 신속하게 빈칸 앞뒤에 눈에 띄는 것들을 동그라미 쳐 두자.

실전 전략 2 [청취 중] 이야기의 흐름을 쫓으며 정답의 가능성이 있는 표현들을 메모한다.

청취 중 가장 피해야 하는 행동은 1번 빈칸에 연필과 손이 가 있는 상태에서 정답이 나오기까지 마냥 기다리기만 하는 것이다. 청취는 문제지의 흐름과 동시에 진행되어야 한다. 그렇게 이야기의 방향이 문제지의 빈칸 쪽으로 점점 다가올 때 순간적으로 강세를 주는 표현이나 뜸을 들여 언급하는 표현들이 나온다. 그러면 이 표현들을 위주로 표적 메모법을 통해 신속하게 메모하며 흐름을 계속 쫓아가야 한다. 어차피 내용을 100% 이해하면서 문제를 해결하는 것이 아니므로 하나를 놓쳤다고 해서 당황하지 말고 흐름을 쫓아가는 훈련을 반복적으로 시행해야 한다. 아래 내용을 다시 듣고 각 메모한 표현들이 들리는지 확인하며 흐름을 쫓아가 보도록 한다.

Genghis Khan

Introduction

He was the founder of the Mongol Empire. People have continued to have serious

1 _____ about his life.

> 여전히 칭기즈 칸의 삶에 대한 '무엇'이 남아 있는지에 포커스를 두고 이야기 흐름을 따라간다.

- 1번 주요 표현 표적 메모
  - impact   - life
  - history   - ages
  - misconceptions

Early Life

태어났을 때 그의 몸에 혈전이 있었던 곳이 '어디인지'에 포커스를 두고 이야기 흐름을 따라간다.

At birth, his 2 _____ contained a blood clot, predicting his success.

At age twenty, he escaped capture and began 3 _____ tribes that were at war.

> 20세에 포로로 잡혔다 탈출하여 전쟁 중인 부족들을 '무엇'하기 시작했는지에 포커스를 두고 이야기 흐름을 따라간다.

- 2번 주요 표현 표적 메모
  - blood   - folklore
  - hand   - leader

- 3번 주요 표현 표적 메모
  - captured   - goal
  - tribe   - uniting
  - men   - tribes

Leadership and Military Strategy

He used promotions to make his

4 _____ into generals.

He destroyed not only humans but also

5 _____ and household animals.

> 인간들을 말살했을 뿐 아니라 또 '무엇'과 반려동물들까지 죽였는지에 포커스를 두고 이야기 흐름을 따라간다.

> 군사 진급 체계를 이용하여 그의 '누구를' 장군들로 만들었는지에 포커스를 두고 이야기 흐름을 따라간다.

- 4번 주요 표현 표적 메모
  - skill   - enemy
  - class   - generals
  - loyalty

- 5번 주요 표현 표적 메모
  - destruction   - livestock
  - cities   - animals
  - villages

청취 후 메모를 바탕으로 정확한 해석과 논리 파악을 통해 정답을 결정한다.

청취를 하는 동안 우왕좌왕할 수 있지만, 청취 후에는 들은 정보를 차분히 정리하는 혼자만의 시간이 생긴다. 내용과 논리에 맞게 메모해 놓은 정보를 활용하여 정답을 결정하는 단계이다. 빈칸에 적어 넣었을 때 가장 해석이 자연스러운 단어는 무엇인지 최종 정답을 결정해서 단·복수 형태 및 스펠링에 주의하며 답지에 옮겨 적는다.

1   **Introduction**
He was the founder of the Mongol Empire. ↷→ 신호 키워드
People have continued to have serious **1** _____ about his life.

해설 칭기즈 칸을 소개하며 '그에 대해 사람들이 가지고 있는 생각'을 묻는 문제이다. 빈칸은 have(가지다) 동사의 목적어 자리이다. 사람들이 칭기즈 칸의 삶에 대해 지속적으로 '가지고 있는 것이 무엇인지'를 파악해야 한다. Recording에서 처음 Mongol Empire가 들린 후 다음 1번에 대한 내용이 나올 것임을 파악하고 집중해야 한다. 칭기즈 칸의 삶에 대해 여전히 많은 사람들이 오해하고 있는 부분이 있다고 했으므로 정답은 major 뒤에 바로 언급된 misconceptions이다. 칭기즈 칸의 삶에 대해 어떤 '한 사람'이 '한 가지의 오해'를 하는 것이 아닐 테니 복수형이 맞다. 별도의 단서가 없으면 복수형으로 처리한다.

(Paraphrasing!) serious → major

2   **Early Life** ↷→ 신호 키워드
At birth, his **2** _____ contained a blood clot, predicting his success.

해설 칭기즈 칸의 '어린 시절'에 대한 문제이다. 빈칸은 명사 자리로, 칭기즈 칸이 태어났을 때 '이곳'에 혈전(blood clot)을 가지고 있었다고 하므로 빈칸은 신체의 일부임을 미리 예측할 수 있다. 신체 표현에 포커스를 두고 문제의 신호 키워드인 birth, blood clot이 들리는 부분을 자세히 듣는다. 칭기즈 칸이 태어났을 때 혈전을 손에 가지고 있었다고 하므로 정답은 hand이다. 두 손이 아니라 한 손을 가리키므로 단수 처리한다.

(Paraphrasing!) at birth → he was born / contained → 전치사 with
        predicting → indicated~future / success → leader

3   At age twenty, he escaped capture and began **3** _____ tribes that were at war. ↶ 신호 키워드

해설 칭기즈 칸의 '스무 살 때 경험'에 대한 문제이다. 빈칸은 바로 앞 begin(시작하다)의 목적어 자리이다. begin은 문법적으로 to 부정사 또는 동명사를 둘 다 목적어로 동반하지만 문제에서 빈칸 앞에 to가 없는 상태이므로 동명사인 -ing형태가 정답일 것이라고 예측할 수 있다. Recording에서 스무 살에 적에게 포로로 잡혔다가 탈출한 후 전쟁 중이었던 부족들을 '결속시키기' 시작했다는 의미로 정답은 uniting이다. Recording에서는 to gather와 uniting 두 개가 들리지만 빈칸에 알맞은 '한 단어'는 uniting뿐이다.

4

Leadership and Military Strategy
He used promotions to make his **4** _____ into generals.

해설 칭기즈 칸의 '리더십'에 대한 문제이다. 빈칸 뒤에 generals(장군들)를 보고 빈칸에는 사람 명사가 와야 한다는 것을 알 수 있다. 문제 위의 소주제 속 leadership이나 빈칸 앞의 주요 명사인 promotions가 들리면 집중해서 표적 메모를 해야 한다. 적들을 본인의 군대에 장군으로 만든 대단한 사람이라고 하므로 Recording에서 들린 표현들 중 사람 명사는 enemies(적군들)뿐이다. 정답은 enemies이다. 메모를 enemy라고 했더라고 복수로 처리할 수 있어야 한다.

5

He destroyed not only humans but also **5** _____ and household animals.

해설 칭기즈 칸의 '군사 전략'에 대한 문제이다. 빈칸은 칭기즈 칸이 말살했던 대상들 중 하나를 묻는 자리이다. 동사 destroyed의 목적어 자리이므로 빈칸 주변으로 내용이 흘러온 순간 들리는 명사들을 표적적으로 메모해야 한다. Recording에서 칭기즈 칸이 도시와 마을 전체 뿐만 아니라 가축과 반려동물 모두를 죽였다고 한다. 여기서 문제의 humans는 Recording 속에서 cities and villages이며 household animals가 domestic animals로 Paraphrasing된 것을 알 수 있다. 그렇다면 뒤이어 나온 표현들 중 정답이 될 수 있는 것은 livestock(가축)뿐이다. livestock은 집합명사로서 복수형태가 없으므로 정답은 livestock이다. '노동력' 또는 '상업적 목적으로 기르는 동물들'은 livestock이라고 하며 가정집에서 함께 생활하는 '반려동물들'은 household animals라고 한다.

[Paraphrasing!] household animals → domestic animals

Practice

 Pr4-01

Complete the notes below.

*Write **ONE WORD ONLY** for each answer.*

Scientists Struggle to Explain
Numerous Incidents of Porpicide

"Porpicide": intentional death of porpoises - young male dolphins are the main killers.

Surprised Public

People usually think of dolphins as friendly creatures based on
- how dolphins **1** _____ with people.
- how dolphins help **2** _____ who are injured not to drown.

Surprised Scientists

Scientists were aware that dolphins have potential to **3** _____ cruelly when advantageous.
     e.g. if baby dolphins were attacked by porpoises, a counter-attack would make sense.
But the **4** _____ between dolphins and porpoises seems to be a one-way street.

Possible Explanations

Food Resources
- It appears unlikely that dolphins kill the porpoises because they want less
  5 _____ for food.
- Too much fishing by humans may have caused changes in **6** _____ of
  marine mammals.

Bullying
- Lack of opportunities to **7** _____ may cause young male dolphins to
  attack victims.

Infanticide
- The **8** _____ of the killed porpoises is the same as that of dolphin infants.
- The dolphins' aggressive **9** _____ may be awakened by thinking of
  porpoises as their own species.

Conclusion
- Humans think they are superior, but act in the same ways.
- As the **10** _____ continues to change, there are concerns about how
  animals will react.

정답 및 해설 p. 037

Questions 11–20

Pr4-02

Complete the notes below.

*Write **ONE WORD ONLY** for each answer.*

History of Whitesands Harbour

Prehistoric Days

- 450,000 BC: earliest signs of human **11** _____ ; flint arrowheads discovered
- 6,000 BC: in addition to hunting, fishing; hooks and sea animal **12** _____ found

Ancient Times

- 400 BC: evidence of trading activity including **13** _____ originating in France
- 100 BC: iron trays developed for producing **14** _____ to trade
- 43 AD: period of accelerated development of society under Roman rule

Post-Medieval Period

- 1485-1800 AD: facilities for processing **15** _____ played a key role

The Industrial Revolution

- 1800 AD: extensive construction with **16** _____ took place

A Recent Discovery

- 1960s: most-admired Roman residence in Britain was discovered
- The formal **17** _____ is considered the most important feature
- Box hedges planted on the grounds
- Rows of clay **18** _____ found under the earth
- Marble **19** _____ placed next to hedges
- Clues suggest a vegetable garden was also planted
- Vegetables were watered via lead **20** _____

PAGODA IELTS Listening

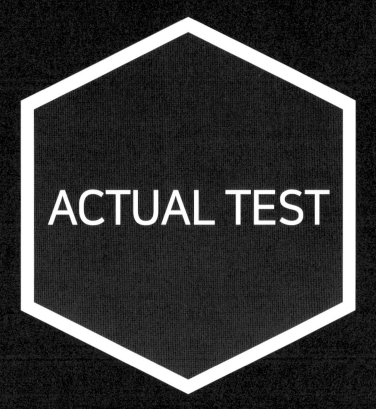

ACTUAL TEST

Actual Test 1

PART 1   *Questions 1–10*

🎧AT1-01

Complete the notes below.

Write **ONE WORD AND/OR A NUMBER** *for each answer.*

The Derby Centre

- **Type of business:** shopping mall
- **Address:** 24 **1** .... Road
  (next to the **2** ....)
- **Advantage:** close by
- **Disadvantage:** too **3** .... with customers
- **Transport options:** train or **4** ....
- **Store hours:** at weekends, opens at **5** .... am (closes at 10 pm)
- **Shops:**
  - **6** ....
  - electronics
  - sporting goods
- **Movie theatre:**
  - largest one in the area
  - offers a **7** .... discount for locals
- **Restaurant - 8** ....:
  - specialises in **9** ....
  - need to book a table in the **10** ....

Questions 11–16

Label the map below.

*Write the correct letter, **A–I**, next to Questions 11–16.*

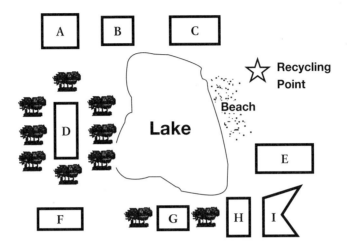

	11	Reception	....
	12	Tennis Courts	....
	13	Bird Sanctuary	....
	14	Botanical Garden	....
	15	Playground	....
	16	Showers	....

Questions 17–20

*Choose the correct letter, **A, B** or **C**.*

17 The restaurant offers

  A an outdoor lunch buffet.
  B a weekly barbecue.
  C nightly entertainment.

18 The resort won an award for

  A being environmentally conscious.
  B having excellent service.
  C offering unique food.

19 The Luau Suite

  A is ideal for families.
  B can accommodate large groups.
  C is best suited to newly-weds.

20 All of the villas for sale offer

  A four rooms.
  B lake access.
  C a swimming pool.

Questions 21–26

*Choose the correct letter, **A, B** or **C**.*

Childhood Malnutrition

21 For her topic, the student has chosen

    A the way childhood malnutrition affects adult health.
    B the causes of malnutrition in young children.
    C one of the interesting areas popularly studied.

22 The student is having trouble

    A getting started.
    B understanding the information.
    C finding resources.

23 The student chose to focus particularly on incomes rather than regions because

    A insufficient research has been done about the effects of income.
    B data about this subject is readily available.
    C she is already familiar with this topic.

24 The professor assumes that

    A chemicals in generic brands are not particularly bad for health.
    B chemicals tend to affect the nutritional value of generic brands.
    C producers of generic brands wouldn't mind using less-nutritious materials.

25 Low-income families may eat more fast food because

    A the children prefer to have fast food.
    B the families cannot afford to buy healthy food.
    C the parents are too busy or tired to cook.

26 Reliance on prepared food may result in

    A failure to pass on cooking skills to children.
    B chronic health problems.
    C increased interest in cooking.

Questions 27 and 28

*Choose **TWO** letters, **A–E**.*

Which **TWO** variables has the student chosen for her research?

    A parents with similar schedules
    B different cities
    C the same region
    D parents with various occupations
    E the same food preferences

Questions 29 and 30

*Choose **TWO** letters, **A–E**.*

Which **TWO** results does the student expect to find?

    A Income levels influence childhood nutrition less than working hours.
    B There is no correlation between income and nutrition.
    C Academic performance improves with better nutrition.
    D Eating lunch at school improves childhood nutrition.
    E Providing free school meals makes students act better.

Questions 31–37

Complete the notes below.

Write **NO MORE THAN TWO WORDS AND/OR A NUMBER** *for each answer.*

An Introduction to Coffee

Origins of Coffee

- **Ethiopia**

  Coffee plants first discovered in the 11th century.

  Plant had white blossoms and red fruit.

  Leaves were boiled to make a drink for **31** ....

- **Yemen**

  The same **32** .... as in Ethiopia was used.

- **Turkey**

  An official brought coffee to the royal palace.

  Beans were **33** ...., ground, and boiled.

  Coffeehouses became the centre of **34** ....

Coffee Spreads to Europe

- **Italy**

  Coffee beans were brought to Venice by **35** ....

  Coffee was first sold at lemonade stands, and then in coffeehouses.

- **France**

  Coffee imports began in 1660.

  Coffeehouses originally sold coffee to **36** ....

  First Paris café attracted writers and **37** ....

Questions 38–40

Complete the summary below.

*Write **NO MORE THAN TWO WORDS AND/OR A NUMBER** for each answer.*

How coffee is farmed

Of the 70 different species of coffee plant, only two are used by the modern coffee industry. A coffee plant takes **38** .... to mature and produce flowers. The frequency of flowering depends on the level of **39** ....

There are several harvesting methods, all of which have certain benefits and drawbacks. Hand stripping involves tearing off berries, flowers and leaves by hand. Mechanical harvesting does the same thing but uses **40** .... rather than human hands. These processes are fast, but harvest quality is not particularly high. There is a more precise method called hand picking which guarantees much higher quality, but it is much more labour-intensive.

Actual Test 2

PART 1 *Questions 1–10*   AT2-01

Complete the notes below.

*Write **NO MORE THAN TWO WORDS AND/OR A NUMBER** for each answer.*

Domestic Renovation Project

Name: Kelly **1** ....

Address: 1412 Cedar Road, **2** .... Valley

Phone number: 3 ....
                        only available evenings

Year house was built: 4 ....

List of repairs:

- replace the broken **5** .... damaged by storm
- fix on the **6** .... which is difficult to open
- trim bushes around the **7** ....

Appointment day: 8 ....

Appointment time: 9 ....

Notes:

- enter through the **10** ....

Questions 11–15

Complete the notes below.

*Write **NO MORE THAN TWO WORDS** for each answer.*

South Downs National Park

- opened in 2010
- has great natural environments for native plants
- gives **11** .... to all visitors

Open Spaces and Facilities
- **Seven Sisters**
  - is famous for having unique **12** ....
  - offers walking tours at the weekends

- **Starkey Commons**
  - has a **13** .... overlooking an island

- **Exhibition Centre**
  - features a copy of a **14** ....
  - is only open to visitors who **15** .... in advance

---

Questions 16–20

Label the map below.

*Write the correct letter, **A–H**, next to Questions 16–20.*

Anderson Memorial Park

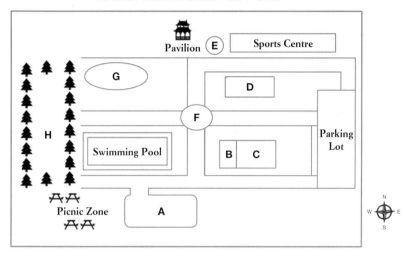

16 Botanical Garden ....

17 Dog Park ....

18 Activity Zone ....

19 Golf Course ....

20 Café ....

Questions 21–26

Complete the flow-chart below.

Choose **SIX** answers from the box and write the correct letter, **A–H**, next to Questions 21–26.

A wells	**B** guidelines	**C** containers	**D** minerals
E sensors	**F** bacteria	**G** industries	**H** illnesses

Conducting a Groundwater Study

Background Information

Discover which sorts of **21** .... are based in the town.

Collect information on unusual occurrences of **22** .... among the local population.

Data Gathering and Analysis

Access water from **23** .... in the city and surrounding countryside.

Use portable **24** .... to measure the temperature and pH level of the water.

Determine the quantities of **25** .... in the samples.

Reporting

Warn about chemicals that are present in levels above the **26** .... set by the government.

Suggest appropriate methods for treatment of contaminated groundwater supplies.

*Choose the correct letter, **A, B** or **C**.*

Nopalitos

27 Dana and Steve agree that one threat to the water quality around the town is the fact that

   A a mining facility is operating nearby.
   B vehicle traffic in the area has increased.
   C people are burying too much garbage.

28 Dana and Steve think that the most likely problem with the groundwater treatment plant will be

   A finding people to staff it.
   B getting the required permits.
   C raising money for construction.

29 What does Dana say about the economy in Nopalitos?

   A It is less healthy than neighbouring communities.
   B It depends too much on one activity for its survival.
   C It is growing more quickly at the moment.

30 According to Steve, one way to reduce pollution from storage tanks would be to

   A conduct a yearly inspection.
   B limit ownership to one per household.
   C set a time limit for replacement.

Questions 31–33

Complete the sentences below.

*Write **ONE WORD ONLY** for each answer.*

31 The word .... came from 'salt', based on a food preparation method.

32 Ancient cultures used salt as .... with value that remained steady.

33 A Chinese document described two methods of salt ....

Questions 34–37

Complete the table below.

*Write **NO MORE THAN TWO WORDS AND/OR A NUMBER** for each answer.*

Historical Importance of Salt

Social Area	Culture	Use
Economic	Greek	Salt was used as payment in the Greek **34** ....
	Roman	Roman soldiers were given salt as part of their income.
Religious	Christian	The Bible mentions salt over **35** ....
	Jewish	Meat and fish were preserved with salt as part of Jewish food guidelines.
Political	French	French royalty's **36** .... on salt helped cause the French Revolution.
	Indian	Gandhi used anger over salt to **37** .... the public against Britain.

Choose the correct letter, **A, B** or **C**.

Modern Salt Production

38 Which accounts for the smallest percentage of manufactured salt?

   A being used in treatment of water
   B being eaten by human beings
   C being spread on roads to remove ice

39 In vacuum evaporation, after fresh water is pumped,

   A it mixes with salt.
   B it remains underground.
   C it is used to dig a shaft.

40 Salt produced by solar evaporation is

   A taken from shallow waters off the coast.
   B expensive due to the time required.
   C inferior to salt made by another process.

Actual Test 3

음원 바로 듣기

PART 1 *Questions 1–10*

 AT3-01

Questions 1 and 2

Complete the form below.

*Write **ONE WORD AND/OR A NUMBER** for each answer.*

New Member Information

Name: Mary Hartford
Date of Birth: 1 ...., 1972
Home Address: 59 **2** .... Lane
Postcode: TW8 2LC

Questions 3 and 4

*Choose the correct letter, **A, B** or **C**.*

3   The woman decided to choose the yearly plan because

  A   it will make her fitter.
  B   it costs less money.
  C   it is a bigger commitment.

4   Why is the woman leaving in July?

  A   to deal with a personal problem
  B   to meet some requirements for her job
  C   to attend a graduation ceremony

Questions 5–10

How does the woman feel about each of the following programmes?

*Write the correct letter, **A–C**, next to Questions 5–10.*

> A She is interested now.
> B She is not interested.
> C She might be interested later.

List of Programmes

5   weight training   ....

6   group swimming   ....

7   individual swimming   ....

8   group classes   ....

9   sauna   ....

10   childcare   ....

Questions 11–15

*Choose the correct letter, **A, B** or **C**.*

11 The speaker's family was involved in

    A salt production.
    B animal farming.
    C grain growing.

12 Which segment of the population has recently grown the most?

    A the elderly
    B students
    C families

13 What food trend has impacted on the restaurant industry the most?

    A Residents prefer ingredients produced locally.
    B Residents prefer easier recipes.
    C Residents are willing to pay more for quality products.

14 What are people most worried about?

    A competition between farmers
    B artificial food additives
    C nutritional value of ingredients

15 Directly after the presentation, the speaker recommends

    A visiting a local restaurant.
    B buying souvenirs.
    C sampling some local products.

Questions 16–20

Which restaurant contains the following features?

*Choose **FIVE** answers from the box and write the correct letter, **A–G**, next to Questions 16–20.*

Features
A will improve soon
B suitable for families
C a unique menu item
D speedy service
E a fun place to hang out
F a beautiful view
G a seasonal menu

16 Four Woods Restaurant   ....

17 Valley View Restaurant   ....

18 Castle Restaurant   ....

19 Green Restaurant   ....

20 Shady Grove Restaurant   ....

Questions 21–24

*Choose the correct letter, **A, B** or **C**.*

21 Why did the students decide to work together on the project?

    A They are both interested in sociology.
    B They had never worked in a team before.
    C They had different perspectives on the subject.

22 What happened in Colby's study?

    A Participants were asked to taste several menu items.
    B Participants were asked to select a menu item.
    C Participants wrote descriptions of three menu items.

23 What danger did Colby mention in his research?

    A Explanations lose effectiveness if their length is excessive.
    B Restaurant customers are concerned with value.
    C Long menus can lead to a decrease in sales.

24 Where did the students hold their experiment?

    A a family restaurant
    B the same restaurant that Colby used
    C a university campus

Questions 25 and 26

*Choose **TWO** letters, **A–E**.*

Which **TWO** of the following are results of the students' experiment?

    A Women asked about the healthy item more than men.
    B Many people asked the waiter about the healthy item.
    C Items at the bottom of the menu were less popular.
    D Fewer people chose the healthy item than expected.
    E Men were more satisfied with their choices than women.

Questions 27 and 28

*Choose **TWO** letters, **A–E**.*

Which **TWO** of the following are problems with the sociology aspect of the experiment?

    A limited number of variables
    B creating accurate descriptions
    C insufficient data
    D gaining customers' trust
    E educating interview participants

Questions 29 and 30

*Choose **TWO** letters, **A–E**.*

Which **TWO** of the following are problems with the business aspect of the experiment?

    A calculating the effect on the business
    B price gap between fast food and upscale restaurants
    C accounting for a lack of revenue
    D insufficient marketing for healthy items
    E applying the experiment to other types of restaurants

Complete the notes below.

*Write **NO MORE THAN TWO WORDS** for each answer.*

The Shared Evolution of Humans and Dogs

Mystery of wolf domestication

- Humans killed most **31** .... rather than befriending them.
- Dogs were domesticated before humans began farming.
- Most animals were domesticated to benefit **32** ....
  e.g. pigs, horses

Dogs approached humans

- **33** .... wolves were killed or driven off while friendly wolves could stay.
- The appearance and behaviour of wolves changed.
  e.g. droopy **34** ...., wagging tails, white spots on fur

Advantages for humans

Hunting
- Dogs have been useful for finding **35** ....
  e.g. moose hunters get 56% more meat with dogs

Warning system
- Dogs have excellent **36** .... – useful for detecting danger.
  e.g. hearing and smell

Emergency **37** ....
- Dogs could be sacrificed in difficult times.
- The benefits of keeping dogs may have stimulated curiosity about raising
  38 .... and crops.

Biological effects on human evolution

- Dogs and humans both contain similar genes.
  e.g. serotonin transmitters – body cannot **39** .... mood without them
  e.g. shared diseases including OCD, obesity and cancer
- Dogs and humans are the rare example of 'convergent evolution.'

Unique relationship

- Humans were affected as much as dogs, biologically.
- Dogs traded **40** .... and companionship for food and shelter.
- Maybe dogs domesticated humans, not the reverse.

Actual Test 4

PART 1   *Questions 1–10*   AT4-01

Complete the notes below.

*Write **ONE WORD AND/OR A NUMBER** for each answer.*

Lakestone National Park

Months of operation: closed from November to March
Fees:
- $ **1** .... per day (Rocky Hill)
- pay 25% as deposit
- pay the remaining portion at the **2** ....

Facilities:
- running water in all parts of cabin, including a **3** ....
- drinking water available at various locations
- electricity in cabin for charging **4** ....
- tables protected by a **5** .... in case of rain

Rules:
- no glass containers
- users should tidy up after finishing to avoid an extra **6** ....

Hiking Trails:
- **7** .... Trail
  - recommended for experienced hikers
  - demanding due to **8** ....
- Pine Ridge Trail
  - easier
  - better views of the **9** ....
  - leads to entrance of a **10** ....

Questions 11–13

Label the diagram below.

Choose **THREE** answers from the box and write the correct letter, **A–F**, next to Questions 11–13.

A   heating indicator
B   fan speed adjustment
C   warning light
D   on/off switch
E   cooling indicator
F   mode adjustment

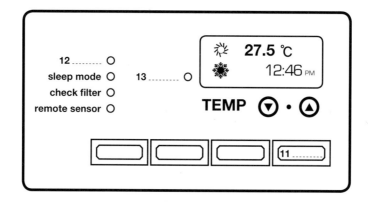

Questions 14–18

Where is each item located?

*Choose **FIVE** answers from the box and write the correct letter, **A–G**, next to Questions 14–18.*

A in the drawer under the television set
B in the largest bedroom
C next to the restroom sink
D in the sitting area
E in the kitchen storage room
F on the wall next to the cooker
G upstairs in the closet

14 bath towels ....

15 cooking utensils ....

16 remote control ....

17 cleaning supplies ....

18 mobile phone ....

Questions 19 and 20

Complete the notes below.

*Write **ONE WORD OR A NUMBER** for each answer.*

Visit the beach early in the day to find a place
To reserve a taxi, call **19** ....
Reduced price for entry to Water Park on **20** ....

Questions 21–25

*Choose the correct letter, **A, B** or **C**.*

Videoconference on Robotics

21   What problem is Cordelia having planning the videoconference?

   A   limited resources to gain adequate familiarity with robotics
   B   a lack of information on the background of the audience
   C   not knowing how narrowly to focus the topic of her talk

22   Cordelia and her advisor decide that for this presentation, she will

   A   trace the history of robotics from its origins to the present day.
   B   focus on the potential for future applications of robotics in one area.
   C   provide a broad overview of how robotics affects our daily lives.

23   The advisor believes that Cordelia should

   A   centre the presentation around one practical demonstration.
   B   include some visual aids that exemplify the core concepts of robotics.
   C   avoid giving a practical demonstration to reduce the risk of errors.

24   To conclude the videoconference, they decide it would be most effective to

   A   conduct a question-and-answer session with the audience.
   B   share the results of an opinion poll on the topic of robotics.
   C   revisit the main points that were covered earlier in the talk.

25   What does the advisor recommend that Cordelia do next to prepare?

   A   try recording herself delivering the main points of the talk
   B   write out a word-for-word script of her presentation
   C   practise explaining important concepts by video chat with a friend

Questions 26–30

*Choose the correct letter, **A, B** or **C**.*

26 Why is Cordelia encouraged about the results of her videoconference?

    A She was able to address several challenging questions from participants.

    B She received a number of compliments in a post-conference review.

    C She was invited to give the same presentation at another venue.

27 What did Cordelia do to improve her understanding of the subject?

    A She took a part-time job at a local robotics company.

    B She audited a mechanical engineering course at her university.

    C She performed her own experiments using robotics technology.

28 What skill does Cordelia hope to improve?

    A her ability to correct computer problems on the spot

    B her understanding of specialised language related to technology

    C the speed with which she can outline presentation materials

29 What is Cordelia currently majoring in?

    A Accounting

    B Computer Science

    C Engineering

30 Cordelia believes that her university should

    A emphasise job-hunting skills for graduating seniors.

    B offer more interdisciplinary study opportunities.

    C require a public speaking course for first-year students.

Complete the notes below.

Write ONE WORD ONLY for each answer.

Research on the causes of business failures

Introduction

Around 75% of retail products fail to generate sufficient revenue in their first year.

Biggest obstacles to initial success

- the average consumer's **31** .... regarding shopping
    - recognisable brands are more favoured than new brands
    - the average British family repurchases the same products
- companies overestimate consumers' **32** .... to truly appreciate the functionality of their products

Reason why a new product would fail to launch

- preparation usually focuses on developing the product without proper
  33 .... of the market

How to increase success rates

- thorough understanding of changes in consumer **34** ....
- substantial research based on strong evidence
- care to avoid early setbacks resulting in negative rumours

First potential issue

- products based on trends that are not long **35** ....
- rapid decline in **36** .... of products tied to fads
- case in point: Coca-Cola's C2 product
    - C2 failed after relying on a **37** .... trend that faded quickly

Second potential issue

- inability to catch the **38** .... of consumers
- case in point: Segway scooter
    - scooter was marketed as an **39** .... to a car
    - potential buyers did not see it as necessary
    - after some time, **40** .... officers and tour guides began using it

PAGODA
IELTS Listening

PAGODA
IELTS Listening

조세핀 옹 파고다교육그룹 어학연구소 | 저

PAGODA
IELTS

Listening

해설서

파고다 아이엘츠

PAGODA Books

조세핀 욱, 파고다교육그룹 언어교육연구소 | 저

PAGODA
IELTS

Listening

해설서

핵심 예제 유형

본서 p.051

1. beginning	2. brown	3. south	4. 10	5. whistle

Questions 1–5

영국 ↔ 영국 U1-01

Part 1. You will hear a man phoning a park management office and asking an employee some questions.

W: Hello. You have reached Sylvan Lake National Park. My name is Susan. How can I help you?

M: Good morning. I would like to know some information about the park, as I'm planning a trip there for next month.

W: Alright, I'll see what I can do. What exactly would you like to know?

M: Well, first of all, could you tell me what kind of weather I can expect?

W: Next month will mark the beginning of the fall season, so I would expect it to be fairly dry. And at night, it will be quite cool, so make sure to bring a jacket.

M: Alright, thanks. And what would you say is the best time to visit? I'm interested in trout fishing, so I want to make sure I have plenty of opportunities.

W: If you're hoping to catch a lot of trout, ❶ I would say the beginning of the year would be best for you.

M: I was afraid that might be the case. I'll be arriving later in the year.

W: Well, don't worry, it shouldn't be a problem. We have excellent fishing during the other seasons as well, especially in the fall.

M: That's a relief. Now I'm also curious about the types of fish that I can catch. Is the lake mostly stocked with rainbow trout?

W: ❷ Actually, brown trout are much more common in this area. They get a lot bigger than rainbow trout. We also have yellow perch.

M: Oh OK, that's good to know. Let's see… Oh, I want to double check the location. The lake itself is fairly close to the town of Sylvan, isn't that right?

W: Yes, that's right. The town gets its name from the lake. But it's actually easier to get to the lake if you go through Fishby. ❸ The lake is just 5 miles directly south of the city.

M: Oh good, thanks. Is there a fee to enter the lake area?

파트 1. 한 남성이 공원 관리소 직원에게 몇 가지 질문을 하는 통화 내용을 듣게 됩니다.

여: 여보세요. 실번 호수 국립 공원입니다. 전 수잔이에요. 무엇을 도와 드릴까요?

남: 안녕하세요. 제가 다음 달에 그 공원으로 여행을 계획 중인데요. 정보를 좀 받을 수 있을까 해서 연락드렸습니다.

여: 네, 제가 도와 드릴게요. 정확히 어떤 것을 알고 싶으신가요?

남: 네, 먼저, 날씨가 어떤지 알 수 있을까요?

여: 다음 달은 본격적으로 가을이 시작되는 시기라 제 생각엔 꽤 건조할 것 같아요. 그리고 밤에는 꽤 서늘할 것 같으니까 꼭 자켓을 가지고 오세요.

남: 네, 감사해요. 그리고 언제가 가장 방문하기 좋은 시기일까요? 제가 송어 잡이를 좋아하는데 가능한 낚시를 많이 하고 싶어서요.

여: 송어를 많이 잡고 싶으시면, ❶ 연초가 가장 적기라고 생각하시면 됩니다.

남: 아, 그럴까봐 걱정했어요. 전 연말에 갈 예정이거든요.

여: 아, 걱정 마세요. 괜찮습니다. 다른 계절들도 낚시에는 아주 안성맞춤이에요. 특히 가을이요.

남: 다행이네요. 제가 어떤 어종들을 잡을 수 있는지 궁금한데요. 호수 안에 주로 무지개 송어들이 있나요?

여: ❷ 사실, 여기에서는 갈색 송어가 훨씬 더 흔합니다. 갈색 송어들이 무지개 송어보다 훨씬 더 커요. 그리고 노란 농어도 있어요.

남: 오 그렇군요. 좋은 정보네요. 알겠습니다… 오, 공원의 위치를 다시 확인하고 싶은데요. 호수가 실번 타운에서 꽤 가깝지 않나요?

여: 네, 맞습니다. 그 도시가 호수 이름에서 따온 거예요. 근데 사실 피쉬비를 통해서 오시면 호수 쪽으로 오시는 게 더 쉬울 겁니다. ❸ 호수는 도시에서 바로 남쪽으로 5마일 거리에 있어요.

남: 네, 감사해요. 호수 쪽 입장료가 있나요?

여: 네, 날씨에 관련된 수리를 위해 소액의 입장료가 있습니다. ❹ 실은, 작년에 극심했던 폭우 때문에 올해 입장료를 5달러에서 10달러로 올렸어요.

W: Yes, there is a small fee, just to help with weather-related repairs. ❹ <u>In fact, we had to raise it from 5 dollars to 10 dollars this year, after some heavy rainstorms last season.</u>

M: Yes, I understand. Now, I've heard from a few people that I should be on the lookout for bears. Has there been a problem with them recently?

W: We always advise people to take precautions, as visitors do occasionally come into contact with bears. They are rarely aggressive, especially at this time of year. ❺ <u>But there is a special whistle you can buy that should scare them away,</u> just in case you do come across any.

M: Do you sell them there?

W: We don't, but you can get one from one of the local shops around here.

Sylvan Lake National Park

- **Weather:** dry and cool
- **Best time to visit: 1** _____ of the year
  good fishing year-round
- **Types of fish: 2** _____ trout and yellow
  perch
- **Location:** near Sylvan
  five miles **3** _____ of Fishby
- **Entrance fee:** recently raised to **4** $ _____
- **Information on bears:** usually not aggressive
  purchase a **5** _____
  from a local shop

남: 아, 그렇군요. 어떤 분들께서 곰을 조심해야 한다고 하던데요. 혹시 최근에 곰들 때문에 문제가 있었던 적이 있나요?

여: 간혹 방문객들이 곰을 만나는 경우가 있어서 늘 조심하시라고 안내해 드리기는 합니다. 특히 지금 시기에 여기 곰들은 그리 공격적이지는 않아요. 그래도 혹시나 마주칠 경우를 대비해서 ❺ 곰들을 쫓아낼 수 있도록 특별히 만든 호루라기를 사 두시면 좋습니다.

남: 그곳에서 판매하시나요?

여: 아니요, 근처 지역 상점에서 구매하실 수 있습니다.

실번 호수 국립 공원

- **날씨:** 건조하고 서늘함
- **방문하기 가장 좋은 시기:**
  한 해의 **1** _____
  연중 내내 낚시에 적합함
- **어종: 2** _____ 송어와 노란 농어
- **위치:** 실번 타운 근처
  피쉬비에서 5마일 **3** _____
- **입장료:** 최근 **4** _____ 달러로 인상됨
- **곰에 대한 정보:** 대부분 공격적이지 않음
  동네 상점에서 **5** _____ 을 구매하시오

어휘 phone v 전화를 걸다, 전화를 하다 reach v (전화로) 연락하다 as conj ~때문에, ~하므로 fairly adv 상당히, 꽤 trout n 송어 later in the year 하반기에, 연말에 relief n 위안 stocked with ~로 가득 찬 common adj 흔한, 보통의, 평범한 perch n 농어 double check 다시 한번 확인하다 raise v 증가시키다, 올리다 lookout n 주의 take precautions 예방 조치를 취하다 occasionally adv 가끔 aggressive adj 공격적인 scare v 겁주다 come across 우연히 마주치다, 우연히 발견하다

Practice

1 repair	**2** Lissadell	**3** police	**4** 10.25	**5** holidays
6 overnight	**7** communication	**8** team	**9** Friday	**10** references
11 sunset	**12** side gate	**13** 4.25	**14** Walnut	**15** café/cafe
16 3484031	**17** sleeping bag(s)	**18** Swing	**19** rental fee(s)	**20** Professional

Part 1. You will hear a man phoning to enquire about a job vacancy.

W: Good afternoon. Royal Automotive. How can I help you?

M: Good afternoon. I'm ringing about the job vacancy.

W: Oh yes.

M: I'd like to find out more about the position, if I may.

W: Yes, of course. Can I have your name?

M: It's Paul Brown.

W: Okay, Paul. Well, I'd be happy to answer any questions you have about the job, and if you are still interested then we can arrange for an interview.

M: Sounds great. Actually, I haven't seen the advert. A friend of mine recommended that I give you a call.

W: That's not a problem. What did you want to know?

M: Well.. what sort of work are you hiring for? Is this for a sales position?

W: It's actually for ❶ <u>automobile repair.</u>

M: Oh good—that's what I was hoping. What types of cars?

W: We usually only work on smaller vehicles.

M: That'd be okay. And when are you looking for help?

W: Well, we are especially busy in the evenings.

M: Okay, and how many days a week are you open?

W: We are open six days a week, every day except for Monday.

M: That's fine.

W: So have you worked as a mechanic before?

M: Yes, I have. I worked on motors for a few years.

W: Great.

M: Do you require a certification?

W: It would certainly be better to have one.

M: Sure. Mine's expired, but I can renew it. Now, where exactly is your company located?

W: The ❷ <u>Lissadell</u> Road location is the one we're recruiting for—we actually have three branches.

M: How do you spell that?

W: It's L-I-double S-A-D-E-double L.

M: Got it. Thank you. Does the bus drop people off nearby?

W: Yes. ❸ <u>The nearest place to get off is just across from the police station.</u>

M: Oh, yes, I know right where that is, not far from the old petrol station. And can I ask about the pay?

W: We're offering ❹ <u>£10.25</u> an hour.

M: That's great. I was paid £9.95 an hour for my last job.

파트 1. 한 남성이 일자리에 대해 문의하는 통화 내용을 듣게 됩니다.

여: 안녕하세요. 로열 정비소입니다. 무엇을 도와 드릴까요?

남: 안녕하세요. 일자리에 관해 연락 드렸어요.

여: 아, 네.

남: 괜찮다면 담당 업무에 대해 좀 알고 싶은데요.

여: 오, 물론이죠. 성함이 어떻게 되시죠?

남: 폴 브라운이라고 합니다.

여: 좋아요, 폴씨. 업무에 관한 어떤 질문이든 기꺼이 답해 드리겠습니다. 그러고 나서 여전히 관심이 있으시다면 면접 약속을 잡으면 될 것 같습니다.

남: 네, 좋아요. 사실, 구인 광고를 보지는 못했고, 친구가 연락 드려 보라고 제안을 했어요.

여: 괜찮습니다. 어떤 것을 알고 싶으신가요?

남: 저... 어떤 업무 담당자를 찾고 계신가요? 혹시 판매직인가요?

여: 사실 ❶ 자동차 정비직입니다.

남: 오 그렇군요, 그러길 바랐어요. 어떤 종류의 차량들을 정비하나요?

여: 저희는 작은 차량들만 정비합니다.

남: 괜찮네요. 언제 도움이 필요하신가요?

여: 음, 저희가 주로 저녁 시간에 바빠서요.

남: 네, 그러면 일주일에 며칠 근무죠?

여: 매주 월요일을 제외하고 주 6일 근무입니다.

남: 알겠습니다.

여: 전에 정비사로 일해보신 경험이 있나요?

남: 네, 그럼요. 몇 년 동안 자동차 관련 일을 했어요.

여: 좋네요.

남: 자격증도 필요한가요?

여: 가지고 계시면 당연히 좋습니다.

남: 네. 제 자격증은 만료되었지만 갱신할 수 있습니다. 그리고 회사가 정확히 어디에 있나요?

여: 지금 구인 중인 곳은 ❷ 리사델로 지점입니다. 저희가 지점이 세 군데거든요.

남: 철자 좀 알려 주시겠습니까?

여: L-I-더블 S-A-D-E-더블 L입니다.

남: 네, 감사해요. 근처에 버스가 서나요?

여: 네, ❸ 내리시기에 제일 가까운 정류장은 경찰서 바로 맞은편에 있어요.

남: 아, 네. 어딘지 알아요. 예전의 주유소 자리에서 멀지 않죠. 시급을 여쭤봐도 될까요?

여: 시급은 ❹ 10파운드 25펜스입니다.

남: 좋네요. 지난 회사에서는 9파운드 95펜스를 받았거든요.

W: Well, we feel the pay is fair for the work required, and there are also some extra benefits.

M: Extra benefits?

W: Well, we allow flexible work, so our employees set their own schedules.

M: Oh, that's better than the standard 9 to 5!

W: We certainly hope so! Now, there may be some days you'll need to work overtime, but that's paid time-and-a-half, and ❺ <u>we don't work on any national holidays.</u>

M: Ah good. So would I ever need to ❻ <u>work overnight?</u>

W: Possible, but ❻ <u>if that happens, we'll always put you up at a hotel.</u> That way, you can rest a bit if you are too tired to drive home.

M: Good to know. So, um...Could I ask what qualities you are looking for your employees?

W: Well, our mechanics have to speak directly to clients, so ❼ <u>we want good communication skills</u> – which you clearly do have.

M: Oh, thanks!

W: ❽ <u>It's also important for you to be able to function as part of a team.</u> It's rare to work on a repair job on your own, as you know.

M: Sure.

W: So, would you be available for an interview on Monday? I'm free all day if you have time.

M: I'm afraid I can't come by on that day. But ❾ <u>Friday's all right.</u> Can you see me then?

W: ❾ <u>Okay.</u> Could you be here at 10 am?

M: Yes, that's no problem.

W: ❿ <u>And could you bring along the names of two references?</u>

M: Yes, of course.

W: Great. I'm looking forward to meeting you.

M: So am I. Oh, sorry, who should I ask for?

W: Oh, yes, right. Sorry. My name is Meera.

M: Could you spell that for me?

W: M-E-E-R-A.

M: Got it. Thank you for your time.

W: See you Friday morning.

여: 음, 저희는 업무에 대한 시급이 적절하다고 생각해요. 그리고 또 다른 혜택들도 있어요.

남: 다른 혜택들이요?

여: 네, 근무 시간이 매우 유연해서 직원들이 직접 스케줄을 선택하면 됩니다.

남: 오, 9시부터 5시까지 정해진 것보다 낫네요!

여: 그럴 거예요! 음, 가끔은 야근을 해야 하는 경우도 있지만 그럴 땐 시급이 1.5배로 지급됩니다. 그리고 ❺ <u>공휴일에는 근무가 없고요.</u>

남: 좋네요. 혹시 ❻ <u>밤샘 근무도</u> 해야 하나요?

여: 그럴 수도 있어요. 하지만 ❻ <u>만약 밤샘 근무를 해야 한다면, 늘 호텔을 잡아 드려요.</u> 그러면, 집에 가시기 너무 피곤하실때 호텔에서 쉬실 수 있어요.

남: 좋은 정보네요. 그리고... 혹시 직원들의 어떤 자질들을 중요하게 생각하시나요?

여: 음, 저희 정비사들은 고객들을 직접 상대해야 하기 때문에 풀씨처럼 ❼ <u>좋은 소통 능력을 가진 분들을 원합니다.</u>

남: 오, 감사해요!

여: ❽ <u>또한 한 팀의 일원으로서 역할을 할 수 있는 능력이 중요하죠.</u> 아시다시피, 우리 일이 혼자서 할 수 있는 건 아니니까요.

남: 물론이죠.

여: 그럼, 월요일에 면접 보실 수 있으실까요? 괜찮으시다면 저는 그날 종일 시간이 됩니다.

남: 죄송하지만 그날은 안 될 것 같네요. ❾ <u>금요일은 괜찮아요.</u> 그때 뵐 수 있을까요?

여: ❾ <u>네,</u> 그러면 오전 10시에 와 주시겠어요?

남: 네, 그럴게요.

여: ❿ <u>그리고 두 분의 추천인 성함들을 좀 가져와 주시겠어요?</u>

남: 네, 알겠습니다.

여: 네, 곧 뵙기를 바랍니다.

남: 네, 저도요. 오, 제가 가서 누구를 찾으면 될까요?

여: 아, 죄송해요. 제 이름은 미라입니다.

남: 철자 좀 알려 주시겠어요?

여: M-E-E-R-A입니다.

남: 네, 시간 내주셔서 감사합니다.

여: 금요일 아침에 뵐게요.

어휘 job vacancy 채용 공고　arrange an interview 인터뷰 자리를 마련하다　advert(=advertisement) n 광고　especially adv 특히, 특별히　open v 문을 열다, 개업하다　except for ~를 제외하고　mechanic n 정비사　motor n 자동차, 승용차　certification n 증명, 자격증　certainly adv 분명히, 틀림 없이　expire v 만료하다, 만기가 되다　renew v 갱신하다　recruit v 채용하다　branch n 지사　spell v 철자를 말하다, 철자를 맞게 쓰다　petrol station 주유소　fair adj 타당한　benefit n 혜택　flexible adj 유연한, 융통성 있는　standard adj 표준의, 일반적인　national holiday 국경일　put 사람 up ~를 묵어가게 하다　quality n 자질　communication skill 의사소통 능력　function v 기능하다, 역할을 하다　reference n 추천인, 참고인　look forward to -ing ~를 고대하다

Questions 1–10

취업 문의
• 성함: 폴 브라운
• 업무 형태: 소형 차량들의 **1** _____
• 일주일 근무 시간: 6일
• 자격증 선호
• 위치: **2** _____ 로
• 가장 가까운 버스 정류장: **3** _____ 맞은 편
• 급여: 시급 **4** _____ 파운드
• 부가 혜택들:
– 자율 근무시간제, 초과근무 시급+α
– 국가 **5** _____ 에 휴무
– **6** _____ 에 근무 시 호텔방 제공
• 자격 요건들:
–고객들과의 효과적인 **7** _____ 능력
– **8** _____ 와 함께 일할 수 있는 능력
• 면접:
– **9** _____ 오전 10시 시행
– 두 **10** _____ 의 성함 필요
– 미라를 찾으시오

Questions 1–4

1
> • **Type of work: 1** _____ of small vehicles

해설 일자리를 구하는 남성이 하는 업무가 '어떤 업무인지' 묻는 문제이다. 빈칸 뒤에 of small vehicles(소형 차량의)라고 나오므로 이를 보고 대략 어떤 회사이고 어떤 업무인지 예측이 가능하다. vehicles는 '차량'이라는 의미이므로 차량들을 '관리'하거나 '수리'하거나 '판매'하는 등의 업무라는 것을 예측할 수 있다. 여기서 정답을 제공하는 사람은 문의를 하는 남자가 아니라 문의에 대한 답변을 하고 있는 회사의 직원인 여자이므로, 남자가 언급한 sales position (판매직)은 오답 함정이다. 정답은 repair이다.

2
> • **Location: 2** _____ Road

해설 '도로명'을 묻는 단순 정보 받아쓰기 문제이다. 뒤에 Road가 있는 것으로 보아 '도로명'인 고유명사의 자리임을 알 수 있다. IELTS Listening에서 스펠링 받아쓰기 문제가 나오면 반드시 출제되는 패턴이 두 가지가 있는데 바로 'double+숫자/문자' 또는 'R 발음'이다. 고유명사 또는 수치 정보를 받아쓰는 문제에서 double이라는 표현이 들린다면, 어떤 하나의 알파벳 또는 하나의 숫자를 '두 번 연속으로' 작성해야 한다는 뜻이다. 가령, 누군가의 여권 번호를 듣고 받아써야 하는 경우, JQ1223은 'J-Q-one-double two-three'라고 말한다는 점을 기억하자. 이 문제에서도 double을 듣고 double 뒤에 나오는 것을 두 번 연속 써야 한다는 점에 주의해서 답을 작성한다. 정답은 L-I-S-S-A-D-E-L-L, Lissadell이다. 이때, 첫 문자인 L만 대문자 처리하는 것이 올바른 표기법이다.

3 • **Nearest bus stop:** opposite the **3** _____ station

해설 회사에서 가장 가까운 버스 정류장의 '위치'를 묻는 문제이다. 빈칸 앞 opposite은 '반대편에' 또는 '맞은 편에'라는 의미로, 실제 Recording 내용상 들리는 across from과 유사한 표현으로 서로 번갈아 자주 등장하므로 기억해 두어야 한다. 실제 생활 속에서 뒤에 station이 들어가는 표현은 주로 경찰서(police station), 전철역(underground station, 미국에서는 subway station) 또는 기차역(train station) 정도뿐이다. 이런 상식을 토대로 충분히 정답을 예측 가능하다. 정답은 police이다.

4 • **Pay: 4** £ _____ an hour

해설 '돈 액수'를 적는 단순 정보 받아쓰기 문제이다. 빈칸 앞의 파운드 표시를 보고 '액수'에 해당하는 수치 정보 자리임을 예측할 수 있다. 남자가 언급하는 '이전 직장에서의 시급, 9파운드 95펜스'는 오답 함정이므로 이 정보는 회사의 직원인 여자가 제공하는 내용이 맞다. 정답은 10.25이다. 발음하는 법은 ten twenty-five pounds가 아니라 ten pounds twenty-five이다. 이런 수치 정보 문제는 반드시 아라비아 숫자로 작성하도록 하자.

Questions 5–10

5 • **Extra benefits:**
   - no work on public **5** _____

해설 직장에서 제공하는 '혜택'에 대한 문제이다. 빈칸 앞의 public은 '공적인, 공식적인'이라는 뜻의 형용사이고 그 앞의 전치사 on은 어떤 day가 포함된 모든 표현들(Monday, birthday, Christmas 등) 앞에 사용하는 전치사이므로 빈칸을 예측하는 것이 어렵지 않다. 직장 관련 대화에서 흔히 나올 수 있는 내용으로 '언제 쉬는지'를 묻는 질문이다. 내용상에는 직장에서 제공하는 다양한 혜택들을 언급해 주지만, 세부적으로는 no work에 집중해야 한다. 국경일이라는 의미의 holiday는 셀 수 있는 명사로 단수일 경우에는 a national holiday, 복수일 경우에는 national holidays라고 써줘야 한다. 따라서 빈칸 앞에는 관사 a가 보이지 않으므로 '국가 지정 연휴들'이라는 복수형이 되어야 한다. 정답은 holidays이다.

6   - hotel room provided when working **6** _____

해설 직장에서 제공하는 '또다른 혜택'에 대한 문제이다. 빈칸 앞 자동사 work를 보고 빈칸은 '부사'의 자리라는 것을 파악할 수 있으며, 호텔 방을 제공해 주는 경우가 어떤 경우일지 내용적으로 예측도 가능하다. 직장에서 근무할 때 특정한 경우에는 숙박을 제공해 준다는 내용이다. 밤샘 근무에 대해 문의하는 남자에게 여자가 대명사 that(=working overnight)을 사용하여 밤샘 근무를 하게 될 경우에는 호텔 룸을 제공할 거라고 말해 주고 있다. 정답은 overnight이다.

7 • **Qualities required:**
   - ability for effective **7** _____ with clients

해설 취업시 '자격 요건'을 묻는 문제이다. 빈칸의 형태는 형용사 effective가 수식해 줄 수 있는 명사의 자리이다. 그리고 앞뒤의 해석을 통해 고객들과 '무언가를 할 수 있는 효과적인 능력'을 묻는 내용임을 예측할 수 있다. a skill은 an ability to do something well (무언가를 잘할 수 있는 능력)이라는 의미이다. Recording상의 실마리 표현은 speak directly to clients로, 이는 말할 수 있는 능력 즉, 의사소통 능력이라고 볼 수 있다. 정답은 communication이다. 이는 매우 자주 등장하는 Paraphrasing 형태이므로 반드시 정리해 두도록 한다. 추가로 'good communication skills = the ability for effective communication' 이렇게 Paraphrasing 정리가 가능하므로 함께 메모해 두도록 한다.

8

> - ability to work with a **8** _____

[해설] 취업시 '자격 요건'에 대해 묻는 문제이다. 7번의 ability(능력)에 이어 또 하나의 ability가 주어져 있다. 새로운 내용이 추가될 때 사용되는 also나 and가 들리면 빠르게 따라가도록 하자. 빈칸 앞에 있는 work with를 바탕으로 충분히 빈칸을 예측할 수 있는 문제이다. 누구와 '함께' 일할 수 있는 능력은 직장 내에서 매우 필수적인 직원으로서의 자질이다. function(기능)이라는 단어는 학생에게는 study(공부)를, 직장인에게는 work(일)를 의미한다. 자신의 직책 또는 역할에서 제 몫을 다 하는 것을 function이라고 하므로 정답은 team이다.

[Paraphrasing!] ability to work → be able to function

9

> • Interview:
> - to be conducted on **9** _____ at 10 am

[해설] '취업 면접 정보'에 대해 묻는 문제이다. 전치사 on은 앞서 5번 문제에서 언급한 바와 같이 day와 함께 사용하는 표현이므로 빈칸의 정답은 '요일'이라는 것을 알 수 있다. 여자가 Monday를 언급한 이후의 남자의 반응이 중요한 문제이다. 이렇게 주거니 받거니 하면서 서로의 의견을 묻고 최종적으로 결정하는 옥신각신 대화 패턴에 익숙해져야 한다. 여기서 Monday가 들린 후 남자의 반응이 긍정적이었다면 Monday가 정답이 되지만, 남자는 I'm afraid라는 부정적인 반응을 보인다. 그 후 다시 Friday를 제안받고 결국 남자가 Okay를 하게 되므로 정답은 Friday이다. 이런 대화 방식은 평상시 우리에게도 낯설지 않다. 시험 문제 속 대화라도 '자연스러운 생활 속 이야기'가 나오므로, 무언가 이야기를 했을 때 상대방의 반응에도 귀 기울이는 것이 중요하다.

10

> - names of two **10** _____ required

[해설] 면접시 '무엇이 필요한지' 묻는 문제이다. 빈칸은 two 다음에 이어지는 복수 명사의 자리이다. 명확한 타이밍을 잡아줄 수 있는 표현이 나오지 않으므로 한 가지 소재에 대한 대화가 마무리된 후 새로운 소재가 등장할 때 그 전환되는 순간을 잘 캐치하고 집중해야 한다. 취업 면접 상황에서 흔히 등장하는 내용으로, 우리나라에서는 추천인이나 본인의 신분을 증명해 줄 참고인들의 정보를 지참해서 면접에 가야 하는 경우가 흔치 않다. 하지만 외국에서는 대부분의 경우 회사에서 추천인 또는 참고인들의 정보를 요구하므로 이를 IELTS Listening Part 1의 지문 유형에서 쉽게 만나볼 수 있는 내용이라 생각하고 반드시 외워두자. 셀 수 있는 명사이므로 정답은 복수형인 references이다.

Questions 11-20

영국 ↔ 영국 Pr1-02

Part 1. You will hear a telephone conversation between a golf resort employee and a man who wants to become a member of the resort.

W: Good afternoon, Valley Pine Golf Course.
M: Good afternoon. I'm ringing because I wanted to enquire about becoming a member of your golf resort. Could I get some information?
W: Sure. Well for starters, the clubhouse opens at 6 am. That's also the earliest you will be able to access the driving range. We ⑪ close at about the time of sunset.

파트 1. 한 골프 리조트의 직원과 회원 가입을 원하는 남성 사이의 통화 내용을 듣게 됩니다.

여: 안녕하세요, 밸리 파인 골프 코스입니다.
남: 안녕하세요. 골프 리조트 회원 가입에 관련해서 여쭤볼 것이 있어서 전화 드렸습니다. 정보 좀 주실 수 있을까요?
여: 물론이죠. 음, 먼저, 클럽하우스는 오전 6시에 엽니다. 그게 골프 연습장을 이용하실 수 있는 가장 이른 시간이고요. 저희는 ⑪ 해질녘쯤 끝납니다. 실제로는 봄, 가을 그리고 겨울에는 저녁 7시, 그리고 여

In practice, this means around 7 p.m. in the spring, fall and winter, and around 8 in the summer.

M: That sounds fine. Now, I've also heard something about a late-night option. Could you tell me about that?

W: Oh, yes. Every Thursday we are open until 11 pm. The front door will be locked, so ⓬ <u>to enter the building you will have to let us know in advance and we'll give you a key for the side gate.</u>

M: Thanks. I would also like to know about any special options you have for younger golfers. I have two sons, 14 and 15 years old, and I'd like to sign them up as well. How much is the fee for them?

W: Well, ⓭ <u>golfers under 18 years of age pay £4.25 a week,</u> and adult players pay £19.59 a week.

M: That's quite a reasonable deal. I assume there's parking available, right?

W: Yes, of course. There's a small car park on the premises, and ⓮ <u>additional parking space within walking distance, on Walnut Street.</u>

M: Great. Well, what other facilities are available to members?

W: ⓯ <u>There's a large café on the second floor of the clubhouse,</u> as well as changing rooms on the first. Oh, and I should inform you that in order to hire a cart, you will need to arrange it separately with our secretary.

M: Oh, will I? Can I have the direct number?

W: ⓰ <u>Sure, it's 3484031.</u>

- -

M: Could you tell me about the types of lessons that you offer? For one thing, my sons have never played golf before, so they'll need to start from the beginning.

W: That's fine. They might be interested in our Teenager Course if that's the case. We offer it four times a year, at the start of each season. It takes place over three days, and it's a great way to learn the basics.

M: That sounds good. Umm...Will they need to bring anything with them?

W: No, all equipment is provided, including shoes. ⓱ <u>But they need sleeping bags, as they will be staying overnight.</u>

M Oh, that sounds quite intensive.

W: Yes, it is.

M: Umm...I'm also interested in improving my own golf game. Are there any courses that would help me with my shot?

W: ⓲ <u>That would be our Swing Class. It's offered twice a month, every other Saturday, starting at 7 am or 2 pm</u>

름에는 저녁 8시쯤 되겠네요.

남: 괜찮네요. 제가 그 리조트의 야간 옵션에 대해서도 들은 것 같은데요. 그것에 대해 이야기해 주실 수 있나요?

여: 오, 그럼요. 매주 목요일은 저녁 11시까지 영업을 합니다. 정문은 잠겨 있으므로 ⓬ <u>건물 안으로 들어 오시기 위해서는 사전에 저희에게 알려 주시면 측문 열쇠를 드릴 겁니다.</u>

남: 감사합니다. 어린 골퍼들을 위한 특별한 선택 사항들에 대해서도 알고 싶습니다. 제게 14살과 15살된 아들들이 있어서 함께 등록하고 싶은데요. 아이들은 이용료가 어떻게 되나요?

여: 음, ⓭ <u>18세 미만의 회원들은 주당 4파운드 25펜스 이고 성인들은 주당 19파운드 59펜스입니다.</u>

남: 오, 꽤 적당한 가격이네요. 혹시 주차도 가능한가요?

여: 네, 그럼요. 건물에 작은 주차장이 하나 있고 ⓮ <u>조금만 걸어가면 월넛가에 추가 주차 공간이 있습니다.</u>

남: 좋네요. 회원들을 위한 또 다른 시설들이 있나요?

여: ⓯ <u>클럽하우스 2층에 큰 카페가 하나 있고요,</u> 1층에는 탈의실도 있습니다. 오, 그리고 카트를 빌리고 싶으시면 저희 비서에게 문의하셔서 따로 마련해야 합니다.

남: 아, 제가요? 직통 번호를 알려 주시겠어요?

여: ⓰ <u>물론이죠. 3484031번입니다.</u>

- -

남: 어떤 수업들을 제공하시는지 알 수 있을까요? 일단 저희 아들들이 한 번도 골프를 쳐 본 적이 없어서 처음부터 시작해야 하거든요.

여: 괜찮습니다. 처음이라면 저희 청소년 과정이 좋겠네요. 이 수업은 일년에 네 번, 계절이 바뀔 때마다 진행됩니다. 한 번에 3일에 걸쳐서 수업을 하며, 기초를 배우기에는 정말 좋은 기회입니다.

남: 정말 괜찮네요. 저...아이들이 준비해 가야 할 것이 있나요?

여: 아니요, 신발을 포함한 모든 장비가 제공됩니다. ⓱ <u>하지만 밤을 지내야 하니 침낭을 준비해 주셔야 합니다.</u>

남: 오, 꽤 집중적인 수업 같군요.

여: 네, 그렇습니다.

남: 음... 저도 실력을 좀 향상시키고 싶은데, 제 샷 실력에 도움이 될 만한 수업은 없을까요?

여: ⓲ <u>스윙반이 좋겠네요. 격주로 토요일마다 한 달에 두 번 있고요, 오전 7시 그리고 오후 2시에 진행합니다.</u>

M: Oh, how is that class conducted?

W: Well, it's run by our resident pro trainer. He takes you through the fundamentals of a good swing, analyses and gives advice on each participant's form, and then brings you out to the driving range to practice.

M: That sounds like exactly what I'm looking for.

W: Great!

M: Now, if I can get my wife to join with me, she will need some kind of beginners' course. Is that available as well?

W: Yes, the Beginners Class is one of our most popular, and it's offered 3 times a month.

M: And will you be able to provide all the equipment she would need? She doesn't own anything yet.

W: ⑲ <u>Normally we do charge a rental fee if one of our guests needs to hire equipment, but for the class it is waived.</u>

M: That's good to hear. And does the class have a limit on the number of people that can attend?

W: Yes, no more than eight students. That way we can ensure that everyone is able to get individual attention from the trainer.

M: Great. Are there any other classes available?

W: ⑳ <u>Yes, there are Professional Clinics offered once a month</u> where we bring in a pro golfer to give a short presentation about a certain aspect of golf.

M: Oh that sounds good. Are they free to attend?

W: Yes, free for members and £15 for non-members.

M: Well, thank you for your help. I think that's all the questions I have.

W: You're very welcome. I hope to see you soon.

M: Goodbye.

남: 오, 그 수업은 어떻게 진행되나요?

여: 저희 리조트에 상주하는 전문 선생님께서 진행하십니다. 좋은 스윙의 기초부터 개개인의 자세를 분석하여 그것에 대한 조언도 드리고, 실전 연습을 위해 골프 연습장에도 함께 가십니다.

남: 정말 딱 제가 찾는 그런 수업이네요.

여: 다행이네요!

남: 이제, 제가 와이프를 설득해서 오게끔 한다면, 와이프는 초보자 과정을 들어야 할 것 같은데요. 그런 반도 있나요?

여: 네, 저희 초급반은 가장 인기 있는 수업 중 하나이며 한 달에 세 번 진행됩니다.

남: 혹시 필요한 장비들을 모두 제공해 주시나요? 와이프가 아직 아무것도 없어서요.

여: ⑲ <u>일반적으로 게스트분들께서 장비를 렌트하실 때 비용을 청구하지만 이 수업을 듣는 분들께는 그 비용이 공제됩니다.</u>

남: 좋은 소식이네요. 혹시 수업에 참석할 수 있는 인원수에 제한이 있나요?

여: 네, 최대 여덟 명입니다. 그래야 모든 분들께서 개인적으로 선생님께 관리를 받으실 수 있어서요.

남: 좋네요. 다른 수업들도 있나요?

여: ⑳ <u>네, 한 달에 한 번 전문가 강습 수업을 합니다.</u> 프로 골퍼 한 분께서 오셔서 골프의 특징에 대한 짧은 강연을 해 주세요.

남: 오 좋네요. 참석비는 무료인가요?

여: 네, 회원들은 무료이고 비회원은 15파운드입니다.

남: 도와주셔서 감사합니다. 궁금한 것은 다 여쭤본 것 같네요.

여: 천만에요. 곧 뵙기를 바랍니다.

남: 안녕히 계세요.

어휘 for starters 먼저 driving range 골프 연습장 in practice 실제는 option ⓝ 옵션, 선택권 in advance 사전에, 미리 as well 또한, 역시 quite ⓐdⓥ 꽤 reasonable ⓐdj 합리적인, 적당한 deal ⓝ 거래 assume ⓥ 가정하다, 추측하다 premises ⓝ 부지, 구내 within walking distance 걸어갈 수 있는 거리에 있는 changing room 탈의실 arrange ⓥ 마련하다, 처리하다 separately ⓐdⓥ 따로, 별도로 direct number 직통 전화 equipment ⓝ 장비, 도구 sleeping bag 침낭 intensive ⓐdj 심화적인, 집중적인 shot ⓝ (구기 종목에서의) ⓝ 숏, 샷 conduct ⓥ (특정 활동을) 하다 fundamental ⓝ 기본 원칙 analyse ⓥ 분석하다 waive ⓥ 면제해주다, 포기하다 individual ⓐdj 개인적인 aspect ⓝ 면모, 특징, 양상

벨리 파인 골프 코스

운영 시간
- 클럽하우스는 **11** ＿＿＿＿＿＿＿＿＿ 쯤에 종료
  - 시간은 계절에 따라 다름
- 목요일마다 야간 개장 시행 – 저녁 11시까지
  - **12** ＿＿＿＿＿＿＿＿＿ 을 열기 위한 열쇠 필요

비용
- 아들들을 위한 주당 이용료: 1인당 **13** ＿＿＿＿＿＿＿＿＿ 파운드

주차
- 골프 경기장 소속 주차장
- **14** ＿＿＿＿＿＿＿＿＿ 가에 추가 주차 공간

시설들
- 2층에 **15** ＿＿＿＿＿＿＿＿＿
- 1층에 탈의실
- 카트 렌탈을 위한 문의는 **16** ＿＿＿＿＿＿＿＿＿ 로 비서에게 전화

---

11 **Working Hours**
- Clubhouse closes around **11** ＿＿＿＿＿＿＿＿＿ – time depends on season

해설 클럽하우스의 '운영 시간'에 대한 문제이다. Recording 초반에서 영업 오픈 시간을 언급했으니 바로 이어서 영업 종료 시간이 나올 것이라는 점을 예상하고 집중해서 들어야 한다. 오픈 시간과 종료 시간 사이에 부연적인 설명이 길지 않으므로 집중력을 발휘해야 한다. 빈 칸 앞 around가 about이나 approximately로 Paraphrasing되어 번갈아 문제에 등장한다는 사실을 잊지 말고 암기해 두자. about 바로 뒤에 언급된 time은 새로 언급된 정보가 아니다. 새롭게 등장한 정보를 메모하는 것이 중요하며, 구체적인 시간이 언급된 7시나 8시는 계절에 따라 달라진다고 말하므로 정답이 될 수 없다. 따라서 정답은 sunset이다.

12
- Open late on Thursdays – until 11 pm
  - Need key to open the **12** ＿＿＿＿＿＿＿＿＿

해설 밤 늦게까지 라운딩을 한 후에 클럽하우스로 돌아왔을 때 '열쇠가 필요한 곳'을 묻는 문제이다. 건물 안으로 들어오려면 측문 열쇠를 가지고 측문으로 들어오라고 했으므로 정답은 side gate이다. 잠겨 있는 front gate가 좋은 오답 함정의 역할을 하지만 정작 열쇠에 관련된 이야기는 측문인 side gate이며 gate는 한 곳만 언급되었으므로 복수형으로 처리하면 오답이다. 또한 고유명사가 아니므로 Gate와 같이 불필요하게 대문자로 처리하면 안 된다.

13 **Costs**
- Weekly cost for sons: **13** £ ＿＿＿＿＿＿＿＿＿ each

해설 '어린 골퍼들의 이용료'를 묻는 문제이다. 보통 이런 수치 정보 관련 문제의 경우 정답 주변에 오답들도 함께 제시되므로 유의한다. 빈칸 앞 for sons에 동그라미 해 둔 상태로 들으면 문제의 답을 찾기가 더욱 편리하다는 점을 참고하자. 아들의 나이가 각각 14세와 15세라고 했으므로 18세 미만의 회원 이용료가 적용된다. 정답은 4.25이다. 참고로 $나 £와 같은 단위를 표기할 때는 올바른 표기법을 따랐는 지 확인을 하자. 예로 £4.50을 실수로 4.5라고 하거나 4:50라고 표기하지 않도록 주의하자.

14 **Parking**
- Parking lot attached to course
- Extra parking on **14** _____ Street

해설 '추가 주차 공간'에 대해 묻는 문제이다. 빈칸 뒤 street을 보고 '도로명'인 고유명사 자리임을 알 수 있다. 대화에서 언급된 주차할 수 있는 곳은 두 곳이다. 건물 내에 작은 주차장과 걸어갈 수 있는 거리 내의 추가 주차장이 하나더 있음을 알 수 있으므로 정답은 Walnut이다. 한 가지 주의할 점은 walnut은 원래 호두라는 뜻이지만 여기에서는길 이름으로 고유명사에 해당하므로 반드시 첫 문자인 W는 대문자 처리해야 한다.

15 **Facilities**
- A **15** _____ on the second floor
- Changing rooms on the first floor

해설 빈칸은 '2층에 있는 편의 시설'을 묻는 문제이다. 클럽하우스의 2층에 있는 시설로 언급된 것은 카페뿐이므로 정답은 cafe이다. café는 e 위에 특이한 표시가 되어 있지만 이는 영어적인 표기법이 아니기 때문에 답변 작성 시 굳이신경 쓰지 않아도 된다. 빈칸 앞에 a가 있으니 cafe는 단수형으로 표기한다.

16
- For cart rentals, call secretary at **16** _____

해설 빈칸 앞에 call이 있으므로 '전화번호'를 적는 단순 정보 받아쓰기 문제이다. 골프장에서 흔히 사용하는 '카트의대여'에 대한 문제로, Sure, it's 3484031.이라고 하므로 정답은 3484031이다. 속도가 빠르다고 생각되면 들리는대로 먼저 한글로 빠르게 적어보고, 이후에 직접 성우의 속도에 맞춰 전화번호를 발음하며 속도에 익숙해지는 연습을 하도록 하자. 중간에 띄어쓰기나 하이픈 처리는 오히려 오답으로 처리될 수 있으니 안전하게 모든 숫자를 위와 같이 붙여서 표기하자.

Questions 17–20

수업 과정	빈도	세부 정보
청소년 과정	1년에 네 번	- 3일간 진행 - 모든 장비 제공 - **17** _____를 가져와야 한다
18 _____ 반	한 달에 두 번	- 오전 또는 오후 - 전문 선생님의 교습
초급반	한 달에 세 번	- **19** _____가 공제된다
20 _____ 강습	한 달에 한 번	- 회원 무료 - 비회원 15파운드

17 **Details**
- bring **17** _____

해설 수업을 들을 때 가져와야 할 '준비물이 무엇인지'를 묻는 문제이다. 청소년 과정을 들으면 골프를 배우는 데에필요한 장비들은 모두 제공되지만 밤을 지내야 하니 침낭을 가져와야 한다고 한다. 이때 including과 함께 등장한shoes는 오답 함정이므로 주의하도록 한다. 정답은 sleeping bag(s)이다. 표 차트 형식의 문제 속 명사들이 빈칸 앞에 a 또는 many 등 분명한 지시가 없을 경우에는 단수와 복수 두 가지 경우로 표기해도 모두 정답 처리가 되니 참고하자.

18   Courses

18 _____ Class

해설 '수업명'을 묻는 문제이다. 표 차트의 항목에 이미 적혀져 있는 다른 수업명의 표기법을 따르면 아무 문제가 없다. 빈칸의 정보는 어떤 특정 수업의 이름이므로 아래 표기된 Beginners Class와 같이 첫 문자를 대문자로 처리해야 한다. 원래 swing 자체는 '그네, 휘두르기'라는 의미의 보통명사이지만 여기에서는 수업 이름인 고유명사에 해당하므로 정답은 Swing이다.

19   Details

- **19** _____ waived

해설 '공제 항목이 무엇인지' 묻는 문제이다. 대명사 사용 문제로 빈칸 뒤 waived가 들릴 때까지 기다려서는 안된다. 원래는 장비에 대해 렌탈 비용을 청구하지만, 그것(it=rental fee)이 공제되었다고 대명사로 표현하고 있다. 이는 전형적으로 난이도가 살짝 상향 조정된 문제로 이런 식의 패턴이 나올 수도 있다는 사실을 염두에 두고 새로운 소재가 나오면 반드시 메모해 두자. 정답은 rental fee(s)이다. 하나의 장비 또는 여러 개의 장비를 빌릴 수도 있기 때문이며 빈칸 앞뒤로 단·복수 처리에 대한 명확한 기준이 주어지지 않았으니 둘 다 정답이 된다.

20   Courses

20 _____ Clinics

해설 한 달에 한 번 수업을 하는 '특정 클리닉의 이름'을 묻는 문제로 난이도가 낮은 편이다. 여자가 한 달에 한 번 Professional Clinics라는 수업을 한다고 하므로 정답은 Professional이다. 20번 문제에서 가장 중요한 것은 이전 문제를 놓쳤다고 해서 우왕좌왕하지 않는 것이다. 흐름을 놓치지 않고 제대로 잘 따라가기만 한다면 가장 쉬운 문제가 바로 마지막 문제이므로 반드시 마인드 컨트롤을 잘해서 마지막 문제를 놓치지 않도록 집중해야 한다. 또한, 18번 문제와 같이 이전에 적힌 항목과 동일하게 대문자로 표기하면 된다.

🔷 핵심 예제 유형

본서 p.068

1. B	**2.** A	**3.** C

Questions 1–3

영국 U2-01

Part 2. You will hear a guide at a national park in the U.S. giving information to a group of visitors.

M: Hello, I'm so pleased to welcome you to Mount Rushmore National Memorial here in the majestic Black Hills of South Dakota. Before we begin our tour, I would like to give you some basic information about the monument and some of the important buildings and attractions here at the park.

Well, as you don't need me to tell you, this is a popular park. The number of visitors has been increasing ever since it first opened in 1941. During the first year, it had about 400,000 visitors who came to see the faces carved onto this mountain. This number increased as word spread, and by 1959 we had reached over 1 million visitors. Last year, we received nearly 3 million visitors.

Work on Mount Rushmore started back in the 1920s, when the State Historian of South Dakota, Doane Robinson, became interested in the work of a famous sculptor who had carved images on the side of a mountain in Georgia. He thought that a similar project would increase tourism in this state. ❶ Despite the sculptor's years of work on the monument, Robinson is now referred to as the 'Father of Mount Rushmore', as he was the one who conceived of the idea.

One thing most people don't know is that the original idea was to carve the faces onto a collection of natural stone towers near here known as 'the Needles.' However, the sculptor worried the Needles were too thin and weak to be carved, and local Native Americans were also strongly opposed to altering those natural structures. In the end, of course, Rushmore was chosen to be the site of the monument. It's a large flat wall of granite, making it an excellent surface for carving. ❷ But what made the site most suitable was that the face of the mountain is turned toward the southeast, ensuring that the carving gets good sunlight all day long.

파트 2. 미국의 한 국립공원에서 가이드가 방문객들에게 정보를 전하는 이야기를 듣게 됩니다.

남: 안녕하세요. 사우스다코타주의 위대한 블랙 힐스에 있는 러시모어 국립기념공원에 오신 것을 환영합니다. 투어를 시작하기 전, 먼저 이 기념물과 주요 건물들 그리고 공원의 몇몇 명소들에 대한 기본 정보를 전달해 드리도록 하겠습니다.

음, 굳이 말씀드리지 않아도 아시겠지만, 이곳은 인기가 많은 공원입니다. 방문객의 수는 1941년 개장한 이후로 계속 증가하고 있습니다. 개장 첫 해 동안 이 산에 새겨진 얼굴들을 보기 위해 약 40만 명의 방문객들이 찾아왔습니다. 소문이 퍼지며 그 수는 증가했고 1959년까지 이곳을 찾은 방문객은 백만 명이 넘었습니다. 작년에는 거의 3백만 명이 이곳을 찾았습니다.

러시모어산의 조각 작업은 1920년대에 시작되었습니다. 당시 사우스다코타주의 사학자인 도안 로빈슨은 조지아주에 있는 한 산의 측면에서 조각을 했던 유명한 조각가 한 분의 작품에 관심을 가지게 됩니다. 그는 그 작업을 하면 사우스다코타주의 관광 산업을 발달시킬 수 있겠다고 생각했어요. ❶ 비록 수년에 걸쳐 그 기념물을 작업한 조각가는 따로 있었지만, 로빈슨은 현재에도 '러시모어산의 아버지'라고 불립니다. 그가 바로 이 모든 것을 상상했던 사람이었기 때문이지요.

대부분의 사람들이 잘 모르고 있는 한 가지 사실은 이 작업은 원래 이곳 근처에 있는 '니들즈'라고 알려진 천연 돌탑들 위에 그 얼굴들을 조각하려고 했다는 것입니다. 하지만, 그 조각가는 이 돌탑들이 조각하기에는 너무 가늘고 약한 것을 우려했고, 그 천연 구조물을 변형하는 것에 대한 그 지역의 북미 원주민들의 반대도 극심했어요. 물론, 결국에는 러시모어산이 기념물을 위한 장소로 선정되었습니다. 그 산은 거대하고 평평한 화강암 벽으로, 조각을 하기에는 최적의 표면을 가졌죠. ❷ 하지만 그곳이 가장 적합했던 이유는 산의 정면이 남동쪽을 향해 있어

❸ The mountain itself is actually named after Charles E. Rushmore, a lawyer from New York, who visited the area in 1883 on behalf of a mining company. When he asked his guide what the mountain was called, the guide replied that it didn't have a name, but that they would just start calling it Rushmore from then on.

조각 작품이 하루 종일 좋은 햇빛을 받을 수 있다는 점이었습니다.

❸ 이 산의 이름은 사실 1883년 한 탄광 회사를 대표하여 이 지역을 방문했던 뉴욕 출신의 한 변호사인 찰스 E. 러시모어의 이름을 따서 지어졌습니다. 그 당시 그는 가이드에게 산의 이름이 무엇인지 물어봤고, 그 가이드는 산에 이름이 없지만 그냥 지금부터 러시모어라고 부르자고 답했다고 합니다.

어휘 memorial ⓝ 기념비(적인 것) majestic ⓐⓓⱼ 장엄한, 위대한 monument ⓝ (건물·동상 등의) 기념물 attraction ⓝ 명소 increase ⓥ 증가하다 carve ⓥ 새기다, 조각하다 spread ⓥ 퍼지다 sculptor ⓝ 조각가 tourism ⓝ 관광 산업 refer to ~을 나타내다, 의미하다 conceive of ~을 상상하다 thin ⓐⓓⱼ 얇은, 가는 weak ⓐⓓⱼ 약한 be opposed to ~에 반대하다 alter ⓥ 바꾸다, 고치다 structure ⓝ 구조물 granite ⓝ 화강암 surface ⓝ 표면, 표층 suitable ⓐⓓⱼ 적합한 toward ⓟⱼ ~을 향하여 reply ⓥ 답하다, 대답하다

Practice

1 B	**2** A	**3** B	**4** C	**5** A
6 A	**7** C	**8** A	**9** D	**10** G
11 C	**12** A	**13** F	**14** B	**15** E
16 B	**17** F	**18** D	**19** G	**20** E

Questions 1–10

영국 🎧 Pr2-01

Part 2. You will hear a woman talking about kayaking to a group of tourists.

파트 2. 한 여성이 관광객들에게 카약에 대해 이야기하는 것을 듣게 됩니다.

W: Welcome, everyone. I'm so happy that you could join me today. I want to start by telling you a little about myself. My personal interest in sport began in my childhood. ❶ While my parents didn't push me to get involved in sport in school, they definitely led by example, playing golf or tennis together almost every weekend. And while I stopped short of pursuing a career as an athlete, I always maintained a passion for athletic competition. My brother was a professional athlete, and many of you might recognize him if you saw him on the street. My sister, too, is involved in sport, as a sport psychologist. ❷ She was really my role model and inspired me to achieve my dream of becoming a licensed physical therapist.

While I'm interested in a variety of sports, my real passion is kayaking. ❸ I got hooked on kayaking during a trip to Southeast Asia. Paddling around the islands of the Philippines was such a refreshing experience after the crowded buses and trains we experienced in Thailand.

여: 여러분 환영합니다. 오늘 저와 함께 해 주셔서 감사합니다. 먼저 저에 대해 잠시 말씀드릴게요. 저는 어린 시절부터 스포츠에 관심이 있었습니다. ❶ 부모님께서 학교 다닐 때 스포츠 활동에 참여하라고 저에게 강요하시지는 않았지만, 거의 매 주말마다 저와 함께 골프와 테니스를 치며 직접 모범을 보이셨습니다. 제가 직업 운동선수가 되는 것을 갑자기 멈추기는 했지만, 늘 운동 경기에 대한 열정은 가지고 있었죠. 저희 오빠는 여러분께서 길에서 만나시면 아실 만한 전문 운동선수이고 저희 언니 또한 스포츠 관련 일을 하는데요, 스포츠 심리학자입니다. ❷ 언니는 저의 롤모델이며 제가 물리치료사에 대한 꿈을 이룰 수 있도록 격려해 주었습니다.

저는 다양한 스포츠에 관심이 있지만, 진정한 열정은 카약에 있습니다. ❸ 남동 아시아 지역에서 여행을 하는 동안 카약에 완전히 매료되었는데요, 필리핀의 섬들 주변에서 패들링을 했던 경험은 태국에서 복잡한 버스와 전철에 시달린 후여서 너무 신선한 경험이었습니다. 말레이시아로 온 후에 저는 어

UNIT 02. PART 2 빈출 유형 및 실전 전략   015

Once we moved on to Malaysia, I looked for every possible chance to get back out on the water again.

In my opinion, kayaking is really the best way to enjoy the outdoors while getting a good workout. Although the benefits to your muscular development may seem like the most obvious, as well as the improved sense of balance and coordination, ❹ the biggest benefit, and one that is often overlooked, is how it enhances your cardiovascular fitness. And unlike a lot of other exercise regimes, the effect on your overall fitness can be seen almost immediately.

Safety is the most important consideration for beginning kayakers, especially if you have no experience with other water sports. In terms of safety equipment, a flotation device and whistle are required by law. In addition to these, most advanced kayakers carry a pump for removing water. But for beginners I would hesitate to recommend purchasing this. ❺ On the other hand, definitely do pick up a 15-foot throwline, just in case you need another boat to help you out. Don't waste your money on an expensive reboarding device, as they are only necessary on boats that sit more than 50 centimetres above the water.

For your first time out on the water, you should choose your location wisely. I learned how to kayak on the ocean, and I actually found that the salt in the water allows you to float a little better. ❻ In general, rivers are not the best option, simply because they can be a little less predictable, especially when compared with kayaking on a lake.

- -

With all that out of the way, I'd like to tell you about four sites which would be perfect for learning how to kayak. Stony Beach is where I took my daughter on her first kayaking experience, and I thought it was perfect. ❼ It is especially good for children, since a lifeguard is on duty in case of emergencies. You'll need to change before you arrive, however, because the beach lacks changing facilities. Second, I'd like to recommend Green River. The last thing you want on your first kayaking trip is challenging water conditions, and ❽ compared to most rivers, the water here is quite smooth. Unfortunately, though, the scenery is nothing spectacular. Another good option is Glass Lake. ❾ Water sports are very popular here, so you shouldn't have any trouble finding

떻게든 다시 물로 돌아가고 싶어서 가능한 모든 방법을 찾았죠.

제 생각에, 카약은 좋은 운동이 될 뿐 아니라 야외를 즐길 수 있는 최고의 방법인 것 같습니다. 균형 감각과 신체 조정력 향상뿐 아니라 근육 발달이 가장 명백한 혜택인 것은 분명하나, ❹ 종종 사람들이 눈치채지 못하는 카약의 가장 큰 장점은 심혈관 건강을 증진시키는 데에 도움이 된다는 것입니다. 많은 다른 운동요법들과는 다르게, 전반적인 체력에 있어서 눈에 보이는 효과가 매우 즉각적이라고 볼 수 있죠.

안전은 카약을 처음 시도하는 분들, 특히 수상 스포츠의 경험이 전무하신 분들께 가장 중요한 사항입니다. 안전 장비에 관련하여, 부양 장비와 호루라기는 법적으로 필수입니다. 이 뿐만 아니라, 대부분의 상급 카약커들은 물을 퍼내기 위한 펌프를 가지고 있지만, 초보자들은 구매하시기를 권장하지는 않습니다. ❺ 하지만, 만일의 경우에 다른 배가 도와줄 수 있도록 반드시 15피트짜리 밧줄은 꼭 구매하시기 바랍니다. 배에 다시 올라타기 위한 장비 등을 비싸게 구매하지 마시기 바랍니다. 그런 장비들은 수면 위 50cm 이상 높은 배를 탈 때에만 필요한 거니까요.

물 위에 처음으로 가신다면, 위치를 현명하게 선택하셔야 합니다. 저는 바다에서 카약하는 방법을 배우면서, 사실 바닷물의 소금이 제가 더 잘 뜰 수 있게 해 준다는 것을 알게 되었죠. ❻ 대체적으로, 강은 좋은 선택이 아닙니다. 호수에서 카약을 하는 것에 비해 강은 흐름을 예측하는 것이 그리 쉽지 않기 때문이죠.

- -

이제 위의 이야기들은 마무리하고, 카약을 배우기 위해 최적인 네 곳의 장소들에 대해 말씀드리겠습니다. 스토니해변은 제가 저의 딸의 첫 카약 체험을 위해 데리고 갔던 곳인데요. 정말 완벽했습니다. ❼ 그곳은 응급상황에 대비해 안전요원이 근무 중이라 특히 아이들에게 좋은 장소이지요. 하지만 탈의 시설이 부족하므로 해변에 도착하기 전에 옷을 갈아 입으셔야 합니다. 두 번째로 추천해드리고 싶은 곳은 그린강입니다. 첫 카약 시 가장 만나고 싶지 않은 상황이 까다로운 조류 상태일 텐데요. ❽ 대부분의 강들과 비교했을 때 이곳의 물은 꽤나 잔잔하게 흐릅니다. 비록 경치는 특별할 것이 없지만요. 또 다른 좋은 곳은 글라스호입니다. ❾ 이곳에서의 수상 스포츠는 매우 인기가 많아서 카약이나 노 등을 렌트하는 것에 대해서는 걱정할 필요가 없습니다. 하지만 안전요원이 상주하지 않고 있으니 주의하세요. 자,

a kayak and paddle to rent. Be careful, though, as there is no lifeguard on duty. Now, another great option that many people overlook is Marlin Bay. Although it lacks facilities, ❿ you can enjoy spectacular scenery as you kayak. If only a guide were available for hire, this location would be even better.

Let's turn our attention now to the monitor, where we will see a demonstration video on...

많은 분들이 잘 모르시지만 또 좋은 곳이 한 군데 있는데요, 바로 마린만입니다. 비록 편의 시설들은 부족하지만, ❿ 카약을 하면서 멋진 경치를 즐길 수 있어요. 만약 이곳에 가이드를 고용할 수만 있다면 이곳은 훨씬 더 좋은 장소가 될 겁니다.

자 이제 화면을 보시고, 저희가 준비한 시범 비디오가...

어휘 personal adj 개인적인　interest n 관심　push v (억지로) 밀어붙이다, 강요하다　get involved in ~에 관여하다　lead by example 모범을 보이다, 몸소 보이다　stop short 갑자기 그만두다　pursue v 추구하다　recognise v 알아채다　psychologist n 심리학자　inspire v (자신감, 열의를 갖도록) 고무하다, 격려하다　achieve v 성취하다, 이루다　physical therapist 물리치료사　get hooked on ~에 사로잡히다　paddle v 노를 젓다　crowded adj 붐비는, 혼잡한　workout n 운동　benefit n 혜택, 이득　muscular adj 근육의　obvious adj 명백한　coordination n (신체의) 조정력　overlook v 간과하다　enhance v 증진시키다　cardiovascular adj 심혈관의　fitness n 건강, 체력　exercise regime 운동 요법　overall adj 전반적인　immediately adv 즉시　consideration n 고려사항　equipment n 도구, 장비　flotation n 부양, 부유　advanced adj 고급의, 상급의　hesitate v 망설이다　purchase v 구매하다　throwline n (수중 위험 상황에서) 던지는 밧줄　location n 위치　predictable adj 예측 가능한　site n 장소　lifeguard n 안전요원　on duty 근무 중인　emergency n 응급상황　lack v ~가 부족하다　facility n 시설　challenging adj 까다로운, 어려운　unfortunately adv 공교롭게도　spectacular adj 장관인　attention n 관심, 집중　demonstration n 시범, 설명

Questions 1–6

1 왜 화자는 어린 시절 스포츠에 관심을 가지게 되었나?
　A 학교에 다녔기 때문에
　B 부모님께서 활동적이셨기 때문에
　C 운동선수가 되고 싶었기 때문에

2 화자의 직업은 무엇인가?
　A 물리 치료사
　B 스포츠 심리학자
　C 전문 운동선수

3 화자는 어디에서 카약에 관심을 가지게 되었나?
　A 태국
　B 필리핀
　C 말레이시아

4 카약의 가장 큰 건강상의 혜택은
　A 향상된 균형 감각과 신체 조정력이다.
　B 근육 발달이다.
　C 향상된 심혈관 건강이다.

5 카약 초보자들이 반드시 구매해야 할 것은
　A 밧줄이다.
　B 물 펌프이다.
　C 재승선용 장비이다.

6 처음 카약을 하는 사람들이 피해야 하는 곳은
　A 강이다.
　B 호수이다.
　C 바다이다.

1 **해설** 화자가 어렸을 적 '스포츠에 관심을 가지게 된 계기'를 묻는 문제이다. 이렇게 사실인 것과 사실이 아닌 것을 구분하여 판단해야 하는 문제의 경우, 잘 들리는 명사들만 메모하지 말고 의미 파악에 가장 중요한 동사들도 같이 빠르게 메모하는 것이 중요하다. 가령, 메모할 때 [parents, didn't, involved, golf/tennis/together, stopped, athlete] 이런 식으로 중간에 didn't나 stopped와 같이 핵심적인 정보를 제공하는 동사들도 잊지 말고 메모하자. 학창 시절 부모님께서 '스포츠 활동을 강요하지 않으셨다(didn't push)'고 했고 직업 운동선수로서의 진로는 '갑자기 멈췄다 (stopped short)'고 했으므로 오답 함정은 제거한다. 따라서, 부모님께서 강요하지 않고 매 주말마다 골프와 테니스를 치며 직접 시범을 보이셨으므로 정답은 B Her parents were physically active이다.

2 **해설** 화자의 '직업'을 묻는 문제이다. 다지선다형 문제에서 누군가의 직업을 묻는다면 당연히 문제 속 당사자의 직업

뿐 아니라 다른 이들의 직업들도 언급될 것이라는 사실을 잊지 말아야 한다. 미리 다양한 오답들이 나올 것이라는 예측을 한 상태에서 듣는다면 [오빠 – 운동선수(professional athlete) / 언니 – 심리학자(psychologist) / 본인 – 치료사(therapist)]라고 직업을 파악하는 것이 그리 어렵지 않았을 것이다. 정답은 A physical therapist이다.

3 **해설** 화자가 카약에 '관심을 가지게 된 장소가 어딘지'를 묻는 문제이다. 보기에 세 나라의 이름이 언급된 것을 보고 실제 내용상에도 각각의 장소마다 다른 정보가 나올 것이라는 예측이 가능하다. 내용상 가장 핵심적인 실마리가 되었던 표현은 바로 hooked이다. hook는 원래 낚시 바늘 끝의 갈고리나, 벽에 무언가를 걸어두기 위해 붙이는 고리를 의미하는데 심리적으로는 누군가의 마음을 '낚는다'는 의미로도 자주 사용된다. 따라서 hooked라는 표현 다음에 언급된 필리핀이 정답이다. 화자는 태국 여행 후 필리핀에서 카약을 했고 그 이후에 말레이시아로 이동한 것으로 보인다. 정답은 B the Philippines이다.

4 **해설** 카약의 가장 큰 '건강상 혜택'을 묻는 문제이다. 다지선다형 문제 속에 '가장 ~한'이라는 의미의 최상급 표현이 주어지면 최상급까지는 아니지만 비슷한 맥락을 가진 정보들이 오답 함정으로 제시된다. 하지만 핵심적으로 실마리 역할을 하는 표현은 바로 the biggest benefit으로, 뒤이어 심혈관 건강을 증진시키는 데에 도움이 된다고 했으므로 정답은 C improved cardiovascular fitness이다.

오답 함정 피하기 보기 B의 muscular development에 most obvious(가장 명백한)가 언급되었지만 정답이 되지 못하는 이유는 바로 직전 언급된 may seem like(그런 것처럼 보일 것이다)라는 불확실한 표현 때문이다.

5 **해설** 초보자들이 '반드시 구매해야 하는 것'을 묻는 문제이다. 이 문제 속에서 오답 함정으로 '초보가 아닌 사람들은 구매해도 괜찮은 것' 또는 '반드시 구매하지는 않아도 되는 선택적인 것'들이 언급될 거라고 예상 가능하다. 따라서, 초보자를 나타내는 beginning을 주의 깊게 듣되, 반드시 구매해야 하는 should가 들어가는 표현이 무엇인지 구분해서 듣는다. 물을 퍼내는 펌프는 상급자들(advanced)이 구매하는 것이고, 50cm 이상 위의 배에 올라타는 경우에만 구매하면 되는 재승선용 장비(reboarding device)도 구매할 필요가 없다. 이 문제의 실마리 표현은 '꼭, 반드시'라는 뜻과 유사한 의미를 가진 definitely(분명히, 확실히)로, 정답은 A a throwline이다.

6 **해설** 처음 카약을 하는 사람들이 '피해야 할 장소'를 묻는 문제이다. Recording상에서는 보기의 세 곳이 모두 언급될 것임을 예측할 수 있다. 따라서 정답과 오답을 구분할 수 있는 실마리를 듣는 것이 관건이다. 실마리 메모를 할 때는 강세를 주는 부분을 잘 받아 적는다. [oceans-allows float better / rivers-not the best, less predictable compared with lake] → 바다는 잘 뜨게 해주고, 강은 호수와 비교해서 흐름을 예측하는 것이 어려워 좋은 선택이 아니라고 했으므로 정답은 A rivers이다.

Questions 7–10

아래의 장소들에 알맞은 특징은 무엇인가?

> **특징들**
>
> **A** 잔잔한 물
> **B** 탈의실
> **C** 전문가의 감독
> **D** 장비 대여
> **E** 가이드 고용
> **F** 부담스러운 상황들
> **G** 좋은 경치

7 스토니해변 _____

8 그린강 _____

9 글라스호 _____

10 마린만 _____

7 해설 '스토니 해변'의 특징을 묻는 문제이다. 여자의 이야기가 다시 시작되고 Stony Beach가 언급된 후 들리는 주요 실마리 표현들을 메모해야 한다. 보기 F를 제외하고 모두 '좋은 점들'이 언급되어 있으니 들리는 정보 중 특히 장점들을 위주로 메모하도록 한다. 카약을 배우기 위해 최적인 장소를 네 곳 말해준다고 한 후, 스토니해변에는 응급상황을 대비해 안전요원이 있으므로 아이들에게 특히 좋다고 언급하였다. 정답은 C professional supervision이다.

오답 함정 피하기 [perfect → good → lifeguard → changing facilities] 이렇게 메모한 후에 B changing facilities를 성급하게 고르지 않도록 한다. IELTS에서는 이렇게 들린 표현이 그대로 보기에 주어지는 경우는 거의 대부분 오답일 확률이 높으므로 주의하도록 한다.

8 해설 '그린강'의 특징을 묻는 문제이다. Green River가 언급된 후 들리는 주요 실마리 표현들을 메모해야 한다. 이곳의 경치는 특별하지 않지만 물은 다른 강들에 비해 부드럽게 흐른다고 언급하고 있으므로 정답은 A gentle water이다. 7번과 마찬가지로, Recording 상에서 들은 것이 그대로 들린 challenging이 포함된 보기 F는 오답 함정이다.

Paraphrasing! gentle water → the water ~is smooth

9 해설 '글라스호'의 특징을 묻는 문제이다. Glass Lake가 언급된 후 들리는 주요 실마리 표현들을 메모해야 한다. 글라스호는 수상 스포츠로 유명한 곳이라 장비를 대여하는 것은 아무 문제가 없을 것이라고 했으므로 정답은 D equipment for rent이다.

오답 함정 피하기 안전 요원이 언급되었다고 하여 성급하게 보기 C를 정답으로 고르는 실수는 하지 않도록 한다. 메모를 할 때 단순히 들리는 명사들 위주로만 메모하지 말고 긍정 표현과 부정 표현을 구분하여 주의 깊게 듣고 정확한 정보를 파악하는 연습을 하도록 한다.

10 해설 '마린만'의 특징을 묻는 문제이다. 가장 오답 함정이 많은 문제로, Marlin Bay가 언급된 후 들리는 주요 실마리 표현들을 메모해야 한다. 편의 시설이 부족하다고 하였으므로 보기 B는 소거한다. 멋진 경치(spectacular scenery)를 즐길 수 있다고 하였으므로 정답은 G good view이다.

오답 함정 피하기 메모 시 정답과 오답 정보를 가려내는 데 핵심적인 단서를 주는 게 연결어들이다. 특히 반전이나 인과 관계를 나타내는 연결어들 'but, however, although, unfortunately, therefore, so 등'이 나올 경우, 정확하게 메모를 할 수 있도록 주의한다. 여기서는 although(비록), if only(~이면 좋을텐데)라는 표현에 주의하며 다음과 같이 [although – facilities(B번 오답) – enjoy – scenery – if only – guide(E번 오답)]라고 메모한다. if only를 이용하여 가이드가 있으면 더 좋은 곳이 될 거라고 하였으므로 현재 가이드는 없음을 알 수 있다. 보기 C는 오답 함정이다.

Questions 11–20

영국 🎧 Pr2-02

Part 2. You will hear a woman telling conference participants about dining places in the area around a hotel.

W: Welcome to the Mainstay Hotel. I'd like to let you know about some great dining options in convenient walking distance from the hotel.

Depending on how much time you want to spend, The Reservoir might be a good choice. They serve several varieties of salad and sandwiches, just something light you can grab and take with you. ⓫ If you're in a hurry, this would be a good option, as it only takes a few minutes to get your food.

파트 2. 한 여성이 콘퍼런스 참가자들에게 호텔 주변 지역의 식당들에 대하여 이야기하는 것을 듣게 됩니다.

여: 메인스테이 호텔에 오신 것을 환영합니다. 여러분께 호텔에서 걸어갈 수 있는 편리한 거리에 있는 몇 개의 훌륭한 식당들을 좀 소개해 드릴까 합니다.

개인적인 시간의 여유를 고려하신다면, 더 레저보어를 추천합니다. 이 식당에는 가볍게 즐길 수 있고 포장해 가실 수 있는 각종 샐러드와 샌드위치들이 있어요. ⓫ 만약 서두르셔야 한다면, 이곳이야 말로 좋은 선택이 될 겁니다. 음식이 준비되는 데에 단 몇 분이면 되거든요.

On the other hand, if you're in the mood for something a little more substantial, you could try Black Forest. ⓬ They serve authentic German cuisine, made with fresh local ingredients from area farms. The chef there is famous for his amazing desserts!

Another good option would be Naan House. This is an Indian restaurant located just up the road. The restaurant looks really nice inside – very clean and beautifully decorated. It's probably my favourite restaurant in town. ⓭ But be forewarned; it is a bit pricey.

You might also consider Red Sauce, the best Italian restaurant in town. If you're in the mood for pizza and pasta, this place is fantastic. ⓮ They even have outdoor seating, and the view is excellent.

The last place I'll mention is called Kings' Head. It's a traditional pub with a cosy atmosphere and quality pub fare, and ⓯ it offers a different dinner special every night of the week. Also, it's owned by my uncle, so I can't help but suggest it!

I'd also like to point out some other spots around the town. ⓰ As you can see on this map, just next to our hotel is a place called Rocker's Lounge. Our guests receive a 30 % discount on all drinks there. It's open every night until 1 in the morning, and it's a great place to meet fellow travellers and relax after a tiring day. On Saturdays they have live music, which usually brings in quite a crowd. And don't forget the pub I mentioned before, which is right by City Hall.

⓱ A store called Fair Trade Market is located adjacent to one of our parks. Not the park next to this hotel, but the other one, which you can see in the northeast corner of the map here, just to the west of the river. It's open until 10 pm and you can get whatever everyday items you might need.

⓲ If you walk across the street from this hotel and keep going straight across the City Square, you'll find the Community Centre just on the other side. They hold events there most weekends, so be sure to check the calendar to see if anything catches your interest.

If you'd like to get some exercise, there's a great gym called Lifetime Fitness just a short walk from here. ⓳ If you exit our hotel on the street side, turn right and walk

반면에, 만약 약간 더 든든하게 챙겨 드시고 싶으시다면, 블랙 포레스트에 한번 가 보세요. ⓬ 이 지역 농장에서 공수한 신선한 재료들로 만든 정통 독일 요리가 있습니다. 이 식당은 셰프님의 환상적인 디저트로도 유명합니다!

또 다른 좋은 선택은 난 하우스입니다. 도로 바로 위쪽에 있는 인도 식당인데요. 내부가 매우 깔끔하고 아름답게 꾸며져 있어서 정말 멋져요. 시내에 있는 식당들 중 제가 가장 좋아하는 식당이에요. ⓭ 하지만 미리 알고 계셔야 하는 것은 다소 가격이 높다는 것입니다.

그리고 레드 소스라는 곳도 한번 고려해 보세요. 시내에 있는 최고의 이탈리안 식당입니다. 피자나 파스타가 제격인 날에는 이곳이 환상적이죠. ⓮ 실지어 야외 테이블도 준비되어 있고 경치가 예술입니다.

제가 소개해드릴 마지막 식당은 킹스 헤드입니다. 이곳은 전통 펍인데요, 분위기는 아늑하고 질 좋은 펍음식을 맛볼 수 있습니다. 그리고 ⓯ 매일 저녁 다양한 디너 스페셜을 제공합니다. 또한 이 식당은 저희 삼촌께서 운영하시는 곳이라 어쩔 수 없네요. 추천합니다!

이에 덧붙여 시내 주변의 다른 곳들도 소개해 드리고 싶습니다. ⓰ 지도에서 보시다시피, 우리 호텔 바로 옆이 로커즈 라운지라고 불리는 곳입니다. 호텔 투숙객들은 모든 음료를 30% 할인된 가격으로 즐길 수 있습니다. 이 라운지는 매일 새벽 1시까지 운영을 하고요, 피곤한 하루의 끝에 다른 여행객들도 만나고 쉴 수 있는 멋진 곳이죠. 토요일마다 라이브 공연을 하는데요, 이때 꽤나 많은 사람들로 붐비죠. 그리고 제가 아까 말씀드린 펍도 잊지 마세요. 시청 바로 옆에 있습니다.

⓱ 페어트레이드 마켓이라고 불리는 가게는 우리 공원들 중 하나와 매우 근접해 있습니다. 우리 호텔 옆에 있는 공원이 아니라 다른 공원이요. 여기 지도의 북동쪽 코너에 있는 곳이죠. 강에서 서쪽으로요. 이 가게는 저녁 10시까지 문을 열고요. 거기서 필요한 것은 뭐든 구하실 수 있을 겁니다.

⓲ 우리 호텔 건너편으로 걸어가다가 시내 광장을 지나 직진하시면 광장의 반대편에 커뮤니티 센터를 찾을 수 있습니다. 대부분 주말마다 이벤트를 하는데요. 마음이 드는 행사가 있는지 달력을 한번 체크해 보시기 바랍니다.

down to the corner. You'll see it across the junction, diagonal from the bank. Just look for the yellow sign above the door.

Oh, also, there is a bike hire shop nearby if you're interested. ⑳ It's called Village Bike and it's in the building at the very top of the map, right on the street. You can hire bikes by the hour or for the whole day.

만약 운동이 좀 필요하다면 호텔에서 조금만 걸어가면 라이프타임 피트니스라고 불리는 좋은 헬스장이 있습니다. ⑲ 호텔에서 도로 쪽으로 나가서 우회전 후 코너쪽으로 내려 가세요. 교차로 건너편, 은행에서 대각선 방향으로 보시면 있습니다. 문 위에 노란색 간판을 찾으세요.

오, 그리고 혹시 관심 있으시면 근처에 자전거 대여소가 있어요. 빌리지 바이크라고 하는 곳인데요. ⑳ 지도의 가장 위에 보이는 도로 바로 옆 건물 안에 있습니다. 시간제로 또는 하루 동안 자전거를 대여하실 수 있어요.

어휘 dining place 식당   convenient adj 편리한   in walking distance 도보 내의   variety n 다양성   light adj 가벼운   grab v 집어들다   mood n 기분, 분위기   substantial adj 상당한, 넉넉한   authentic adj 진짜인   cuisine n 요리   local adj 지역의   ingredient n 성분, 재료   forewarn v 경고하다, 주의를 주다   seating n 좌석   traditional adj 전통적인   cosy adj 아늑한   atmosphere n 분위기   quality adj 질 좋은   fare n 식사, 음식   point out v 지적하다   spot n 장소   discount n 할인   fellow adj 같은 처지의   crowd n 군중   adjacent adj 인접한, 가까운   catch interest 관심을 끌다, 사로잡다   junction n 교차로   diagonal adj 대각선의   above prep ~위에   nearby adv 가까이에

Questions 11–15

다음의 식당들에 관련하여 사실인 것은 무엇인가?

> A 지역 상품들을 이용한다.
> B 야외에 테이블이 있다.
> C 식사가 빠르게 제공된다.
> D 주방장이 새로 왔다.
> E 매일 메뉴를 변경한다.
> F 가격이 비싸다.

식당

11 더 레저보아 　　　＿＿＿＿＿＿＿＿＿＿

12 블랙 포레스트 　　　＿＿＿＿＿＿＿＿＿＿

13 난 하우스 　　　＿＿＿＿＿＿＿＿＿＿

14 레드 소스 　　　＿＿＿＿＿＿＿＿＿＿

15 킹스 헤드 　　　＿＿＿＿＿＿＿＿＿＿

11 **해설** 'The Reservoir'를 듣고 이 식당의 특징을 간략하게 메모해 두어야 하는 문제이다. The Reservoir가 들린 이후로 [variety, light, hurry, only a few minutes] 이렇게 메모를 했다면 내용을 짜깁기하는 데에 큰 문제가 없을 것이다. 마지막에 음식이 준비되는 데에 몇 분이면 된다고 했으므로 정답은 C It serves meals quickly가 된다. variety(다양성)라는 말 때문에 보기 E (매일 메뉴를 바꾼다)를 선택하지 않도록 주의한다.

12 **해설** 'Black Forest'를 듣고 이 식당의 특징을 간략하게 메모해 두어야 하는 문제이다. Black Forest가 들린 이후로 [authentic, fresh, local, farm, chef, 디저트] 이렇게 메모를 했다면 내용을 짜깁기하는 데에 큰 문제가 없을 것이다. 지역 농장에서 공수한 신선한 재료들로 만든다고 했으므로 정답은 A It uses local products이다.

오답 함정 피하기 셰프가 디저트를 amazing하게 만든다고 했을 뿐 새로운 셰프가 왔는지에 대한 여부는 알 수 없다. 따라서 authentic, ingredients라는 표현을 메모하지 못했더라도 farm과 fresh라는 메모 실마리를 바탕으로 가장 근접한 사실은 보기 A라는 것을 추리할 수 있다.

13 해설 'Naan House'를 듣고 이 식당의 특징을 간략하게 메모해 두어야 하는 문제이다. Naan House가 들린 이후로 [located, nice inside, clean, 데코, favourite, pricey]라고 메모를 했다면 주어진 보기들 중 헷갈리는 보기는 전혀 없을 것이다. pricey와 expensive 모두 값이 꽤 나간다는 의미이므로 정답은 F It is expensive이다.

Paraphrasing! expensive → pricey

14 해설 'Red Sauce'를 듣고 이 식당의 특징을 간략하게 메모해 두어야 하는 문제이다. Red Sauce가 들린 이후로 [Italian, 피자/파스타, fantastic, outdoor, 멋진 view] 이렇게 메모를 했다면 내용을 짜깁기하는 데에 큰 문제가 없을 것이다. 야외 테이블이 준비되어 있다고 했으므로 정답은 B It has tables outside이다.

Paraphrasing! tables outside → outdoor seating

15 해설 'King's Head'를 듣고 이 식당의 특징을 간략하게 메모해 두어야 하는 문제이다. King's Head가 들린 이후로 [traditional, cosy, quality, 매일 밤 special, uncle 운영] 이렇게 메모를 했다면 내용을 짜깁기하는 데에 큰 문제가 없을 것이다. 레스토랑의 분위기에 대해 언급하는 보기들이 없으므로 매일 밤 디너 스페셜이 제공된다는 메모에 포커스를 둔다. 한 식당에서 매일 저녁 다양한 스페셜 메뉴를 제공한다는 것은 매일 다른 메뉴를 제공한다는 의미와 동일하므로 정답은 E It changes its menu daily이다.

Questions 16–20

아래의 지도에 표기해 보세요.

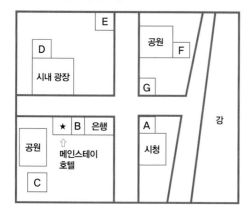

장소 목록들

16 로커즈 라운지 _____

17 페어트레이드 마켓 _____

18 커뮤니티 센터 _____

19 라이프타임 피트니스 _____

20 빌리지 바이크 _____

16 해설 '로커즈 라운지'의 위치를 묻는 문제이다. 문제에 들어가기에 앞서 문제를 미리 살펴보는 시간 25초가 주어졌을 때 현 위치가 호텔임을 먼저 파악한다. 초반부터 바로 정답 관련 실마리가 나오니 집중해야 하는 문제이다. 실마리 표현인 just next to our hotel을 듣고 신속하게 16번 옆에 B라고 메모해야 한다. 정답은 B이다.

17 해설 '페어트레이드 마켓'의 위치를 묻는 문제이다. 문제에 들어가기에 앞서 문제를 미리 살펴보는 시간 25초가 주어 졌을 때 지도에 공원(Park)이 두 군데인 것을 보고 이 두 곳을 이용한 문제가 나올 것이라는 걸 예측하고 있어야 한다. 공원들 중 하나와 근접하다고 말한다. 하지만 호텔 옆 공원이 아니라 다른 공원(the other one)이라고 하므로 그 외에 다른 실마리들(북동쪽 코너 또는 강에서 서쪽)은 굳이 듣지 않아도 정답을 고를 수 있다. 정답은 F이다.

18 해설 '커뮤니티 센터'의 위치를 묻는 문제이다. 호텔에서 도로를 건너서 시내 광장(City Square)로 직진해서 가면 반 대편에 있다고 했으므로 정답은 D이다. 참고로 주로 큰 메인 도로들은 road라고 하지만, 차와 사람들이 지나다닐 수 있는 건물들과 건물들 사이의 도로는 street라는 표현을 쓰기도 한다. 호텔에서 도로 쪽으로 나간다면 별표 위 중 앙 도로를 의미한다.

19 해설 '라이프타임 피트니스'의 위치를 묻는 문제이다. 호텔 도로 쪽으로 나가서 우회전 후 코너까지 걸어가면 코너에 서 은행이 보이고 교차로(junction)가 나온다. 은행에서부터 대각선(diagonal) 쪽에 헬스장이 있다고 했으므로 정 답은 G이다. 만약 diagonal이라는 표현을 몰랐어도 from the bank라는 실마리 표현을 통해 보기 G와 A로 정답 이 좁혀지는데, 보기 A가 정답이라면 시청(City Hall)이라는 실마리 표현이 언급되어야 한다. 이 문제는 융통성까 지 모두 이용해야 함을 잊지 말자.

20 해설 '빌리지 바이크'의 위치를 묻는 문제이다. 지도의 가장 윗 부분이라는 첫 번째 실마리 단서가 나왔으므로 보기 E 와 F로 정답이 좁혀지며, 도로 바로 옆이라고 했으므로 정답은 E이다. 이때, 들리는 표현 중 right on the street에 서 right가 오른쪽이라는 의미가 아니라 '바로'라는 의미의 부사로 사용된 것이 포인트이다.

핵심 예제 유형

본서 p.084

1. B   **2.** B   **3.** A

Questions 1–3

영국 ↔ 미국 U3-01

Part 3. You will hear a chemistry student called Lawrence discussing a project he is doing with his tutor.

W: Hi, Lawrence, how's your applied chemistry project going?

M: Not bad. I've been doing a study on a variety of natural methods used to preserve produce.

W: Oh, what made you want to look at that?

M: Well, I'm a huge fan of all kinds of ethnic foods, as you know—all the foreign restaurants around here know me! But I've always been particularly fascinated with fermented food. ❶ When I was in high school, my family took a trip to Russia and I was really impressed with all the unique flavours of the food there.

W: Okay, but is all of that food really fermented?

M: Well, no, but some of it is and that got me interested. And after I got back home, I took a cooking course that focused on natural preservation techniques.

W: Nice. So for your research, you need to perform some experiments, right?

M: That's right. So far, I've just been researching just one type of food, peppers.

W: Hmm. Are there really that many different ways to ferment a pepper?

M: Well, fermentation is just one of the techniques I'll be looking at.

W: Ah, that makes more sense. But still, ❷ I think you'd be better off expanding the products you work with to other things too, like cabbage, plums, perhaps even meat or seafood.

M: ❷ Okay, I'll do so. That will certainly allow me to get a greater variety of data.

W: Let's hope so.

M: Anyway, it should all take about a month. Some of the processes will require special equipment, but for most, I can just use simple containers and utensils found in any kitchen.

W: Still, that sounds a little expensive.

M: It won't be too bad. But already, I've been surprised

파트 3. 로렌스라는 한 화학과 학생이 자신이 진행 중인 프로젝트에 대해 지도 교수님과 상의하는 것을 듣게 됩니다.

여: 안녕하세요. 로렌스 학생. 응용 화학 프로젝트는 잘 진행하고 있나요?

남: 네, 괜찮은 것 같아요. 지금 농산물의 상태를 보존할 수 있는 다양한 자연적인 방법들에 대한 연구를 진행하고 있어요.

여: 오, 어떤 계기로 그것을 선택하게 되었죠?

남: 아, 제가 온갖 종류의 전통 음식들을 정말 좋아하거든요. 아시겠지만 – 동네에 모든 외국 음식점들이 절 알 겁니다! 하지만 전 특히 발효 음식에 늘 관심이 있었어요. ❶ 고등학교 때, 러시아로 가족여행을 간 적이 있었는데 그때 독특한 음식의 맛이 정말 기억에 남아요.

여: 그렇군요. 하지만 그 음식들이 정말 모두 발효된 게 맞나요?

남: 음, 아니요. 하지만 몇 가지 발효 음식들이 있었고 그 점이 절 흥미롭게 했어요. 그래서 돌아온 후에 식품의 자연 보존 방법에 중점을 둔 요리 수업을 들었어요.

여: 그랬군요. 그럼 조사 때문에 실험도 해야 하겠네요, 그렇죠?

남: 맞아요. 지금까지 한 종류의 음식만 가지고 조사해 왔어요. 피망이요.

여: 흠. 피망을 발효시키는 데 그렇게나 많은 다양한 방법이 있나요?

남: 사실, 발효는 제가 살펴볼 여러 방법들 중 하나예요.

여: 아, 그게 더 말이 되네요. 그렇지만 ❷ 내 생각엔 피망뿐 아니라 다른 농산물들까지 조사를 더 확장하는 것이 나을 것 같아요, 양배추나 자두, 혹은 심지어 육류 또는 해산물까지요.

남: ❷ 네, 그렇게 할게요. 그러면 확실히 더 다양한 자료를 모을 수 있겠네요.

여: 그러길 바랄게요.

남: 그나저나 한 한달 정도 시간이 걸릴 것 같아요. 몇몇 절차들은 특별한 장비가 필요하지만 대부분의 경우에는 어느 부엌에나 있는 간단한 용기와 기구들을 사용하면 되기는 해요.

how much fresh produce is needed to get a decent amount of preserved product. For example, I had to grind almost 100 jalapeno peppers just to get one medium-sized jar of sauce. So my grocery bills have been a lot higher than I'd anticipated.

W: Have you tried smoking any food products?

M: Yes, I tried making a batch of smoked paprika actually. ❸ <u>The peppers developed a beautiful dark-red colour, but when I sampled the finished product, it had a strange burnt taste.</u> I had originally planned to try the same process with different types of peppers as well, but decided to focus on other things.

W: Did the smoked paprika make you feel sick?

M: No, but the initial results just didn't seem promising so I wanted to cut my losses.

W: I see.

여: 그래도, 약간 비용이 들 것 같은데요.

남: 그렇게 많이 들지는 않을 거예요. 그보다 보존 식품을 충분히 만들어 내기 위해서 신선한 농산물들이 얼마나 많이 필요한지 깜짝 놀랐어요. 예를 들어, 중간 사이즈 병 정도의 소스를 만들기 위해서 거의 100개의 할라피뇨 고추를 갈아야 했어요. 그래서 장 볼 때 예상했던 것 보다 훨씬 더 많은 비용이 들었어요.

여: 혹시 식품들을 훈연하는 방법도 시도해 봤어요?

남: 네, 사실 훈제 파프리카를 한번 만들어 봤어요. ❸ <u>훈제시킬수록 예쁘고 진한 빨간색으로 변했지만 완성된 것을 맛보았을 때, 이상한 탄 맛이 났어요.</u> 원래 다른 종류의 피망들도 같은 방법을 써 보려고 했지만, 다른 농산물들을 사용하기로 결정했어요.

여: 훈제된 파프리카를 먹고 탈이 났나요?

남: 아니요, 그런 건 아니었지만 처음 결과들이 그다지 만족스럽지 못해서 더 이상 실패하고 싶지 않았어요.

여: 그렇군요.

어휘 applied adj 응용의 method n 방법 preserve v 보존하다 produce n 농산물 ethnic adj 민족의 fascinated adj 매료된 fermented adj 발효된 impressed adj 감명 받은 flavour n 맛 preservation n 보존 perform v 행하다 experiment n 실험 ferment v 발효시키다 make sense 말이 되다, 타당하다 expand v 확장하다 cabbage n 양배추 plum n 자두 process n 과정 container n 용기 utensil n 도구, 집기 decent adj 충분한 grind v 갈다 jalapeno n 할라피뇨 jar n (유리)병 grocery n 식료품 anticipate v 예상하다 batch n 한 회분 develop v 변하다 sample v 맛보다 burnt adj (불에) 탄 feel sick 아프다, 속이 울렁거리다 initial adj 최초의 result n 결과 promising adj 유망한, 조짐이 좋은 cut a loss 손실 [손해]를 줄이다

Practice

1 B	**2** B	**3** B	**4** H	**5** G
6 E	**7** C	**8** I	**9** B	**10** D
11 E	**12** F	**13** B	**14** A	**15** H
16 G	**17** D	**18** A	**19** C	**20** A

Questions 1–10

영국 ↔ 영국   Pr3-01

Part 3. You will hear two ecology students discussing a project they are going to do together.

W: Hey, Asif, we need to get started on our conservation project. What do you think we should focus on?

M: Oh, hi, Bushra. Well, I'd like to do something related to vulnerable wildlife, like perhaps the native animals of Australia. How about you?

W: That's certainly important, but for this particular project, I think we ought to focus on a more local issue, ❶ <u>like the severe decrease in the population of red squirrels here in the UK.</u>

파트 3. 두 생태학과 학생들이 함께 할 프로젝트에 대해 토론하는 것을 듣게 됩니다.

여: 안녕, 아시프, 우리 환경보호 관련 프로젝트를 어서 시작해야 할 것 같아. 우리가 어떤 내용을 집중적으로 다뤄야 할까?

남: 오, 안녕, 부시라. 글쎄, 환경에 취약한 야생동물들에 대한 프로젝트를 하고 싶은데, 가령 호주의 토종 야생동물들 같은 거 말이야. 넌 어때?

여: 물론 그것도 중요하지만, 내 생각엔 이 프로젝트를 위해서 더 지역적인 문제에 초점을 두어야 할 것 같아. ❶ <u>여기 영국에 살고 있는 붉은 날다람쥐의 개체 수가 급격히 감소한 문제 같은 것 말이야.</u>

M: ❶ <u>Oh, yeah.</u> We could do something about the effects of climate change on their survival rates.

W: Yes, but keep in mind that we need to do a project that shows favourable results in the short term. So, we might be better off handling other threats to red squirrels.

M: I suppose that's true. Well then, let's talk about some other things that have caused the current situation.

W: I think the most serious problem for red squirrels in the UK has been the fact that a different kind of squirrel, the grey squirrel, has been introduced from America.

M: ❷ <u>There's no doubt about that. Grey squirrels are more immune to diseases, and they can eat a wider variety of food. So they end up pushing red squirrels out of any area where they try to coexist.</u>

W: Exactly. Now there's not much we can do about the grey squirrel population per se, beyond what's already being done.

M: Yeah—from what I understand, they've been pretty effective in stopping the grey squirrels from moving into new parts of the country. But in places where they are already established, there is really no way for red squirrels to make a comeback.

W: Unfortunately, that's true. Now another major threat comes from people's pets.

M: Sure. Red squirrels are an easy target for all the cats and dogs that people let roam around outdoors. I know the animals don't know any better, but the effect on wildlife is terrible.

W: Right. But we know people won't be parting with their pets anytime soon. And we can try to educate pet owners about the importance of keeping their animals indoors, but once again that's a long-term project.

M: ❸ <u>I'm afraid it will be hard to see much progress on that front. And that brings us to another huge threat--automobiles. If there are two things people are never going to part with, it's their pets and their cars.</u>

W: Well, if they can't do that, the chances of wild animals reproducing and surviving in the long run don't look very good.

M: I'm afraid you're correct.

M: I've also studied a lot about the red squirrels in the UK, but I'm wondering about the best way to proceed.

W: Glad you asked, Asif. I have an idea. I think a project to transport them from one of the few places where they remain and reintroduce them in viable areas is the way to go.

남: ❶ 오, 그래. 그러면 그들의 생존율에 기후변화가 미친 영향들에 대해 우리가 뭔가 해 볼 수 있을 것 같네.

여: 그래. 하지만 짧은 시간 안에 흡족할 만한 결과를 낼 수 있는 프로젝트를 해야 한다는 것 잊지 말아야 해. 그러니까 그것보다는 붉은 날다람쥐에게 위험이 되는 것들을 다루는 편이 더 나을 수도 있어.

남: 네 말이 맞는 것 같아. 그러면, 현재 상황을 초래해 온 다른 원인들에 대해 이야기해 보자.

여: 내 생각에 영국의 붉은 날다람쥐들에게 있어 가장 심각한 문제는 미국에서 회색 다람쥐라는 다른 종을 유입해왔다는 점이야.

남: ❷ 그것에 대해서는 의심할 여지가 없지. 회색 다람쥐들은 질병에 대한 면역력이 더 강하고 더 다양한 먹이를 먹을 수 있으니깐 말이야. 그래서 결국 공존을 원하는 붉은 날다람쥐들을 서식지 밖으로 쫓아내고 있잖아.

여: 맞아. 이제는 지금까지 대처해 온 방식 이외에 회색 다람쥐 그 자체에 대해 우리가 할 수 있는 게 그리 많지는 않아.

남: 그래, 내가 알기로 지금까지 시도했던 방식들이 회색 다람쥐들이 새로운 지역들로 이동하는 것을 막는 데에 꽤 효과적이었어. 하지만 회색 다람쥐들이 이미 자리를 잡은 곳에서는 붉은 날다람쥐를 다시 돌아오게 만들 수 있는 방법은 전혀 없는 상황인 거지.

여: 공교롭게도, 그건 사실이지. 그리고 또 다른 주된 위협은 사람들이 키우는 반려동물들로부터 오지.

남: 맞아. 붉은 날다람쥐들은 사람들이 밖에 자유롭게 돌아다니도록 풀어 놓은 고양이들과 강아지들의 표적이 되기 쉽거든. 당연히 뭘 알고 한 건 아니겠지만 이 야생동물에게 미치는 영향은 끔찍하지.

여: 그래. 하지만 당장 사람들이 반려동물들과 함께하는 것을 어떻게 막겠어. 물론 주인들에게 반려동물들을 실외로 나가지 못하게 하는 것이 얼마나 중요한지 알려 줄 수도 있겠지만, 그것도 다시 말하지만, 장기적인 프로젝트가 될거야.

남: ❸ 솔직히 그 점에서는 큰 변화를 보기는 힘들 거라고 생각해. 그리고 야생동물들에게 또 하나의 큰 위협인 자동차들도 있어. 만약 사람들에게서 절대 떼 놓을 수 없는 두 가지가 있다면, 그건 반려동물들과 그들의 자동차일거야.

여: 글쎄, 만약 그들이 그렇게 할 수 없다면, 장기적인 관점에서 야생동물들이 번식하고 살아남을 수 있는 확률이 그다지 좋아 보이지는 않네.

남: 안타깝지만 네 말이 맞아.

남: 내가 영국의 붉은 날다람쥐들에 대해서도 공부를 꽤 했는데, 어떻게 프로젝트를 진행해야 할지 아직

M: Yes, that's an excellent idea. I know that the area around Inverness still has red squirrels.

W: Correct. So we can set traps and capture them around the outskirts of that city, and ❹ <u>then we'll need to examine them and make sure they are healthy.</u>

M: Okay, that makes sense. So after that, should we take photographs?

W: There's not much need for that – they all look pretty similar. ❺ <u>But we will take a bit of fur from each squirrel.</u>

M: Ah right – I assume ❻ <u>we'll have the people in the laboratory analyse the genetic makeup of each animal.</u>

W: That's right. This will also help us to know if there are any health issues.

M: And what if there are?

W: Well, if any of the squirrels turn out to be injured or sick, we will provide treatment.

M: And after recovery? Will they be returned to the forest?

W: Probably not. ❼ <u>If they are not well enough to be released into a new habitat, we will let them stay in a protected facility so they can survive.</u>

M: Oh, that's good. And the ones that are in good condition?

W: ❽ <u>They will each have a small radio device placed on their left hind leg.</u>

M: I see. So once that's done, they're released?

W: Yes, but not here. We'll transport them to Harris County and ❾ <u>release them in a suitable area where there aren't many cars and trucks passing by.</u>

M: Shouldn't we also check the area for predators?

W: Predator numbers don't vary much from place to place, so that won't be necessary. But it will be important for us to keep ❿ <u>monitoring where the squirrels go in the months</u> after release so that we know how much they are able to spread out.

모르겠어.

여: 얘기 잘했어, 아시프. 나한테 생각이 있어. 붉은 날다람쥐들이 여전히 남아 있는 몇 장소들 중 한 곳에서 그들을 데려다가 이 동물들이 자립할 수 있는 지역에 다시 놓아주는 것이 가장 좋은 방법인 것 같아.

남: 맞아, 매우 좋은 생각이야. 인버네스 근처에 아직 붉은 날다람쥐가 있는 걸 알아.

여: 맞아. 먼저 그 도시의 변두리 지역에 덫을 놓고 몇 마리를 잡아서 ❹ <u>건강한지 살펴봐야 할 것 같아.</u>

남: 그래, 네 말이 맞아. 그러면 그 후에 사진을 찍어야 할까?

여: 글쎄, 그럴 필요는 크게 없을 것 같아 – 다들 비슷하게 생겼잖아. ❺ <u>그렇지만 각 다람쥐마다 약간의 털은 좀 뽑아야 할 것 같아.</u>

남: 아, 그렇지 – 그리고 ❻ <u>우리가 실험실에 있는 사람들한테 각 다람쥐의 유전자 구성을 분석해 달라고 부탁해야겠지.</u>

여: 맞아. 그러면 다람쥐들의 건강에 문제가 있는지 알 수 있게 될 거야.

남: 혹시 문제가 있다면?

여: 만약 다쳤거나 아픈 다람쥐들이 있다면 치료를 해줘야지.

남: 그리고 회복이 된 후에는? 숲으로 돌려 보내게 되나?

여: 아마 아닐 거야. ❼ <u>만약 새로운 서식지로 돌아가기에 충분히 건강한 상태가 아니라면, 살아날 수 있도록 보호 시설에서 관리해야지.</u>

남: 오, 그게 좋겠다. 그리고 건강 상태가 좋은 다람쥐들은?

여: ❽ <u>각 다람쥐마다 왼쪽 뒷다리에 소형 라디오 장치를 부착할 거야.</u>

남: 그렇구나. 그렇게 한 후에 방출하는 거야?

여: 응, 하지만 여기서는 아니야. 해리스 카운티까지 데리고 가서 ❾ <u>자동차나 트럭들이 많이 지나다니지 않는 적절한 곳에 풀어줄 거야.</u>

남: 그곳의 포식자들도 체크해야 하지 않을까?

여: 포식자 수가 장소들마다 그렇게 많이 차이가 나지는 않아서 굳이 필요할 것 같진 않아. 그렇지만 방출한 후에 ❿ <u>몇 달간 계속 이동 경로를 추적 관찰하는 것이 중요할거야.</u> 그래야 다람쥐들이 얼마나 멀리 나가는지 확인할 수 있을 거야.

어휘 ecology ⓝ 생태학　conservation ⓝ 보존　related ⓐⓓⓙ 관련된　vulnerable ⓐⓓⓙ 취약한　wildlife ⓝ 야생동물　native ⓐⓓⓙ 토종의　ought to ~해야 하다　severe ⓐⓓⓙ 극심한　squirrel ⓝ 다람쥐　effect ⓝ 영향　climate change 기후변화　survival rate 생존율　keep in mind 명심하다　favourable ⓐⓓⓙ 좋은　result ⓝ 결과　term ⓝ 기간, 기한　be better off 더 낫다　threat ⓝ 위협　introduce ⓥ 도입하다　doubt ⓝ 의심　immune ⓐⓓⓙ 면역성이 있는　a variety of 다양한　end up -ing 결국 ~하게 되다　coexist ⓥ 공존하다　per se 그 자체로는　establish ⓥ 자리 잡다　roam ⓥ 돌아 다니다　part with 헤어지다　long-term ⓐⓓⓙ 장기적인　progress ⓝ 진전　on that front 그런 점에서　reproduce ⓥ 번식하다　in the long run 장기적으로 봤을 때　proceed ⓥ 진행하다　transport ⓥ 수송하다　reintroduce ⓥ 재도입하다　viable ⓐⓓⓙ 독자적으로 생존 가능한　set a trap 덫을 놓다   capture ⓥ 포획하다   outskirt ⓝ 외곽, 변두리   examine ⓥ 검진하다   fur ⓝ (동물의) 털   laboratory ⓝ 실험실   analyse ⓥ 분석하다   genetic adj 유전적인   makeup ⓝ 구성, 구조   injured adj 다친   treatment ⓝ 치료   recovery ⓝ 회복   release ⓥ 풀어주다   habitat ⓝ 서식지   facility ⓝ 시설   device ⓝ 장치   place ⓥ 설치하다   hind leg 뒷다리   suitable adj 적당한   pass by 지나가다   predator ⓝ 포식자   vary ⓥ 다양하다   from place to place 여기저기, 이곳 저곳   monitor ⓥ 감시하다, 추적 관찰하다   spread out (집단에서) 떨어져 나가다, 널리 퍼지다

Questions 1–3

야생동물에 대한 보존 프로젝트

1 아시프와 부시라는 프로젝트의 어떤 문제점에 초점을 둘 것인가?
  A 호주 토종 야생동물들에 대한 위협들
  B 한 특정 동물의 개체수의 상당한 감소
  C 지역 서식지에 미치는 기후 변화의 영향

2 아시프와 부시라는 붉은 날다람쥐에게 가장 위협이 되는 것이
  A 주 식량원이 사라지는 것이라는 사실에 동의한다.
  B 다른 종의 다람쥐들로 인한 이동이라는 사실에 동의한다.
  C 신종 질병의 확산이라는 사실에 동의한다.

3 아시프가 우려하는 앞으로의 가능성은
  A 번식을 중단하기 시작할 종이 있을 수 있다는 것이다.
  B 동물들이 한 곳에서 다른 곳으로 이동을 하는 것이 어려울 수 있다는 것이다.
  C 인간들이 야생동물들을 애완동물처럼 기르려고 할 수도 있다는 것이다.

1 해설 두 화자가 '어떤 문제에 초점을 둘 것인지'를 묻는 문제이다. 질문 속에 두 화자의 이름이 나와있으므로 단순히 한 화자에게서 정답이 제시되는 질의응답식이 아니라 여러 제안 속에서 상대방의 반응을 잘 듣고 정답과 오답을 구분해야 하는 문제 형식임을 미리 파악한다. 대화의 흐름은 [옥신각신 패턴 ② 거절 → 수락 → 거절] 패턴으로, 먼저 남학생이 native animals로 첫 번째 제안을 하자 여학생이 important, but~이라며 첫 번째 제안을 거절한다. 그 후 여학생은 local issue, severe decrease in the population이라며 두 번째 제안을 하자, 남학생은 Oh, yeah라며 동의한 후 다시 climate change를 제안하지만 여학생이 Yes, but이라며 이를 거절한다. 결국은 대화의 패턴으로 보아, 중간에 여학생이 제안한 날다람쥐의 개체수 감소 문제에 대해 초점을 둘 것임을 알 수 있으므로 정답은 B the dramatic decline in one animal's numbers이다. 잘 기억이 나지 않는다면 다시 Chapter 1 기초 다지기 Unit 02의 필수 대화 스킬에서 학습한 옥신각신 패턴을 복습해 두자.

2 해설 두 화자가 붉은 날다람쥐에게 가장 '위협이 되는 요소'를 뭐라고 하는지 묻는 문제이다. 대화 흐름상 보기의 내용이 언급된 순서는 C → A → B이다. 보기 C의 disease가 먼저 언급되지만 질병이 퍼져서 붉은 날다람쥐들에게 위협이 된다는 이야기가 아니라, 회색 다람쥐들이 질병에 대한 면역력이 강하다는 이야기를 한 것이고, 보기 A의 food 역시 회색 다람쥐들이 편식하지 않고 다양한 먹이를 먹는다는 이야기를 한 것이므로 오답 소거한다. 단순히 disease나 food가 언급된다고 해서 보기C와 A에 눈길을 줘서는 안 된다. 두 화자가 모두 입을 모아 동의하는 소재를 듣고 메모하자. 여자가 미국에서 외래종인 회색 다람쥐를 데리고 온 것이 심각한 문제라고 하자, 남자가 의심할 여지 없다며 동의하고 있다. 따라서, 두 화자 모두 입을 모아 얘기한 B displacement by another species가 정답이다. 보기 B의 another species는 붉은 날다람쥐와 다른 종 즉, 붉은 날다람쥐를 위협하는 회색 다람쥐를 의미한다.

3 해설 문제의 키워드는 Asif, worried로 '남자가 우려하는 바'를 묻는 문제이다. 앞서 배운 화자 구분 스킬에 따라 여학생의 목소리에서 언급되는 것은 모두 오답의 실마리가 되며, 반대로 남학생의 목소리에서 언급되는 것들은 모두 정답의 실마리가 된다. 따라서, 메모할 때 화자를 구분지어 다음과 같이 메모한다. [여: keeping animals indoors / 남: automobiles, pets, cars / 여: reproducing, surviving] 이렇게 메모를 한 후 여자가 언급한 보기 C의 indoor와 보기 A의 reproduce는 오답 함정이므로 소거한다. 따라서, 사람들이 타고 다니는 자동차나 밖에 자유롭게 풀어 놓는 반려동물들 때문에 이동이 자유롭지 못한 동물들의 고충이 우려된다는 의미이므로 정답은 B animals will have difficulty moving from place to place이다.

Questions 4–10

A 포식자들	B 차량들	C 피신처	D 이동	E 분석
F 숲	G 털	H 의료 검진	I 전자 태그	J 사진

아시프와 부시라가 보존 프로젝트를 진행할 방법

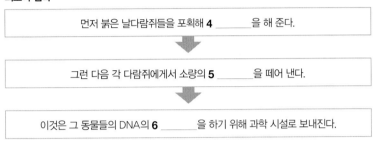

최초의 접촉

먼저 붉은 날다람쥐들을 포획해 **4** _____ 을 해 준다.

그런 다음 각 다람쥐에게서 소량의 **5** _____ 을 떼어 낸다.

이것은 그 동물들의 DNA의 **6** _____ 을 하기 위해 과학 시설로 보내진다.

방출을 위한 준비

건강하지 않거나 다친 다람쥐들은 **7** _____ 으로 이동시킬 것이다.

나머지 다람쥐들에게는 **8** _____ 를 부착할 것이다.

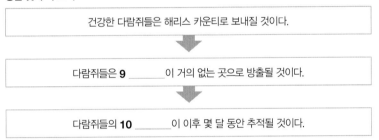

방출 및 후속 조치

건강한 다람쥐들은 해리스 카운티로 보내질 것이다.

다람쥐들은 **9** _____ 이 거의 없는 곳으로 방출될 것이다.

다람쥐들의 **10** _____ 이 이후 몇 달 동안 추적될 것이다.

4   First they will capture the squirrels and give them a **4** _____.

해설 날다람쥐를 포획해 '무엇을 할지' 묻는 문제이다. 대화 속에서 신호 키워드인 capture가 들린 후 실마리들을 메모했다면 [outskirts, city, examine, healthy]일 것이다. 메모한 단서들을 바탕으로 주어진 보기들 중 가장 근접한 것을 선택해야 한다. 다람쥐들을 포획해서 건강한지를 살펴보는(examine) 단계이므로 정답은 H medical examination이다.

5   Next they will remove a small amount of **5** _____ from each animal.

해설 날다람쥐들로부터 '무엇을 떼어 내는지' 묻는 문제이다. '그 다음 단계'를 의미하는 신호 키워드 after that이 중요한 역할을 한다. after that이 들린 후 처음 제안된 take photographs는 둘 사이에 합의되지 못했다. 사진을 찍어야 하며 제안한 남자의 말에 여자가 다람쥐들은 다들 비슷하게 생겨서 사진을 찍을 필요가 없다고 했으므로 오답 함정이다. 또한, Recording상에 들린 photographs가 그대로 언급되었는데 정답도 그대로 주어질 가능성은 매우 낮다. 뿐만 아니라 보기 J photographs를 빈칸에 대입해 봐도 해석이 어색하므로 오답이다. 다람쥐마다 a bit of fur를 채취한다고 했으니 정답은 동물의 털인 fur의 의미를 지닌 G hair이다.

(Paraphrasing!) remove → take~from / a small amount of → a bit of

6   This will be sent to a scientific facility to perform **6** _____ of the animals' DNA.

해설 날다람쥐의 DNA를 '어떻게 할 것인지' 묻는 문제이다. 빈칸 앞 perform(수행하다, 진행하다)이라는 동사와 어울리는 보기가 무엇인지 확인한다. 그리고 메모해 둔 실마리들 [people, 실험실, analyse, makeup]에 조금이라도 내용상 관련이 있는 보기를 선택한다. 가장 논리상 어울리는 단어는 분석이므로 정답은 E analysis이다.

(Paraphrasing!) a scientific facility → a laboratory / DNA → genetic makeup

7   They will move unhealthy or hurt animals to a **7** _____.

해설 건강하지 않은 날다람쥐를 '어디로 보낼 것인지' 묻는 문제이다. 빈칸은 장소 정보가 정답이 된다. 주어진 보기 중 장소 정보는 보기 C의 shelter와 보기 F의 forest 둘이다. 사실 이 문제는 Recording의 내용을 듣지 않고도 정답을 도출해낼 수 있는 수준이다. 타이밍에 맞게 실마리를 메모했다면 [stay, protect, survive] 정도일 것이다. 건강하지 못하고 다친 다람쥐들을 보낼 수 있는 곳으로는 보호(protect) 시설이 가장 적절하다. 정답은 C shelter이다.

(Paraphrasing!) unhealthy or hurt → injured or sick / shelter → protected facility

8   They will attach **8** _____ to the others.

해설 날다람쥐들에게 '무엇을 부착할지' 묻는 문제이다. 이 문제에서 가장 중요한 것은 빈칸 뒤의 the others가 의미하는 것을 바로 캐치하는 것이었다. 여기서 the others는 7번 문제 속 unhealthy and hurt animals를 제외한 다른 애들 즉, 건강한 다람쥐들을 의미하므로 이 다람쥐들에게 무언가를 붙이기(attach)에 알맞은 보기를 고르면 된다. 동물들에게 붙일 수 있는 것으로, 빈칸에 넣고 해석만 해 보아도 정답이 될 만한 보기는 전자 태그 밖에 없다. 실제 내용상에도 small radio device라고 했으므로 정답은 I electronic tags이다. 'attach A to B(B에 A를 붙이다, 부착하다)'라는 표현도 꼭 기억하자.

9   They will be released in an area with few **9** _____.

해설 날다람쥐가 '어떤 지역으로 방출될지' 묻는 문제이다. 3번 문제에 따르면 영국의 붉은 날다람쥐들에게 가장 위협이 되었던 것은 포식자도 먹이의 부족함도 아니다. automobiles와 indoor pets이다. 그렇다면 그 개연성이 이 프로젝트에 드러나야 한다. 하지만 그렇게 집중력을 발휘하여 해결할 수 없다면, 꼭 메모 시 cars와 trucks는 적어 두었어야 한다. few는 '거의 없는'이라는 부정적인 의미이므로 차량들이 거의 없는 안전한 곳으로 방출하는 것이 내용상 적절하다. 정답은 차량을 의미하는 B vehicles이다.

10   Their **10** _____ will be tracked in the months that follow.

해설 '무엇으로 다람쥐들을 추적할지' 묻는 문제이다. 건강한 다람쥐들에게 소형 라디오 장치를 부착하고 방출한 이후 몇 달에 걸쳐 그들이 어디로 가는지를 추적해야 한다고 했으므로 정답은 D movement이다. where 또는 go등을 메모 해 두었다면 쉽게 답을 찾을 수 있다. 이런 식으로 간혹 W-H 의문사나 접속사들이 결정적인 정답 실마리 역할을 할 때가 있으니, 실마리를 메모할 때 주요 명사들만 메모하지 말고 반드시 중요하게 언급되는 의문 접속사들도 함께 메모하도록 습관화하자. 가령, Recording에서 how often이 들리면 메모한 후 보기들 중 '빈도'에 관련된 것을 선택하면 된다.

(Paraphrasing!) movement → where the squirrels go / track → monitor

Questions 11–20

Part 3. You will hear a conversation between a student called Eric and a professor about responses to a student satisfaction survey.

W: Hello, Eric, thank you for coming in to see me.

M: Sure, it's nice to see you, Professor Brown.

W: Likewise. Now then, have you finished tabulating the results from this year's student satisfaction survey?

M: Yes. Overall, the response was very positive, but as expected, there are some areas that could be improved, according to the students.

W: Okay. Let's start with the study groups. That's a new programme, so I'm really curious about the feedback.

M: Actually, we didn't receive any negative feedback on this aspect of the programme. ⑪ Everyone really seems to love it. Many of them commented that it made it much easier for them to connect with other students and faculty members.

W: Wow, that's great news. What about the tutoring programme?

M: ⑫ Well, the survey indicates that a lot of students find that they didn't really need the programme. Less than a quarter of them reported using it regularly, but those who did reported that the tutors were very capable and well trained.

W: I see. Maybe we'll scale back that programme for next semester then. Tell me about the response to the computer labs.

M: The survey reveals some frustration on this point. ⑬ Some students remarked that they normally have classes when the labs are open, so it's not easy to find a time to go.

W: OK, that's good to know. We'll look into adjusting the hours there.

M: On the other hand, opening hours for the library don't seem to be a problem for anyone, and ⑭ most felt that it contributed to their academic progress. However, some students feel that the library needs more materials, particularly recent publications.

W: I see. Let's move on to the registration assistance. Was there any constructive feedback about this?

M: Yes. ⑮ Most students thought that it was very helpful, but they would like more counsellors to be available.

파트 3. 에릭이라는 한 학생과 한 교수님 사이의 학생 만족도 설문조사에 대한 반응에 관한 대화를 듣게 됩니다.

여: 안녕하세요, 에릭. 와줘서 고마워요.

남: 네, 반갑습니다, 브라운 교수님.

여: 저도요. 자, 올해 학생 만족도 설문조사 결과를 표로 정리하는 것을 다 끝냈나요?

남: 네. 전반적으로 반응은 매우 긍정적이었어요. 하지만 예상했듯이 학생들 제안에 따라 개선되어야 할 부분들도 몇 개 있었어요.

여: 그래요. 그럼 먼저 스터디 그룹에 대해 이야기해 보아요. 새로운 프로그램이어서 피드백이 정말 궁금해요.

남: 사실, 그 프로그램에 대한 부정적인 피드백은 받지 못했어요. ⑪ 모두가 정말 좋아하는 분위기였어요. 대부분의 학생들이 스터디를 하면서 다른 학생들과 교수님들과 소통하는 것이 훨씬 더 쉬웠다고 했어요.

여: 와, 좋은 소식이네요. 튜터링 프로그램은 어땠다고 하던가요?

남: ⑫ 음, 설문조사 결과 학생들이 대부분 그 프로그램이 별로 필요하지 않다고 느꼈던 것 같아요. 4분의 1도 안 되는 학생들만 정기적으로 튜터링을 이용하기는 했지만 이용했던 학생들은 지도 교수님께서 실력 있고 숙련되신 분들이라고 말했어요.

여: 그렇군요. 그러면 튜터링 프로그램은 다음 학기부터는 축소해야 할 것 같군요. 컴퓨터실에 대한 반응은 어땠는지 말해주세요.

남: 설문조사에서 이 부분에 대해서는 약간의 실망감이 드러났어요. ⑬ 몇몇 학생들이 지적하기를 컴퓨터실이 개방될 때 주로 수업이 있어서 이용할 타이밍이 쉽지 않대요.

여: 그래요, 알려줘서 고마워요. 우리가 시간을 조정할 수 있는지 알아 보도록 할게요.

남: 하지만 도서관 개관 시간에 대해서는 모든 학생들이 불만이 없었어요. ⑭ 대부분 학생들이 학업에 도움을 많이 받았다고 했어요. 하지만 몇몇 학생들은 도서관에 더 많은 자료가 필요하다고 했어요. 특히 최근 출간된 자료들이요.

여: 그래요. 이제 수강신청 지원 프로그램에 대해 이야기해 보아요. 뭔가 생산적인 피드백이 좀 있었나요?

남: 네. ⑮ 대부분 매우 도움이 된다고 하기는 했지만, 상담사들이 더 있었으면 좋겠다고 했어요. 몇몇 학생들은 도움을 받기 위해서 오래 기다려야 했거든요.

Some of them had to wait a long time to see someone.

W: OK, we'll try to look into the possibility of hiring a few more counsellors, if we can find the budget for that. What about the courses themselves?

M: Many of the students commented on how good the professors were about being available throughout the week, so that's good feedback. ⓰ But some of the students struggled to keep up with the materials. They mentioned the reading level as the main reason for this.

W: Well, I'm meeting with the rest of the professors next week, so I'll be sure to bring that up when I see them. Was there any feedback on the online supplementary material that we provided for the students?

M: Yes. ⓱ Most students had a positive response, and this aspect of the programme was especially appreciated by the international student population. These students sometimes struggle to understand the lectures, and the online materials allowed them to catch up and avoid falling behind their classmates.

W: While I have you here, let's talk a little bit about how your degree is going so far.

M: Sure, that would be great.

W: Have you decided on a major yet?

M: Yes. I thought about it a lot, and discussed it with my parents. I was originally really interested in my marketing classes last semester, and I thought that I had decided on marketing as my major. ⓲ But after analysing the job market a little bit, I realised that accounting is a more sensible choice. As long as I keep my grades up, I am almost guaranteed a decent job placement. And if all else fails, I can always fall back on business as a backup option. My father runs his own company, so a business major would probably get me in there at least.

W: What are your plans for the summer?

M: I'm thinking about getting an internship but I'm not sure. My parents are pushing me to do something productive.

W: I would hold off on that if I were you. An internship for such a short time is not going to do you much good, and it'll probably wear you out before next term. If you really want to be productive, you could enroll in a summer course, but ⓳ personally I think it would be best to take it easy. It looks like you have a very full schedule next term.

M: Yes, that is true. I guess I'm just getting nervous about finding a good job when I graduate.

여: 그래요, 예산을 확보할 수 있다면 상담사를 몇 분 더 고용할 수 있는지 좀 알아 봐야겠네요. 수업들 자체에 대한 피드백은 어땠나요?

남: 좋은 피드백으로는 많은 학생들이 교수님들께서 일주일 내내 늘 만나주실 여유가 있으셨다는 것이 가장 좋다고 했어요. ⓰ 하지만 몇몇 학생들은 수업 자료를 따라가는 것을 힘들어했어요. 주로 자료 속 지문의 난이도 때문이라고 하더라고요.

여: 음, 다음 주에 다른 교수님들과 회의가 있는데 그때 꼭 한번 상의해 보도록 할게요. 그리고 혹시 우리가 학생들에게 제공했던 온라인 보충자료에 대한 피드백도 있었나요?

남: 네. ⓱ 대부분 긍정적인 반응들이었어요. 온라인으로 따로 제공된 자료들에 대해서는 특히 해외에서 온 유학생들이 감사해 하더라고요. 외국인 학생들이 간혹 강의를 이해하는 것을 힘들어 하는 경우가 있는데 그 온라인 자료들이 내용을 따라갈 수 있고 함께 공부하는 반 친구들에게서 뒤쳐지지 않을 수 있도록 도와 줬다고 합니다.

여: 오늘 여기 온 김에, 학위 과정은 어떻게 준비되어 가는지 이야기 좀 해 보아요.

남: 네, 그러면 감사하죠.

여: 아직 전공은 결정하지 못했나요?

남: 아뇨, 결정했어요. 저도 많이 생각하고 부모님과도 상의해 보았어요. 원래는 지난 학기 마케팅 수업들에 정말 많이 흥미를 느꼈었고, 그래서 마케팅을 전공으로 정하려고 했었어요. ⓲ 그러나 취업 시장을 조금 살펴본 후에 회계학이 더 나을 것이라고 판단했어요. 학점 관리만 잘 한다면 확실히 괜찮은 직업을 소개받을 수 있을 것 같아요. 그리고 다 잘 안 되면 언제든 경영학 전공을 대안으로 하면 되고요. 아버지께서 자영업을 하고 계시는데 경영학을 전공하면 최소한 아버지 회사에 취직할 수 있겠죠.

여: 여름에는 무엇을 할 계획인가요?

남: 인턴십을 할까 생각했었는데요 확실치는 않아요. 부모님께서 무언가 생산적인 일을 하기를 요구하고 계세요.

여: 글쎄 나라면 인턴십은 잠시 미뤄둘 것 같아요. 짧은 기간 동안 인턴십을 한다고 해서 많은 득이 되지는 않을 거예요. 그리고 다음 학기 전에 아마 많이 지치게 될 거예요. 만약 생산적인 일을 하고 싶다면, 여름 학기 수업을 등록하는 방법도 있지만 ⓳ 내 생각엔 그냥 쉬는 것이 가장 좋을 것 같네요. 보니까 다음 학기에 정말 스케줄이 빡빡하더군요.

남: 네, 맞아요. 제가 요즘 졸업 후 좋은 직장을 얻는 것에 대한 생각 때문에 긴장하고 있는 것 같아요.

W: There are a lot of companies out there that would be more than willing to hire someone with your academic record, provided that you continue to get good marks in your classes. And make sure to take your CV down to the writing centre and have them look it over. A fresh pair of eyes can really help with the proofreading. ⑳ <u>When it comes time to start submitting your résumé, I will be happy to prepare a very favourable reference letter.</u>

M: Oh, thank you, Professor! I would be so grateful for whatever help you can offer me.

여: 앞으로도 계속 수업에서 좋은 학점을 받는다면, 학생과 같은 성적을 가지고 있는 지원자들을 기꺼이 고용할 회사들은 많이 있어요. 그리고 이력서를 꼭 라이팅 센터에 가지고 가서 검토를 받으세요. 객관적인 눈으로 살펴본다면 확실히 교정하는 데에 도움이 될 거예요. ⑳ 이력서를 제출해야 할 때가 오면 나도 기꺼이 학생을 위한 호의적인 추천서를 써 줄게요.

남: 오, 감사해요, 교수님! 어떤 도움이든 저에게는 너무나 감사합니다.

어휘 tabulate ⓥ 표로 만들다　satisfaction ⓝ 만족(도)　improve ⓥ 개선하다　be curious about ~에 대해 궁금하다　aspect ⓝ 면, 양상　connect with ~와 소통하다　tutoring ⓝ 개인지도　indicate ⓥ ~을 나타내다　a quarter 4분의 1　capable ⓐⓓⓙ 유능한, 실력 있는　well trained 숙련된　scale back 축소하다　semester ⓝ 학기　reveal ⓥ 밝히다, 드러내다　frustration ⓝ 절망감　remark ⓥ 언급하다, 강조하다　adjust ⓥ 조정하다　contribute to ~에 기여하다　publication ⓝ 출판, 출판물　registration ⓝ 등록　assistance ⓝ 도움　constructive ⓐⓓⓙ 건설적인　counsellor ⓝ 상담 전문가　budget ⓝ 예산　struggle ⓥ 고생하다　keep up with ~을 따라가다　bring up (화제를) 꺼내다　supplementary ⓐⓓⓙ 보충의, 추가의　appreciate ⓥ 고마워하다　catch up ~을 따라가다　fall behind 뒤쳐지다　classmate ⓝ 반 친구　degree ⓝ 학위　major ⓝ 전공 과목　originally ⓐⓓⓥ 원래　analyse ⓥ 분석하다　sensible ⓐⓓⓙ 합리적인　guarantee ⓥ 보장하다　decent ⓐⓓⓙ 괜찮은, 좋은　job placement 직업 소개, 알선　fall back on ~에 기대다　backup ⓝ 예비, 대체　internship ⓝ 인턴직　hold off ⓥ 미루다, 연기하다　enroll ⓥ 등록하다　take it easy 쉬다, 진정하다　be willing to 기꺼이 ~하다　academic record 성적, 학력　CV(=curriculum vitae) 이력서　look over ~를 살펴보다　a fresh pair of eyes 객관적인 눈　proofreading ⓝ 교정, 검토　submit ⓥ 제출하다　résumé ⓝ 이력서　favourable ⓐⓓⓙ 호의적인　reference letter 추천서

Questions 11–17

설문조사에서 다음 항목들에 대한 어떤 결과가 나타났나?

> **피드백**
>
> **A** 도움이 됐지만 완벽하진 않았음
> **B** 다소 불편했음
> **C** 교수님들이 늘 바쁘셨음
> **D** 외국인 학생들에게 도움이 됨
> **E** 모두가 칭찬함
> **F** 대부분 불필요하다고 함
> **G** 너무 난해함
> **H** 근무자가 불충분함
> **I** 강의를 따라가기 어려웠음

11 스터디 그룹　_____

12 튜터링　_____

13 컴퓨터실　_____

14 도서관　_____

15 수강신청 지원서비스　_____

16 수업들　_____

17 온라인 자료들　_____

11 해설 '스터디 그룹'에 대한 설문 결과를 묻는 문제이다. 실마리 메모에 앞서 문제를 정확히 이해하고 두 화자의 역할을 파악해야 한다. 질문을 하고 있는 여자인 교수는 대화의 소재를 전환하는 역할을 하며, 이에 대한 답변을 하는 것은 남자인 학생이다. 따라서, 교수의 신호 이후 남자 학생에게서 나오는 키워드들을 무엇이든지 적극적으로 메모해야 한다. 교수가 study groups를 언급한 이후 남학생의 이야기 속에서 들렸던 주요 실마리들은 [negative, everyone, love, easier, connect, members] 등이다. 보기들 중 정답이 되는 E unanimous praise에서 unanimous가 '만장일치의'라는 의미라는 것을 모르더라도 praise가 '칭찬'이라는 의미를 알고 있다면, 칭찬 일색인 보기는 E번 뿐이므로 정답은 E unanimous praise이다.

오답 함정 피하기 스터디 그룹에 대한 피드백을 언급할 때 남자가 negative라는 단어를 사용하여 혼동을 주었으나 핵심적인 내용은 everyone seems to love it이므로 오답 함정을 주의한다.

12 해설 '튜터링'에 대한 설문 결과를 묻는 문제이다. 여자 교수가 tutoring을 언급한 이후를 자세히 듣고 본인이 메모한 실마리 표현들을 다음의 단서들과 비교해 보자. 한 가지 팁을 주자면, 남학생의 말 속에서 didn't need를 듣고 영어로 적기 보다는 '필요X' 이렇게 메모하는 것이 더 신속할 수 있다. [필요X, regularly, tutors, capable, well trained] 등의 실마리들을 메모한 후 주어진 보기들을 살펴보자. 설문조사 결과 학생들이 대부분 그 프로그램이 별로 필요하지 않다고 느꼈던 것 같다고 답변했으므로 정답은 F mostly unnecessary이다.

오답 함정 피하기 가장 고민이 될 만한 보기는 C와 F이다. 보기 C에는 tutors를 의미하는 faculty members가, 그리고 보기 F에는 not need를 의미하는 unnecessary가 있기 때문이다. 하지만 tutors 뒤에는 capable과 well trained와 같은 긍정적인 실마리 표현들이 이어지므로 Recording상에서 didn't need를 이해하거나 캐치하지 못했어도 보기 C에 unavailable은 부정적인 의미이므로 오답이라는 것을 판단하면 정답을 고르기 쉽다.

13 해설 '컴퓨터실'에 대한 설문 결과를 묻는 문제이다. 여자 교수가 computer labs을 언급한 이후 본인이 메모한 것들과 다음의 실마리들을 비교해 보자. 남학생의 이야기 속에서 [frustration, classes, open, not easy] 등의 실마리들을 메모한 후 내용을 유추해 보자. 컴퓨터실을 이용하기가 어려웠다는 답변을 해주고 있으므로 정답은 B somewhat inconvenient이다.

오답 함정 피하기 메모해 둔 실마리들로 인해 혼동이 되는 보기가 꽤 있다. 메모의 not easy에서 보기 G too difficult를 답으로 고르지 않도록 주의한다. 문제에서는 Computer labs에 대한 피드백을 물어본 것으로 컴퓨터실 자체가 어려운 게 아니라 컴퓨터실을 이용하기가 쉽지 않은 것임을 주의한다.

14 해설 '도서관'에 대한 설문 결과를 묻는 문제이다. 남학생에게서 library가 언급된 이후 가능한 많은 실마리들을 메모해야 한다. 도서관에 대한 학생들의 피드백은 긍정과 부정 모두 있었다. [opening hours, no problem, contributed, academic progress, however, more materials, publications] 등이 문제 주변에 메모되어 있는지 확인해 보자. 학생들이 opening hours에 대해서는 긍정적인 반응을 보였지만 materials에 관해서는 부정적인 반응이었다고 한다. 따라서, 주어진 보기들 중 학업에 도움이 되었지만 자료가 부족했다며 긍정과 부정의 의미를 동시에 가지고 있는 보기를 정답으로 고른다. 정답은 A helpful but not complete이다. 문제에서 무조건 '단점들'만 물어본 것이 아니었기 때문에 메모할 때 선별적으로 메모하지 않고 좋았던 것에는 O표시를, 불만이 있었던 것에는 X표시를 함께 하며 들으면 더욱 도움이 된다. 반전을 나타내는 연결어인 however 또는 but과 같은 단서도 좋은 힌트가 될 수 있으니 중간 연결어들도 함께 메모하는 습관을 기르자.

15 해설 '수강신청 지원서비스'에 대한 설문 결과를 묻는 문제이다. 여자 교수에게서 registration assistance가 언급된 이후 가능한 한 많은 실마리들을 메모해야 한다. 남학생의 이야기 속에서 들렸던 주요 실마리 표현으로는 [helpful, more 카운슬러, wait, long time] 등이 있다. 그 프로그램은 매우 유용했지만 상담가들이 부족하여 몇몇 학생들은 상담가를 만나는 데 매우 오래 기다려야 했기 때문에 상담가들이 더 많았으면 좋겠다고 했다. 따라서 부족하게 고용되었다는 의미의 H insufficiently staffed가 정답이다.

오답 함정 피하기 Recording을 듣고 메모한 helpful이 보기에 그대로 적혀 있다면 그 보기는 무시하자. 단순한 오답 함정일 뿐이다. insufficiently는 '불충분하게'라는 의미의 부사나 모르는 단어였더라도 메모해 둔 '카운슬러'가 상담 전문가라는 의미의 사람 명사임을 알고 있다면 사람에 관련된 보기가 D(foreign students)와 H(staffed) 뿐인 것을 알 수 있다. 외국인 학생들에 대한 이야기는 아니므로 D는 부적절하다.

16 [해설] '수업들'에 대한 설문 결과를 묻는 문제이다. 여자 교수에게서 courses가 언급된 이후 가능한 한 많은 실마리들을 메모해야 한다. Recording을 듣고 [good, professors, available, good, struggled, materials, reading level] 등을 메모한 후에 보기를 살펴봐야 한다. 수업들에 대한 피드백을 묻는 여자 교수의 말에 남학생이 교수님들께서 잘 만나주셔서 좋지만, 수업 자료의 난이도가 어려워서 수업을 따라가기가 힘들었다고 하였으므로 정답은 G too difficult이다.

(오답 함정 피하기) 보기 중 C에 faculty members는 professors를 의미하지만 불만이 아니라 칭찬을 했으니 정답이 될 수 없고, 수업 자료 때문에 힘들어했다는 이야기를 엮으려면 보기 G too difficult 외에 적절한 것을 찾을 수가 없다. 보기 I에 '강의를 이해하기가 어려웠다'는 주어진 정보가 아니므로 부적절하다.

17 [해설] '온라인 자료들'에 대한 설문 결과를 묻는 문제이다. 여자 교수에게서 online supplementary material이 언급된 이후 가능한 한 많은 실마리들을 메모해야 한다. 남학생의 이야기를 들으며 [international student, struggle, lectures, materials, classmates] 등의 실마리를 메모해 놓았는지 확인하자. 온라인 자료들에 대한 피드백을 묻자 남학생은 대부분 긍정적인 반응을 보였으며 해외 유학생들이 특히 좋아했다고 하므로 정답은 D helpful for foreign students이다. 이 문제는 가장 난이도가 낮은 문제로 오답 함정이 전혀 없으며 굉장히 명확하게 떨어지는 문제이다. 메모 실마리 표현 중 다양한 기타 정보들이 나오지만 소재인 online materials와 어울릴 만한 연결 정보가 아니므로 전혀 혼동될 필요가 없다.

Questions 18–20

18 학생은 어떤 전공 과목을 선택했나?
  A 회계학
  B 마케팅
  C 경영학

19 교수님은 무엇을 추천하는가?
  A 여름 학기 수업을 등록하라고
  B 인턴십을 하라고
  C 휴식을 취하라고

20 교수님은 에릭이 졸업을 할 때 무엇을 해 주겠다고 하는가?
  A 추천서를 써 주겠다고
  B 학업 지원을 도와 주겠다고
  C 서류를 교정해 주겠다고

18 [해설] 학생이 선택한 '전공이 무엇인지' 묻는 문제이다. major가 언급된 이후 실마리들을 메모해야 한다. 이야기에 집중하면서 '꼭 들어야 하는 것'이 무엇인지 반드시 기억하자. 정답과 오답을 뒤섞어 제시하는 한 사람의 이야기에서 반드시 들어야 하는 것은 소재 1과 소재 2, 그리고 소재 2와 소재 3 사이에 끼어있는 but과 and if 등의 연결어들이다. 가령, [marketing, but, accounting, and if, business] 이렇게 각 소재의 키워드를 연결해주는 연결어들이 매우 중요하다. 이 중간 연결어들을 놓친다면 정답과 오답을 구분하기에 상당한 어려움이 따르므로 반드시 집중해서 듣도록 한다. 전공을 선택했는지 여자 교수가 물어보자 원래는 마케팅에 흥미를 느꼈지만 취업 시장을 살펴본 이후로는 회계학으로 정했다고 하므로 정답은 A Accounting이다.

19 [해설] 교수가 무엇을 추천하는지를 묻는 문제이다. 남학생이 말하는 것이 아닌 교수가 하는 말에 집중한다. 여자 교수가 여름 계획을 묻자 남학생이 인턴십을 하려고 한다고 하자 교수가 이를 추천하지 않으며 쉬라고 얘기하므로 남학생이 언급한 인턴십은 오답이다. 이어서 교수가 여름 학기 수업을 듣는 것을 추천하지만 중간 연결어 but을 사용하며 take it easy라고 하였으므로 정답은 C taking a break이다. 이번에도 [hold off, productive, summer course, but, best, take easy]와 같이 중간에 but처럼 흐름에 반전을 주는 연결어들을 함께 메모하면 후에 내용을 짜깁기하여 정답을 도출하기 더 수월해진다.

20 [해설] 학생이 졸업할 때 '교수가 해 주겠다고 한 일이 무엇인지'를 묻는 문제이다. 각 보기에 해당하는 행위의 주체자를 점검하면서 들어보자. [companies, academic records, writing centre, proofreading, I, reference letter], 이 중 교수님인 I가 해 주겠다고 offer하는 것은 추천서이다. 정답은 A write a letter of recommendation이다.

🔷 핵심 예제 유형　　　　　　　　　　　　　　　　　　　　　　　본서 p. 102

1. misconceptions	2. hand	3. uniting	4. enemies	5. livestock

Questions 1–5　　　　　　　　　　　　　　　　　　　　영국 🎧 U4-01

Part 4. You will hear an anthropology student giving a presentation about her study on Genghis Khan.

W: Genghis Khan is one of the most recognisable figures in history. His life spanned from 1162 to 1227, and his life's work was the founding of the Mongol Empire. At the time, it was the largest empire the world had ever seen, spanning all of Asia and much of Europe. ❶ Despite Genghis Khan's impact on history, major misconceptions about his life have stubbornly endured through the ages.

Genghis Khan, originally named Temujin, seemed destined for greatness since birth. ❷ He was born with a blood clot in his hand, which according to traditional folklore indicated that he would be a future leader. Genghis Khan's rise to power began at the age of 20, when he was captured by a neighboring tribe. ❸ He soon escaped and began to gather men around him with the goal of uniting the warring tribes around his leadership.

Genghis Khan's leadership was distinctive in several ways. First of all, he gave military promotions based on skill rather than class or loyalty. ❹ This resulted in several former enemies becoming his most prominent generals.

Genghis Khan's military strategy can best be described as total destruction. ❺ He did not hesitate to kill entire cities and villages, even including livestock and domestic animals. Historians claim that by the end of the Mongol Empire, 40 million people had been killed.

Genghis Khan

Introduction
He was the founder of the Mongol Empire.
People have continued to have serious **1** _____
about his life.

파트 4. 한 인류학과 학생이 칭기즈 칸에 대한 연구 발표를 하는 것을 듣게 됩니다.

여: 칭기즈 칸은 역사 속에서 가장 주목할 만한 인물들 중 한 명입니다. 그는 1162년부터 1227년까지 살았으며 그의 일생의 업적은 몽골 제국의 설립이었죠. 그 당시, 몽골은 모든 아시아와 유럽의 대부분 지역을 포함하여 전 세계에서 가장 큰 제국이었습니다. ❶ 칭기즈 칸의 역사적인 영향력에도 불구하고, 그의 삶에 대한 잘못된 인식들은 시대에 걸쳐 완강하게 지속되었습니다.

칭기즈 칸의 본명은 테무진이며, 태생부터 위대한 인물이 될 운명이었던 듯 합니다. ❷ 그는 한 손에 혈전을 가지고 태어났는데, 전통 민속에 따르면 이는 그가 미래의 지도자가 된다는 의미였다고 합니다. 칭기즈 칸의 능력이 드러나기 시작했던 것은 그가 이웃 부족에게 포로로 붙잡혔던 그의 나이 스무 살이었을 때였습니다. ❸ 그는 곧 탈출하여 주변의 남자들을 모아 전쟁 중이었던 부족들을 그의 리더십으로 결속시켰죠.

칭기즈 칸의 리더십은 여러 면에서 두드러졌습니다. 무엇보다, 그는 계급이나 충성심보다 능력을 바탕으로 군인들을 진급시켰습니다. ❹ 그 결과 이전에는 적군이었던 사람들이 칭기즈 칸에게 가장 중요한 장군들이 되었습니다.

칭기즈 칸의 군사 전략은 '전멸'이라고 표현하는 것이 가장 적절합니다. ❺ 그는 도시와 마을 전체를 파괴하는 것을 주저하지 않았죠. 심지어는 가축과 반려동물 조차도 모조리 죽였어요. 사학자들은 몽골 제국이 끝날 때쯤 4천만 명의 사람들이 살해를 당했다고 주장합니다.

칭기즈 칸

서론
그는 몽골 제국의 창시자였다.
사람들은 그의 삶에 대한 심각한 **1** _____ 를

Early Life

At birth, his **2** _____ contained a blood clot, predicting his success.

At age twenty, he escaped capture and began **3** _____ tribes that were at war.

Leadership and Military Strategy

He used promotions to make his **4** _____ into generals.

He destroyed not only humans but also **5** _____ and household animals.

지속적으로 가져 왔다.

젊은 시절

태어났을 때, 그의 **2** _____에 혈전을 가지고 있었으며, 이는 그의 성공을 예견했다.

스무 살에, 그는 포로에서 탈출했으며 전쟁 중이었던 부족들을 **3** _____하기 시작했다.

리더십과 군사 전략

그는 그의 **4** _____들을 장군으로 만들기 위해 자신만의 진급방식을 이용했다.

그는 사람들뿐 아니라 **5** _____과 반려동물들까지 죽였다.

어휘 recognisable [adj] 눈에 띄는 figure [n] 인물 span [v] (얼마의 기간에) 걸치다 founding [n] 창시, 창립 impact [n] 영향 stubbornly [adv] 완고하게, 고집스럽게 endure [v] 지속되다 destined for ~할 운명인 greatness [n] 위대함 blood clot 혈전, 핏덩어리 folklore [n] 민속 indicate [v] 나타내다 capture [v] 포로로 잡다 tribe [n] 부족 escape [v] 탈출하다 gather [v] 모으다 warring [adj] 전쟁 중인 distinctive [adj] 독특한 promotion [n] 승진 loyalty [n] 충성심 result in ~을 초래하다 former [adj] 이전의 enemy [n] 적, 적군 prominent [adj] 중요한 general [n] 장군 strategy [n] 전략 destruction [n] 파괴 hesitate [v] 주저하다 entire [adj] 전체의 livestock [n] 가축 domestic [adj] 애완용의 historian [n] 사학자 claim [v] 주장하다

Practice

1 interact	**2** swimmers	**3** behave	**4** aggression	**5** competition
6 diet(s)	**7** mate	**8** size	**9** instinct(s)	**10** environment
11 activity	**12** shells	**13** pottery	**14** salt	**15** grain
16 bricks	**17** garden	**18** ditches	**19** basins	**20** pipes

Questions 1–10

영국 Pr4-01

Part 4. You will hear part of a lecture about a phenomenon related to the behaviour of certain sea creatures.

M: Good afternoon, everyone. Today we'll talk about a surprising phenomenon that has come to scientists' attention in the last few years. This is the killing of porpoises, usually by groups of young male dolphins, which has come to be called "porpicide".

This behaviour comes as a big surprise to the public. For one, it obviously doesn't match the images most people have of dolphins as friendly, playful animals. It is easy to see ❶ dolphins' amazing ability to interact with humans, either at theme parks or perhaps in the wild, where they seem keen to befriend surfers and fishermen. In addition, it's not uncommon to hear dramatic stories of dolphins saving the lives of these surfers and fishermen, fending off sharks or ❷ helping

파트 4. 특정 해양 동물들의 행동에 관련된 한 가지 현상에 대한 강의의 일부를 듣게 됩니다.

남: 안녕하세요, 여러분. 오늘 우리는 지난 몇 년 동안 과학자들의 관심을 끌었던 한 가지 놀라운 현상에 대해 이야기해 보겠습니다. 이는 주로 젊은 수컷 돌고래 떼가 알락돌고래들을 죽이는 현상으로 '포피사이드'라고 불립니다.

이런 행동은 대중들에게 큰 충격을 줍니다. 먼저, 이것은 대부분의 사람들에게 친근하고 장난기 많기로 알려진 돌고래들의 이미지와 일치하지 않죠. ❶ 인간들과 소통할 줄 아는 돌고래들의 놀라운 능력은 놀이 동산이나 또는 야생에서도 서퍼들이나 낚시꾼들과 친구가 되고 싶어하는 모습들을 보면 쉽게 알 수 있습니다. 더욱이, 상어들과 맞서 싸워 서퍼들과 낚시꾼들의 생명을 구해준 돌고래들의 드라마틱한 이야기나 ❷ 수영을 하다가 부상을 당한 사람들이

injured swimmers to stay afloat until human help arrives.

The killings have come as a big surprise to scientists as well. Despite dolphins' seemingly kind and friendly nature, ❸ <u>scientists who study them know that they can behave cruelly if it is somehow advantageous.</u> For example, if adult porpoises were known to attack baby dolphins, dolphins would have good reason to target them. However, porpoises are completely harmless to dolphins. ❹ <u>The aggression appears to be entirely one-sided.</u>

Scientists have searched for further reasons that can explain porpicide. One plausible explanation is related to food resources. Porpoise meat is not an important source of nutrition for dolphins. Their diet consists mainly of fish and squid. ❺ <u>However, it has also been suggested that the dolphins are killing porpoises to reduce competition for food.</u> This idea seems very plausible at first glance, but it doesn't seem to hold true because the two species normally eat different kinds of fish. Porpoises did not pose a significant threat to dolphins' food supply in the past, but one proposed explanation links the attacks to overfishing by humans, which has resulted in depleted stocks of fish in recent years. ❻ <u>This may have forced sea mammals to change their diets,</u> which would likely lead to them competing more directly for the same prey. Weaker species such as the porpoise would in that case become the targets of attacks by the larger and stronger dolphins.

There is an even more disturbing possible explanation. The dolphins may simply be engaging in bullying behaviour and killing for "fun". ❼ <u>Scientists speculate that frustration builds up in the young males if they cannot mate, making them aggressive. This leads them to go looking for easy victims.</u> Porpoises, which look like smaller, weaker dolphins, would make ideal targets. While their humanlike traits such as playfulness and altruism are admired, it seems logical that they would also mirror some of the uglier aspects of human behaviour such as bullying.

The final explanation is infanticide, which is the most plausible and related to a pattern of behaviour that is fortunately rejected by most humans but common among other mammals. ❽ <u>Examination of the victims of "porpicide" reveals that most of them have been almost exactly the same size as calves,</u>

구조대가 올 때까지 물에 떠 있을 수 있도록 도와 준 이야기들도 종종 들을 수 있습니다.

포피사이드 현상은 과학자들에게도 큰 충격으로 다 가왔습니다. 돌고래들의 겉보기에는 친절하고 친근 한 본성에도 불구하고, ❸ <u>그들을 연구하는 과학자들 은 돌고래들이 자기가 유리한 상황에서는 잔인하게 행동할 수 있다는 사실을 알고 있죠.</u> 예를 들어, 만약 알락돌고래가 새끼 돌고래들을 공격한다면 알락돌 고래들은 그들의 좋은 타겟이 됩니다. 그러나, 알락 돌고래들은 돌고래들에게 전혀 해를 끼치지 않습니 다. ❹ <u>그들의 공격성은 온전히 일방적으로 보이죠.</u>

과학자들은 포피사이드 현상을 설명해 줄 수 있는 더 많은 이유들을 찾아 왔습니다. 한 가지 그럴듯 한 설명은 식량 자원에 대한 것입니다. 알락돌고래 고기는 돌고래들에게는 중요한 영양원이 아닙니다. 그들은 주로 물고기와 오징어를 섭취하죠. ❺ <u>하지 만 그들이 알락돌고래들을 죽이는 이유는 먹이에 대 한 경쟁을 줄이기 위해서라는 점도 제기되어 왔습니 다.</u> 언뜻 보면 이는 매우 그럴싸하게 들리지만 돌고 래들과 알락돌고래들은 서로 다른 어종을 섭취하기 때문에 사실일 가능성이 적어 보입니다. 과거에 알 락돌고래들은 일반 돌고래들의 식량 공급에 큰 위협 이 되지 않았지만, 최근 인간들의 과도한 조업으로 인해 물고기들의 수가 대폭 줄면서 이러한 공격성 이 드러나기 시작했다는 설명도 제기됩니다. ❻ <u>이 는 해양 포유류들이 자신의 식습관까지 바꾸게 만들 어 왔을 수 있다는 것이고, 그로 인해 같은 먹이를 두 고 더 직접적으로 경쟁을 하도록 만들었을 가능성이 높았다는 겁니다.</u> 그런 상황에서 알락돌고래와 같이 연약한 종들은 몸집이 더 크고 강한 돌고래들의 공 격 대상이 되었던 겁니다.

여기 훨씬 더 충격적인 가능성 있는 이유가 있습니 다. 돌고래들이 그저 단지 '재미'를 위해 약한 동물들 을 괴롭히고 심지어 죽인다는 겁니다. ❼ <u>과학자들 은 젊은 수컷 돌고래들이 짝짓기를 못하면 욕구불만 으로 인해 공격적으로 변한다고 추측합니다. 그래서 공격하기 쉬운 대상들을 찾게 되죠.</u> 알락돌고래들은 몸집이 더 작고 약해서 그들의 이상적인 타겟이 될 수 있습니다. 인간처럼 이타적이고 친근한 돌고래들 의 성향이 사랑 받는 반면, 약자를 괴롭히는 인간의 추악한 성향의 일부 또한 고스란히 드러내는 것 자 체도 어찌 보면 당연하지 않을까요.

마지막 이유는 '영아 살해'입니다. 이는 가장 그럴듯 한 설명이며, 다행히도 대부분의 인간들과는 관련이 없지만 다른 포유류들 사이에서는 흔한 행동입니다.

as baby dolphins are known. This explanation is also supported by evidence that adult male dolphins, like lions and many other animals, routinely try to kill off infants of their own species in order to shorten the time until the mother is ready to mate again. ❾ Ironically, then, dolphins' violent instincts may be triggered by mistaking a porpoise for "one of their own".

Whatever the real reason for it is, the phenomenon gives us food for thought. We humans consider ourselves morally superior to other animals, but are nations fighting over fisheries and drilling rights any different from animals fighting over their feeding grounds? Are humans any less cruel when we are fighting over territory? ❿ Finally, as the environment changes rapidly and more resources are depleted, what other sudden changes in animal behaviour are we likely to encounter?

All of these questions…

❽ 포피사이드로 희생된 동물들을 검진한 결과 대부분 새끼 돌고래들의 사이즈와 거의 정확히 같은 크기였어요. 이를 뒷받침해 줄 수 있는 사실은 성인이 된 수컷 돌고래들이, 사자들이나 많은 다른 동물과 마찬가지로, 암컷들이 다시 짝짓기를 준비가 되는 시간을 줄이기 위해 자신들의 새끼들을 일상적으로 죽이려고 한다는 것입니다. ❾ 아이러니하게도, 이러한 돌고래들의 폭력적인 본능이 알락돌고래들을 '자기 새끼들'이라고 착각하는 바람에 촉발될 수 있다는 것입니다.

진짜 이유가 무엇이든 포피사이드 현상은 우리에게 생각할 거리를 제공합니다. 우리 인간들은 스스로가 도덕적으로 다른 동물들의 우위에 있다고 생각하지만 조업과 채유권을 두고 싸우는 국가들이 정녕 먹이를 먹는 곳을 두고 싸우는 동물들과 다르다고 할 수 있을까요? 인간들이 영토를 두고 싸울 때 돌고래들 보다 덜 잔인하다고 할 수 있을까요? ❿ 마지막으로, 환경이 급변하고 더 많은 자원들이 고갈되면서 동물들의 행동에 있어 또 어떤 갑작스러운 변화들이 생길 수 있을까요?

이러한 의문들은 모두…

어휘 phenomenon ⓝ 현상　come to one's attention ~의 주의[관심]을 끌다　porpoise ⓝ 알락돌고래　male ⓐⓓⓙ 남성의, 수컷의　the public 대중　obviously ⓐⓓⓥ 확실히　playful ⓐⓓⓙ 장난기 많은　interact ⓥ 소통하다　theme park 놀이 공원　keen ⓐⓓⓙ 간절히 ~하고 싶은　befriend ⓥ 친구가 되어 주다　fisherman ⓝ 낚시꾼　fend off (공격을) 막다　injured ⓐⓓⓙ 다친　afloat ⓐⓓⓙ 떠 있는　seemingly ⓐⓓⓥ 겉보기에　nature ⓝ 본성, 천성　cruelly ⓐⓓⓥ 잔인하게　somehow ⓐⓓⓥ 어떻게든　advantageous ⓐⓓⓙ 유리한　attack ⓥ 공격하다　target ⓥ 겨냥하다　harmless ⓐⓓⓙ 무해한　aggression ⓝ 공격성　appear ⓥ 나타나다　one-sided ⓐⓓⓙ 일방적인　plausible ⓐⓓⓙ 그럴듯한　nutrition ⓝ 영양　consist of ~로 구성되다　squid ⓝ 오징어　competition ⓝ 경쟁　at first glance 언뜻 보면　hold true 진실이다　pose ⓥ 초래하다　supply ⓝ 공급　link A to B A를 B에 연결하다　overfishing 남획　result in ~을 초래하다　depleted ⓐⓓⓙ 감소된　stock ⓝ 비축물　force ⓥ 강요하다　mammal ⓝ 포유류　diet ⓝ 식사, 식습관　lead to ~을 초래하다　compete ⓥ 경쟁하다　prey ⓝ 먹이, 피식자　disturbing ⓐⓓⓙ 충격적인　engage in ~에 참여하다　bullying ⓝ 괴롭히기　speculate ⓥ 추측하다　frustration ⓝ 불만　build up ⓥ 쌓이다　mate ⓥ 교배[짝짓기]하다　aggressive ⓐⓓⓙ 공격적인　victim ⓝ 희생자　ideal ⓐⓓⓙ 이상적인　humanlike ⓐⓓⓙ 인간 같은　trait ⓝ 특성　playfulness ⓝ 재미　altruism ⓝ 이타주의　mirror ⓥ 반영하다　ugly ⓐⓓⓙ 추악한, 못생긴　aspect ⓝ 면모, 양상　infanticide ⓝ 영아살해　reject ⓥ 거부하다　calf ⓝ 새끼 (pl. calves)　evidence ⓝ 증거　routinely ⓐⓓⓥ 일상적으로　infant ⓝ 영아　shorten ⓥ 줄이다　violent ⓐⓓⓙ 폭력적인　instinct ⓝ 본능　trigger ⓥ 촉발시키다　mistake ⓥ 착각하다　food for thought 생각할 거리　morally ⓐⓓⓥ 도덕적으로　superior to ~보다 우월한　drilling rights 채유권　territory ⓝ 영토　encounter ⓥ 마주치다

Questions 1–10

많은 포피사이드 사건들을 설명하기 위한
과학자들의 힘겨운 노력

"포피사이드": 알락돌고래들의 고의적 사망사건 – 젊은 수컷 돌고래들이 주된 범인이다.

놀란 대중들

사람들은 주로 돌고래들을 친근한 동물이라고 생각하는 이유는
- 돌고래들이 사람들과 **1** _____ 하고
- 돌고래들이 다친 **2** _____ 이 익사하지 않도록 도와주기 때문이다.

놀란 과학자들

과학자들은 돌고래들이 유리할 때는 잔인하게 **3** _____ 할 수 있는 잠재성이 있다는 사실을 알고 있었다.
   예) 만약 자신들의 새끼가 알락돌고래들의 공격을 받는다면, 역습을 하는 것은 당연한 일이다.
그러나 돌고래들과 알락돌고래들 사이의 **4** _____ 은 일방적인 것처럼 보인다.

가능성 있는 이유들

식량 자원들
- 먹이에 대한 **5** _____ 을 줄이기 위해 돌고래들이 알락돌고래들을 죽일 가능성은 적어 보인다.
- 인간들의 과도한 조업이 해양 포유류들의 **6** _____ 에 변화를 초래했을 가능성이 있다.

괴롭힘
- **7** _____ 할 수 있는 기회를 가지지 못한 젊은 수컷 돌고래들이 만만한 대상을 찾아 공격을 할 가능성이 있다.

영아 살해
- 죽은 알락돌고래들의 **8** _____ 가 돌고래 새끼들의 그것과 같다.
- 돌고래들의 공격적인 **9** _____ 가 알락돌고래들이 자신들과 같은 종이라는 착각에서 깨워졌을 가능성이 있다.

결론
- 인간들은 자신들이 우월하다고 생각하지만, 행동은 동물들과 다를 바 없다.
- **10** _____ 이 지속적으로 변하면서, 이에 따른 동물들의 반응에 대한 우려가 있다.

1
> **Surprised Public**
> People usually think of dolphins as friendly creatures based on
> - how dolphins **1** _____ with people

해설 '친근한 동물로서의 돌고래'에 대한 문제이다. 기본적으로 Part 4 문제지에서 가장 먼저 해야 하는 것은 빈칸을 보고 미리 정답의 형태를 예측하는 것이다. 사실, 소재를 파악하거나 내용을 제대로 이해하려면 빈칸의 앞뒤만 보지 말고 위아래에 제시된 정보들을 바탕으로 빈칸 정답의 형태를 먼저 예측하고 기다려야 한다. 1번 빈칸의 자리는 바로 아래에 있는 2번 빈칸 앞의 help와 같은 주어 다음의 동사 자리이다. 그러니 타이밍을 잡고 돌고래들이 사람들과 무엇을 하는지에 해당하는 '동사'에 집중해야 하는 문제이다. 문제의 신호 키워드인 friendly가 들린 부분을 자세히 듣는다. 인간들과 소통할 줄 아는 능력에 대해 언급했으므로 정답은 interact이다.

(Paraphrasing!) people → humans

2
> - how dolphins help **2** _____ who are injured not to drown.

해설 돌고래들이 '누구를 도와줬는지' 묻는 문제이다. 빈칸을 보고 미리 형태와 내용을 예측한다. 빈칸 바로 뒤에 who를 보고 who 다음에 나온 동사 are을 통해 복수 명사 자리임을 알 수 있다. 또한, 관계대명사 who를 통해 빈칸은

사람명사가 올 자리임을 미리 예측할 수 있다. 문제를 미리 읽고 익사하지 않도록 돌고래들이 도와주는 대상이 '누구' 인지에 집중하며 이야기를 듣는다. 돌고래들이 수영을 하다 부상당한 사람들을 구조대가 올 때까지 물에 떠 있을 수 있도록 도와줬다고 했으므로 정답은 swimmers이다. drown(익사하다, 물에 빠지다)이라는 단어의 의미를 알고 있었다면 빈칸을 예측하는 것이 그리 어렵지 않은 문제이다.

3　**Surprised Scientists**
Scientists were aware that dolphins have potential to **3** _____ cruelly when advantageous.

해설 돌고래가 가진 '잔인한 특성'에 대한 문제이다. 빈칸을 보고 미리 형태와 내용을 예측한다. 빈칸은 to부정사(to+ 동사원형)의 자리로, 돌고래들이 자신들이 유리할 때에는 얼마나 잔인하게 '~할 수' 있는지 과학자들은 이미 알고 있다고 했다. 문제의 키워드인 scientists가 들리는 부분을 자세히 듣는다. 겉보기와 달리 돌고래들이 자기가 유리한 상황에서는 잔인하게 행동할 수 있다는 사실을 알고 있다고 언급했으므로 정답은 behave이다. to부정사의 자리이니 동사원형으로 처리한다.

(Paraphrasing!) be aware → know / have potential → can

4　But the **4** _____ between dolphins and porpoises seems to be a one-way street.

해설 돌고래와 알락돌고래 사이의 '일방적인 관계'에 대한 문제이다. 빈칸 앞에 있는 상관접속사 But을 보고 서로 반전의 내용이 나올 것임을 미리 예측한다. 빈칸 바로 뒤의 'between A and B' 구문 보다 그 뒤에 서술부인 seems to be a one-way street를 미리 읽고 내용을 파악하는 것이 중요하다. 일방적인 것처럼 보이는 것이 무엇인지에 포커스를 두고 Recording상에서 However가 들리면 바로 집중해야 한다. 알락돌고래들은 돌고래들에게 해를 끼치지 않으므로 공격성이 완전히 일방적인 것으로만 보인다고 언급했으므로 정답은 aggression이다. 스펠링이 갑자기 떠오르지 않는다면 당황하지 말고 대충 근처에 한글로 '어그레션'이라도 꼭 적어 두어야 한다.

(Paraphrasing!) seems → appears / one-way → one-sided

5　**Possible Explanations**
Food Resources
 • It appears unlikely that dolphins kill the porpoises because they want less
 5 _____ for food.

해설 돌고래들이 알락돌고래를 죽이는 이유들 중 '식량 자원'에 대한 문제이다. 빈칸은 want 타동사의 목적어 자리이다. 먹이에 대한 '이것'을 줄이기 위해 돌고래들이 알락돌고래를 죽인다는 것은 가능성이 없어보인다는 내용임을 미리 파악한다. 식량 자원에 대해 설명하면서, 돌고래와 알락돌고래의 주식의 종류는 다르지만 그들이 먹이에 대한 경쟁을 줄이기 위해 알락돌고래를 죽였다는 것이 제기되어왔다고 하므로 정답은 competition이다. 'less, cut, reduce, decrease, decline, fall=감소하다'라는 표현을 꼭 익혀두자.

6　 • Too much fishing by humans may have caused changes in **6** _____ of marine mammals.

해설 과도한 조업이 돌고래의 '식량 자원에 미친 영향'에 대한 문제이다. 빈칸을 보고 미리 형태와 내용을 예측한다. 인간의 과도한 조업이 해양 포유류들의 '어떤 부분에 있어서 변화를 일으켰는지'에 중점을 두고 대화를 듣는다. 인간들의 과도한 조업으로 인해 물고기들의 수가 줄면서 이러한 공격성이 드러나기 시작했고, 이는 해양 포유류들이 자신의 식습관까지 바꾸게 만들었을 수 있다고 언급했으므로 식사, 식습관이라는 의미의 명사 diet를 골라야 한다. 소유전치사 of를 소유격대명사 their로 Paraphrasing하는 건 IELTS에서 흔히 나오는 패턴으로 반드시 알아두도록 한다. diet는 총칭적 개념으로는 단수 형태를, 식사의 종류에 대해서 이야기할 때에는 복수 형태로 처리하는데 주어진 빈칸 자리에서는 둘 다 적절히 사용될 수 있으므로 정답은 diet 또는 diets이다.

(Paraphrasing!) diets of marine mammals → their diets

---

7   *Bullying*
     • Lack of opportunities to **7** _____ may cause young male dolphins to attack victims.

해설 젊은 수컷 돌고래들의 '괴롭힘'에 대한 문제이다. 빈칸은 to부정사의 동사원형의 자리로, 젊은 수컷 돌고래들이 '이것'을 할 수 있는 기회를 좀처럼 가지지 못하여 약자들을 공격한다는 내용이다. Bullying이라는 소제목이 들리면 어떤 기회가 없었는지를 집중해서 듣는다. 젊은 수컷 돌고래들이 짝짓기를 못하면 공격적으로 변하여 약자를 공격한다고 하였으므로 정답은 mate이다. 야생동물들에 대한 이야기가 나오면 반드시 언급되는 내용과 용어이므로 mate 또는 reproduce(번식하다) 등의 필수 어휘들을 꼭 기억해 두자.

---

8   *Infanticide*
     • The **8** _____ of the killed porpoises is the same as that of dolphin infants.

해설 돌고래의 '영아살해'에 대한 문제이다. 빈칸은 주어 자리로, 뒤에 나온 of the killed porpoises보다는 뒤이어 나오는 is the same에 포커스를 두어야 한다. 돌고래로부터 죽음을 당한 알락돌고래들의 '무엇'이 돌고래 새끼들의 '그것(that)'과 같았을지를 들어야 한다. 대명사 that은 바로 앞에 언급된 명사를 받으며 문장 구조의 병치를 형성해 주므로 이 문장에서 빈칸 속 명사는 that과 동일하다. Recording상에서 Infanticide 소제목을 듣고 8번 내용이 시작됨을 알 수 있다. 포피사이드로 희생된 동물들은 대부분 새끼 돌고래의 사이즈와 같은 크기였다고 하므로 정답은 size이다. 이렇게 '사이즈가 같았다(the size of ~ is the same)'라는 문장을 '같은 사이즈(the same size)'로 정보의 배열 순서를 뒤집어 Paraphrasing하는 방식도 매우 흔하게 등장하므로 알아두도록 한다.

(Paraphrasing!) the size of ~ is the same → the same size

---

9   • The dolphins' aggressive **9** _____ may be awakened by thinking of porpoises as their own species.

해설 돌고래의 '영아살해'에 대한 문제이다. 빈칸은 주어 자리로, 돌고래들의 공격적인 '무엇'이 알락돌고래들을 자신들의 새끼들이라고 생각하게 한다는 내용이다. 돌고래들의 폭력적인 본능이 알락돌고래들을 자기 새끼들이라고 착각하는 바람에 포피사이드 현상이 일어난다고 하므로 본능 때문임을 알 수 있다. 문제만 보고도 '성향, 성질, 성격'이라고 예측이 가능하다. 정답은 instinct 또는 instincts 둘 다 가능하다. 만약 빈칸 앞에 many나 a, 또는 빈칸 뒤에 is나 are 등의 문법적인 근거가 정확할 때에는 반드시 단·복수 형태를 지켜주자.

---

10   **Conclusion**
     • As the **10** _____ continues to change, there are concerns about how animals will react.

해설 결론에서 '우려되는 부분'에 대한 문제이다. 빈칸은 부사절의 주어 자리로, 빈칸 뒤 단수 동사 continues를 보고 단수 명사가 나올 자리임을 미리 예측할 수 있다. 지속적으로 변화하는 '무언가'에 맞춰 동물들이 이에 어떻게 반응할지에 대한 우려가 있다고 하므로 변화하는 것이 무엇인지에 포커스를 두고 Recording을 듣는다. 환경이 급변하면서 동물들의 행동에 어떤 변화가 생길지에 대해 의문을 제기하고 있으므로 정답은 environment이다.

Part 4. You will hear part of a history student's presentation about the history of Whitesands Harbour, on the southern coast of England.

W: Good afternoon everyone. Whitesands Harbour is one of very few natural and undeveloped estuaries in the country, famed for its natural beauty and wildlife. The area has undergone many radical changes throughout history, due to shifts in both politics and geography. In today's presentation, I'd like to tell you about the long history of human economic activity in Whitesands Harbour, based on evidence uncovered by historians and archaeologists.

⓫ The first evidence of human activity here comes from as early as 450,000 BC. During the Paleolithic and Mesolithic periods, this area consisted of valleys covered with grass and pine forests. This area was ideal for hunting, although there was still very little human presence in the area. Some limited evidence of hunting activities has come in the form of flint arrowheads recovered from several digging sites. By 6,000 BC, the geographic landscape had shifted somewhat, and sea levels were rising. Population had increased, and economic activities expanded to both hunting and fishing, ⓬ the latter evidenced by the presence of oyster and clam shells and fish hooks.

The year 400 BC marked the introduction of farming into the local economy. In addition, trading became increasingly important, as economic success began to rely on relationships with surrounding regions. Proof of this activity has come in the form of fragments of clay pottery found from this period. ⓭ These fragments match samples of pottery found in France from the same period. By 100 BC, sea levels had risen so high that farming became unfeasible. But the sea created new opportunities for economic development. Residents collected seawater, boiled it down, and collected the salt to trade for other amenities. ⓮ Several iron trays from this period have been recovered, and are thought to have been used in the salt making process. 43 AD marks the beginning of the Roman presence in Whitesands Harbour. This was the beginning of a period of rapid cultural development. Trading with Rome became the principle economic activity during this time. A large number of coins originating in Rome have been found from this period.

파트 4. 영국 남해안에 위치한 화이트샌즈 항구의 역사에 대한 한 역사학과 학생의 프레젠테이션의 일부를 듣게 됩니다.

여: 안녕하세요 여러분. 화이트샌즈 항구는 나라에서 몇 안 되는 자연적이고 개발되지 않은 어귀들 중 하나이며 자연의 아름다움과 야생동물들로 유명합니다. 이 지역은 역사적으로 정치와 지리의 변화로 인해 많은 급진적인 변화들을 겪어 왔습니다. 오늘 발표에서 저는 사학자들과 고고학자들에 의해 밝혀진 근거를 바탕으로, 이 화이트샌즈 항구에서 이루어진 인간 경제활동의 오랜 역사에 대해 이야기하고자 합니다.

⓫ 이곳에서의 인간 활동에 대한 첫 번째 근거는 기원전 450,000년으로 거슬러 갑니다. 구석기와 중석기 시대 동안에, 이 지역은 풀과 소나무 숲으로 뒤덮인 계곡들로 이루어져 있었습니다. 당시 인간의 존재는 거의 없었지만 이 지역은 사냥에 최적인 곳이었죠. 일부 채굴지에서 발견된 돌 화살촉들의 형체가 인간 사냥 활동의 몇 안 되는 근거라고 볼 수 있습니다. 기원전 6,000년까지 이곳의 지리적 풍경은 다소 변화했고 해수면은 상승했습니다. 인구는 증가했고 경제 활동 또한 사냥과 조업 모두로 확장되었습니다. ⓬ 조업이 이루어졌다는 근거는 굴과 조개껍질들 그리고 낚시 바늘들이 있었다는 사실입니다.

기원전 400년은 지역 경제에 농업이 도입된 시기입니다. 더욱이, 경제적 성과가 주변 지역들과의 관계에 의존하기 시작하며 교역의 중요성이 점점 커지게 됩니다. 이런 활동을 증명할 수 있는 것은 이 시기의 것으로 밝혀진 점토기의 파편들의 형체입니다. ⓭ 이 파편들은 같은 시기 프랑스에서 발견된 토기의 표본들과 일치하는 것으로 나타났습니다. 기원전 100년까지 해수면은 농사를 지을 수 없을 정도로 높아졌습니다. 하지만 바다는 경제 성장을 위한 새로운 기회들을 마련해 주었죠. 사람들은 해수를 모아 끓였고 소금을 생산해 다른 편의용품들과 거래를 했죠. ⓮ 이 시기에 사용되었던 철로 만든 쟁반이 여럿 발견되었는데, 이는 소금을 만드는 과정에서 사용되었던 것으로 보입니다. 서기 43년은 화이트샌즈 항구에 로마 사람들이 살기 시작한 시기입니다. 이 시기에는 빠른 문화적 성장이 시작되죠. 로마와의 무역은 주요 경제 활동이 되었습니다. 이 시기에 사용되었던 로마 동전들이 다수 발견되기도 했습니다.

From 1485 to 1800 AD, during the post-medieval period, ⓯ mills for the process of grinding grain were an important part of the harbour economy. Mackenzie charts from the late 18th century show the prominence of mills in the harbour, along with related structures like docks.

Starting in 1800, ⓰ using bricks to make roads, buildings and schools became an important economic activity in the area. We can see proof of this in the way that fields and roads were named during this period, such as Black Kiln Marsh and Clay Lane.

One of the most impressive finds in the area surrounding the harbour is the Roman Palace. Discovered in the 1960s quite by accident, it is considered the most impressive Roman residence that has been found in Britain. ⓱ The most fascinating feature is something completely unique among Roman ruins in this area—the formal garden on the grounds. The original bedding surfaces were discovered buried under centuries of new earth. They have since been replanted using vegetation typically found in other Roman structures of this type, such as box hedges. ⓲ Throughout the garden, lines of earthenware ditches have been unearthed. Researchers believe that they carried water to a pool near the front entrance, as well as ⓳ small semicircular basins made of marble located near the box hedges. There is also some evidence for a vegetable garden located between the Palace's north and west wings. ⓴ This garden seemed to have its own water supply, channelled through a network of pipes made of lead.

In terms of architecture, the palace is thought to have mirrored the style of…

서기 1485년부터 1800년까지, 후기 중세시대 동안에 ⓯ 곡물을 가는 작업을 위한 방앗간이 이 항구의 경제에 중요한 역할을 했습니다. 18세기 후반 멕켄지 차트에도 이 항구에서 부두와 같은 건물들과 더불어 방앗간이 얼마나 중요했는지 드러나 있습니다.

1800년에 시작되어, ⓰ 도로와 건물 그리고 학교들을 짓기 위해 벽돌을 사용하는 것은 이 지역에서 중요한 경제 활동이 되었습니다. 이는 이 시기에 만들어진 밭이나 도로의 이름들이 블랙 킬른 마쉬나 클레이 레인 등과 같이 이름 지어진 것을 보아도 쉽게 알 수 있죠.

항구를 둘러싼 이 지역에서 가장 인상적인 발견들 중 하나는 바로 로마 궁전입니다. 1960년대에 우연히 발견된 후, 영국에서 발견된 가장 인상적인 로마식 주택으로 여겨집니다. ⓱ 이 지역에서 발견된 로마의 유적지들 가운데 가장 매력적인 것은 현장에 일정한 양식을 따라 가꾼 정말 독특한 정원입니다. 최초의 바닥은 수 세기에 걸쳐 새로운 토양들로 뒤덮인 채 발견되었습니다. 이 표면들에 회양목 울타리와 같은 다른 로마식 구조물들 속에서 흔히 발견되었던 초목을 사용하여 그 이후로 새로 식물을 심어왔습니다. ⓲ 그리고 그 정원 전체적으로 도기로 만든 도랑들이 발견되었습니다. 전문가들은 그 도랑들이 ⓳ 회양목 울타리 근처에 위치한 대리석으로 만든 작은 반원형 웅덩이뿐 아니라 정원의 정문 근처에 있는 웅덩이에 물을 옮기는 데에도 사용되었다고 믿습니다. 그리고 궁전의 북쪽과 서쪽 부속 건물 사이에 한 채소밭이 있었던 증거도 있습니다. ⓴ 이 채소밭은 납으로 만든 파이프망을 통해 물 공급을 직접 할 수 있었던 것으로 보입니다.

건축 설계에 있어, 그 궁전은 특정 스타일을 반영했던 것으로 여겨지는데…

어휘 undeveloped adj 미개발된   estuary n (강·바다의) 어귀   famed for ~로 유명한   wildlife n 야생동물   undergo v 겪다   radical adj 급진적인   shift n 변화   politics n 정치   geography n 지리   evidence n 증거   uncovered adj 밝혀진   archaeologist n 고고학자   Paleolithic adj 구석기의   Mesolithic adj 중석기의   valley n 계곡   pine forest 소나무 숲   limited adj 제한된   flint n 부싯돌   arrowhead n 화살촉   shift v 변하다   sea level 해수면   expand v 확장되다   latter n 후자(쪽)   oyster n 굴   clam n 조개   shell n 껍질   hook n 고리, 바늘   proof n 증거   fragment n 파편   clay n 찰흙, 점토   pottery n 도자기   unfeasible adj 실행할 수 없는   resident n 거주민   boil v 끓이다   amenity n 편의시설, 편의용품   principle adj 주요한   post-medieval 후기 중세의   mill n 방앗간   grind v 갈다   grain n 곡물   prominence n 중요성   dock n 부두, 둑   by accident 우연히   residence n 주택   ruins n 유물, 유적지   bedding surface 바닥표면   buried adj 묻혀진   earth n 토양   replant v 다시 심다   vegetation n 초목   hedge n (풀)생울타리   earthenware adj 도기의   ditch n 배수로, 도랑   pool n 웅덩이   entrance n 입구   semicircular adj 반원의   basin n 양푼, 대야   wing n 부속건물   channel v 나르다   lead n 납

Questions 11–20

화이트샌즈 항구의 역사

선사 시대
- 기원전 450,000년: 인간들의 **11** _____ 에 대한 초창기의 징후들; 돌 화살촉의 발견
- 기원전 6,000년: 사냥과 조업; 낚싯바늘과 해양 생물들의 **12** _____ 의 발견

고대 시대
- 기원전 400년: 프랑스에 유래를 둔 **13** _____ 을 포함한 무역 활동의 증거 발견
- 기원전 100년: 무역을 위해 **14** _____ 을 생산하기 위하여 만들어진 철 쟁반의 발견
- 서기 43년: 로마의 통치하에 사회적으로 급성장한 시기

중세 시대 이후
- 서기 1485–1800년: **15** _____ 을 가공하기 위한 시설들이 중요한 역할을 함

산업 혁명
- 서기 1800년: **16** _____ 을 이용한 광범위한 건축이 시행됨

최근 발견
- 1960년대: 영국에서 가장 감탄을 불러일으키는 로마식 주택이 발견됨
- 정연한 **17** _____ 이 가장 두드러지는 특색으로 간주됨
- 땅 위에 심어진 회양목 울타리들
- 토양 아래에서 발견된 일렬로 늘어진 도기로 만든 **18** _____
- 울타리 옆에 위치한 대리석 **19** _____
- 채소밭도 가꾸어 졌다는 근거들이 있음
- 납으로 만든 **20** _____ 을 통해 물이 공급된 채소밭

---

11   Prehistoric Days
- 450,000 BC: earliest signs of human **11** _____ ; flint arrowheads discovered

해설 선사 시대 '돌 화살촉과 관련된 징후'에 대한 문제이다. 빈칸은 형용사 human(인간의)이 꾸며주는 명사의 자리이다. 대부분 450,000 BC가 Recording에서 들릴 때까지 기다렸을 것이다. 이곳에서의 인간 활동에 대한 첫 번째 근거는 기원전 450,000년으로 거슬러 간다고 말하고 있다. 그리고 잠시 후 flint arrowheads(화살촉)에 관한 내용이 들리면서 일부 채굴지에서 발견된 돌 화살촉들의 형체가 인간 사냥 활동의 몇 안 되는 근거라고 말한다. 문제지상의 semicolon(;)은 주로 예시를 의미하는데, 발견된 화살촉들이 인간 '활동'의 가장 초기의 근거들 중 한 예로 언급되었다. 그러므로 정답은 activity이다. 대화에서 각 단서가 띄엄띄엄 언급되므로 반드시 신호 키워드를 놓치지 말고 따라가야 해결할 수 있다.

(Paraphrasing!) earliest signs → first evidence

---

12   • 6,000 BC: in addition to hunting, fishing; hooks and sea animal **12** _____ found

해설 선사 시대 '사냥과 조업 활동'에 대한 문제이다. 빈칸은 앞의 hooks와 병치되는 복수 명사의 자리이다. 기원전 6000년에는 인간의 조업 활동(fishing)이 굴, 조개 껍질들, 그리고 낚싯 바늘들로 증명되었다고 한다. 사냥과 조업에 대한 근거로 낚싯 바늘과 해양 생물들의 '무엇이 발견되었는지'를 묻고 있다. Recording상에서 나온 정보 중 hunting, fishing, hooks(fish hooks), sea animal(oyster and clam)은 모두 문제에서 언급이 되었지만 껍질을 의미하는 shells만 문제에 나와 있지 않으므로 정답은 shells이다. 굴과 조개의 껍질들을 의미하므로 복수형으로 정답을 표기한다.

(Paraphrasing!) sea animal → oyster and clam

13　**Ancient Times**
- 400 BC: Evidence of trading activity including **13** _____ originating in France

해설 고대 시대 '무역 활동의 증거'에 대한 문제이다. 빈칸은 '이것'을 포함한 교역 활동의 증거가 프랑스에서부터 발견되었다고 하므로 명사 자리임을 미리 예측한다. 교역 활동을 했다는 근거로 이 시기에 발견된 점토기의 파편이 같은 시기에 프랑스에서 발견된 토기들과 일치했다고 한다. 따라서, 프랑스에서 나온 '토기'를 포함한 무역 활동의 증거를 발견했다는 것이므로 빈칸의 정답은 pottery이다. [farming → trading → proof → clay pottery → pottery... in France] 순서로 이야기의 흐름을 놓치지 않고 따라가며 근거들을 메모한다. 정답을 결정한 후 답지에 작성할 때 집합명사인 pottery는 단수 처리를 하는 것에 유의한다.

오답 함정 피하기 혹시나 pottery가 아닌 fragments(조각/파편들)를 듣고 정답으로 착각했더라도 빈칸에 대입해 보면 프랑스에 유래를 둔 '파편들을 포함한' 무역 활동의 증거를 발견했다는 것은 의미상 어색하니 정답이 될 수 없다는 것을 파악해야 한다.

Paraphrasing! evidence → proof

14　
- 100 BC: Iron trays developed for producing **14** _____ to trade

해설 기원전 100년에 사용되었던 철 쟁반들이 교역을 위한 '무엇을 생산하기 위해 만들어졌는지' 묻는 문제이다. 바다가 경제 성장을 위한 새로운 기회를 마련해 주었는데 당시 주민들이 물을 끓여서 소금을 만들어 다른 편의용품과 거래를 했다고 한다. 뒤이어 문제의 iron trays가 들리면서 이 철 쟁반이 소금을 만들어내는 과정에서 사용된 것으로 여겨진다고 한다. 지문에서 단서가 띄엄띄엄 언급되지만 [100 BC → seawater → salt → iron trays → salt making] 순으로 키워드를 들으면서 흐름을 파악해야 한다. 가장 관건이 되었던 생산 활동은 '소금'을 만드는 것으로, iron trays가 들린 이후에도 소금이 다시 언급되는 등 정답을 두 번 언급해 주는 관대한 문제이다. 절대 놓치지 말고 새롭게 등장한 소재인 salt를 메모해 두어야 한다. 정답은 salt이다. salt는 셀 수 없는 물질명사이므로 단수 처리한다.

15　**Post-Medieval Period**
- 1485-1800 AD: Facilities for processing **15** _____ played a key role

해설 중세 시대 이후 '화이트샌즈 항구의 중요한 역할'에 대한 문제이다. 빈칸은 동명사 processing의 목적어 명사 자리임을 미리 예측한다. 그 시기에 곡물을 가는 작업을 하는 방앗간이 항구 경제에 중요한 역할을 했다고 한다. '무엇을 가공하기 위한 시설이 중요한 역할을 했는지' 묻는 문제이므로 방앗간(mill)에서 작업을 했던 '곡물, 곡식'이 정답이다. 물질명사 grain은 곡물의 낟알들까지 가리키는 셀 수 있는 명사로 사용될 때는 복수형 처리(grains)를 하고, 곡물 그 자체를 나타낼 때는 셀 수 없는 물질명사로서 단수 처리(grain)를 한다. 따라서, 정답은 grain이다.

 Tip! process는 '가공 처리하다'라는 의미로 processed meat에서처럼 햄이나 소시지와 같은 표현에서 자주 사용된다.

Paraphrasing! facilities → mills / processing → process
played a key role → were an important part

16　**The Industrial Revolution**
- 1800 AD: Extensive construction with **16** _____ took place

해설 서기 1800년에 '무엇과 함께 광범위한 공사가 시작되었는지' 묻는 문제이다. 빈칸은 전치사 with의 목적어 자리이다. 서기 1800년에 벽돌을 이용하여 도로를 만들고 빌딩이나 학교를 짓는 게 지역에서 중요한 경제 활동이 되었다고 했으므로 지문의 using 뒤에 언급된 건설용 원자재인 벽돌들이 정답이다. 정답은 bricks이다. construction과 building은 자주 번갈아 등장하는 표현이니 꼭 기억해두자. 빈칸 앞 전치사 with은 주로 '어떤 행위를 하기 위한 수단이나 도구'에 관련된 정보를 받아 주는데, 실제 내용상에서는 using으로 Paraphrasing되어 제시되었다.

(Paraphrasing!) construction → building / with → using

17 **A Recent Discovery**
  • 1960s: Most-admired Roman residence in Britain was discovered
  • The formal **17** _____ is considered the most important feature

해설 최근 발견된 것 중 '무엇이 가장 두드러진 특징으로 여겨지는지' 묻는 문제이다. 빈칸은 형용사 formal의 수식을 받고, 뒤에는 단수 동사 is가 나오므로 단수 명사의 자리임을 미리 예측한다. 로마의 유적지들 가운데 가장 매력적인 것은 현장에 일정한 양식에 따라 지어진 정원이라고 하고 있으므로 Recording상에서 the most fascinating feature를 듣자마자 문제의 the most important feature를 보고 내용을 집중해서 들었다면 정답을 고를 수 있는 문제이다. Recording에서 나온 formal garden은 정형원 또는 정연한 정원이라는 의미로 일정한 포맷 또는 양식 패턴을 바탕으로 좌우대칭이 일정하게 지어진 정원을 뜻한다. 정답은 garden이다. 그 특정한 정원 하나를 일컫는 것이므로 단수형 garden으로 표기한다. 참고로 garden은 주관식 정답의 단골손님이므로 일단 Recording상에서 들리면 의심하고 메모해 두어야 한다.

18 • Box hedges planted on the grounds
  • Rows of clay **18** _____ found under the earth

해설 정형원 안의 토양 아래에서 '무엇이 발견되었는지' 묻는 문제이다. 빈칸은 앞의 물질 형용사 clay의 수식을 받는 명사 자리이다. 바로 위 신호 키워드인 Box hedges를 Recording에서 듣고 현재 이야기의 흐름이 어디인지 파악한다. 정원 전체를 관리하려면 물의 공급이 중요했을 텐데, 온 정원에 물을 대려면 필요한 설비들이 있었을 것이다. 수 세기에 걸쳐 새로운 토양들로 뒤덮여 가려져 있던 것이 드러나면서 밝혀진 사실은 그 당시 도기로 만든 도랑들이 정원 전체에 깔려 있었다는 것이다. 그 도랑들을 통해 정원 전체에 물을 공급하여 관리했던 것임을 알 수 있다. 문제에서 rows of 또는 지문에서 lines of라고 제시된 것으로 보아 여러 개의 도랑들이 이어져 있었다는 것을 의미하므로 복수형으로 표기해야 한다. 정답은 ditches이다.

(Paraphrasing!) rows of clay → lines of earthenware / found under the earth → unearthed

19 • Marble **19** _____ placed next to hedges

해설 울타리 옆에 대리석으로 된 '무엇이 있었는지' 묻는 문제이다. 전형적인 정보 배열 순서 변경 문제이며 빈칸은 앞의 물질 형용사 marble의 수식을 받는 명사 자리임을 알 수 있다. 전문가들은 그 도랑들이 회양목 울타리 근처에 위치한 대리석으로 만든 작은 반원형 웅덩이뿐 아니라 정원의 정문 근처에 있는 웅덩이에 물을 옮기는 데에 사용되었다고 믿는다고 하였다. 셀 수 있는 명사이나 앞에 관사 a 가 보이지 않으므로 복수형 처리를 한다. 정답은 basins이다. 이렇게 Marble basins가 basins made of marble로 정보 배열 순서가 변경되는 유형은 자주 등장하므로 반드시 익혀 두도록 한다.

20 • Vegetables were watered via lead **20** _____

해설 채소들이 납으로 된 '무엇을 통해 물 공급을 받았는지' 묻는 문제이다. 빈칸은 전치사 via 뒤 목적어 자리이다. 바로 앞 lead는 '납'이라는 의미의 물질 형용사이므로 빈칸의 정답은 '납으로 만든 무엇'이 들어가야 한다. 이 채소밭은 납으로 만든 파이프들을 연결하여 물 공급을 직접 할 수 있었던 것으로 보인다고 하였다. 여기서 lead는 우리가 흔히 알고 있는 '이끌다, 초래하다'는 동사가 아닌 '납'이라는 의미를 지닌 물질 형용사이며 /리드/가 아닌 /레드/라고 읽는다. 20번 또한 19번과 마찬가지로, 원자재 관련 정보 배열 순서 문제이다. 문제에서 lead _____ 이 실제 Recording상에는 pipes made of lead로 등장했으므로 정답은 pipes이다.

1 Fountain	2 library	3 crowded	4 bus	5 9/nine
6 clothes/clothing	7 30%/30 per cent	8 Pamukkale	9 seafood	10 evening
11 A	12 D	13 I	14 E	15 G
16 B	17 B	18 A	19 C	20 C
21 B	22 A	23 A	24 A	25 C
26 A	27–28 (in any order) C, D	29–30 (in any order) A, E		
31 health	32 recipe	33 roasted	34 social life	35 merchants
36 travellers/travelers	37 entertainers	38 5 years	39 humidity	40 tractors

Questions 1–10

영국 ↔ 호주 AT1-01

Part 1. You will hear a conversation between two friends called Pamela and John about a shopping mall.

W: Hi, John. Good to see you. It's been ages.

M: Hi, Pamela. Yeah, you're right!

W: Erm... how long has it been? 3 years?

M: Yeah... in fact 3 years and 2 months to be exact...

W: Right. Welcome back!

M: Thanks – it looks like so much has changed.

W: Yes, it has. Have you seen the new shopping mall, the Derby Centre?

M: Hmm... what's the address?

W: It's 24 ❶ <u>Fountain</u> Road.

M: Well, is that the one next to the theatre?

W: Actually, no. ❷ <u>The building is by the library.</u> It opened just last year. It's certainly nice to have a place to go shopping nearby.

M: Yes, of course.

W: It gets really busy at the weekend. And not just people from this town. A lot of people from the surrounding areas come too.

M: Oh, good.

W: Well...it's a bit much. The queues are too long. There's no parking, and...

M: Oh, so... ❸ <u>it gets overly crowded with shoppers?</u> That's not good then.

W: No, it's not.

M: So, what types of public transport can I use to get there?

W: ❹ <u>You can take the train, or there is a bus service.</u> It goes directly from here to the centre.

M: Hmm... both options sound all right.

W: Yes. I usually take the bus. It's really fast.

M: OK, I'll try that. Can you tell me what time the place opens?

파트 1. 한 쇼핑몰에 대한 파멜라와 존이라는 두 친구 사이의 대화를 듣게 됩니다.

여: 안녕, 존. 반갑다. 정말 오랜만이야.

남: 안녕, 파멜라. 그러게 말이야!

여: 어...얼마 만이지? 3년 만인가?

남: 어...사실 정확히 말하면 3년 2개월 만이지.

여: 맞네. 다시 돌아온 걸 환영해!

남: 고마워 – 정말 많이 변한 것 같다.

여: 그래, 많이 변했지. 새로 생긴 쇼핑몰 본 적 있어? 더비 센터라고?

남: 음...주소가 어떻게 되는데?

여: ❶ 파운틴로 24번지야.

남: 그 극장 옆에 있는 건가?

여: 어, 아니. ❷ 그 쇼핑몰 건물은 도서관 옆에 있어. 작년에 새로 열었어. 근처에서 쇼핑하기에는 정말 좋은 곳이지.

남: 그래, 그렇겠다.

여: 주말에는 정말 붐벼. 이 동네 사람들뿐 아니라 주변 지역에서도 사람들이 많이들 오거든.

남: 오, 좋네.

여: 글쎄... 좀 심한 것 같아. 줄도 너무 길고, 주차할 데도 없고...

남: 아, 그래... ❸ 쇼핑하는 사람들로 너무 붐비는구나? 그건 좀 그렇다.

여: 그래, 별로야.

남: 그래, 교통 수단은 어떤 것을 이용할 수 있니?

여: ❹ 전철도 있고, 버스도 있어. 여기서 쇼핑몰까지 직행하는 버스가 있어.

남: 음...둘 다 괜찮겠다.

여: 응, 난 주로 버스 타고 가. 정말 빨라.

남: 그래, 나도 버스 타고 한번 가 봐야겠다. 언제 문 여는지 아니?

W: Yeah, of course. Just a second, I'll check their website to be sure.

M: Lovely, thanks.

W: Oh, during the week, it opens at 10 am and closes at 8 pm, but ❺ <u>on weekend mornings, it looks like it opens an hour earlier, at 9,</u> and then it closes at 10 pm.

M: Great. And what sorts of shops are there?

W: Quite a variety actually, but most are places that appeal to students.

M: Yeah, that makes sense. There are several universities around here.

W: Exactly.

M: ❻ <u>So...mainly clothes, electronic devices and sporting goods, I suppose?</u>

W: Yes, although at the moment there is only one sporting goods shop in the centre, so it can get really busy, depending on what time you go there.

M: Oh, of course. Well, what about the electronic shop?

W: Erm...there are two. They're not that bad, I guess.

M: Great. Well, then, anything else I might find interesting?

W: Oh, did I mention the movie theatre?

M: Oh! That sounds good!

W: Well, I see you still love going to the movies!

M: Sure!

W: All right, you'll like this then. Apart from being the largest one around this area, ❼ <u>local residents get a 30 per cent discount on 3 nights: Monday, Tuesday and Thursday.</u> And as you may know, students always get a 50 per cent discount. So anytime they want to go, the ticket's only £4.50 for them.

M: Sounds like a bargain to me!

W: It really is.

M: And where's the best place to eat?

W: Well, there is a range of restaurants in the centre, but I would especially recommend this Turkish place called Pamukkale.

M: Well, that's a difficult name. How do you spell that?

W: ❽ <u>It's P-A-M-U-double K-A-L-E.</u>

M: OK, and what should I order?

W: My family always gets the grilled chicken, ❾ <u>but the restaurant's speciality is seafood.</u> You should try that!

M: Sounds good to me. I'll give it a try today.

W: Good. ❿ <u>But bear in mind, you have to have a reservation to eat there in the evening.</u> In the afternoon, it's easier to get a table so you can just walk in.

M: That's good to know. Do you have their number...

여: 응, 물론이지. 잠시만, 홈페이지에서 다시 확인해 볼게.

남: 좋아, 고마워.

여: 오, 평일에는 오전 10시에 열고 저녁 8시에 닫는구나. 하지만 ❺ 주말 아침에는 한 시간 더 일찍 문을 여는 것 같아. 9시에. 그리고 저녁 10시까지 하네.

남: 좋다. 센터 안에는 어떤 가게들이 있어?

여: 꽤 다양하게 있더라고. 하지만 대부분 학생들이 좋아할 만한 가게들이야.

남: 그래. 당연하겠지. 주변에 대학교가 여러 곳 있잖아.

여: 맞아.

남: ❻ 그러면...주로 옷이랑 전자기기들 그리고 스포츠 용품들 정도인가?

여: 응, 지금은 센터 안에 스포츠 용품점이 하나밖에 없어. 그래서 언제 가냐에 따라 정말 붐빌 수도 있어.

남: 오, 그렇겠네. 그럼 전자제품 가게는 어때?

여: 음...두 군데 있는데. 둘 다 나쁘지는 않은 것 같아.

남: 그래. 그럼 내가 또 좋아할 만한 게 있을까?

여: 오, 내가 영화관 이야기 했나?

남: 오! 정말 좋은 소식이다!

여: 여전히 영화 보러 가는 걸 좋아하는구나!

남: 당연하지!

여: 잘됐다. 그러면 정말 좋아하겠다. 이 지역에서 가장 큰 영화관일 뿐 아니라, ❼ 지역 주민들은 일주일에 월요일, 화요일 그리고 목요일 이렇게 3일 밤은 30% 할인도 해줘. 그리고 알다시피, 학생들은 늘 50% 할인을 받고. 그래서 언제든 영화 표가 4파운드 50펜스밖에 안 해.

남: 나한테는 정말 좋은 흥정이네!

여: 정말 그렇지.

남: 그리고 혹시 좋은 식당은 없니?

여: 응, 센터 안에 다양한 식당들이 있지만, 나는 특히 파무칼레라는 터키음식점이 정말 괜찮더라.

남: 와, 어려운 이름이네. 철자가 어떻게 되니?

여: ❽ P-A-M-U-더블 K-A-L-E야.

남: 그래, 가서 뭘 주문해야 할까?

여: 우리 식구들은 늘 구운 닭고기 요리를 주문하지만, ❾ 그 식당은 해산물 요리 전문점이야. 넌 해산물 요리로 주문해봐!

남: 난 좋지. 오늘 한번 먹어 봐야겠다.

여: 그래. ❿ 그렇지만 꼭 기억해. 저녁 식사를 하려면 예약을 해야 해. 오후에는 자리잡기가 더 수월해서 그냥 들어가면 돼.

남: 알려줘서 고마워. 혹시 전화번호 좀...

어휘 theatre n 극장, 공연장   nearby adv 근처에   surrounding adj 둘러싼, 이웃한   queue n 줄, 대기 행렬   overly adv 과하게   crowded adj 혼잡한   public transport 대중 교통   variety n 다양성   appeal to ~에 어필하다   make sense 당연하다   electronic adj 전자의   depending on ~에 따라서   apart from ~ 외에도   local resident 지역 주민   bargain n 흥정   grilled adj (그릴에) 구워진   speciality n 전문, 전문요리   seafood n 해산물   reservation n 예약   walk in (약속, 예약 없이) 안으로 들어가다

Questions 1–10

더비 센터
• **사업 종류:** 쇼핑몰
• **주소: 1** .... 로 24번지
(**2** .... 옆)
• **좋은 점:** 근접함
• **불편한 점:** 고객들로 너무 **3** ....
• **교통 수단:** 전철 또는 **4** ....
• **개점 시간:** 주말에 오전 **5** .... 시 오픈 (저녁 10시 폐점)
• **가게들:**
– **6** ....
– 전자제품점
– 스포츠용품점
• **영화관:**
– 지역에서 가장 규모가 큼
– 지역 주민들에게 **7** .... 할인 제공
• **식당 – 8** .... :
– **9** .... 전문점
– **10** .... 에는 예약을 해야함

Questions 1–5

1 • **Address:** 24 **1** .... Road

해설 쇼핑몰의 '도로명'을 묻는 문제이다. 빈칸의 자리를 먼저 파악하는 것이 중요하다. 빈칸 뒤에 도로명을 나타내는 Road를 보고 도로 자리임을 미리 예측한다. 영문 주소는 [번지 – 도로명 – 구/시] 순서로 작성하는데, 빈칸의 자리는 도로의 이름의 자리이므로 첫 문자를 대문자로 처리하는 것이 중요하다. 주소를 물어보는 남자의 말에 24 Fountain Road라고 답하므로 정답은 Fountain이다. '분수'를 의미하는 보통명사 fountain을 활용한 도로명으로 첫 문자 F는 반드시 대문자로 처리해야 한다. 뒤이어 주어진 Road도 '도로'라는 보통명사로 사용된 것이 아니라 도로명으로 사용된 것이므로 첫 문자 R이 대문자로 처리되어 있다. 지금처럼 일반명사들을 도로명으로 활용하는 경우도 있지만, 낯선 도로명이 나와 스펠링을 하나씩 불러주는 경우도 있으니 집중해야 한다. 표기법은 주변에 이미 적혀있는 정보들과 일치하게 표기하면 된다. 답지에 옮겨 적을 때는 대문자와 소문자를 구분 처리할 줄 아는 능력을 보여 줘야 한다. FOUNTAIN으로 모든 문자를 대문자로 처리하는 것은 빈칸 뒤 Road와 표기법상 통일되지 않을 뿐 아니라, 영어의 일반적 표기법이 아니므로 반드시 대소문자를 구분해서 처리하자.

2 • **Address:** 24 **1** .... Road

(next to the **2** ....)

해설 쇼핑몰의 '위치'를 묻는 문제이다. '~옆에'라는 의미이므로 빈칸은 장소명사의 자리이다. Part 1에 자주 등장하는 Paraphrasing 표현 중 하나가 바로 next to인데, 주로 beside, by로 Paraphrasing된다. 정보를 받아 적는 문제가 나올 때 반드시 오답 함정도 한두 개씩 주변에 주어진다는 것을 잊지 않아야 한다. 남자가 말한 next to the theatre는 문제지에 언급된 표현을 그대로 사용한 오답 함정이다. 극장 옆에 있냐고 물어보는 남자의 질문에 도서관 옆에 있다고 답하고 있으므로 정답은 by뒤에 언급된 library이다.

오답 함정 피하기 여자가 뒤에서 Actually라며 도서관 옆이라고 틀린 정보를 정정해 주고 있으므로 남자가 말한 theatre은 오답 함정이다. Actually는 실제로 상대방이 알고 있는 정보가 잘못 되었을 때 그 정보를 수정해 주기 위해 사용하는 표현으로 쓰이므로 용도를 정확히 알고 사용하도록 하자.

Paraphrasing! next to → by

3 • **Disadvantage:** too **3** .... with customers

해설 쇼핑몰의 '단점'을 묻는 문제이다. 이 쇼핑몰의 장점은 근처에 있다는 것이고 단점은 '고객들로 너무 ~하다'는 점이다. 정답이 언급되기 직전 이 도시 사람들뿐 아니라 주변 지역에서도 사람들이 쇼핑을 하러 온다고 했으므로 실마리는 충분하다. 직접적인 단어만 제대로 듣고 메모했다면 충분히 해결할 수 있는 문제이다. too는 overly로 언급되었고, customers는 shoppers로 Paraphrasing되어 나왔다. 쇼핑하러 오는 사람들로 붐빈다는 뜻이므로 정답은 crowded이다. 스펠링에 주의하여 정확히 작성하도록 한다.

Paraphrasing! too → overly / customers → shoppers

4 • **Transport options:** train or **4** ....

해설 쇼핑몰에 갈 수 있는 '이동 수단'을 묻는 문제이다. 소제목에서 Transport options(교통 수단)라고 하며 train과 함께 or이 나오므로 교통 수단 종류의 자리임을 알 수 있다. 대부분 교통 수단이라고 하면 버스와 전철을 먼저 떠올리니 어렵지 않게 해결할 수 있는 문제다. 영국식 영어가 사용되는 IELTS 시험에서는 subway(지하철)라는 표현은 Listening과 Reading 영역 지문에서는 찾아볼 수 없다. 그러니 그냥 train을 전철로 해석하기도 한다. Recording 상에서 public transport(대중 수단)라고 했으니 예측했던 대로 정답은 bus이다. 여기는 전철과 버스의 교량들을 의미하는 것이 아니라 단순히 종류를 의미하므로 단수형으로 처리한다.

5 • **Store hours:** at weekends, opens at **5** .... am (closes at 10 pm)

해설 쇼핑몰의 '운영 시간'을 묻는 문제이다. Store hours(영업 시간)라는 소제목과 뒤의 내용을 보고 주말에 몇 시에 오픈하는지를 묻는 내용임을 미리 예측한다. 질문에 '주말'이 나오는 경우, 지문에는 '평일'에 관련된 정보가 오답 함정으로 주어진다. 오답들은 피할 수 없으니 예측하고 정확히 듣도록 한다. 평일엔 오전 10시에, 그리고 주말엔 오전 9시에 문을 연다고 했으니 정답은 9 또는 nine이다. 숫자를 적어야 하는 주관식 문제에서 스펠링에 자신이 없다면 반드시 아라비아 숫자 9로 처리하도록 하자.

6   • **Shops:**
   - **6** ....
   - electronics
   - sporting goods

해설 쇼핑몰에 '어떤 가게가 있는지' 묻는 문제이다. 기본적으로 여자가 새로 생긴 쇼핑몰에 대한 정보를 모두 가지고 있지만 간혹 이렇게 질문자인 남자 쪽에서 정답을 말하는 경우도 있다. 그러므로 그 가능성을 염두에 두고 두 화자 모두의 이야기에 귀 기울이며 새롭게 제시되는 화제들을 메모해 두어야 한다. 흔히 쇼핑몰이라고 하면 옷(clothes), 화장품(cosmetics), 액세서리(accessories), 신발(shoes) 등을 판매하는 곳이라고 생각하며 정답을 짐작할 수 있다. 사람들이 살아가는 모습은 그리 다르지 않으니 꼭 내용적으로 정답을 미리 파악하고 있어야 한다. 정답은 실제 Recording에서 언급된 '옷'을 의미하는 clothes와 모든 '의복'을 총칭하는 clothing, 둘 다 정답이다.

7   • **Movie theatre:**
   - largest one in the area
   - offers a **7** .... discount for locals

해설 '할인율'을 적는 단순 정보 받아쓰기 문제이다. Part 1에 흔히 등장하는 유형으로, 영화관이라는 소제목과 함께 빈칸 앞에 관사 a가 나오고 빈칸 뒤에는 discount라는 명사가 나왔으므로 영화관 할인에 관한 정보가 나올 것임을 미리 예측한다. 문제에서의 포인트는 뒤에 for locals이므로 이를 다른 사람들에게 제공하는 할인율이랑 혼동하지 않도록 주의하자. 빈칸은 수치 정보의 자리로, 수치를 받아 적어야 하는 문제(시간, 날짜, 돈 액수, 할인율 등)는 곳곳에 오답 함정이 들어 있으므로 반드시 주의하고 들어야 한다. 학생들에게 50% 할인을 해 주지만 지역 주민들에게는 30% 할인을 해 준다고 했으니 정답은 30%이다. 표기법은 너무 깊게 생각하지 말고 평소에 적는 것과 같이 평범하게 적용시키도록 하자. 정답은 30% 또는 30 per cent/percent 둘 다 가능하다. 하지만 thirty %는 잘못된 표기이므로 주의한다.

8   • **Restaurant – 8** ....:
   - specialises in **9** ....
   - need to book a table in the **10** ....

해설 여자가 추천한 '터키음식점의 스펠링'을 받아 적는 단순 정보 받아쓰기 문제이다. 빈칸에 들어갈 정보를 미리 예측하는 것이 주요했던 문제이다. 빈칸 앞의 '하이픈(–)'에 주목해야 한다. 어떤 문서든 하이픈이 보이면 바로 앞에 언급된 정보의 구체적인 실례가 주어진다는 사실을 미리 알아 두자. 소제목인 Restaurant 뒤에 하이픈이 나왔으므로 빈칸은 식당의 실제 예에 해당되는 이름을 적는 자리임을 알 수 있다. double에 주의하고 특정 식당의 이름이므로 첫 문자를 대문자로 처리하는 것에 주의하자. 정답은 Pamukkale이다.

> **Tip!**
> double K라고 하면 'KK' 이렇게 double 뒤에 나오는 알파벳을 두 번 써주면 된다.

9   - specialises in **9** ....

해설 이 식당에서 '전문으로 하는 음식'에 대한 문제이다. 빈칸 앞에 specialise in은 '~을 전문으로 하다'라는 의미로 전공 분야나 전문 분야에 대해 이야기할 때 주로 사용된다. 이 표현을 모르더라도 special을 보고 힌트를 얻을 수 있다. 한 식당의 전문 분야라면 당연히 음식을 이야기할 것으로 예측해야 한다. Recording에서 여자가 가족들은 구운 닭고기 요리를 먹지만, 그 레스토랑은 해산물 요리 전문점이라고 했으므로 정답은 seafood이다. 여자가 처음 언급한 chicken은 오답 함정이다. 답지에 작성 시 sea food로 두 글자 처리하지 않도록 반드시 주의하자.

10   - need to book a table in the **10** ....

해설 식당의 '예약이 필요한 시간대가 언제인지' 묻는 문제이다. 상식적인 내용을 미리 예측하는 것이 주요했던 문제이다. 빈칸 앞에 주어진 book a table이 식당의 '테이블을 예약하다'라는 의미이므로, 빈칸은 식당을 미리 예약해야하는 시간대, 즉 '주말' 또는 '저녁 시간'이 들어가는 자리임을 예측할 수 있다. weekends라면 빈칸 앞에 전치사 at이 있어야 하고 evening이라면 빈칸 앞에 전치사 in이 있어야 한다. 빈칸 앞의 in the만 보고도 'in the morning, in the afternoon, in the evening' 이렇게 세 가지 중 하나가 정답임을 미리 예측할 수 있도록 평소에 시간, 수단이나 장소 등과 관련된 전치사들은 표현들과 함께 통으로 공부하도록 하자. 여자가 저녁 식사를 하려면 예약을 해야 한다고 하므로 정답은 evening이다.

Questions 11-20

영국   🎧 AT1-02

Part 2. You will hear a manager talking to guests about a tourist resort.

W: Hello! Welcome to Pine Lake resort. Since this is your first time staying with us, let's all take a look at the map and I can point out a few features that make our resort so special. ⓫ We are here at reception, up in the top left-hand corner of the map. You'll want to come back to this location any time you require information or assistance of any kind during your stay at our resort— we are here to help! Now, one of our most popular activities is tennis. ⓬ We've planted trees all around the tennis courts, so there's a pleasant amount of shade even on the hottest days. Then again, if you do prefer to play late at night, the courts are well lit so that's always an option. Just make sure to reserve the time you want in advance at the activities desk. ⓭ Now, this strangely shaped building in the bottom corner of the map is the bird sanctuary. The birds are particularly active at this time of year, so I highly recommend spending a few hours there. The facility is open from 8 am to 10 pm daily, and there are guided tours at 10 am and 3 pm. ⓮ Another great place to relax is the botanical garden, which is located straight south of the recycling point. It was recently featured in a national newspaper, and it's won numerous awards for its spectacular design. On the other hand, if you're here with kids, you'll doubtless be spending lots of time at our popular playground. ⓯ It's situated here, between these two groves of trees to the south of the lake. It was designed to provide all sorts of challenging and fun activities for our younger visitors, but there are also plenty of benches under the trees where you can relax and keep an eye on them. Between that and the beach, there's plenty for children to enjoy! Finally, we have excellent newly-renovated shower facilities, so you'll have all the comforts of home

파트 2. 한 매니저가 관광 리조트에 대해 손님들에게 이야기하는 것을 듣게 됩니다.

여: 안녕하세요. 파인 레이크 리조트에 오신 것을 환영합니다. 저희 리조트에 처음 방문하신 분들 모두 이 지도를 함께 보시기 바랍니다. 저희 리조트를 아주 특별하게 해 주는 몇 가지 특징들을 말씀드릴게요. ⓫ 저희는 지금 지도의 이 위에 왼쪽 상단 코너에 있는 리셉션에 있습니다. 머무르는 동안 필요한 정보나 도움을 요청하기 위하여 언제든지 이 위치로 돌아오실 수 있습니다 – 저희가 도와 드릴게요! 저희 리조트에서 가장 인기가 많은 액티비티들 중 하나는 테니스입니다. ⓬ 테니스 코트 주변을 둘러서 나무들을 심어 놓아서 가장 뜨거운 날에도 상쾌한 그늘을 즐길 수 있습니다. 그리고 또, 저녁 늦게 운동을 하고 싶으시다면, 코트 내에 조명도 잘 준비되어 있으니 언제든 선택하세요. 액티비티 데스크에서 사전에 원하시는 시간을 예약하시는 것 잊지 마세요. ⓭ 자, 여기 지도의 아래쪽 코너에 보이는 이 낯선 모양으로 생긴 건물은 조류 보호구역입니다. 이곳의 새들은 매년 이맘때 특히 활동적이라서, 그쪽에서 몇 시간 즐기실 것을 꼭 추천합니다. 그 시설은 매일 오전 8시부터 저녁 10시까지 열며, 가이드를 동반한 투어는 오전 10시부터 오후 3시까지 운영합니다. ⓮ 휴양하기 좋은 또 하나의 장소는 식물 정원입니다. 식물 정원은 재활용 쓰레기 수거지로부터 바로 남쪽에 위치해 있습니다. 최근에 국영 신문에서도 다뤄졌었는데요, 정말 멋진 디자인으로 수많은 상도 받았죠. 그런 반면에, 만약 아이들과 함께 방문하셨다면, 틀림없이 많은 시간을 저희의 인기 많은 놀이터에서 보내시겠죠. ⓯ 놀이터는 이 곳에 위치해 있습니다, 여기 이 호수의 남쪽으로 두 개의 작은 나무 수풀 사이에요. 이곳에는 저희의 어린 방문객들의 흥미를 자극하고 재미있는 갖가지 활동들이 준비되어 있고, 부모님께서는 휴식을 취하며 아이들을 지켜보실 수 있는 충분한 벤치들 또한 준비되어 있습니다. 놀이터에서부터 해변까지, 그 사이에 아이들이 즐길

in that regard. ⓰ <u>They're located near the northwestern corner of the lake, close to reception.</u> You can actually see them right there through the window.

- -

Now that you know your way around the resort, for the most part anyway, I'd like to explain a few more things about the Pine Lake experience. ⓱ <u>Every Saturday evening, the restaurant hosts a barbecue in the picnic area.</u> This is offered in addition to the lunch buffet offered every day in the restaurant itself. Occasionally, we bring in entertainment for the event, like local bands or dance groups.

We are extremely proud of the amazing food we provide here at the resort, and with our new 5-star chef, we are certainly in the running for an award this year. Our service also receives excellent ratings, and we have been nominated for a service award for the past three years. ⓲ <u>Earlier this year we were awarded the title of "top eco-friendly resort" by the regional council, and we continue to be committed to environmental responsibility.</u>

We have several options for accommodation here at Pine Lake. If you are holidaying with your family, we have several cabins outfitted with double-deck beds and board games, sure to keep you occupied even if the weather doesn't hold up. ⓳ <u>The Luau Suite is quiet and secluded, perfect for honeymooners.</u> And if you are traveling in a large group, we have larger cabins capable of accommodating up to 8 guests.

If you would like to invest in a more permanent vacation home, ⓴ <u>we have a number of villas for sale, with lovely views of the lake, each of them has a private beach for swimming and water sports.</u> Villas range in size from 2-4 rooms, and the prices vary depending on size and location.

Well, if anyone has any questions, I'll be glad to...

수 있는 많은 것들이 있답니다! 마지막으로, 최근에 새롭게 리모델링을 한 샤워장이 있어서 그 부분만큼은 집에서와 같은 편안함을 느낄 수 있을 겁니다. ⓰ <u>샤워장은 리셉션 근처 호수의 북서쪽 코너에 위치해 있습니다.</u> 지금 여기 창문을 통해서 보이실 거예요.

- -

이제 리조트 주변에 대해 대부분을 알게 되셨죠, 그러니 이제 파인 레이크 리조트에서의 경험에 대해 몇 가지 더 말씀드리도록 하겠습니다. ⓱ <u>매주 토요일 저녁, 레스토랑은 피크닉 장소에서 바비큐를 엽니다.</u> 이는 레스토랑 안에서 매일 제공되는 점심 뷔페와 더불어 제공되는 식사입니다. 간혹, 저희가 바비큐 행사를 위해 지역 밴드의 공연이나 춤 공연 등도 준비합니다.

저희는 여기 리조트에서 제공하는 굉장한 음식과 저희의 새로운 5성급 셰프님에 대한 자부심이 대단하며, 올해의 레스토랑상을 탈 가능성이 높습니다. 저희 서비스는 훌륭한 평가를 받고 있고, 지난 3년 동안 서비스 부문 수상자 후보에 등극해 왔습니다. ⓲ <u>올해 초에는 지역 의회에서 주최한 '최고 친환경 리조트'라는 이름의 상을 수상했는데요, 저희는 환경적인 책임감을 가지고 계속해서 노력할 것입니다.</u>

저희 파인 레이크에는 숙소에 여러 가지 옵션들이 있는데요. 만약 가족들과 함께 휴양을 즐기시는 경우, 저희 객실들 중에 2층 침대와 보드게임들이 갖추어진 곳을 선택하시면, 날씨가 좋지 않더라도 즐겁게 시간을 보내실 수 있을 겁니다. ⓳ <u>루아우 스위트룸은 조용하고 호젓해서 신혼부부들에게 완벽한 곳이죠.</u> 그리고 만약 규모가 큰 그룹 단위로 여행을 하신다면, 최대 8명까지 수용이 가능한 더 큰 객실들도 준비되어 있습니다.

더 영구적인 휴양을 하기 위한 공간에 투자를 하시겠다면, ⓴ <u>저희는 매매를 위한 많은 빌라들도 있습니다. 멋진 호수 전망과 더불어 각 빌라에는 수영과 수상 스포츠를 즐길 수 있는 개인 해변도 있죠.</u> 빌라들은 2~4개의 방이 있는 평수로 다양하고 가격은 평수와 위치에 따라 다릅니다.

자, 질문이 있으시면, 기꺼이 제가...

어휘 left-hand adj 왼쪽의, 좌측의   assistance n 도움, 원조   pleasant adj 유쾌한, 즐거운   shade n 그늘   strangely adv 이상하게, 낯설게   sanctuary n 보호구역   highly adv 매우, 대단히   guided tour 가이드 투어   botanical adj 식물의   recycling point 재활용 수거지   doubtless adv 틀림없이   challenging adj 힘든   newly adv 새롭게   renovated adj 수리된   comfort n 편안함, 평안   northwestern adj 북서의   host v 주최하다   occasionally adv 경우에 따라서   entertainment n 오락   extremely adv 매우   in the running for 가능성이 높은   nominate v (후보자로) 임명하다   eco-friendly adj 친환경적인   regional adj 지역의   council n 의회   committed to ~에 전념하는   environmental adj 환경적인   holiday v 휴가를 보내다   outfitted with ~로 갖추어진   double-deck adj 2층의   secluded adj 호젓한, 한적한   honeymooner n 신혼부부   accommodate v 수용하다   invest in ~에 투자하다   permanent adj 영구적인   for sale 판매 중인

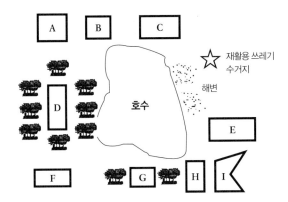

11 리셉션 ....

12 테니스 코트 ....

13 조류 보호구역 ....

14 식물 정원 ....

15 놀이터 ....

16 샤워장 ....

11 해설 '리셉션'의 위치를 묻는 문제이다. 지도 문제는 함께 훈련한 대로 먼저 주어진 생소한 지도와 친해지는 시간이 가장 중요하다. 간혹 지도 속 보기들의 순서가 일정하지 않게 언급되는 경우가 있으니 반드시 지도 안에 보이는 모든 지형지물들과 나무 그림까지도 정확하게 파악하자. 지도 전체의 왼쪽 상단 코너(top left-hand corner)에 리셉션이 있다고 했으므로 정답은 A이다.

12 해설 '테니스 코트'의 위치를 묻는 문제이다. 테니스 코트는 정확한 위치가 주어진 것이 아니라 '나무들로 둘러싸여' 있다고 했으니 그 위치에 대한 실마리가 매우 분명하다. 비록 결정적인 실마리를 놓치더라도 다시 집중력을 발휘하면 또 다른 실마리인 '그늘(shade)'을 들을 수 있을 것이다. 지도 문제에서는 청취를 하면서 정답을 바로 결정하는 것이 중요하지만 여의치 않다면 일단 실마리를 메모해 두는 것도 좋다. 정답은 D이다.

13 해설 '조류 보호구역'의 위치를 묻는 문제이다. 야생 조류 보호구역은 위치 정보뿐 아니라 '낯설게 생긴 건물'이라는 결정적인 힌트가 함께 주어진다. 그러므로 지도에서 모양이 다른 보기 I를 눈여겨 보아야 한다. 건물 위치에 대한 설명을 따라가다 보면 아래쪽 코너(bottom corner)라는 주요 힌트가 주어지므로 정답은 I이다.

14 해설 '식물 정원'의 위치를 묻는 문제이다. 식물 정원은 지도상에 이미 주어진 지형지물들 중 재활용 쓰레기 수거지 (recycling point)에서부터 정남쪽(straight south)에 위치해 있다며, 방향이 아닌 정확한 위치를 알려주고 있다. 지도에 호수, 해변 그리고 재활용 쓰레기 수거지가 주어져 있다면 이들은 그냥 주어진 것이 아니라 문제들과 연관이 있을 것이라는 점을 예상해야 한다. 결정적인 실마리인 straight south 덕분에 정답은 E이다.

15 해설 '놀이터'의 위치를 묻는 문제이다. 놀이터의 위치에 대한 결정적인 실마리는 between이다. Recording에서 놀이터는 호수의 남쪽으로 두 개의 작은 나무 수풀 사이라고 했다. 이때, grove가 무슨 뜻인지 잘 모르는 단어라도 지도상 주어진 지형지물들의 '사이에' 위치해 보이는 보기는 G뿐이다. 이렇게 정확하게 알아듣지 못해도 본인이 알아들을 수 있는 최소한의 실마리들을 바탕으로 유추해 낼 줄 아는 훈련이 필요하다. 뒤이어 호수의 남쪽에 위치해 있다고 했으니 정답은 G이다.

16 해설 '샤워장'의 위치를 묻는 문제이다. 이 여섯 문제는 언급되는 순서가 일정하지 않아서 다소 어려운 문제이다. 지도 문제는 시작 지점에서 단순히 방향을 따라가는것뿐 아니라 지도 속 정답의 정확한 위치를 빠르게 파악해야 하는 경우도 종종 있으니 꼭 미리 훈련해 두어야 한다. 마지막 샤워장은 다소 혼동될 수도 있는 문제였다. 무언가의 위치를 알려줄 때는 어떤 지형지물을 기준으로 말하는지 확인하는 것이 중요하다. 샤워장 위치의 기준은 리셉션 근처의 '호수'이다. 11번 문제에서 리셉션의 위치는 '이 지도 전체'를 기준으로, 왼쪽 상단 코너의 보기 A였다. 이 문제에서 샤워장의 위치는 '호수'의 북서쪽 코너이므로 B이다. 또한 여기 리셉션(A)에서 창문을 통해 볼 수 있다고 했으니 B가 정답이다.

Questions 17–20

17 레스토랑이 제공하는 것은
    A 야외 점심 뷔페이다.
    B 주 1회 바비큐이다.
    C 매일 밤 오락거리이다.

18 리조트가 수상을 한 이유는
    A 환경적인 관심이 돋보이기 때문이다.
    B 훌륭한 서비스 때문이다.
    C 독특한 메뉴 때문이다.

19 루아우 스위트룸은
    A 가족들에게 가장 좋다.
    B 많은 사람들을 수용할 수 있다.
    C 신혼부부들에게 가장 적합하다.

20 매매로 나온 모든 빌라들은
    A 네 개의 방을 가지고 있다.
    B 호수로 연결되어 있다.
    C 수영장을 가지고 있다.

17 해설 레스토랑이 '제공하는 것이 무엇인지' 묻는 문제이다. 레스토랑에 대해 언급되는 부분을 자세히 듣는다. 다지선다형 문제는 항상 정답이 아닌 보기들이 혼동을 준다. 따라서, 정답이 B일 때 왜 보기 A와 C가 오답인지 정확하게 정리해 두는 습관이 필요하다. 점심 뷔페(lunch buffet)는 식당 안에서(in the restaurant) 제공된다고 한 보기 A는 오답 소거한다. 보기 C는 Recording에서 간혹(occasionally) 연다고 했는데, 밤마다(nightly)라고 했으므로 오답 소거한다. daily, nightly, weekly, monthly, yearly 등의 표현은 '매번 반복적으로'라는 뜻이므로 가끔 하는 행사와는 어울리지 않는다. 매주 토요일 저녁, 레스토랑은 피크닉 장소에서 바비큐를 연다고 했으므로 정답은 B a weekly barbecue이다.

18 해설 리조트가 '수상을 한 이유'를 묻는 문제이다. 리조트를 자랑하며 여러 이야기를 하지만 문제에서 캐치해야 하는 부분은 won이다. win의 과거형이므로 이미 수상한 이력에 대한 정보가 중요하다. 보기 B에 주어진 이 식당의 서비스와 관련해서는 nominated(후보에 올랐다)라고 언급했으며, 보기 C에 주어진 이 식당의 음식에 대한 부분은 certainly in the running(확실히 후보자로 확정이 되었다)이라고 했으므로 모두 이미 수상한 부분은 아니다. 올해에는 지역 의회에서 주최한 '최고 친환경 리조트'라는 이름의 상을 수상했다고 하므로 정답은 A being environmentally conscious이다. IELTS 필수어휘인 'environmentally friendly = eco-friendly (친환경적인)' 표현을 꼭 외워두자.

19 해설 '루아우 스위트룸'에 대해 묻는 문제이다. 여러 숙소의 옵션들을 소개하는데, 가족들을 위한 객실과 신혼 부부들을 위한 루아우 스위트룸, 그리고 대규모 손님들을 위한 더 큰 객실까지 차례로 언급된다. 주어진 보기 세 개에 대한 이야기가 순서대로 모두 나오는 것이 다지선다형 문제의 특징이니, 정답이 나오기만을 기다리지 말고 각 보기들 옆에 O나 X와 같은 표기를 하면서 적극적으로 듣는다. Recording에서 루아우 스위트룸은 조용하고 호젓해서 신혼부부들에게 완벽한 곳이라고 하고 있으므로 정답은 C is best suited to newly-weds이다. 보기의 newly-weds라는 표현이 낯설어도 wedding을 알고 있으면 쉽게 유추할 수 있다.

(Paraphrasing!) newly-weds → honeymooners

20 해설 '매매로 나온 빌라'에 대해 묻는 문제이다. 휴양지에 빌라를 구매해서 영구적으로 머무는 사람들을 위한 숙소 정보로, 문제에서 반드시 체크해야 하는 부분은 all of the villa의 all이다. 매매로 나온 모든 빌라들에 방이 네 개가 있는 것은 아니며, 방이 두 개에서 네 개까지 있다고 했으므로 보기 A는 오답이다. 또한 호수로 연결되어 있다고 한 것

이 아니라 아름다운 호수 전망이 있다고 이야기했으므로 보기 B도 오답이다. 각 빌라마다(each of them) 수영과 수상 스포츠를 즐길 수 있는 '개인 해변'이 있다고 했으므로 정답은 C a swimming pool이다. a swimming pool이라고 해서 꼭 수영장이나 인공적으로 만들어 놓은 물 웅덩이만 가리키는 것이 아니라 그러한 역할을 하는 시설도 의미한다는 점을 알아두자.

Paraphrasing! a swimming pool → a private beach

Questions 21–30

Part 3. You will hear a student called Agnes and her sociology professor discussing how she will design her research study on children and their nutritional problems.

M: Welcome, Agnes. Come on in and have a seat. As you know, I scheduled this meeting to hear your thoughts about our research project. Having had a few weeks to consider, have you decided on what your topic will be?

W: Well, I think so. I would like to focus on childhood malnutrition, specifically in inner city families.

M: Oh, that's a very interesting area of research. What specifically are you going to look into? The relationship between childhood malnutrition and adult health issues?

W: Well, I thought about that initially, but it's such a popular research topic that I worried it would be hard for me to offer anything new or interesting. So, ㉑ <u>I've decided to focus instead on the factors that contribute to poor nutrition in children.</u>

M: I see. That makes more sense. Have you been able to find some resources for the research?

W: Well, I'm not really having trouble getting hold of the resources I'll need or making sense of the information, but ㉒ <u>I'm not sure exactly where to begin.</u>

M: Well, a good way to start is to narrow down the potential factors that you will investigate. When you first mentioned this topic, I assumed that you would focus on the relationship between a geographical region and nutrition. Am I right in making this assumption?

W: Actually, I've decided to look more closely at incomes than regions, even though the data on geographical regions is so readily available. ㉓ <u>I just think that since the influence of income has been examined a lot less,</u> I'll be able to contribute something new to the existing research.

M: Yes, I see what you mean. So you are starting with the idea that there is a correlation between family income and child nutrition?

W: Yes, definitely.

파트 3. 아그네스라는 한 학생이 아이들의 영양상의 문제점에 대한 조사 연구를 어떻게 진행할지에 대해 사회학 교수와 상의하는 이야기를 듣게 됩니다.

남: 어서 와요, 아그네스 학생. 어서 들어와서 앉으세요. 잘 알다시피, 오늘 미팅은 우리 리서치 프로젝트에 대해 학생의 생각들을 좀 듣고 싶어서 잡았어요. 몇 주 정도 생각할 시간이 있었는데, 주제를 무엇으로 할지 정했나요?

여: 음, 그런 것 같아요. 저는 아동기 영양실조에 초점을 두고 싶어요. 특히 도심 지역에 살고 있는 가족들이요.

남: 오, 흥미로운 조사 분야가 될 것 같군요. 구체적으로 어떤 부분을 상세히 살펴볼 생각인가요? 아동기 영양실조와 성인들의 건강 문제들 사이의 상관관계에 대해서요?

여: 음, 처음엔 저도 그것을 생각했었는데요, 워낙 인기 있는 토픽이다 보니까 뭔가 새롭거나 흥미로운 내용을 다룰 수 없을 것 같더라고요. 그래서, ㉑ <u>저는 대신 아이들의 부족한 영양에 미치는 요인들에 대해 다뤄보려고요.</u>

남: 그래. 그게 더 당연한 것 같네요. 조사를 위한 자료들은 좀 찾을 수 있었나요?

여: 글쎄요, 제가 참고할 수 있을 만한 소스를 찾는 것이나 그 정보들을 이해하는 것에는 문제가 전혀 없지만, ㉒ <u>어디부터 시작을 해야 할지 잘 모르겠어요.</u>

남: 음, 한 가지 좋은 방법은 학생이 조사할 잠재적 요인들의 범위를 좁혀 보는 거예요. 아까 처음에 이 토픽을 언급했을 때, 학생이 지역과 영양 사이의 상관관계에 초점을 맞출 거라고 생각했어요. 내가 생각한 것이 맞나요?

여: 실은, 저는 지역들보다 수입을 더 면밀히 살펴보고 싶어요. 비록 지리적 지역들에 대한 자료는 쉽게 찾아볼 수 있지만 말이에요. ㉓ <u>제 생각에는 아이들의 영양실조에 미치는 수입의 영향에 대한 연구는 많이 이루어지지 않은 것 같아서</u> 현존하는 조사 연구에 무언가 새로운 것을 제안할 수 있을 것 같아요.

남: 그래요, 무슨 말인지 알겠어요. 그러면 가족 수입과 아이들의 영양 사이에 연관성이 있다는 아이디어로

M: And why do you think this is the case?

W: Well, one factor that I want to explore is the price of food.

M: Do you think that nutritious foods are typically more expensive?

W: Well, I'm not sure, but I think generic brands tend to use more chemicals and additives than more expensive brands, which probably affect the nutritional contents of the food.

M: I'm not sure about that. I mean, I'm sure that generic brands are willing to sacrifice nutrition to cut costs on ingredients. ㉔ But I'm guessing you'll find that the addition of chemicals does not necessarily affect nutrition although it can of course have other adverse health effects.

W: That makes sense. ㉕ I think another factor may be that low income parents probably have less time and energy to cook healthy meals, and are instead more likely to buy fast food, which is often unhealthy. It certainly is not as if they simply prefer cheap fast food over home-prepared meals. In any case, it seems like we rely so much on food prepared by other people nowadays.

M: Yes, and too much fast food can create serious health problems down the road. ㉖ Children who do not see their parents cook are unlikely to learn how to cook for themselves, so they never understand the value of preparing food at home and never take an interest in cooking later in life. These skills are essential for establishing a healthy lifestyle as adults.

M: Now let's talk about how you plan to design your research. First of all, what variables are you going to consider when it comes to choosing your subjects?

W: Well, I thought that I should try to get subjects from a variety of regions around the country.

M: I'm not sure that's a good idea. You don't want to have too many variables in play. ㉗-㉘ I suggest choosing subjects from the same area, possibly even the same city.

W: ㉗-㉘ Yes, that makes sense. In that case, I suppose it might be good to look at local schools as a possible source.

M: Good idea. ㉗-㉘ Definitely make sure to get subjects whose parents work in a variety of fields, in order to confirm your expectations about the effect of schedule.

W: ㉗-㉘ Yeah… The parents should have different working hours and different kinds of duties at work. I think it would also be interesting to choose subjects that have

시작한다는 말이지요?

여: 네, 그러려고요.

남: 그렇다면 왜 그런 경우가 생긴다고 생각하나요?

여: 음, 제가 살펴보고 싶은 한 가지 요인은 음식의 가격이에요.

남: 학생 생각에 영양이 풍부한 음식들은 일반적으로 더 비싼 것 같나요?

여: 글쎄요, 그건 아닌 것 같아요. 제 생각에 노브랜드 상품들이 더 비싼 브랜드 상품들보다 더 많은 화학물질이나 첨가물들을 사용하는 것 같아요. 그것들이 음식의 영양 성분들에 아마도 영향을 미치는 것 같아요.

남: 그건 잘 모르겠어요. 확실한 건 노브랜드 상품들이 재료비를 줄이기 위해서 기꺼이 영양을 포기하는 것은 맞아요. ㉔ 하지만 화학물질을 첨가하는 것이 반드시 영양에 영향을 미치는 것은 아니라는 것을 학생도 알게 될 거예요. 비록 건강에 다른 부정적인 영향을 줄 수는 있겠지만요.

여: 당연한 것 같아요. ㉕ 제 생각에 또 다른 요인은 저소득층 부모들은 아마도 건강에 좋은 식사를 요리해줄 수 있는 시간과 에너지가 부족하고, 대신에 건강에 좋지 못한 패스트푸드를 사 주는 경우가 더 많은 것 같아요. 그들이 집밥보다 저렴한 패스트푸드를 단순히 선호해서 그런 것은 아니죠. 어떤 경우든, 요즘은 다른 사람들이 해 주는 음식에 너무 많이 의지하는 것 같기는 해요.

남: 그래요, 너무 많은 패스트푸드는 앞으로 심각한 건강 문제를 초래할 수 있지요. ㉖ 부모들이 요리하는 모습을 본 적이 없는 아이들은 스스로 요리하는 방법을 배울 가능성이 적어서, 집밥을 준비하는 것이 얼마나 중요한지 이해하지 못하기도 하고, 나중에라도 요리에 관심을 가질 수 없을 거예요. 이런 능력들은 성인이 되어서 건강한 생활방식을 확립하는 데에 필수적이잖아요.

남: 자, 그럼 이제 조사를 어떻게 구상해서 진행할 건지에 대해 이야기를 해 보죠. 먼저, 연구할 대상들을 선택하는데 있어서 어떤 변수들을 고려할 생각인가요?

여: 음, 제 생각에 나라 안의 다양한 지역들로부터 연구 대상들을 선택해야 한다고 생각했어요.

남: 그건 별로 좋은 생각이 아닌 것 같군요. 조사 중에 변수가 너무 많은 것은 안 좋아요. ㉗-㉘ 차라리 같은 지역, 아니면 심지어 같은 도시 안에서 조사 대상들을 찾아 보는 걸 권할게요.

여: ㉗-㉘ 네, 그게 맞겠네요. 그렇다면, 지역 학교들을 대상으로 한번 살펴보는 것도 좋을 것 같은데요.

different preferences when it comes to food. Some children are likely to prefer junk food and others may want healthy food all the time.

M: Well, I think that information could be gathered after the study is finished, so don't worry about it in the selection stage.

W: Ah, OK.

M: What kinds of results do you expect to find in your analysis?

W: Well, mainly I expect to discover that children from lower-income families have poorer nutrition, overall. ㉙-㉚ <u>However, I also expect that the parents' work schedules will have a greater impact on overall nutrition than the amount of money they are bringing home.</u>

M: That's a fair expectation I think. Do you think it will have any impact on academic performance?

W: Well, I'm not really sure on that point. I think there are just too many factors that affect schoolwork to reach a conclusion like that. ㉙-㉚ <u>But I do imagine that the existence of a free school lunch programme will have a positive impact on in-class behaviour.</u>

M: Well, it sounds like you have gotten off to a great start. Let's meet again after you…

남: 좋은 생각이네요. ㉗-㉘ <u>반드시 다양한 분야에 종사하는 부모들의 아이들로 연구 대상을 선정해야 부모들의 업무 스케줄의 영향에 대해서 예측하는 것도 알아볼 수 있을 거예요.</u>

여: ㉗-㉘ <u>네… 부모들은 다양한 근무시간과 직장에서 다양한 종류의 업무를 해야 할 것 같아요.</u> 그리고 음식에 대한 다양한 취향을 가지고 있는 대상들을 선택하는 것도 흥미로울 것 같아요. 어떤 아이들은 정크푸드를 더 좋아하고 또 어떤 아이들은 늘 건강에 좋은 음식만 원할 수도 있잖아요.

남: 흠, 제 생각에 일단 연구를 끝내야 그 정보를 수집할 수 있을 것 같군요. 그러니 선택 단계에서는 그건 신경 쓸 필요는 없을 것 같아요.

여: 아, 네.

남: 분석 단계에서 어떤 결과가 나올 것으로 예측하고 있나요?

여: 음, 제가 중점적으로 알아보고 싶은 것은 저소득층 가정의 아이들의 영양상태가 전반적으로 더 안 좋은가 하는 것이에요. ㉙-㉚ <u>하지만, 이뿐 아니라 부모들의 근무 스케줄이 수입의 양보다 전반적인 영양상태에 더 큰 영향을 미칠 수 있다는 결과가 기대 돼요.</u>

남: 제 생각에도 적절한 기대치인 것 같군요. 그것이 학업성과에도 영향을 미칠 것 같나요?

여: 글쎄요, 그건 잘 모르겠어요. 제 생각엔 그렇게까지 결론을 내리기에는 학업에 영향을 미치는 요인들이 너무 많은 걸요. ㉙-㉚ <u>하지만 무료 급식 프로그램의 존재가 아이들의 수업 중 행동에 긍정적인 영향을 미칠 수 있을 거라고 생각해요.</u>

남: 그래요, 이제 제대로 된 시작을 할 준비가 된 것 같군요. 그러면 우리 다음에 다시…

어휘 malnutrition n 영양실조 inner city 도심 지역 look into 조사하다 contribute to ~에 기여하다 nutrition n 영양 get hold of ~을 찾다 narrow down ~을 좁히다 potential adj 잠재적인 investigate v 조사하다 assume v 가정하다 geographical adj 지리학적인 region n 지역 assumption n 가정 readily adv 손쉽게 influence n 영향, 효과 examine v 조사하다 existing adj 현재의 correlation n 연관성 explore v 분석하다 nutritious adj 영양가가 풍부한 generic adj 브랜드가 없는, 포괄적인 sacrifice v 희생시키다 addition n 첨가 adverse adj 부정적인 low income 저소득 meal n (한 끼) 식사 home-prepared adj 집에서 준비한 down the road 앞으로, 향후에 take an interest in ~에 관심을 가지다 variable n 변수 subject n (조사의) 대상 confirm v 확인하다 expectation n 기대 duty n (담당) 업무 preference n 선호 gather v 모으다 selection n 선택 analysis n 분석 overall adj 전반적인 academic performance 학업성과 on that point 그 점에 있어서 schoolwork n 학업 in-class adj 수업 중의

아동기 영양실조

21 연구 주제로 학생이 선택한 것은
   A 아동기 영양실조가 어떻게 성인 건강에 영향을 미치는지에 대한 것이다.
   B 어린 아이들의 영양실조의 원인들이다.
   C 널리 연구되는 흥미로운 분야들 중 하나이다.

22 학생이 문제를 겪고 있는 부분은
   A 조사를 시작하는 것이다.
   B 정보를 이해하는 것이다.
   C 참고자료를 찾는 것이다.

23 학생이 지역들보다 특히 수입에 초점을 두기로 선택한 이유는
   A 수입의 영향에 대한 연구가 더 적게 시행되었기 때문이다.
   B 이 주제에 대한 자료를 손쉽게 찾을 수 있기 때문이다.
   C 이미 이 주제에 대해 잘 알고 있기 때문이다.

24 교수가 생각하기에
   A 노브랜드 식품들 속 화학첨가물들이 건강에 특별히 나쁜 것은 아니다.
   B 화학첨가물들은 노브랜드 식품들의 영양가에 영향을 미치는 경향이 있다.
   C 노브랜드 식품 제조업자들은 영양이 풍부하지 않은 재료들을 사용하는 것을 개의치 않는다.

25 저소득층 가정들이 패스트푸드를 더 먹는 이유는
   A 아이들이 패스트푸드를 선호하기 때문이다.
   B 그 가정들이 건강에 좋은 음식을 살 경제적 여유가 없기 때문이다.
   C 부모들이 요리를 하기에는 너무 바쁘거나 피곤하기 때문이다.

26 조리식품에 의존하는 것은
   A 아이들에게 요리하는 법을 알려주지 못할 수도 있다.
   B 만성적인 건강 문제를 초래할 수도 있다.
   C 요리에 대한 관심을 증가시킬 수 있다.

---

21 【해설】 학생이 선택한 '연구 주제가 무엇인지' 묻는 문제이다. 학생이 연구 주제에 대해 언급하는 부분을 자세히 듣는다. 청취를 시작하기 전에 각 문제에서 정답의 실마리를 제공하는 화자가 누구인지, 잘못된 정보를 알려주는 화자는 누구인지 화자 구분 스킬을 이용하여 미리 파악하도록 한다. 한 명의 화자가 정답 실마리와 오답 실마리를 모두 제공하는 경우에도 각 문제별로 정답 실마리가 어디서 나올 것인지 미리 파악해 두어야 한다. 학생이 선택한 주제를 묻는 것이므로 교수가 언급하는 것들은 단순 제안이나 질문이라는 점을 예측할 수 있다. 따라서, 메모를 할 때도 [남]과 [여]로 화자를 구분해서 표 차트를 만드는 것이 좋다. [남] 차트 아래에는 [relationship, childhood, adult, issue] 등의 실마리들이 적혀 있어야 하며, [여] 차트 아래에는 [but, popular, worried, new, interesting, so, instead, factors, contribute] 등의 실마리들이 적혀 있어야 한다. 본인이 메모해 놓은 실마리들과 얼마나 일치하는지 반드시 비교해 보자. 여학생이 아이들의 부족한 영양에 미치는 요인들에 대해 다뤄보겠다고 하므로 정답은 B the causes of malnutrition in young children이다.

   【오답 함정 피하기】 Recording에서 교수가 언급한 adult가 그대로 주어진 보기 A는 오답 소거한다. 보기 C는 교수가 흥미로운 주제일 거 같다고 언급했을 뿐 널리 연구되는 흥미로운 분야 중 하나라는 내용은 언급되지 않았으므로 오답 소거한다.

   【Paraphrasing!】 causes → factors

22 【해설】 학생이 '문제를 겪고 있는 부분이 무엇인지'를 묻는 문제이다. 다지선다형 문제는 결정적인 실마리를 제공하는 특정 부분을 잘 캐치하는 것이 관건이다. 따라서, 문제가 원하는 정보를 제대로 파악해야 결정적인 순간을 들을 수 있다. 문제에 trouble이 언급된 것을 보고 학생이 Recording에서 문제가 있는 부분과 문제가 없이 잘 하고 있는 부분을 둘 다 이야기할 것이라는 점을 예측해야 한다. 따라서, 학생이 긍정적으로 말한 부분은 오답이고, 부정적으로 이야기한 부분이 문제점이므로 정답이 된다. 가장 결정적인 역할을 하는 표현은 I'm not really having trouble과, I'm not sure이다. 학생이 정보를 이해하는 데는 문제가 없지만 어디서부터 시작해야 하는지 모르겠다고 얘기하고 있으므로 정답은 A getting started이다. 다시 들으면서 여학생이 '정말 모르겠어요'라고 하는 부분에 바로 뒤이어 어떤 단어가 들리는지 확인해 보자.

   【오답 함정 피하기】 보기 B의 information(정보), C의 resources(자료) 모두 Recording상에 언급되었지만 학생이 문제를 가지고 있지 않은

부분이므로 둘 다 오답 소거한다.

Paraphrasing! start → begin

23 해설 학생이 지역들보다 '수입에 초점을 두기로 한 이유'를 묻는 문제이다. 처음에 학생이 inner city families를 언급했기 때문에 살고 있는 지역이 아동들의 영양실조에 미치는 영향에 대해 연구할 것이라고 생각할 수 있다. 하지만 Actually가 들리면 지금까지 제공된 정보와 상반되는 내용이 나오므로 긴장해서 메모해야 한다. 이렇게 한 사람의 대사 분량이 많은 긴 토론을 들을 때 반드시 중간 연결표현들을 기억하고 함께 메모해야 한다. 내용을 전개해 주는 연결어들을 함께 메모해야 나중에 내용 짜깁기를 할 때 더 정확하게 실마리를 잡을 수 있다. 가령, [even though, data, readily, since, influence, examined, less, new, existing] 이렇게 even though와 because까지 함께 메모하면 훨씬 더 내용을 이어서 지어내기 편해진다. 'Even though 주어+동사, 주어+동사'의 문장 구조에서 주요 요지는 쉼표(,) 뒤의 문장이다. 따라서 그 주제에 대한 연구가 많이 이뤄지지 않아서 연구를 하고 싶다고 했으므로 정답은 A insufficient research has been done about the effects of income이다.

오답 함정 피하기 보기 B는 Recording상의 표현 data와 readily available이 그대로 제시된 오답 함정이고, 주제에 대한 자료를 손쉽게 찾을 수 있다는 내용은 정답과 관련이 없다. 또한 Recording에서 주제에 대해 새로운 무언가를 발견할 수 있을 것 같다고 하는데 보기 C는 실마리인 new와 너무 상반된 내용이므로 오답 소거한다.

Paraphrasing! insufficient→ less

24 해설 교수가 '무엇을 생각하는지' 묻는 문제이다. 학생과 교수가 '건강에 좋은 음식들이 비싼가'에 대한 각자의 의견을 드러낸다. 여기서 교수가 언급한 것만 메모하면 오답을 걸러내는 소거법의 시행이 어려워진다. 이렇게 포괄적인 것을 묻는 문제가 나오면 위의 21번처럼 [남]과 [여]로 구분해서 메모해야 보기 세 개 중에 확실한 오답 하나를 제거할 수 있다. 여학생이 말한 [chemicals, affect, nutritional]이 그대로 주어진 보기 B는 분명 소거할 수 있다. 교수가 말한 내용 중에서 정답과 오답을 정확하게 구분해 주는 표현은 바로 I'm sure와 I'm guessing으로 I'm sure 뒤에는 노브랜드 회사들이 재료에 드는 비용을 줄이고자 영양을 포기한다고 했고 I'm guessing 뒤에는 반드시 화학첨가물들이 건강에 영향을 미치지는 않는다고 했다. 교수가 노브랜드 상품에 대해 화학물질을 첨가하는 게 꼭 영양에 영향을 주지 않는다고 생각함을 알 수 있으므로 정답은 A chemicals in generic brands are not particularly bad for health이다.

25 해설 저소득층 가정이 '패스트푸드를 더 먹는 이유'를 묻는 문제이다. 이 문제는 보기들만 차분하게 살펴 보아도 상식과 스킬을 바탕으로 정답과 오답을 구분할 수 있다. 가령, 보기 A는 아이들이 패스트푸드를 선호하기 때문이라고 나와 있지만 이것은 저소득층이든 고소득층 아이들이든 상관없다. 보기 B의 저소득층 가정에서 건강에 좋은 음식을 살 수 있는 경제적인 여유가 없다는 내용은 너무 뻔한 보기로, 이렇게 뻔한 보기는 오답일 가능성이 높다. 실제 내용상에서 less time and energy라고 했으니 정답은 시간도 없고 에너지도 없다는 의미로 나온 C the parents are too busy or tired to cook이다.

26 해설 '조리식품에 의존하는 것'에 대해 묻는 문제이다. 보기 B는 조리식품에 너무 많이 의존하면 건강 문제를 초래한다는 내용으로 가장 그럴듯 해 보인다. 하지만 chronic(만성적인)과 연관된 표현이 언급된 적이 없으므로 오답이다. 단순히 Recording에서 serious health problems만 듣고 보기 B를 선택하지 않도록 한다. 의견은 끝까지 듣고 판단해야 하며 청취와 동시에 이해한 내용이 있다면 꼭 주변에 한글로라도 메모를 해 두도록 하자. 보기 C는 Recording상의 표현인 interest in cooking이 동일하게 나온 것으로 오답일 가능성이 높다. 보기 A에서는 cooking skills가 how to cook으로 Paraphrasing되었으며, 부모가 집에서 요리하는 모습을 보지 않고 자란 아이들은 본인도 요리하는 문화나 습관이 형성되지 않을 수 있다고 이야기한다. 따라서 정답은 A failure to pass on cooking skills to children이다. failure를 반드시 '실패'라고 해석할 필요는 없다. '하지 못한다'라고 자연스럽게 해석하면 된다.

오답 함정 피하기 Recording에서 나온 표현이 보기에 그대로 나오면 오답일 가능성이 크다고 생각하고 정답을 신중히 고르도록 하자. 보기 C는 Recording에서 조리식품에 의존하면 요리에 관심을 가질 수 없을 거라고 하므로 이는 보기와 상반되는 내용으로 오답 소거한다.

Questions 27–28

학생이 조사를 위해 선택한 두 가지 변수는 무엇인가?

A 비슷한 업무 스케줄을 가진 부모들
B 다양한 도시들
C 같은 지역
D 다양한 직업을 가진 부모들
E 같은 음식 취향

27- **해설** 학생이 조사를 위해 선택한 '두 가지 변수'가 무엇인지 묻는 문제이다. 27번 28번과 같이 Selecting from a List
28 (다지선다형) 문제 유형은 보기 세 개 중 하나의 정답을 택하는 일반적인 다지선다형 문제에 비해, 그대로 제시된 표현과 Paraphrasing된 표현만을 비교하는 것만으로도 대부분 해결할 수 있다. 다지선다형은 일일이 다 애써 내용을 이해하는 데 포커스를 두기 보다는 키워드를 잡고 적극적으로 메모한 후, 주어진 표현들 위주로 정답과 오답을 구분해서 풀 수 있게끔 한다. 기초 다지기에서 배웠던 옥신각신 패턴을 상기하며 실전 문제를 풀 때에도 이를 적용했는지 스스로 평가해보자. 옥신각신 패턴에서는 누군가가 한 가지 제안을 했을 때 그 제안이 늘 바로 수락되는 것은 아니다. 아래의 표를 참고하여 다시 정답과 오답을 구분해 보자.

제안	수락 또는 거절
get subjects from a variety of regions	→ I'm not sure that's a good idea [거절]
choosing subjects from the same area	→ Yes, that makes sense [수락]
look at local schools	→ Good idea [수락]
get subjects whose parents work···variety of fields	→ Yeah [수락]
also···choose subjects···different preferences···food	→ Well,···don't worry about it··· [거절]

위에서 수락된 제안들이 언급된 보기가 정답이다. 그렇다면 정답은 '같은 지역에서 연구 대상을 선택'하는 의미의 보기 C the same region과 '다양한 업종을 가진 부모들'을 의미하는 보기 D parents with various occupations이다. 정답은 C와 D로 답지에 순서와 상관없이 옮겨 적으면 된다. 만약 27번 답지에는 A를, 28번 답지에는 C를 적었다면 둘 중 하나는 맞춘 것이다. 그러니 어렵다고 포기하지 말고 둘 중 하나라도 풀 수 있도록 집중하자.

Questions 29–30

학생이 조사 후 기대하는 두 가지의 결과들은 무엇인가?

A 소득 수준이 근무 시간보다 아이들의 영양에 미치는 영향이 더 적을 것이다.
B 소득과 영양 사이에 상관관계가 없을 것이다.
C 아이들의 학업 성과가 더 좋은 영양으로 인해 향상될 것이다.
D 학교에서 점심을 먹는 것은 아이들의 영양을 향상시켜 줄 것이다.
E 무료 급식 프로그램이 학생들이 더 잘 활동할 수 있도록 도와줄 것이다.

29- **해설** 학생이 자신의 연구를 통해서 도출해낼 수 있을 것이라고 예상하는 '결과들'을 묻는 문제로, 학생이 아닌 교수가
30 언급하는 것은 단순 함정으로 볼 수 있다. 그렇다면 아래와 같이 메모해 보자.

학생	교수
mainly, 저소득층, poorer nutrition work 스케줄, greater impact···than money free lunch 프로그램, positive···behaviour	expectation academic performance

가장 먼저 보기 중 C는 오답이 확실하다. academic performance는 교수가 언급한 표현이다. Recording상에서 lunch를 듣고 메모를 했다면 lunch가 적혀 있는 보기 D를 선택할 것인지 아니면 lunch가 meal로 달리 표현되어 적혀 있는 보기 E를 선택할 것인지 고민될 것이다. 또한, 보기에는 주어지지 않았지만 Recording상에서 money를 듣고 메모를 했다면 정말 money가 적혀 있는 보기를 선택할 것인지 아니면 money가 income으로 적혀 있는 보기 A나 B를 정답으로 택할 것인지 많은 고민이 될 것이다. 이렇게 다양한 각도에서 따지고 판단하려면 메모가 가장 중요하다. 메모에서 실마리 표현을 찾아야 정답일지 오답일지 결정할 수 있다. 보기 A는 'A less than B'가 'B greater than A'로도 Paraphrasing이 적용되었다. 정답은 순서에 상관없이 A Income levels influence childhood nutrition less than working hours와 E Providing free school meals makes students act better이다. A와 E를 29번과 30번 정답지에 옮겨 적으면 된다.

Questions 31–40

영국 AT1-04

Part 4. You will hear part of a lecture for history students about the history of coffee.

파트 4. 역사학과 학생들을 위한 커피의 역사에 대한 강의의 일부를 듣게 됩니다.

M: In this lecture, I will be talking about one of the most valuable products in modern times - coffee. We see coffee everywhere today, mainly as a brewed drink made from the beans of the coffee plant, but the ancient origins of coffee were quite different. The coffee plant was first discovered in Ethiopia in the 11th century. With its beautiful white blossoms and bright red, cherry-like fruit, the plant looks a little different to what you might imagine. This colourful plant was at first believed to have medicinal properties. ❸❶ The fruit was ignored, and the leaves were boiled in water to form a health drink.

Coffee plants quickly spread to nearby countries, and ❸❷ they were first cultivated substantially in Yemen, following the recipe developed in Ethiopia. In the mid-16th century, a Turkish official named Ozdemir Pasha, who was stationed in Yemen, brought the drink back with him to the royal Ottoman palace in Istanbul. It was in this palace that a new method of coffee drinking was pioneered. ❸❸ After gathering the beans from inside the fruit of the plant, palace chefs roasted them over a fire. They were then ground into a powder and slowly boiled it in water. And for over 450 years, the recipe has remained largely unchanged.

In the years that followed, Istanbul quickly became the coffee capital of the world, as coffeehouses began cropping up all over the city. The culture around coffee soon became inextricably integrated into Turkish culture, and ❸❹ the coffeehouse took its place as the heart of social life. As in many cities today, Turkish people centuries ago were fond of coming to coffeehouses to play games, read books, and discuss literature and poetry.

남: 오늘 강의에서는, 현대에서 가장 가치 있는 상품들 중 하나인 커피에 대해서 이야기하겠습니다. 오늘날 우리는 어디서든 커피를 볼 수 있는데요, 주로 커피 나무의 열매인 콩에서 우려낸 음료죠. 하지만 커피의 고대 근원은 꽤 달랐습니다. 커피 나무는 11세기에 에티오피아에서 처음 발견되었습니다. 아름다운 흰 꽃들과 밝은 빨간색 체리 같은 열매를 가진 그 식물은 여러분이 상상하는 것과는 다른 모습을 하고 있죠. 이 컬러풀한 식물은 처음에는 약효 성분들을 가지고 있다고 여겨졌어요. ❸❶ 열매는 버려졌고 나뭇잎들은 물에 끓여서 건강 음료로 만들었죠.

커피 나무는 주변 나라들로 빠르게 퍼졌고, ❸❷ 에티오피아에서 개발된 레시피에 따라 예멘에서 처음으로 대량으로 재배되기 시작했죠. 16세기 중반 예멘에 주둔했던 오즈데미르 파샤라는 이름의 한 터키 공무원이 이스탄불의 오스만궁으로 커피 음료를 가지고 왔어요. 커피를 마시는 새로운 방법이 만들어진 곳은 바로 이 궁이었습니다. ❸❸ 나무의 열매 속에 있는 콩들을 모두 모은 후, 궁의 요리사들은 불 위에서 콩을 볶았습니다. 그 다음 볶은 콩들을 가루를 내서 물에 넣고 천천히 끓였죠. 지난 450년 동안 이 레시피는 전혀 변함없이 계속되어 왔습니다.

몇 년 후, 이스탄불은 빠르게 전 세계의 커피 수도가 되었고 커피숍들은 도시 전체에 걸쳐서 생겨나기 시작했죠. 커피와 함께하는 문화는 곧 터키 문화에 떼려야 뗄 수 없을 정도로 흡수되었고, ❸❹ 커피숍은 사회 생활의 중심지의 역할을 하게 됩니다. 오늘날 많은 도시에서와 마찬가지로, 수 세기 전의 터키인들도 게임을 하고, 책을 읽고, 문학과 시를 토론하기 위해 커피숍으로 오는 것을 매우 좋아했습니다.

In much the same way as it arrived in Turkey, coffee soon spread to Europe as well. In the early 17th century, ㉟ a group of merchants from Venice visited Istanbul and fell in love with the new drink. They loaded their boats full of beans and brought them back with them to Italy, where the beverage was initially sold by lemonade vendors on the street. It wasn't long before coffeehouses began to appear all across Italy, where they became a gathering place for students and artists to share ideas. It did not take long for France to follow suit, and in 1660, coffee bean imports first made their way to Marseilles. ㊱ The first coffeehouses in France catered mostly to travellers, but they soon attracted people from every social arena.

Surprisingly, it took 20 more years before Paris saw its first coffeehouse, called Café de Procope. ㊲ This café became quite famous, due to the large numbers of famous poets, playwrights, and entertainers who passed through for a cup of coffee. The success of the Café de Procope caused an explosion of coffeehouses, until there was one on nearly every street corner.

Now, let's talk about the way that coffee is farmed. The coffee plant is actually a shrub, and while there are over 70 different species, only two of them are used by the modern coffee industry. ㊳ After a coffee bush is planted, it takes 5 years for it to mature and begin flowering. The white flowers eventually grow into fruit, which ripen and turn red over the course of 9 months. ㊴ One of the difficulties of raising coffee plants is that, depending on the humidity level, a single plant can flower up to 8 times a year. That means that one plant might have fruits that are at many different stages of ripeness.

There are several methods of harvesting coffee fruits, and each method has benefits and disadvantages. Hand stripping involves grabbing a twig by hand and tearing everything off, including the ripe berries, the unripe berries, the flowers, and the leaves. ㊵ Mechanical harvesting is a similar process, but it is done with tractors instead of human hands. The advantage of these methods is that they take little time and produce a large amount of fruit in a short time, but the quality of the harvest is quite low. A more precise method is called hand picking, where the ripe red berries are removed from the twig, and the leaves, flowers, and green berries are left to continue growing and ripening.

터키에 커피가 상륙했던 것과 매우 흡사한 방식으로, 커피는 유럽에도 곧 퍼지게 됩니다. 17세기 초 ㉟ 베니스의 상인들이 이스탄불을 방문했고 그 새로운 음료와 사랑에 빠지게 되죠. 그들은 배에 커피콩을 가득 싣고 이탈리아로 돌아옵니다. 그곳에서 커피는 거리에서 레모네이드를 파는 노점에서 처음 팔렸죠. 이탈리아 전역에 커피숍이 생기기 시작한 것은 그 후로 오래 지나지 않아서였습니다. 커피숍들은 학생들과 예술가들이 아이디어를 공유하기 위한 만남의 장소가 되었죠. 얼마 되지 않아 프랑스도 그대로 따라 하게 되었고, 1660년 처음으로 마르세유로 커피콩이 수입되었습니다. ㊱ 프랑스의 첫 커피숍은 대부분 여행객들을 만족시켰지만, 곧 모든 사회 전반에서 사람들에게 어필하기 시작했죠.

놀랍게도 파리에 첫 커피숍인, 카페 드 프로코프가 생기기까지는 그 후로 20년이나 더 걸렸습니다. ㊲ 이 카페는 커피 한 잔을 마시러 들르는 많은 유명 시인들, 극작가들 그리고 연예인들로 인해 꽤 유명해졌습니다. 카페 드 프로코프의 성공은 거의 모든 거리의 코너마다 커피숍이 하나씩 생길 때까지 계속 커피숍의 붐을 일으켰습니다.

자, 이제 커피가 어떻게 재배되는지 살펴보도록 하겠습니다. 커피 나무는 사실 관목이었어요. 70개가 넘는 다양한 종들이 있지만 현대의 커피 산업에는 그 중 단 두 가지만이 사용됩니다. ㊳ 커피 관목은 심어진 후에 5년이 지나면 자라서 꽃을 피우게 되죠. 그 하얀 꽃들은 결국 열매로 자라고, 9개월에 걸쳐 빨갛게 익게 됩니다. ㊴ 커피 나무를 기르는 데에 가장 힘든 것 중 하나는 습도에 따라 한 나무에서 일 년에 여덟 번까지 꽃을 피운다는 겁니다. 이는 한 나무의 열매들이 제각기 다른 단계에서 익을 수도 있다는 의미입니다.

커피 열매를 수확하는 방법은 여러 가지가 있는데, 각 방법마다 장단점이 모두 있습니다. 수작업은 손으로 나뭇가지를 잡아서 잘 익은 열매, 설익은 열매, 꽃 그리고 잎까지 포함한 모든 것을 벗겨내는 방식입니다. ㊵ 기계작업도 비슷한 과정이지만, 사람 손 대신에 트랙터를 이용하는 방식이죠. 이 작업 방식의 장점은 시간이 적게 걸리고 짧은 시간 안에 대량으로 생산이 가능하다는 점이지만, 수확물의 질은 꽤 낮습니다. 더 정확한 것은 핸드 피킹이라는 방식인데요. 나뭇가지에서 잘 익은 빨간 열매들은 따고, 잎, 꽃 그리고 초록 열매들은 계속 자라고 익도록 내버려 둡니다.

This results in much higher quality yields, but of course takes a great deal of more time and manpower.

이렇게 하면 훨씬 더 좋은 수확량을 산출해낼 수 있지만, 물론 상당히 더 많은 시간과 인력이 필요하겠죠.

어휘 brewed adj 우려낸　blossom n (관목의) 꽃　medicinal adj 약효가 있는　property n 특성　boil v 끓이다　cultivate v 재배하다　substantially adv 상당히　official n 공무원, 공직자　station v 주둔하다　pioneer v 창시하다　roast v 굽다, 볶다　grind v 갈다　crop up v 불쑥 생기다　inextricably adv 불가분하게　integrate v 통합되다　heart n 중심지　literature n 문학　poetry n 시　merchant n 상인　load v 싣다　vendor n 행상, 노점　follow suit 따라 하다　import n 수입품　cater to ~를 만족시키다　arena n 영역　poet n 시인　playwright n 극작가　pass through 거쳐가다　explosion n 폭발, 붐　shrub n 관목　mature v 다 자라다　flower v 꽃 피우다　ripen v 익다　humidity n 습함, 습도　ripeness n 원숙　harvest v 수확하다　strip v 벗기다　grab v 잡다　tear v 찢다　unripe adj 안 익은　mechanical adj 기계적인　tractor n 트랙터　precise adj 정확한　yields n 수확량　manpower n 인력

Questions 31–37

커피의 도입

커피의 기원

• 에티오피아

커피 나무는 11세기에 처음 발견되었다.

커피 나무는 하얀 꽃들과 붉은 열매를 가지고 있었다.

나무의 잎을 끓여서 **31** _____ 을 위한 음료를 만들었다.

• 예멘

에티오피아와 동일한 **32** _____ 이 사용되었다.

• 터키

한 공무원이 왕궁으로 커피를 가져왔다.

커피 콩은 **33** _____ 지고, 가루로 갈리고 끓여졌다.

커피숍들은 **34** _____ 의 중심이 되었다.

유럽으로 전파된 커피

• 이탈리아

35 _____ 이 커피콩을 베니스로 가져왔다.

커피는 처음엔 레모네이드 노상에서, 그 다음에 커피숍에서 판매되었다.

• 프랑스

1660년에 커피의 수입이 시작되었다.

커피숍들은 처음에는 **36** _____ 에게 커피를 팔았다.

파리의 첫 커피숍은 작가들과 **37** _____ 에게 인기를 얻었다.

31　**Origins of Coffee**

　　• Ethiopia

　　Coffee plants first discovered in the 11th century.

　　Plant had white blossoms and red fruit.

　　Leaves were boiled to make a drink for **31** _____ .

해설 에티오피아에서 커피나무 잎을 끓여 '무엇을 위한 음료를 만들었는지' 묻는 문제이다. Part 4의 기본 접근방

식은 [소재 파악 → 빈칸 예측 → 내용 따라가기 → 표적 메모하기]이다. 무엇보다 중요한 것은 Recording상에서 제공하는 정보와 눈으로 읽고 있는 정보의 매칭이다. 그뿐 아니라 빈칸에 알맞은 정보의 성격을 미리 예측해 둔다면 정답이 언급된 직후에 바로 정답을 파악할 수 있는 확률이 높아지니 반드시 부지런히 움직여야 한다. 이 문제는 IELTS Listening Part 4뿐 아니라 다른 파트들에서도 종종 등장하는 '정보 배열 순서 변형' 문제로, [a drink for _____ → a _____ drink]라고 정보의 배열을 뒤집어 정답을 눈치채기를 바라는 문제이다. 영어에서 AB라는 표현을 B for A로 풀어서 표현하는 경우가 많다. Recording에서 우리가 현대 시대에서 마시는 커피는 콩을 볶아 갈아서 우려내는 방식을 이용하지만 처음에 에티오피아 사람들은 커피 나무에 약효성분들이 있다고 생각해서 잎을 따 물에 넣고 끓여서 건강 음료를 만들어 먹었다고 하므로 정답은 health이다. 이런 형식의 정보 배열에 변형을 주는 문제는 매우 다양하게 나오므로 잘 정리해 두고 꼭 기억하자.

32
- **Yemen**
  The same **32** .... as in Ethiopia was used.

해설 예멘에서는 '에티오피아와 같은 무엇을 사용했는지'를 묻는 문제이다. 31번에 해당하는 내용이 마무리된 직후에 이어지는 내용으로, 31번과 32번 두 문제 사이의 페이스가 매우 빠르니 집중해서 따라가야 한다. 에티오피아에서 개발한 레시피에 따라(following) 예멘에서 처음으로 대량 재배를 시작했다고 하므로 정답은 '조리법'을 의미하는 recipe이다. 처음 접하는 문물이므로 근원지에서의 방식을 따랐으리라 짐작할 수 있다. 레시피의 스펠링을 꼭 외워두자.

(Paraphrasing!) same ~was used → following ~

33
- **Turkey**
  An official brought coffee to the royal palace.
  Beans were **33** ...., ground, and boiled.

해설 터키에서 궁의 요리사들이 '커피콩을 조리하는 과정'을 묻는 문제이다. 빈칸은 뒤에 열거되어 있는 정보와 형태와 성격이 일치한다. 따라서 빈칸 뒤에 열거된 ground와 boiled가 수동적 의미를 가진 과거분사 형태이므로 빈칸 역시 과거분사 형태의 단어가 와야 한다. 궁의 요리사들이 나무의 열매 속에 있는 콩들을 모아서 불 위에 볶았다고 하므로 roast라는 동사의 과거분사 형태인 roasted가 정답이다. 실제 Recording상에서 들린 roasted는 단순 과거 시제로, 과거분사 형태와 과거 형태가 동일하기 때문에 들린 그대로 정답 처리가 됐다. 커피숍에 가면 흔히 볼 수 있는 표현이지만 세심히 보지 않으면 스펠링이 순간적으로 생각나지 않을 수도 있다. 일상생활에서, 특히 레스토랑에서 음식 주문을 위해 메뉴판을 볼 때, 영어적인 표기법들도 살펴보며 생활 속 다양한 영어 단어들의 스펠링과 친해지자. Speaking이나 Writing 영역에서도 커피에 대한 이야기가 나오면 brewed(우려낸)나 roasted(볶아낸)와 같은 관련 표현들을 사용해 보자.

34 Coffeehouses became the centre of **34** ....

해설 그 당시 터키에서 커피숍들이 '무엇의 중심이 되었는지'를 묻는 문제이다. 커피숍이 생기면서 많은 사람들이 그곳에 모여 게임을 하고 책을 읽으며 문학과 시를 토론하면서 커피숍들이 사회 생활의 중심이 되었다고 했으므로 정답은 social life이다. centre와 heart는 종종 동의적 표현으로 교대로 등장하는데 IELTS Reading 문제에서도 자주 등장하니 꼭 정리해 두자. 가령, 도심 지역을 의미하는 표현으로 in the heart of a city, in the centre of a city, city centre 등으로 나오기도 한다.

35   **Coffee Spreads to Europe**
   • **Italy**
   Coffee beans were brought to Venice by **35** ....
   Coffee was first sold at lemonade stands, and then in coffeehouses.

해설 커피콩을 '베니스로 가져온 사람들(행위자)'을 묻는 문제이다. 수동태 문장에서 by는 뒤에 '행위자'를 수반하므로 흐름을 잘 따라가다가 사람명사가 나오면 바로 캐치해야 한다. 만약 문제에 'A is done by B. (A는 B에 의해 행해진다.)'의 구조로 문장이 제시되면 실제 Recording에서는 수동태가 아닌 능동태로 문장 구조가 변경되어 'B did A. (B가 A를 했다)'라고 언급될 가능성이 높다. 이 문제도 [Coffee beans were brought by 사람. → 사람 brought coffee beans.]와 같은 구조로 언급되었다. coffee beans보다 정답인 '사람'이 내용상 먼저 나온 구조이므로 빈칸의 문장 구조적 특징을 미리 파악해 두지 않으면 정답을 놓칠 수도 있다. 본인이 직접 겪었던 시행착오들은 꼭 다시 정리해 두도록 하자. 정답은 베니스의 '상인들'로 merchants이다.

36   • **France**
   Coffee imports began in 1660.
   Coffeehouses originally sold coffee to **36** ....

해설 프랑스에 처음 커피가 들어왔을 당시 커피숍들은 원래(originally) 커피를 '누구에게 팔았나'를 묻는 문제이다. 35번과 마찬가지로 흐름을 따라가다가 사람 명사가 등장하면 바로 메모를 해야 한다. 문제지 속 originally의 동의어로 자주 등장하는 initially, first가 머릿속에 함께 저장되어 있어야 한다. 자주 등장하는 표현이므로 꼭 암기해 두자. Recording에서 프랑스의 첫 커피숍은 대부분 여행객들(travellers)을 만족시켰다고 한다. 내용상 catered to (~를 만족시키다)라는 표현을 몰랐어도 사람명사인 travellers를 메모해 두었다면 쉽게 처리할 수 있는 문제이다. 뒤이어 바로 people이 등장하지만 이는 처음이 아닌 커피가 들어온 '이후'의 이야기이므로 정답은 travellers 복수형이다. 사람명사는 늘 단·복수 처리를 분명히 해 주어야 한다. 미국식 철자법인 travelers 또한 정답이다.

37   First Paris café attracted writers and **37** ....

해설 파리에 카페가 생기면서 '누구들에게 인기를 얻었는지' 묻고 있다. 빈칸은 역시 바로 앞의 writers(작가들)와 병치하는 자리이므로 사람 명사가 와야 한다. 까페는 많은 유명 시인들, 극작가들 그리고 연예인들로 유명해졌다고 한다. 사람명사들을 일단 메모해 두면 [poets, playwrights, entertainers] 이렇게 세 개인데 스펠링을 모를 경우 대충 틀린 단어라도 메모해야 한다. 시인들과 극작가들은 빈칸 앞의 writers에 포함된 것이니 정답은 entertainers 복수형이다.

Questions 38–40

커피 재배 방법

70가지의 다양한 종류의 커피 나무들 중, 단 두 가지만이 현대의 커피 산업에서 사용된다. 하나의 커피 나무가 다 자라서 꽃을 피우기까지는 **38** .... 이 걸린다. 꽃을 피우는 빈도는 **39** .... 의 레벨에 따라 달라진다.

수확 방법은 여러 가지가 있는데, 모든 방법에는 특정한 장점들과 문제점들이 있다. 수작업은 열매, 꽃 그리고 잎을 손으로 찢는 작업이 포함된다. 기계로 수확을 하는 방식도 같은 작업을 하지만 사람 손이 아니라 **40** .... 을 이용한다. 이 작업 방식들은 빠르지만 수확물의 질이 그렇게 높은 편이 아니다. 보다 더 정교한 방법으로는 핸드 피킹이라는 방법이 있는데, 이는 매우 높은 질을 보장하지만 훨씬 더 노동 집약적이다.

---

38   A coffee plant takes **38** .... to mature and produce flowers.

해설 커피 나무가 '꽃을 피우기까지 걸리는 기간'을 묻는 문제이다. 정보 요약형(Summary) 문제는 형태만 서술형으로 다를 뿐이지 단순 노트 완성형(Note Completion) 문제와 크게 다르지 않다. IELTS Reading 문제 속 Summary 문제 유형과도 다르지 않은데, Reading 지문과 대조해서 빈칸의 정답을 찾는 것처럼 Listening에서도 Recording을 들으며 빈칸을 향해 함께 흘러가다가 Paraphrasing 눈치채기를 통해 정답을 찾으면 된다. 정답이 실마리보다 먼저 언급되는 경우도 자주 발생하기 때문에 먼저 대충이라도 빈칸에 알맞은 정보를 한글로 메모해 두는 것이 좋다. 빠른 시간 안에 빈칸에 해당하는 정보에 대한 판단을 내리고 메모할 수 있도록 연습하자. Recording에서 커피 관목은 심어진 후에 5년이 지나면 자라서 꽃을 피우게 된다고 한다. 여기서 'take + 시간(얼마의 시간이 걸리다)'의 표현을 알고 있다면 빈칸에 시간 또는 기간이 들어가야 함을 미리 예측할 수 있다. 정답은 5 years이다. years에 복수형 처리 하는 것을 잊지 말자.

39   The frequency of flowering depends on the level of **39** ....

해설 꽃을 피우는 '빈도에 영향을 주는 것이 무엇인지' 묻는 정보 배열 순서 변형 문제이다. Listening 영역에서 'AB → B of A' 또는 'A of B → BA' 이렇게 전치사 of를 사용해서 앞뒤 단어의 배열을 바꾸는 것은 매우 흔한 패턴이다. 예를 들어, [the standard of living(생활 수준) → living standard, the rate of divorce(이혼율) → divorce rate, the level of stress(스트레스 정도) → stress level] 등 전치사 of는 단어의 배열을 앞뒤로 바꿔 합성 표현을 만들 수 있게 해 주는 대표적인 도구이다. 이 문제에서는 'the level of _____ → _____ level'로 배열이 바뀐 표현이다. Recording에서 습도에 따라 한 나무에서 일 년에 여덟 번까지 꽃을 피운다고 하였으므로 습기의 정도가 문제에서는 '습도'로 표현된 것을 알 수 있다. 정답은 humidity이다.

40   Hand stripping involves tearing off berries, flowers and leaves by hand. Mechanical harvesting does the same thing but uses **40** .... rather than human hands.

해설 기계로 재배하는 방식에서 '무엇이 이용되는지' 묻는 문제이다. 빈칸이 포함된 전체 문단의 구성을 먼저 살펴보자. Recording에서 흐름 키워드인 [several, Hand stripping, Mechanical harvesting, hand picking]에 동그라미를 쳤는지 점검하자. 낯설고 긴 지문이 제시되었을 때 가장 먼저 해야 하는 것은 해석이 아니라 글의 구성을 보는 것이다. 가령, 글 속에 First, Second, Last 등 정보의 순서를 나타내는 표현들이 보이면 반드시 빠르게 체크해 두어야 한다. 지금 내용에서는 커피를 재배하는 세 가지 방식이 소개되어 있는데, Recording에서 기계 작업도 비슷한 과정이지만, 사람 손 대신에 트랙터를 이용한 방식이라고 언급했다. 문제에서 빈칸이 포함된 문장의 시작 부분인 Mechanical harvesting과 마지막의 human hands만 체크했어도 정답을 찾는 데 문제가 없다. 수작업이 아니라 기계를 사용한다고 했으니 정답은 tractors 복수형이다. 빈칸은 문장 속에 들어가는 표현이니 문법적인 오류는 피해야 한다.

1 MacArthur/Macarthur	**2** East	**3** 2195527350	**4** 1959
5 fence	**6** bathroom window	**7** footpath	**8** Sunday
9 10 (am)/10.00/10:00	**10** side gate	**11** free entry	**12** trails
13 (beach-front) tower	**14** garden	**15** book	**16** A
17 G	**18** F	**19** H	**20** E
21 G	**22** H	**23** A	**24** E
25 D	**26** B	**27** A	**28** C
29 A	**30** A	**31** salad	**32** currency
33 extraction	**34** labour/labor market(s)	**35** 30/thirty times	**36** monopoly
37 mobilise/mobilize	**38** B	**39** A	**40** C

Questions 1–10

영국 ↔ 미국   AT2-01

Part 1. You will hear a customer phoning a builder to discuss some work she would like him to do on her home.

M: Good afternoon. You've reached Renovation Pros. How can I help you?

W: Oh, hello. I saw your advert in a newspaper. I need some minor renovation work done and I don't think I can handle it myself.

M: And would this be a domestic residence or an office that needs renovation?

W: A domestic job. It's my new home.

M: All right. Could you give me your name, please?

W: ❶ My name is Kelly MacArthur.

M: Could you spell your surname for me?

W: Sure. It's M-A-C-A-R-T-H-U-R.

M: Okay, and what is your home address?

W: It's 1412 Cedar Road. ❷ It's located quite close to Edmonton, in a suburb called East Valley.

M: Oh, yes. We have done some work in the area before. It's a very lovely place.

W: My husband and I just recently moved into this area from Edmonton. Quite a change of pace for us, but we are enjoying it so far.

M: Yes, I'm sure. Now, could you tell me your phone number?

W: Sure. ❸ It's 219 552 7350. There's usually nobody home during the day, so if you need to reach us, evenings would be the best.

M: OK, I understand. Well, about the house, do you know around when it was constructed? Most of the houses in that area were built in the 1940s.

파트 1. 한 고객이 건축업자에게 집에 필요한 작업에 대해 전화로 상의하는 내용을 듣게 됩니다.

남: 안녕하세요. 레노베이션 프로즈입니다. 무엇을 도와 드릴까요?

여: 오, 안녕하세요. 제가 한 신문에서 광고를 보고 연락 드려요. 작은 수리작업이 필요한데 제가 직접 하지는 못할 것 같아서요.

남: 혹시 작업이 필요한 곳이 일반 가정집인가요 아니면 사무실인가요?

여: 가정집이에요. 저희 새 집이요.

남: 그렇군요. 성함 좀 알려 주시겠어요?

여: ❶ 제 이름은 켈리 맥아더입니다.

남: 성을 스펠링 좀 말씀해 주시겠어요?

여: 네. M–A–C–A–R–T–H–U–R이에요.

남: 네, 그리고 집 주소는 어떻게 되나요?

여: 시다로 1412번지예요. ❷ 이스트 밸리라는 외곽에 있는 에드먼튼에서 꽤 가까워요.

남: 오, 네. 저희가 전에 그 지역에서 몇 번 작업을 한 적이 있어요. 정말 멋진 곳이죠.

여: 저희 남편이랑 제가 최근에 에드먼튼에서 이곳으로 이사를 왔어요. 저희에겐 꽤 큰 변화이지만 지금까지는 아주 좋아요.

남: 네, 그러실 거예요. 연락처 좀 말씀해 주시겠어요?

여: 네. ❸ 219 552 7350이에요. 낮에는 주로 집에 아무도 없어서요. 연락하시려면 저녁 시간이 가장 나을 거예요.

남: 네, 알겠습니다. 집에 대해서 좀 여쭤볼게요. 대략 언제쯤 건축된 집인가요? 그 지역의 대부분 집들이 1940년대에 지어졌죠.

W: Oh, is that right? ❹ <u>I believe ours was actually built in 1959.</u>

M: Was it? That's much newer then.

M: Can you tell me what sort of work you need done?

W: ❺ <u>Well, first of all, the big storm a couple of weeks ago caused some damage to the fence in the garden.</u> A few pieces broke off and they need to be replaced.

M: That won't be a problem. Is there anything else?

W: I'm afraid so. ❻ <u>The bathroom window on the ground floor also needs to be fixed.</u> I'm not sure if it's because of rust or just humidity, but it's very hard to open and close it.

M: We can take a look at that as well. Is there any yard work that you would like us to do?

W: Yes, now that you mention it, there is. ❼ <u>We have bushes in the back garden and along the footpath in front of the house. The ones in front are becoming too large and need to be trimmed.</u> I would do it myself but I'm afraid I don't have the proper equipment.

M: No problem. We have a special trimming device that will take care of that. Anything else?

W: No, I think that's everything.

M: All right. When would you like us to stop by?

W: I'm always at home on Monday and Wednesday evenings, from around 7 pm.

M: Oh, I'm sorry, we only operate from 9 to 5. Especially for outdoor work, we really need the sun to see things properly.

W: Yes, I understand. ❽ <u>Saturday is not good for me, but Sunday would be fine.</u>

M: Sure. And what time are you available on that day?

W: I have a lunch appointment, ❾ <u>so if you could come in the morning, say at around 10, or in the afternoon at 2, that would be great.</u>

M: ❾ <u>OK. We'll come at the earlier time then.</u>

W: Oh, there's one more thing I should mention. ❿ <u>We have a front gate and a side gate, but we always keep the front one locked. When you arrive, you'll need to enter through the other one.</u>

M: I've noted that down. Thank you for calling, and we'll see you soon.

W: Thanks, goodbye.

여: 오, 그런가요? ❹ 제가 알기로 저희 집은 1959년에 지어졌는데요.

남: 그래요? 그렇다면 훨씬 새 건물이겠네요.

남: 어떤 작업이 필요한지 말씀해 주시겠어요?

여: ❺ 네, 먼저 몇 주전에 큰 폭풍 때문에 정원에 있는 울타리가 망가졌어요. 몇 조각이 갈라졌는데 교체를 해야 할 것 같아요.

남: 네, 문제 없습니다. 다른 것도 있나요?

여: 네, 있어요. ❻ 1층 화장실 창문도 수리를 해야 할 것 같아요. 녹이 슬어서 그런지 아니면 그냥 습기 때문인지 잘 모르겠지만, 열고 닫는 게 힘들어요.

남: 네 그것도 한 번 살펴볼게요. 혹시 마당에는 필요한 작업이 없으신가요?

여: 네, 말씀하시니까 생각 났어요. ❼ 저희 집 뒤쪽 정원이랑 집 앞 오솔길 주변에 덤불들이 있는데요. 집 앞에 있는 덤불들이 너무 자라서 다듬어야 할 것 같아서요. 제가 직접 다듬고 싶은데 적절한 도구가 없어서요.

남: 괜찮습니다. 저희가 그걸 처리하는 특수 기계가 있어서 다듬어드릴 수 있습니다. 더 필요한 것이 있으신가요?

여: 아니요. 그게 다예요.

남: 알겠습니다. 저희가 언제 들러도 될까요?

여: 제가 월요일과 수요일 저녁 7시 정도에 늘 집에 있어요.

남: 오, 죄송하지만 저희는 9시부터 5시까지 근무를 합니다. 특히 야외 작업은 태양이 있어야 제대로 볼 수가 있어서요.

여: 네, 그렇군요. ❽ 토요일은 안되지만, 일요일은 괜찮을 것 같아요.

남: 네. 그러면 그날 몇 시쯤이 괜찮으세요?

여: 제가 점심 약속이 있어서요. ❾ 아침에 와 주실 수 있으시면 10시쯤이나, 아니면 오후에 2시쯤이 제일 좋을 것 같아요.

남: ❾ 네. 그러면 일찍 가도록 하겠습니다.

여: 오, 그리고 한 가지 더 말씀드릴 것이 있는데요. ❿ 저희 집에 정문과 측문이 있는데요. 항상 정문은 잠가 놓거든요. 도착하시면 측문으로 들어 오셔야 할 거예요.

남: 네, 메모해 뒀습니다. 전화 주셔서 감사해요. 곧 뵙겠습니다.

여: 감사해요. 안녕히 계세요.

어휘 advert n 광고 renovation n 수리 handle v 처리하다 domestic adj 가정의 residence n 주택 close to ~에 가까운
suburb n 교외 a change of pace 기분전환, 생활의 변화 construct v 짓다, 건축하다 damage n 손상 fence n 울타리
replace v 교체하다 break off 갈라지다 fix v 고치다 rust n 녹 humidity n 습기 yard n 마당, 뜰 bush n 덤불, 수풀
footpath n 오솔길 trim v 다듬다 equipment n 도구 device n 도구, 장치 stop by 들르다 operate v 운영하다
properly adv 제대로 appointment n 약속, 예약 gate n 문 lock v 잠그다 note down 메모하다

Questions 1–10

가정집 수리 프로젝트

이름: 켈리 **1** ....

주소: 2 .... 밸리 시다로 1412번지

연락처: 3 ....
저녁에만 연락 가능

집 건축 년도: 4 ....

수리 목록:
- 폭풍에 망가져 부러진 **5** .... 교체
- 열기 힘든 **6** .... 수리
- **7** .... 주변의 덤불 다듬기

예약 요일: 8 ....
예약 시간: 9 ....
비고:
- **10** .... 통해 진입

Questions 1–4

1　　**Name:** Kelly **1** ....

해설 켈리의 '성'을 받아 적는 단순 정보 받아쓰기 문제이다. 간혹 이렇게 낯선 표기방법을 요구하는 문제가 나올수 있으니 평소에 영화나 드라마 등을 볼 때 외국인 배우들의 이름이 적혀 있는 것을 주의 깊게 살펴보자. 정답은 MacArthur (중간 A 대문자)이지만 Macarthur로 첫 문자 M만 대문자로 처리해도 모두 정답이다.

2　　**Address:** 1412 Cedar Road, **2** .... Valley

해설 주소에서 마지막 '지역 이름'을 받아 쓰는 문제이다. 영문 주소는 [번지 – 도로명 – 시 또는 구의 이름] 순서로 표기한다. 일반명사들이 특정 지역의 이름으로 사용될 때가 있는데 반드시 첫 문자는 대문자로 처리해야 한다. 정답은 '동쪽'을 의미하는 east이지만 반드시 첫 문자 E는 대문자로 처리해야 한다. 정답은 East이다.

3　　**Phone number: 3** ....
　　　　only available evenings

해설 '전화번호'를 받아 적는 단순 정보 받아쓰기 문제이다. double five만 잘 듣고 체크한다면 충분히 맞출 수 있는 문제이다. 답지에 옮겨 적을 때 부적절한 띄어쓰기 또는 하이픈(–)의 사용만 피하자. 모든 숫자를 다 붙여서 작성하면 아무 문제없다. 정답은 2195527350이다.

4   **Year house was built: 4** ....

해설 특정 '연도'를 적는 단순 정보 받아쓰기 문제이다. 위의 3번처럼 전화번호의 경우에는 오답 함정을 줘서 헷갈리게 하는 경우가 드물지만, 대부분의 수치 정보들은 오답 함정이 함께 제시된다는 사실을 잊지 말고 대비하자. 여자의 집이 언제 지어졌는지 남자가 알 수는 없으므로 여자가 언급하는 것이 정답이 된다. 남자는 정확한 연도가 아니라 '연대'를 이야기하지만 여자는 정확한 '연도'를 이야기한다. 오답은 1940, 정답은 1959이다. 연도를 발음할 때에는 앞의 두 숫자와 뒤의 두 숫자를 함께 읽는다. 가령, 1940년은 nineteen forty로, 1959년은 nineteen fifty-nine 으로 읽는다. 이렇듯 두 숫자를 함께 읽는 방식도 꼭 기억하자.

Questions 5–10

5   **List of repairs:**
- replace the broken **5** .... damaged by storm

해설 수리에 대한 '상세 정보'를 메모해야 하는 문제이다. 빈칸 주변 정보들을 정확히 해석하여 형태와 내용을 적극적으로 예측해야 한다. 폭풍으로 망가진 것이라고 제시되어 있으므로 집 내부보다 집 외부에 있는 것임을 예측할 수 있다. 실제 내용상에는 a few pieces broke off라고 했지만 빈칸에 pieces가 들어가면 무엇이 망가졌는지 불분명해서 메모만으로 의미 전달이 불가능하다. 따라서 적절한 정답은 전체 울타리를 의미하는 단수형 fence이다. 여러 개의 울타리들을 이야기하는 것이 아니라 집을 전체적으로 둘러싸고 있는 울타리 전체를 의미하므로 복수형은 부적절하다. 실제로 갈라진 것은 그 중 몇 조각들이지만 정답은 fence가 맞다.

6   - fix on the **6** .... which is difficult to open

해설 수리에 대한 '상세 정보'를 메모해야 하는 문제이다. 열기 힘들다고 제시되어 있으므로 '어딘가의 문'일 것이라고 예측할 수 있다. 실제 Recording상에는 문이 아니라 창문이라고 했으나 빈칸에 window만 메모하면 '어디에 있는 창문'을 고쳐야 하는지 알 수 없으므로 반드시 bathroom까지 복합 명사 표현으로 적어야 한다. 정보 배열 순서를 이용한 문제로 정확한 정답은 bathroom window 뿐이다. 지시사항에 NO MORE THAN TWO WORDS 라고 되어 있던 것을 절대 잊지 말자.

7   - trim bushes around the **7** ....

해설 수리에 대한 '상세 정보'를 메모해야 하는 문제이다. 빈칸 앞에 덤불이 제시되어 있으므로 '정원' 주변의 덤불, '마당' 주변의 덤불, '울타리' 주변의 덤불 등의 내용을 예측할 수 있다. 성, 주소, 연락처 등과 같이 단순 정보를 받아쓰는 문제가 아니므로 반드시 빈칸을 먼저 예측하고 관련된 실마리들을 옆에 메모하는 습관을 들여야 한다. 흐름을 따라가며 back garden과 footpath를 모두 메모한 뒤 작업이 필요하다고 하는 곳에 동그라미를 치거나 정답이라는 표시를 하면서 듣는다. 빈칸 앞 around와 유사한 표현인 along 뒤에 언급된 footpath가 정답이다. 생소한 단어였다면 이번 기회에 꼭 외워두자.

8   **Appointment day: 8** ....

해설 수리 작업을 할 '요일'을 묻는 문제이다. 최종적으로 의견 조율이 될 때까지 두 사람이 의견을 주고 받는 옥신각신 패턴을 집중해서 꼭 잘 따라가야 한다. 여자가 Monday와 Wednesday를 제안하지만 남자와의 시간이 맞지 않고, Saturday는 여자가 안 된다고 하니 마지막에 언급된 Sunday가 정답이다.

9   **Appointment time: 9** ....

해설 수리 작업을 할 '시간'을 묻는 문제이다. 이 문제는 일반적인 패턴과 다소 다른 점이 있다. IELTS Listening 문제에서 간혹 이렇게 직접적으로 답을 주는 것이 아니라 간접적으로 답을 의미하는 실마리를 주는 경우가 있으므로 주의를 하는 것이 좋다. 여자가 옵션을 준 후 남자가 최종적으로 결정을 한다. 여자는 오전 10시 또는 오후 2시를 제안하고 남자가 earlier라는 실마리를 주면서 최종적으로 약속 시간은 10시로 결정된다. 뒤에 in the morning을 의미하는 시간의 단위 am은 메모하지 않아도 상관없으며, ten이라고 적는 것은 메모상 부자연스럽다. 10, 10 am, 10.00, 10:00 모두 정답이다.

10   **Notes:**
       • enter through the **10** ....

해설 알아 두어야 할 '비고 사항'을 묻는 문제이다. 이 문제에서 가장 중요했던 표현은 바로 the other one이다. the other는 둘 중에 '나머지 하나'를 지칭할 때 사용하는 표현이다. front gate와 side gate를 the front one과 the other one으로 보통대명사 one을 이용하여 다시 의미를 받아 주었다. enter through the other one이라고 했으니 후에 언급했던 측문을 통해 작업자가 들어와야 한다. 정답은 side gate이다.

Questions 11–20

영국 🎧 AT2-02

Part 2. You will hear a woman giving a talk to some visitors to a national park.	파트 2. 한 여성이 한 국립공원을 방문한 사람들에게 이야기하는 것을 듣게 됩니다.

W: Good morning. Welcome to South Downs National Park. It's always nice to meet people who are as passionate about the local environment as we are. As you may know, there are a wide range of plants and wildlife unique to this part of the country. It's my pleasure to tell you about some of what you'll find. Let me begin by giving you a brief introduction to South Downs National Park.

South Downs became a national park in 2010, making it the newest national park in all of the UK. The park is 140km long, but just 10km wide. The area spanning from Portsmouth to Brighton has some of the most distinctive natural habitats with many different plants native to the UK.

⓫ Before going further, I'd like to tell you that all visitors are given free entry to the park. And for enquiries, please contact our office whenever you like. We're open 24 hours a day, 365 days a year.

⓬ Now, one of the most popular spots in the park is Seven Sisters, which is well-known for its one-of-a-kind trails. Originally, it was open every day, but unfortunately due to safety concerns, access is now

여: 안녕하세요. 사우스 다운즈 국립공원에 오신 것을 환영합니다. 저희만큼 지역 환경에 관심이 많으신 분들을 맞이하는 것은 늘 좋은 일인 것 같아요. 아시는 것과 같이, 여기에는 이 지역의 고유한 식물들과 야생동물들이 다양하게 있습니다. 곧 만나보실 것들에 대해서 말씀드리게 되어 기쁩니다. 먼저 사우스 다운즈 국립공원에 대해 짧게 소개해 드리도록 하겠습니다.

사우스 다운즈는 2010년에 국립공원이 되었으며 영국의 모든 지역을 통틀어 가장 최신에 만들어진 국립공원입니다. 공원은 길이가 140km이지만 너비는 10km밖에 되지 않습니다. 포츠머스에서 브라이튼에 걸쳐서 지어진 이곳에는 영국의 다양한 자생식물들이 사는 가장 독특한 자연 서식지들 중 몇몇이 있습니다.

⓫ 다음 이야기로 이어가기 전에, 저희 공원의 입장은 모두에게 무료인 것을 알려 드리고 싶습니다. 그리고 어떤 문의든 언제든지 사무실로 연락 주세요. 저희 사무실은 1년 365일 24시간 운영합니다.

⓬ 자, 저희 공원에서 가장 인기가 많은 장소들 중 하나는 세븐 시스터즈라는 곳인데요. 이곳은 독특한 둘레길들로 유명합니다. 원래는, 매일 이용이 가능했지

prohibited without a guide. I would strongly urge you to come back to South Downs on a Saturday or Sunday between 10 am and 5 pm and join one of the hourly walking tours in order to see this fine attraction.

⓭ Then, there is Starkey Commons. Starkey has a beach-front tower, offering a great place to watch the sunrise and sunset, with a view of Pine Island. It is 60 m tall and was built by a member of the local community almost 100 years ago. The rock used to build the tower is considered to be some of the finest quality in the entire country. The tower is accessible only from 6 am to 10 pm, but the Commons is open 24 hours a day.

Another very pleasant place is the Exhibition Centre, which is especially popular among history lovers. ⓮ The main feature in the centre is a replica of the garden of Hestercombe in Somerset. We are very proud of this exhibit, as it helps visitors learn more about how the area has changed over the centuries, as well as the range of plant and animal life it has supported. But due to the high demand, this centre is only open to the public on a limited basis, and ⓯ advance booking is required. If you would like access to the Exhibition Centre, I advise that you phone one of our park rangers to book a date.

Lastly, I'd like to tell you about Anderson Memorial Park, the new multipurpose community area that we opened last year. Although it's about a 15-minute drive from here, it's worth visiting. The map we have here doesn't do the park justice, but as you can see from the pictures in the pamphlet, the area is a very well-maintained piece of property. As you'll notice here, there are picnic tables with plenty of seats available in the southwestern corner of the park. ⓰ The Botanical Garden is just east of the picnic area, connected to the south walkway. This part of the park gets very crowded in spring, because it offers a great place to relax.

To accommodate more visitors with pets, we've recently added a dog park. ⓱ If you look at the map, you'll see it is located across from the pool, in the northwestern section of the park. When there are many dogs, we put up a fence to separate the area into separate halves for large and small dogs.

If you're looking for something fun for the kids, ⓲ visit

만, 공교롭게도 안전문제 때문에 가이드가 없이 접근하는 것이 현재는 금지되어 있습니다. 토요일이나 일요일 오전 10시에서 오후 5시 사이에 꼭 사우스 다운즈를 다시 방문하시어 1시간짜리 산책투어를 통해서 이 멋진 둘레길을 즐기시기를 강력하게 추천합니다.

⓭ 다음은, 스타키 공유지입니다. 스타키에는 해변을 마주하고 있는 타워가 있는데요, 파인섬의 전망과 함께 일출과 일몰을 즐길 수 있는 멋진 곳입니다. 높이는 60미터이고 거의 100년 전쯤에 이 지역 단체의 한 멤버가 지은 타워입니다. 이 타워를 지을 때 사용했던 돌은 이 나라 전체에서 가장 질이 좋은 돌이라고 합니다. 타워는 오전 6시부터 저녁 10시까지만 운영하지만, 공유지는 하루 24시간 운영됩니다.

또 하나의 정말 멋진 장소는 전시 센터입니다. 이곳은 역사를 사랑하는 분들 사이에서 특히 인기가 많은 곳이지요. ⓮ 이 센터의 주요 특징은 바로 서머셋에 있는 헤스터쿰 정원의 모형입니다. 방문객들에게 이 지역이 수세기에 걸쳐 어떻게 변화해 왔는지, 그리고 이 지역이 보호해 온 다양한 식물과 야생동물들을 보여주는 이 전시물에 대해 우리는 매우 자랑스럽게 생각하고 있습니다. 하지만 높은 수요로 인해 이 센터는 제한적인 조건하에 개방합니다. 그러니 ⓯ 사전 예약은 필수겠죠. 만약 이 전시 센터를 이용하고 싶으시다면, 공원 관리자에게 전화를 하셔서 날짜를 예약하시기 바랍니다.

마지막으로, 앤더슨 기념공원에 대해 말씀드리겠습니다. 그곳은 작년에 새로 개원한 다목적 활동 공원입니다. 여기 공원에서 15분 정도 차로 이동하시면 되는데요, 가 볼만한 곳입니다. 여기 보이시는 지도는 공원 전체를 완전히 다 보여주지는 못하지만 팜플렛에 있는 사진을 보시면 그 지역이 아주 잘 관리된 곳이라는 것을 알 수 있습니다. 여기 보이시는 것과 같이 공원의 남서쪽 코너에는 앉을 자리가 충분한 피크닉 테이블이 있습니다. ⓰ 식물 정원은 피크닉 장소의 동쪽에 있는데요, 남쪽 통로와 연결이 되어 있어요. 이 부분은 쉴 수 있는 최상의 공간을 제공하기 때문에 특히 봄에 방문객들로 붐빈답니다.

반려동물을 동반하시는 방문객들을 더 수용하기 위하여, 저희는 최근에 강아지 공원을 증설하였습니다. ⓱ 지도를 보시면, 강아지 공원은 수영장 맞은편에 공원의 북서쪽 구역에 위치해 있습니다. 강아지들이 많이 있으면, 저희가 그 공간을 반으로 분할하여 대형과 소형견들을 분리시킬 수 있도록 울타리를 설치합니다.

the activity zone; it's the circular area on the map where the park's main paths intersect.

Finally, if you think you're too old for the activity zone but fancy a game of golf, ❶❾ you'll find the course to the west of the park in the area surrounded by trees. Equipment is available for short-term hire in the Sports Centre. And after you return your equipment, you can stop by our café to grab a bite to eat. ❷⓿ It's right next door, between the Centre and the pavilion.

Does anyone have questions? Please don't hesitate to ask..

만약 아이들을 위한 재밌거리를 찾고 계시다면, ❶❽ 액티비티 존을 방문해 보세요. 이곳은 공원의 주 경로들이 교차하는 곳에 위치한 원형의 장소입니다.

마지막으로, 만약 액티비티 존보다 골프 경기가 더 흥미로운 연배라면, ❶❾ 공원의 서쪽에 나무들로 둘러싸인 곳에 골프장을 찾으실 수 있을 겁니다. 장비들은 스포츠 센터에서 단기 대여가 가능합니다. 그리고 장비를 반납하실 때 카페에 들러서 식사도 즐기실 수 있습니다. ❷⓿ 카페는 바로 옆에 있는데요, 스포츠 센터와 정자 사이에 있습니다.

질문이 있는 분들이 계시나요? 주저하지 마시고...

어휘 passionate [adj] 열정적인   a wide range of 다양한   brief [adj] 간략한, 간단한   newest [adj] 최신의   distinctive [adj] 독특한   natural habitat 자연 서식지   enquiry [n] 문의   be well-known for ~로 유명한   one-of-a-kind [adj] 고유한   prohibit [v] 금지시키다   urge [v] 촉구하다, 권장하다   attraction [n] 명소   beach-front [adj] 해변 전망의   finest [adj] 질이 가장 좋은   replica [n] 복제품, 모형   high demand 높은 수요   multipurpose [adj] 다목적의   worth -ing ~할 가치가 있는   do justice ~을 제대로 보여주다, ~을 공정하게 보여주다   pamphlet [n] 책자, 팜플렛   walkway [n] 통로   circular [adj] 원형의   intersect [v] 교차하다   short-term [adj] 단기의   grab a bite 한 입 먹다, 식사하다   pavilion [n] 정자   hesitate [v] 주저하다

Questions 11–15

사우스 다운즈 국립공원

- 2010년 개원
- 자생 식물들을 위한 좋은 자연 환경 제공
- 모든 방문객들에게 **11** .... 제공

공공 용지들과 시설들
- **세븐 시스터즈**
  - 독특한 **12** .... 로 유명함
  - 주말에 산책 투어를 제공함

- **스타키 공유지**
  - 한 섬을 내려다볼 수 있는 **13** .... 가 있음

- **전시 센터**
  - 한 **14** .... 의 복제품을 특징으로 함
  - 사전에 **15** .... 한 방문객들에게만 오픈함

---

11   • gives **11** .... to all visitors

해설 이 국립공원에서 '모든 방문객들에게 제공하는 것이 무엇인지'를 묻는 문제이다. IELTS Listening의 모든 파트들에는 빈칸을 채우는 주관식 문제가 등장하니 Part 2에서도 연습을 해 두어야 한다. 빈칸 앞에 있는 give를 보고 반대 의미를 가진 take나 receive, 또는 be given으로 Paraphrasing되어 나올 수 있음을 예측할 수 있다. 따라서 '무료 입장'이라는 의미의 free entry가 정답이다. 실제 정기시험에서 주관식 문제의 정답으로 나온 적이 있는 표현이므로 꼭 외워두자.

12   • **Seven Sisters**
          - is famous for having unique **12** ....

해설 공원 안에 있는 세븐 시스터즈라는 곳이 '무엇으로 유명한지'를 묻는 문제이다. be famous for는 be well-known for로 Paraphrasing되어 나오는 경우가 많다. 가령, 'a famous _____'이 문제지에 나오면 Recording 상에는 a well-known actor로 나와 정답이 actor가 된다. 매우 쉽고 단순한 동의어이므로 꼭 기억하자. 빈칸 앞의 unique도 자주 등장하는 Paraphrasing 표현으로, '독특한, 고유한, 특별한 – unique, distinctive, one-of-its-kind, special, uncommon, unusual, rare' 등 동의어와 유의어들을 모두 정리해 두자. one-of-its-kind 다음에 등장했던 둘레길 trails 복수형이 정답이다.

Paraphrasing! famous → well-known / unique → one-of-its-kind

13   • **Starkey Commons**
          - has a **13** .... overlooking an island

해설 공원 안에 있는 한 '공유지에 대한 정보'를 묻는 문제이다. 이곳에 특별한 경치를 즐길 수 있는 '무엇'이 있는지 묻고 있다. overlook이나 look이 문제지에 나올 때 자주 등장하는 유사적 표현들이 있다. 바로 '전망'이나 '경치'를 의미하는 view, landscape, scenery이다. Starkey Commons가 언급된 이후에 어떤 특징을 새롭게 제시하는지 듣고 파악하면 쉽게 맞출 수 있는 문제이다. 주어진 각 장소들마다 한두 가지의 특징들을 가지고 있다. 장소를 설명하는 형용사들은 모두 '훌륭하다, 멋지다, 독특하다, 유일하다, 장관이다' 등 정답의 실마리들만 될 뿐 정답은 아니니 현혹되지 말자. 빈칸에는 명사가 들어가야 하며, 정답은 파인섬의 전망을 가진 tower이다. 두 단어까지 정답 처리가 가능하니 바로 앞에서 들렸던 beach-front(해변 전망의)까지 함께 넣어도 무방하다. 하이픈(–)은 한 단어로 취급된 다는 점을 알아두자. 정답은 tower, beach-front tower이다.

14   • **Exhibition Centre**
          - features a copy of a **14** ....

해설 공원 안의 전시장에 '무엇이 전시되어 있는지'를 묻는 문제이다. 빈칸 앞의 copy는 '복제, 복사, 모사'라는 의미 이고 소주제는 '전시 센터'이다. 전시장에 무언가의 복제물이 전시되어 있다면 복제를 해서라도 보존하고 싶은 매우 중요한 대상일 듯하다. 어려운 고유명사(지역 이름, 정원 이름)들이 등장하여 혼란스러울 수 있지만 헤스터쿰 정원 의 모형이라고 했으므로 정답은 garden이다.

15   - is only open to visitors who **15** .... in advance

해설 이 전시장에 방문하려면 방문객들이 '무엇을 미리 해야 하는지' 묻는 문제이다. 빈칸은 주격 관계 대명사 who 뒤의 동사 자리이다. 선행사 visitors가 복수형이므로 복수 동사형으로 처리해야 한다. 내용 예측도 어렵지 않다. 센 터의 방문객들이 사전에 무엇을 해야 하는지를 유추해 보면 미리 정답까지도 예측할 수 있었던, 난이도가 낮은 문제 이다. 정답은 book이다. Recording상에서 advance booking이 언급되었다고 해서 빈칸에 booking을 넣으면 문 법 오류이다. 끝까지 듣다 보면 book a date라고 언급하니 정답은 들린 그대로 복수동사 book을 적어야 한다.

Questions 16–20

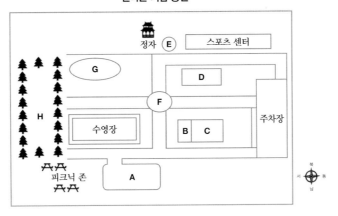

앤더슨 기념 공원

16 식물 정원　　　.................................

17 강아지 공원　　.................................

18 액티비티 존　　.................................

19 골프장　　　　.................................

20 카페　　　　　.................................

16 해설 공원 안에 있는 '식물 정원'을 찾는 문제이다. 지도에 방위 표시가 있을 땐 분명 그에 해당하는 표현들이 나올 것임을 예측할 수 있다. 식물 정원의 위치도 중요하지만 함께 언급한 피크닉 존을 먼저 파악해야 한다. 식물 정원의 위치는 피크닉 장소가 기준이기 때문이다. 이렇게 지도에서 위치를 찾는 문제에서는 늘 집중해서 기준이 되는 주변 지형지물과 연결성 있게 듣는 훈련을 해 두자. 식물 정원은 '피크닉 장소'의 동쪽에, 그리고 통로와 연결이 되어 있다고 하므로 정답은 A이다.

17 해설 '반려견들과 함께 갈 수 있는 공원'을 찾는 문제이다. 강아지 공원이 수영장 맞은편(across from)에 있다고 했는데, 수영장의 맞은편에 한 가지 보기만 있어서 금방 정답을 찾을 수 있다. 또 하나의 실마리인 공원의 북서쪽(northwestern)에 있다고 했으므로 지도에서 수영장의 맞은편에 있으며 공원의 북서쪽에 위치한 곳은 G이므로 정답은 G이다.

18 해설 공원 안에 있는 '액티비티 존'을 찾는 문제이다. 액티비티 존은 circular(원형의) 형태라는 실마리가 제공되지만 보기 G, E 그리고 F가 모두 원형의 형태이기 때문에 정답을 찾기에는 부족하다. 여기서 결정적인 실마리는 intersect로, 지도 중앙에 크게 보이는 사거리를 main paths라고 표현했고 그 main paths가 교차되는 지점에 있는 원형 공간이 아이들을 위한 액티비티 존이라고 했으므로 정답은 F이다.

19 해설 공원 안의 '골프장'을 찾는 문제이다. 골프장은 두 가지 실마리가 주어진다. '공원의 서쪽'에 '나무들로 둘러싸여 있는 곳'에 있다고 했으므로 정답은 H이다. 지도에서 H의 주변처럼 무언가 빙 둘러서 있을 땐 surround 또는 all around라는 표현이 반드시 등장하므로 꼭 기억해 두자.

20 해설 공원 안에 있는 '카페'를 찾는 문제이다. 골프 장비를 대여할 수 있는 스포츠 센터가 실마리가 된다. 카페는 장비를 반납하면서 식사를 즐길 수 있는 장소이며 스포츠 센터 '바로 옆(right next door)'에 있다고 언급되었다. pavilion(정자)이 무엇인지 몰라도 주어진 지형지물들 중 두 가지의 '사이에'를 의미하는 between이 들렸으므로 지도에서 스포츠 센터와 정자 사이에 있는 곳을 찾으면 된다. 정답은 E이다.

Part 3. You will hear two science students discussing their study on an environmental issue.

M: Dana, I think we're ready to begin our environmental study. How do you feel about it?

W: I think it'll go well. I mean, we have a very clearly-defined topic – groundwater contamination around the town of Nopalitos.

M: Yes, and I've already started researching the area so that we'll have sufficient background knowledge.

W: Great. ㉑ Have you been able to find out what types of products and services are produced in Nopalitos?

M: Yes, I've already got plenty of information on that.

W: Nice. So, we can focus on the next step, which is ㉒ taking as much data as possible on what health-related complaints residents are reporting more frequently than in other parts of the country.

M: What sorts of problems should we be looking for specifically?

W: They can be anything from digestive issues to skin or dental problems. We'll compare against the national averages for a variety of issues.

M: Okay. So after that, we'll be ready to start collecting samples and analysing them, won't we?

W: Yes. As you can see on this map, I've identified a number of spots where the locals draw upon underground water supplies, both in Nopalitos and the rural area around it. ㉓ We'll draw water there, just like they do.

M: And then will we be able to perform the analysis right on the spot?

W: Some of it. ㉔ We'll bring hand-held sensing devices that we can use to document the temperatures and the pH levels, you know, how acidic or alkaline the water is, right away. Then we'll bring samples back to our lab in special containers to perform other tests.

M: I imagine we'll want to check the water for bacteria, right?

W: We won't be looking at that in this particular study. But ㉕ we will want to check it for substances such as copper, lead, and mercury.

M: Oh, that's surprising.

W: Well the thing is, we want to look for contaminants that the usual precautions like boiling can't protect against.

M: I suppose that makes sense. So what will we do with the results?

W: It depends. We'll certainly find some toxic chemicals,

파트 3. 두 과학과 학생들이 한 환경 문제에 대한 자신들의 연구에 대해 토론하는 것을 듣게 됩니다.

남: 다나, 내 생각엔 이제 우리의 환경 관련 조사를 시작할 준비가 된 것 같은데. 어때?

여: 내 생각엔 잘 될 것 같아. 일단 노팔리토스시의 지하수 오염문제라는 확실하게 정해진 토픽도 있으니까.

남: 그래. 그리고 난 이미 그 지역에 대한 조사를 시작했어. 그래야 충분한 배경 지식을 갖출 수 있으니까.

여: 좋아. ㉑ 노팔리토스에서 어떤 종류의 상품들과 서비스들이 제공되는지는 찾아 볼 수 있었니?

남: 응. 이미 그 부분에 대한 충분한 정보가 있어.

여: 좋네. 그러면, 다음 단계를 살펴보자. ㉒ 다른 지역들에 비해서 노팔리토스 지역 주민들이 어떤 건강에 관련된 불평을 더 자주 호소하는지에 대한 가능한 한 많은 자료들이 필요해.

남: 구체적으로 어떤 문제들을 살펴봐야 한다는 거니?

여: 소화 문제부터 피부나 치과 문제까지 뭐든 될 수 있지. 다양한 문제들을 전국 평균과 비교해야 할 거야.

남: 그래. 그런 다음에, 샘플을 모아서 분석하기 시작해야겠지. 그렇지 않니?

여: 그래. 이 지도를 보면 알겠지만, 노팔리토스시 뿐 아니라 주변의 시골지역들을 포함해서, 주민들이 지하수 공급에 의존하는 많은 지역들을 내가 표시해 뒀어. ㉓ 주민들이 그러는 것처럼 우리도 거기서 물을 퍼 와야 할 거야.

남: 그런 다음 그 현장에서 바로 분석을 할 수 있을 것 같니?

여: 어느 정도는. ㉔ 소형 검출 장비를 가져가서 물의 온도와 pH 레벨을 기록할 거야. 그러니까, 물이 어느 정도로 산성인지 알칼리성인지 바로 기록할 수 있어. 그리고 나서 다른 테스트들을 위해서 그 샘플들을 특수 용기에 담아서 실험실로 가지고 와야지.

남: 그리고 물 속에 세균이 있는지 확인을 해야 하겠지?

여: 이번 연구에서는 그건 살펴보지 않을 거야. 하지만 ㉕ 구리나 납, 그리고 수은과 같은 물질들은 확인을 해야 할 거야.

남: 오, 그건 생각지 못했네.

여: 음, 우리가 알아보고자 하는 것은 끓이는 것과 같은 보편적인 예방책으로는 해결할 수 없는 오염물질들이지.

남: 그래. 그게 더 말이 되는 것 같아. 그러면 그 결과를 가지고 뭘 해야 하지?

여: 상황에 따라 다르지. 확실히 독성이 있는 화학물질들을 찾겠지만 만약 너무 소량이라면, 이미 예상했던 부분이고 ㉖ 하지만 만약 주정부에서 지정한 최

but if they are in small amounts, that's to be expected. ㉖ However, if they exceed the recommended maximum quantities set by the state authorities, we'll want to make sure that we call attention to the problem.

M: Assuming that's the case, let's also plan to make recommendations for how to handle the situation.

W: Yes, of course, we need to propose specific solutions if the water supplies turn out to be unsafe as we suspect.

M: So, what are the top risk factors for Nopalitos? Are people disposing of waste improperly by burying it?

W: Authorities have prevented that. Also, the number of cars and trucks in the area isn't excessive.

M: That's good. ㉗ But surely that new copper mine on the edge of town is a concern.

W: ㉗ Yes, absolutely. I'm afraid that could have a serious impact.

M: I've read that some states have been setting up groundwater treatment plants to counteract the effects of pollution. I wonder if that could be an option for Nopalitos as well.

W: I think it's something to consider. I know the state government has been making it much easier to get permission to build that kind of facility.

M: Yes, that's true, ㉘ although as always, the question will most probably be where the funding will come from to build it.

W: ㉘ I have no doubt about that. But if they can find a way, I believe it will benefit Nopalitos a lot.

M: Well, among other things, it will be one more source of employment for the town.

W: That's certainly helpful. From what I've heard, the place developed quickly back in the 1980s when a large factory opened there. ㉙ But recently, its standard of living has fallen behind other towns in the vicinity.

M: Yes, so it surely wouldn't hurt to create more jobs.

W: Now back on the topic of groundwater, we might also want to look at leakage from storage tanks.

M: Yes, from the pictures I've seen, it looks like almost every building in the town has one, and a lot of them are old and in bad condition.

W: Is there some way to reduce the numbers?

M: Probably not - they need the tanks for a variety of activities. ㉚ But it would be reasonable to require an annual certification, to make sure that they are in good working order.

고 권고량을 초과한다면, 반드시 그 문제에 대한 경각심을 강조해야 할 거야.

남: 우리가 그런 경우라고 가정하고, 어떻게 그 상황을 해결할 수 있을지에 대해서도 권고안을 짜 보자.

여: 그래, 물론이지. 만약 지하수 공급이 우리가 의심했던 것처럼 안전하지 못한 경우라면 구체적인 해결책도 제안해야 할 거야.

남: 노팔리토스시에서 가장 큰 위험 요인들이 뭐지? 사람들이 부적절하게 폐기물들을 묻어서 버리고 있나?

여: 당국에서는 그것을 예방해 왔어. 또한, 그 지역의 자동차와 트럭의 수도 그리 많지 않고.

남: 다행이네. ㉗ 그렇지만 확실히 시의 끝자락에 새로 생긴 구리 광산이 걱정이긴 하지.

여: ㉗ 그래, 정말이야. 그게 심각한 영향을 미칠 수 있을 것 같아.

남: 내가 어디서 읽은 적이 있는데, 다른 주에서는 오염의 영향에 대응하기 위해서 지하수 처리장을 세웠다고 하더라고. 노팔리토스에도 그렇게 할 수 있을지 궁금해.

여: 그것도 고려해 볼 만한 하나의 방법이지. 내가 알기론 주정부가 그런 시설을 만들기 위한 허가를 받는 것을 훨씬 더 쉽게 만들어 오고 있어.

남: 그래, 맞아. ㉘ 하지만 늘 그래왔듯이, 문제는 그런 시설을 짓기 위한 자금이 어디에서 융통되는지에 대한 것일 가능성이 가장 높지.

여: ㉘ 그건 두말할 필요 없지. 하지만 만약 방법을 찾을 수 있다면, 노팔리토스에도 많은 도움이 될 거라고 생각해.

남: 음, 무엇보다 시에 고용처가 하나 더 생기는 거지.

여: 그건 확실히 도움이 되겠다. 내가 듣기로는, 노팔리토스에 1980년대에 큰 공장 하나가 세워졌을 때 지역이 빠르게 성장했다고 해. ㉙ 하지만 최근에는 생활 수준이 인근의 다른 도시들에 비해 뒤처졌다고 하더라고.

남: 그래, 일자리를 많이 창출하는 것은 확실히 나쁜 것은 아니지.

여: 자, 이제 지하수 이야기로 돌아가서, 저장 탱크에서 물이 새는지 알아봐야 할 것 같아.

남: 그래, 내가 사진들을 본 적이 있는데, 거의 모든 건물에 물탱크가 있는데, 대부분 오래됐거나 상태가 안 좋더라고.

여: 물탱크 수를 줄일 수 있는 방법이 있나?

남: 아마 없을 거야 - 여러 가지 활동들을 위해서라도 탱크는 필요해. ㉚ 하지만 물탱크가 잘 작동하는지 확인하기 위한 연간 점검을 요청하는 것은 합당할

W: Right, that would be a step in the right direction. So I guess the next thing we should do is...

수 있어.
여: 그래, 그게 제대로 된 조치일 수 있겠다. 그러면 이제 다음으로 우리가 해야 할 것이...

어휘 clearly-defined [adj] 명확히 규정된 groundwater [n] 지하수 research [v] 조사하다 sufficient [adj] 충분한 health-related [adj] 건강에 관련된 digestive [adj] 소화의 draw upon ~에 의존하다 draw water 물을 퍼올리다 on the spot 현장에서 hand-held [adj] 소형의 sensing device 검출 장비 acidic [adj] 산성의 alkaline [adj] 알카리성의 substance [n] 물질 copper [n] 구리 lead [n] 납 mercury [n] 수은 precaution [n] 예방책 toxic [adj] 독성이 강한 call attention 주의를 환기하다 dispose of ~을 폐기하다, 버리다 improperly [adv] 부적절하게 excessive [adj] 지나친, 과도한 mine [n] 광산 edge [n] 가장자리, 끝 counteract [v] 대응하다 permission [n] 허가 funding [n] 자금 benefit [v] ~에게 득이 되다 employment [n] 고용 vicinity [n] 인근, 부근 leakage [n] 새는 것, 누출 storage [n] 저장 reasonable [adj] 합리적인 certification [n] 증명 working order 정상적으로 작동하는 상태

Questions 21–26

A 우물	B 지표	C 용기	D 광물
E 센서	F 박테리아	G 산업	H 질병

지하수 연구 시행 순서

배경 정보

그 도시가 어떤 종류의 **21** _____ 를 기반으로 하고 있는지 알아낸다.

지역 주민들 사이에서 특이한 **22** _____ 의 발생에 대한 정보를 수집한다.

자료 수집과 분석

그 도시와 주변 시골지역에서 **23** _____ 에 있는 물에 접근한다.

휴대용 **24** _____ 를 이용하여 물의 온도와 pH 레벨을 측정한다.

수집한 샘플 속에 있는 **25** _____ 의 양을 알아낸다.

보고서 작성

정부가 지정한 **26** _____ 를 초과하는 수준의 화학물질에 대해 경고한다.

오염된 지하수의 공급에 대한 적합한 대처 방법을 제시한다.

21 **Background Information**

Discover which sorts of **21** _____ are based in the town.

해설 노팔리토스라는 도시가 '어떤 종류의 이것을 기반으로 하고 있는지' 배경이 되는 정보를 살펴보는 문제이다. 실전 다지기에서 연습했던 flow-chart 문제에 대한 접근법을 상기해 보자. 보기 중에서 골라야 하는 문제들은 대부분 정확한 단어가 아닌 관련 실마리들만 제공하기 때문에 문제지 속 정보를 따라가면서 주요 실마리 표현들이 나올 때마다 메모해야 한다. 주어진 보기들은 Recording에 그대로 등장하지 않으니 주의하자. 먼저 background knowledge

가 들리는 순간부터 긴장하고 따라가며 메모해야 한다. 빈칸 주변에 product 또는 service만 적어 두었다면 빈칸에 적절한 답을 고르는 것에 문제가 없었을 것이다. 정답은 한 도시의 기반이 된 '산업'을 의미하는 G industries이다. 난이도와 문제 유형의 특성 자체를 아주 잘 고려한 좋은 문제였으므로 잘 익혀두자.

22 Collect information on unusual occurrences of **22** .... among the local population.

해설 주민들 사이에서 '어떤 특이한 것이 발생했는지' 묻는 문제이다. 빈칸 앞뒤에 지나치게 많은 정보와 낯선 표현들이 주어지더라도 긴장하지 말고 해석상 필요한 부분만 정확하게 보면 된다. 빈칸 앞의 unusual occurrences나 뒤의 local population은 중요하지 않다. 더 앞의 collect information on에 초점을 맞추고 노팔리토스라는 도시의 주요 산업들에 대해 알아본 후 '무엇'에 대한 정보를 수집한다는 것인지 예측해야 한다. 실마리 표현인 health-related complaints를 메모해 두었다면 정답을 도출하는 것이 크게 어렵지 않았을 것이다. 정답은 건강과 관련된 보기인 H illnesses이다. 청취를 하면서 딱 맞아떨어지는 정답이 들리는 경우는 잘 없으므로 일단 실마리들을 메모해 두고 흐름을 따라가자.

23 **Data Gathering and Analysis**
Access water from **23** .... in the city and surrounding countryside.

해설 노팔리토스와 그 주변 시골지역에서 '물을 가져올 수 있는 곳'을 묻는 문제이다. 사실 이 문제는 다른 문제들에 비해 실마리들이 명확하지 않다. 만약 이렇게 실마리가 명확하지 않은 문제가 나온다면 다른 문제들을 먼저 해결한 후에 남는 보기들 중에서 내용상 가장 말이 되는 것을 정답으로 결정하는 것도 하나의 방법이다. 내용상 draw water (물을 퍼올리다)와 박스 속 보기인 wells(우물) 모두 우리말 의미를 알고 있어야 쉽게 해결할 수 있다. draw의 의미를 모르더라도 wells의 의미를 안다면 지금 이 단계가 '지하수 분석을 위한 샘플을 수집'하는 단계이므로 더 쉽게 정답을 찾을 수 있다. 명사 well은 '우물'이라는 의미가 있으니 미리 알아두자. 정답은 A wells이다.

24 Use portable **24** .... to measure the temperature and pH level of the water.

해설 지하수 샘플을 채취한 이후, '떠 온 물의 온도와 물 속의 pH 농도를 측정하기 위해서 무엇이 필요한지'를 묻는 문제이다. Part 3에서 '조사, 연구'에 대한 이야기가 나올 때 자주 반복되는 표현들을 정리해 두자. 가령, [discover, gather, collect, measure, determine, survey, find out, examine, analyse] 등 무언가를 '조사, 검사, 측정, 분석'하는 등의 이야기는 반복되는 화제이므로 미리 어휘를 공부해 두자. 내용상 빈칸에는 '장비, 기계'와 관련된 어휘가 올 것임을 예측할 수 있다. 보기에서 온도나 농도를 측정할 수 있는 것은 E sensors 뿐이다. Recording상에서 hand-held sensing device를 정확히 듣지 못하더라도 빈칸 앞뒤의 키워드를 통해 내용상 문제를 해결할 수 있다. 정답은 E sensors이다.

25 Determine the quantities of **25** .... in the samples.

해설 샘플 속에서 '무엇의 양을 알아내야 하는지' 묻는 문제이다. 빈칸 앞의 quantities가 '양'이라는 의미이므로 빈칸에 들어갈 만한 보기는 두 개로 추릴 수 있다. 보기 D의 minerals(광물)과 보기 F의 bacteria(세균)이다. 남자가 박테리아 이야기를 하지만 여자의 반응이 부정적이다. 이 연구는 '오염의 정도'보다 '오염의 원인'에 더 초점을 두고 있으므로 지하수를 오염시키는 원인이 되는 물질들을 조사해야 한다. 여자가 언급한 substance가 무슨 의미인지 몰라도, 열거된 실마리 표현들인 [copper, lead and mercury]에서 한 가지의 의미만 알면 정답을 결정할 수 있다. 구리, 납 그리고 수은은 '광물들'이므로 정답은 D minerals이다.

26 **Reporting**

Warn about chemicals that are present in levels above the **26** _____ set by the government.

해설 마지막 단계로, 교수님께 제출해야 하는 '보고서 작성'에 대한 문제이다. 보고서에는 주로 어떤 문제의 심각성을 강조하고 해결책을 제안하는 내용이 가장 보편적이다. 첫 단어들인 Warn과 Suggest만으로 보고서 작성 시 문제를 강조한 후에 해결책에 대한 제안을 할 것이라고 빠르게 판단해야 한다. 빈칸은 뒤에 나오는 set by the government 가 꾸며주는 명사의 자리이다. '정부가 정해 놓은 무엇'보다 더 높은 수준의 화학물질이 지하수 안에 들어 있다면 경고를 해 줘야 한다는 이야기이다. 해석만 잘 해도 박스 속 남은 보기들 중 정답을 결정할 수 있다. 실제 내용상에서 중요한 실마리는 빈칸 앞의 above의 의미를 나타내는 exceed(초과하다)이다. 실마리 메모는 [recommend, maximum] 등을, 이 실마리들을 바탕으로 보기에서는 '권장량, 권고량' 또는 '초과하면 안 되는 최대치'를 나타내는 guidelines를 선택한다. 정답은 B guidelines이다.

Questions 27–30

노팔리토스

27 다나와 스티브가 동의하는 사실은 도시의 수질에 미치는 한 가지 위협이
    A 인근에서 운영 중인 광산 시설이라는 것이다.
    B 그 지역의 차량 통행이 증가했다는 것이다.
    C 사람들이 너무 많은 쓰레기를 매립한다는 것이다.

28 다나와 스티브가 생각하는 지하수 처리장을 만드는 데에 가장 일어날 가능성이 많은 문제는
    A 직원을 고용하는 것이라고 생각한다.
    B 필요한 허가증을 받는 것이라고 생각한다.
    C 건설을 위한 돈을 마련하는 것이라고 생각한다.

29 노팔리토스의 경제에 대해 다나는 무엇이라고 하는가?
    A 주변 지역들보다 탄탄하지 못하다.
    B 생존을 위해 한 가지 활동에 너무 의존한다.
    C 현재 더 빠르게 성장하고 있다.

30 스티브에 따르면, 물탱크로부터 발생하는 오염을 줄일 수 있는 한 가지 방법은
    A 연간 점검을 시행하는 것이다.
    B 한 가구당 하나의 탱크를 소유하도록 제한하는 것이다.
    C 현재 탱크들의 교체 기간을 제한하는 것이다.

27 **해설** 도시 수질에 '위협을 끼치는 것이 무엇인지' 묻는 문제이다. 문제에서 Dana and Steve agree(다나와 스티브가 동의하기를)라고 했으므로 '두 화자가 입을 모아 동의하는 내용'에 집중해야 한다. [옥신각신 패턴 ① 오답 → 오답 → 정답]의 흐름에 따라 [waste → cars and trucks → copper mine]의 순서대로 키워드를 적었다면 금방 해결할 수 있는 가장 난이도가 낮은 옥신각신 패턴 유형이다. 문제 속 agree에 초점을 둔다면 제안하는 사람보다 반응하는 사람의 말에 더 집중해야 한다. 쓰레기를 불법으로 매립하는 것은 당국에서 prevent(예방)해 왔고, 자동차와 트럭들의 수는 not excessive(과하지 않다)라고 했으니 둘 다 오답이다. 마지막 copper mine이 제안된 후 여자가 Yes, absolutely라고 반응했으므로 정답은 광산 이야기가 나온 A a mining facility is operating nearby이다.

28 **해설** 지하수 처리장을 만드는 데에 '예상되는 문제가 무엇인지' 묻는 문제이다. 문제에서 Dana and Steve think (다나와 스티브가 생각하기를)라고 했으므로 두 화자의 '공통 생각'을 묻고 있다. 문제 속 problem이 포인트로, '문제가 되는 것'과 '문제가 되지 않는 것'이 정답과 오답들로 나뉘어 제시된다. 주어진 문제를 제대로 이해한 후, 다음과 같이 전략적으로 메모해야 한다.

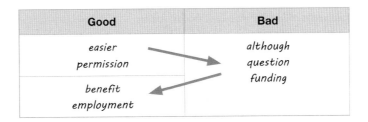

Good	Bad
easier *permission*	*although* *question* *funding*
benefit *employment*	

두 화자의 공통 생각을 묻고 있으므로 두 사람 모두에게서 실마리 표현들을 들을 수 있다. 보기 중 문제가 되는 것으로 두 사람이 모두 걱정하는 것은 funding(자금) 즉, 돈 문제이다. 정답은 C raising money for construction이다.

29 해설 노팔리토스 경제에 대해 '바르게 언급한 것이 무엇인지' 묻는 문제이다. 문제에서 What does Dana say(다나가 무엇이라고 하는가)라고 했으므로 정답의 실마리는 여자에게서 나온다. 노팔리토스의 경제에 대한 여러 정보들 중 가장 크게 다뤄지는 것은 '과거'와 '현재'의 비교이다. 여자는 1980년대에 공장 하나가 문을 열었을 때 빠른 경제 성장을 이루었다고 이야기 한다. 보기 B와 C는 이런 과거 사실에 기반한 내용으로 '시점'이 잘못되었다. 보기에는 모두 현재시제가 주어져 있으므로 현재 상황을 설명하는 정답을 찾아야 한다. 지금 현재의 노팔리토스의 경제 상황은 인근 지역들과 비교해 fall behind 즉, 뒤쳐져 있다고 했으므로 덜 건강한 경제를 의미한 A It is less healthy than neighbouring communities가 정답이다. 보기 B는 Recording에서 공장이 세워지고 그 중심으로 지역 경제가 돌아갔다는 사실에서 특정 산업에 의존했다고 과한 추측을 하지 않도록 주의한다.

30 해설 물탱크에서 발생되는 오염을 '줄일 수 있는 방법'에 대해 묻는 문제이다. 문제에서 According to Steve(스티브에 따르면)라고 했으므로 정답의 실마리는 남자에게서 나온다. 다지선다형 문제에서 화자가 정해져 있는 경우 반드시 보기 세 개 중 하나는 소거할 수 있다는 사실을 기억해야 한다. 여자가 Recording에서 언급하는 reduce the numbers를 의미하는 보기인 B는 확실히 오답으로 소거할 수 있다. 보기 C는 Recording에 나온 annual과 old and in bad condition을 듣고 time, replacement를 추리하게끔 유도한 오답 보기이다. 보기 C는 전혀 언급되지 않은 내용으로 단순히 표현만으로 혼란을 유발하는 오답이니 주의하자. 너무 깊게 생각하지 말고 단순히 annual이 yearly로 Paraphrasing되어 나온 보기 A를 선택하자. certification이 무슨 의미인지 몰라도 [bad condition, good working] 등의 실마리 표현들을 통해 주기적인 점검이 필요할 것임을 유추할 수 있다. 일 년에 한 번씩 점검을 해야 한다고 한 A conduct a yearly inspection이 정답이다.

Questions 31–40

영국 AT2-04

Part 4. You will hear part of a talk about salt.

파트 4. 소금에 대한 이야기의 일부를 듣게 됩니다.

M: For more than 8,000 years, salt has been an essential thread in the fabric of humanity. In one way or another, it has played a part in the rise and fall of virtually every important civilisation in history. Even today, our daily lives are impacted by the history of salt in ways that we might not even recognise. ❸❶ The word 'salad', for instance, is rooted in the word 'salt', due to the early culinary technique whereby salt was used to flavour and preserve greens and other vegetables. The word 'salary', too, originates from 'salt'. ❸❷ In ancient times, salt was extremely valuable and its production was tightly controlled, so it was used in early civilisations as a stable form of currency.

남: 지난 8천여 년 동안, 소금은 인류의 기본 구조의 필수적인 요소가 되어 왔습니다. 어떤 식으로든, 소금은 역사 속 모든 중요한 문명사회의 흥망성쇠에 영향을 미쳐 왔습니다. 심지어 오늘날, 우리의 일상 생활은 미처 눈치채지도 못할 정도로 소금의 역사에 영향을 받고 있습니다. ❸❶ 예를 들어, '샐러드'라는 단어는 '소금'을 어원에 두고 있는데, 이는 소금이 녹색 채소들의 맛을 내고 상태를 보존하기 위해 사용되었던 초창기의 요리법 때문에 생긴 말입니다. '샐러리'라는 단어 또한 '소금'에 그 어원을 두고 있습니다. ❸❷ 고대 시대의 소금은 매우 가치가 있었고 그 생산은 엄격하게 통제되었으며, 소금은 초기 문명사회에서 주요 화폐로서 사용되었습니다.

The first appearance of salt in recorded history dates back to 2700 BC, when a Chinese scholar published the earliest known dissertation on pharmacology. ❸❸ More than 40 varieties of salt were discussed in this document, and there were detailed descriptions of two salt extraction methods that are impressively similar to those in use today. The production of salt has been an important element of the Chinese economy for over two thousand years, especially as the government realised that taxing salt could be a valuable source of tax revenue. It wasn't long before the methods employed by the Chinese spread westward and were adopted by other cultures in Europe and Africa.

Economically, salt had crucial importance throughout history. ❸❹ Labour markets in ancient Greece gave rise to the common expression, 'not worth his salt', as payments were often made using salt. In the Roman military, salt rations were also a major part of a soldier's regular pay. For thousands of years, salt was one of the most common commodities carried by explorers in nearly every corner of the globe.

In religious terms, salt often equates to innocence, and it was an important part of Christian and Jewish purification ceremonies. ❸❺ The Christian Bible references salt more than 30 times, including the common expression 'salt of the earth'. In Jewish tradition, the salting of meat and fish for preservation was one of the fundamental laws governing the hygienic distribution and consumption of food.

Salt has played a role in many political events and movements as well. ❸❻ In the 18th century, members of the French royalty developed a monopoly on salt, selling exclusive production rights to just a few individuals. Unfortunately, these individuals exploited their power, and eventually the scarcity of salt became one of the factors leading to the French Revolution. In India, too, British restrictions on salt production led to popular discontent. ❸❼ Mahatma Gandhi harnessed this public anger against the British Government to mobilise the people in an effort to gain self-rule for India.

More than half of salt production today occurs in one of four countries: China, the United States, India, and Germany. ❸❽ Only 6 per cent of manufactured salt is used for human consumption, as compared to 12 per cent used for water conditioning and 8 for de-icing

기록된 역사 속에서 소금의 첫 등장은 기원전 2700년으로 거슬러 올라갑니다. 당시 한 중국의 학자가 가장 최초라고 알려진 약리학 논문을 편찬했습니다. ❸❸ 이 문서에 40여 종 이상의 소금의 종류들이 논의되어 있었으며, 오늘날 사용되는 방식과 놀랍게도 흡사한 두 가지의 염추출법들에 대한 상세한 설명이 있었습니다. 소금의 생산은 2천 년 이상에 걸쳐 중국 경제의 중요한 요소가 되어 왔습니다. 특히 중국 정부는 소금에 세금을 부과하는 것이 세수입의 훌륭한 원천이 될 수 있다는 사실을 깨달았습니다. 이후에 머지 않아 중국이 사용했던 염추출법들이 서방으로 퍼지기 시작했고, 유럽과 아프리카의 다른 문명사회들도 그 추출법들을 적용하게 되었습니다.

경제적으로, 소금은 역사 전반에서 큰 중요성을 가집니다. ❸❹ 고대 그리스의 노동 시장에서는 소금으로 종종 임금지불을 했었는데, 그로 인해 흔하게 사용되는, '소금 값 못한다'라는 표현이 생기게 됐죠. 로마 군대에서는, 소금 배급이 군인들의 기본급의 주요 부분을 차지했습니다. 수천 년 동안, 소금은 지구 상의 거의 모든 곳에서 탐험가들이 지니고 다녔던 가장 흔한 물품들 중 하나였습니다.

종교 용어들 속에서, 소금은 종종 결백과 같은 의미이며 기독교와 유대교의 정화의식의 중요한 한 부분을 차지했습니다. ❸❺ 기독교 성경은 '세상의 소금 (선량하고 훌륭한 사람)'이라는 표현을 포함하여, 30번 이상 소금을 언급합니다. 유대인의 전통에서, 육류와 생선의 보존을 위하여 염장을 하는 것은 음식의 위생적 유통과 섭취를 관장하는 기본적인 법들 중 하나였습니다.

소금은 많은 정치적인 사건들과 운동들에서 또한 중요한 역할을 해 왔습니다. ❸❻ 18세기에, 프랑스 귀족의 일원들이 단 몇몇 개인들에게 광범위한 생산권을 팔면서, 소금에 대한 독점을 시작했습니다. 공교롭게도, 이 개인들은 그들의 권력을 이용하였고 결국 소금의 부족 현상이 프랑스 혁명을 일으킨 요인들 중 하나가 되었습니다. 인도에서도 소금 생산에 대한 영국의 제제들이 대중적인 불만을 초래했죠. ❸❼ 마하트마 간디는 영국 정부에 대한 이런 대중적인 분노를 이용해 인도의 자치권을 얻어낼 수 있도록 사람들을 집결시켰습니다.

오늘날 소금 생산의 절반 이상이 중국, 미국, 인도 그리고 독일, 이 네 나라들 중 한 군데에서 이루어집니다. ❸❽ 인간은 제조된 소금의 단 6퍼센트만을 소비하는데, 이는 급수 처리를 위해 사용되는 12퍼센트와 고속도로의 제빙을 위해 사용되는 8퍼센트와

highways.	비교됩니다.

The vast majority of edible salt is produced by two methods. The first, vacuum evaporation, produces the purest type of salt, consisting of nearly 100 per cent sodium chloride. A shaft is first dug to reach evaporated salt deposits deep underground.

섭취 가능한 소금의 대부분은 두 가지 방식으로 생산됩니다. 그 첫 번째는 진공 증발 탈수법으로, 거의 100퍼센트 염화나트륨으로 구성된 가장 순수한 형태의 소금을 만들어 냅니다. 먼저 땅 밑으로 깊게 수직 통로를 파서 만들어 아래에 침전된 소금에 접근합니다.

㊴ Fresh water is pumped through this shaft, and the water combines with the salt. The saturated water, known as brine, is then pumped back to the surface, where the water evaporates and the pure salt is left behind.

㊴ 이 통로를 통해 민물을 퍼올리고 그 물을 소금과 섞습니다. 이렇게 브라인이라는 소금물로 알려진 포화 수분은 표면으로 다시 끌어 올려 지는데, 이곳에서 물이 다시 증발되고 순수한 소금만 남게 되는 것이죠.

㊵ The second method, called solar evaporation, yields salt that is of lower quality but much less expensive to produce. Water from the sea is collected in shallow water beds near the shore. As time passes, the sun and wind cause the water to evaporate, leaving behind a layer of salt that is collected and filtered.

㊵ 두 번째 방법은 태양열 증발법이라고 하는데 소금의 질은 더 낮지만 생산 비용은 훨씬 더 적게 듭니다. 바다에서 해변의 얕은 저수부 지역으로 물을 끌어 옵니다. 시간이 지나며, 태양과 바람이 그 물을 증발하게 만들고 모아지고 걸러진 소금층이 남게 되는 것이죠.

어휘 thread n 줄기, 가닥 fabric n 섬유, 구조 humanity n 인류 rise and fall 흥망성쇠 civilisation n 문명 root v 뿌리를 내리다 culinary adj 요리의 preserve v 보존하다 originate v 유래하다 stable adj 안정된 currency n 통화, 화폐 date back 거슬러 가다 publish v 출판하다 dissertation n 논문 pharmacology n 약리학 description n 기술, 설명 extraction n 추출(법) tax v 세금을 부과하다 tax revenue 세수(입) westward adv 서쪽으로 adopt v 적용하다, 채택하다 labour market 노동 시장 give rise to ~을 발생시키다 military n 군대 regular pay 기본급 commodity n 물품 equate v 동일시하다 reference v 언급하다 preservation n 보존 govern v 다스리다 hygienic adj 위생적인 distribution n 유통 consumption n 섭취 political adj 정치적인 exclusive adj 광범위한 exploit v 이용하다 scarcity n 부족, 결핍 restriction n 제제 discontent n 불만 harness v 이용하다 anger n 화, 분노 mobilise v 집결시키다 self-rule n 자치 water conditioning 급수 처리 de-ice v 제빙하다 edible adj 먹을 수 있는 vacuum n 진공 evaporation n 증발 deposit n 침전물 shaft n 통로 saturated adj 포화된 brine n (식품 저장용) 소금물 yield v 생산하다 shallow adj 얕은 bed n (강바닥 등의) 바닥

Questions 31–33

31 ....라는 단어는 조리법에 근거하여 '소금'에서 유래되었다.

32 고대 사회에서 소금은 변하지 않는 가치로 ....로서 사용되었다.

33 한 중국 문서에 소금 ....에 대한 두 가지 방법들이 기술되어 있다.

31 The word .... came from 'salt', based on a food preparation method.

해설 소금에서 '유래된 단어가 무엇인지' 묻는 문제이다. 문장 완성형(Sentence Completion) 문제 유형은 기존의 노트 완성형(Note Completion) 문제 유형과 크게 다르지 않다. 준비하지 않고 기다리기만 하면 정답을 파악하기 어려우니 빈칸의 형태와 내용을 미리 빠르게 예측해야 한다. 대부분 빈칸의 자리는 '주요 명사'의 자리이므로 형태 예측은 간단하다. '어떤 단어'가 소금이라는 단어로부터 유래한 단어인지 파악해야 하는데, 내용상에서는 두 개의 단어

가 주어진다. 먼저 언급된 salad와 다음으로 언급된 salary 둘 다 소금에 어원을 두고 있다. 그러나 빈칸 바로 뒤에 '조리법'에 근거했다고 했으니 culinary, technique 등의 실마리 표현들을 듣고 'method = technique'을 눈치챘다면 처음 언급된 salad가 정답이라는 것을 알 수 있다. 뒤에 언급된 salary는 salt라는 단어에 어원을 두고 있지만 별다른 이유가 언급되지 않았으니 정답이 될 수 없다. 정답은 salad이다. 이 단어 자체에 대한 이야기이므로 단수나 복수 표기를 따로 하지 않는다.

32   Ancient cultures used salt as .... with value that remained steady.

해설 고대 문명사회들 속에서 '소금의 역할이 무엇이었는지'를 묻는 문제이다. as는 전치사로 사용되면 '~로서'라는 의미로, 그 대상의 '역할, 신분, 정체'에 대한 정보를 동반한다. 고대 시대와 관련된 내용이 나올 때 silk(실크), grain (곡물) 그리고 salt(소금) 등이 언급되면 십중팔구는 그 당시 물물교류의 가장 가치 있는 수단으로서 '돈, 화폐'와 같은 역할을 했다고 보면 된다. 이는 단지 영어 실력만으로 해결하는 부분이 아니라 많은 문제들과 IELTS Reading 지문들을 풀면서 체득할 수 있는 시험 지문의 레퍼토리이다. 미리 알고 있으면 이와 비슷한 배경의 역사적인 이야기가 주어졌을 때 내용 유추가 용이해지므로 꼭 기억하자. 문장의 마지막에 강조하여 언급한 currency가 정답이다. 이는 money를 의미하므로 단수형이 맞다.

33   A Chinese document described two methods of salt ....

해설 중국 문서에 '소금에 대한 무엇이 기술돼 있는지' 묻는 문제이다. IELTS Listening 주관식 문제에 자주 등장하는 '_____ methods → methods of _____' 유형의 정보 배열 변경 문제이다. 이렇게 앞뒤 단어의 배열이 바뀌어 있는 경우에는 듣고 난 직후에 바로 메모해야 놓치지 않고 정답을 찾을 수 있다.
정보 배열 변경의 예를 들자면,

Recording에서 들린 표현		문제지에 나온 표현
farming methods	→	methods of .... (농경 방식)
teaching methods[techniques]		methods of .... (교육 방식)
logging methods		methods of .... (벌목 방식)

이렇게 다양한 경우로 등장한다. 이번 문제 역시 salt extraction methods가 methods of salt _____으로 제시되어 있으므로 정답은 '추출'을 의미하는 extraction이다. 추출하는 행위 자체를 의미하므로 단수가 맞다.

Questions 34–37

소금의 역사적 중요성

사회적 영역	문화	용도
경제 부문	그리스 문화	그리스의 **34** .... 에서 임금으로 소금이 사용되었다.
	로마 문화	로마 군인들은 수입의 일부로서 소금을 받았다.
종교 부문	기독교 문화	성경에서는 소금이 **35** .... 이상 언급된다.
	유대교 문화	육류와 생선은 유대인들의 지침에 따라 염장되었다.

정치 부문	프랑스 문화	프랑스 왕족들의 소금에 대한 **36** ....이 프랑스 혁명의 원인이 되었다.
	인도 문화	간디는 소금으로 인한 사람들의 분노를 이용해 영국에 대항하여 대중들을 **37** .... 시켰다.

34   Salt was used as payment in the Greek **34** ....

해설 그리스에서 소금이 '임금의 지불 수단으로 사용되었던 곳'을 묻는 문제이다. 33번까지에 해당하는 내용이 마무리된 후 다른 형식의 문제로 '넘어가는' 타이밍을 잡는 것이 가장 중요하다. 미리 타이밍을 잡아주는 신호 키워드 economic(경제)을 연필로 체크해 두어야 한다. 그런 후에 Recording상에서 Economically가 들리면 신속하게 34번 문제로 이동한 상태여야 한다. 더불어 빈칸 정보가 '어디에서'라는 것을 미리 파악해 두면 정답을 쉽게 찾을 수 있는 문제이다. 로마에 관련된 이야기에는 주어진 문제가 없으므로 그리스 관련 이야기 속 주요 표현들을 메모하기에 충분한 시간이 있다. 소금을 임금으로 지불했던 곳은 그리스의 '인력 시장' 또는 '노동 시장'을 의미하는 labour market이 정답이다. labour는 미국식 표기인 labor로 표기해도 무방하며 market은 단수와 복수형태가 뚜렷한 가산명사이지만 빈칸 앞에 the가 표기되어 있으므로 단수인 market도 복수인 markets도 정답이 된다. labour market, labour markets, labor market, labor markets 모두 정답이다.

35   The Bible mentions salt over **35** ....

해설 기독교의 성경책에 '소금이 언급된 횟수'를 묻는 질문이다. 보통 빈칸 앞에 over, approximately, around, about, nearly, more than이 적혀 있으면 빈칸에는 '수치 정보'가 나옴을 예측할 수 있다. 이런 내용적인 파악은 청해력보다 독해력이 중요하다. 눈 앞에 주어진 문제지에 적혀 있는 정보를 신속하게 해석하고 빈칸의 내용을 예측하지 못하면 Recording의 흐름을 따라가는 것도, 정답이 언급된 직후에 '이것이 정답이구나'를 눈치채는 것도 더욱 어려워지기 때문이다. 그러니 음원을 듣기 전에 문제지를 해석하고 빈칸 정보를 예측하는 단계를 훈련하도록 하자. 처음에는 시간이 오래 걸리겠지만 익숙해지면 속도가 붙을 것이다. Recording상에서 들리는 more than 30 times에서 more than이 over와 같은 의미이므로 30 times 또는 thirty times가 정답이다. 시간이 아니라 횟수를 나타내므로 times는 반드시 복수형으로 처리해야 한다. 두 글자까지 처리 가능하므로 thirty times도 정답이다.

36   French royalty's **36** .... on salt helped cause the French Revolution.

해설 소금에 대한 '프랑스 귀족들의 무엇이 프랑스 혁명을 일으킨 원인이었는지'를 묻는 문제이다. 대부분 이렇게 천연 재료로 새로운 물품을 생산하는 내용의 지문에서는 노예(slaves)가 재배와 생산을, 귀족(royalty)은 통치와 지배, 그리고 그렇게 생산된 물품들을 누리는 역할을 한다. 직접 생산을 한 것은 아니나 생산권을 일부 몇몇 개인들에게 부여하여 시장에서 소금에 대한 '독점권'을 가졌을 것으로 예측할 수 있다. 정답은 시장 경제용어 '독점'을 의미하는 monopoly이다. IELTS Listening과 Reading의 필수어휘이니 꼭 외워두자.

37   Gandhi used anger over salt to **37** .... the public against Britain.

해설 간디가 영국의 지배에 대항하여 '대중들을 무엇하기 위해 소금에 대한 사람들의 분노를 이용했는지' 묻는 문제이다. 빈칸 앞의 to와 빈칸 뒤의 목적어 the public을 보고 빈칸은 '타동사의 동사원형' 자리임을 파악할 수 있다. 간디는 잘 알다시피 비폭력주의를 지향했던 인도 해방 운동의 지도자였다. 타이밍을 잡고 집중하면 mobilise와 gain 두 개의 동사가 크게 들렸을 것이다. 둘 중 빈칸 뒤의 the public과 내용 연결이 어색하지 않은 것은 앞의 mobilise

이다. mobile은 '움직이는'이라는 뜻으로, 이 형용사의 동사형태가 바로 mobilise이다. 추리해보면 간다는 소금에 대한 사람들의 불만을 이용하여 사람들을 '집결시켰다, 선동했다, 움직이게 만들었다'라는 의미이므로 '얻다'라는 의미인 gain보다 내용상 적절하다. mobilise가 낯선 표현이었거나 스펠링에서 오류가 나서 틀렸다면 꼭 다시 정리해 두자. 영국식 표기법인 mobilise와 미국식 표기법인 mobilize 둘 다 정답이다.

Questions 38–40

현대의 소금 생산

38 제조된 소금의 가장 적은 비율을 차지하는 것은 무엇인가?
  A 물을 처리하는 데에 사용되는 양
  B 사람들이 섭취하는 양
  C 얼음을 제거하기 위해 도로에 뿌리는 양

39 진공 증발 탈수법에서, 민물을 끌어올린 후에,
  A 민물을 소금과 섞는다.
  B 민물을 지하에 놔둔다.
  C 민물을 수직 통로를 파기 위해 사용한다.

40 태양열 증발법으로 생산된 소금은
  A 해변의 저수부에서 가져온 것이다.
  B 소요되는 시간 때문에 가격이 비싸다.
  C 또 다른 공정 방식으로 생산된 소금에 비해 질이 낮다.

38 **해설** 제조된 소금 중 '가장 적은 비율을 차지하는 것'을 묻는 문제이다. 문제에 the smallest를 보고 보기 세 개가 차지하는 비율이 모두 언급될 것임을 예측할 수 있다. 그렇다면 단순 수치 정보 문제이므로 보기마다 키워드에 동그라미를 쳐 두어 따라가며 수치를 메모하면 쉽게 해결할 수 있는 문제이다. 가령, 보기 A에는 water를, 보기 B에는 human을, 그리고 보기 C에는 ice를 신속하게 체크하고 기다린다. Recording에서 물에 대한 수치 정보는 12, 얼음에 대한 수치 정보는 8, 그리고 인간에 대한 수치 정보는 6이었으므로 생각보다 인간이 섭취하는 양이 다른 영역에서 사용되는 소금 양에 비해 적다는 사실을 알려준다. 따라서 the smallest에 해당하는 정답은 B being eaten by human beings이다.

39 **해설** 39번과 40번은 '두 가지의 생산 방식들'에 대해 묻는 문제이다. 문제 속 키워드인 vacuum evaporation과 solar evaporation을 각각 체크해 둔 상태에서 이야기의 구성을 따라가며 들어야 한다. 먼저, 진공 방식의 순서는 [지하 깊이까지 통로를 판다 → 맑은 물을 끌어 온다 → 맑은 물과 땅 깊이에 침전되어 있던 소금을 잘 섞는다 → 이렇게 만들어진 소금물을 표면으로 퍼 올린다 → 물이 증발되고 깨끗한 소금만 남는다] 이렇게 정리할 수 있다. 이 과정에서 after fresh water is pumped 이후에 언급된 주요 실마리 표현은 바로 combine이다. 주어진 보기들 중 이 의미를 가장 잘 나타낸 것은 바로 mix이다. 정답은 A it mixes with salt이다.

40 **해설** 이렇게 특별히 묻는 것이 없는 포괄적인 질문은 타이밍을 잡고 관련된 정보를 모두 메모한 후에 [참], [거짓], [주어지지 않은 정보]로 구분하여 정답을 도출해 내야 한다. solar evaporation이 들린 이후 언급된 단어들을 메모하면, [lower quality, less expensive, shallow water, shore, evaporate, filtered] 등이다. 이 메모들을 바탕으로 정답을 결정하면 되는데, 이렇게 내용이 어려운 문제일수록 단순한 스킬이 더 잘 적용되는 경우가 있다. 39번의 진공 방식에 비해 질적으로는 떨어지지만 비용은 적게 든다고 하였으니 '~에 비해 열등하다'라는 의미를 가진 inferior to가 정답이 된다. 정답은 C inferior to salt made by another process이다.

오답 함정 피하기 너무 잘 들리는 expensive가 있는 보기 B와 shallow water가 그대로 주어진 보기 A는 오답 함정이므로, quality에 관련된 내용이 Paraphrasing된 보기 C가 정답일 가능성이 높다. 보기 A를 정답으로 처리한 경우는 내용을 정확히 이해하지 못해서 틀렸을 가능성이 높다. 보기 A가 오답인 이유는 해변가의 얕은 저수부 지역에서 소금을 채취하는 것이 아니라 깊은 바다에서 물을 저수부 지역으로 끌어와서 그곳에서 증발시키는 것이기 때문에 맥락상 정답이 될 수 없다.

01	24(th) August/August 24(th)	02	Bank	03	B	04	B
05	A	06	B	07	C	08	B	09	B
10	C	11	C	12	C	13	A	14	B
15	C	16	G	17	C	18	E	19	D
20	B	21	C	22	B	23	A	24	A

25-26 (in any order) A, D   **27-28** (in any order) C, D

29-30 (in any order) A, E   **31** predators   **32** human society   **33** (more) aggressive

34 ears   **35** prey   **36** senses   **37** food source   **38** livestock

39 regulate   **40** hunting skills

Questions 1–10

영국 ↔ 영국   🎧 AT3-01

Part 1. You will hear a conversation between a woman and a fitness centre employee about membership packages.

M: Hello, can I help you?

W: Yes, I'm thinking of joining this fitness centre, and I'd like to know what sort of memberships you offer.

M: Great, go ahead and sit down here, I'll just grab a pen... OK, can you give me your full name, please?

W: Yes, it's Mary Hartford.

M: That's Hartford with a T in the middle?

W: That's right.

M: OK, can you tell me your date of birth?

W: ❶ 24 August, 1972.

M: Thank you. And your home address?

W: ❷ 59 Bank Lane.

M: Could you tell me the postcode as well?

W: Yes, it's TW8 2LC.

M: Great, thank you very much. So what kind of information are you looking for?

W: Well, first I would like to know about the different payment options available.

M: There are two payment plans on offer here – a monthly plan and a yearly plan. With the monthly plan, it costs a little more per month, but the signup fee is significantly lower. With the yearly plan, you pay a substantial signup fee, but a very low monthly fee.

W: I think the yearly plan sounds like the best choice. I think both plans will probably have the same result for me – I'll surely be fitter by the end of the year! ❸ But I like to save money where I can, and a one-year commitment hardly seems like a big deal.

M: I think that's the right choice for you then.

파트 1. 한 여성과 피트니스 센터의 직원이 멤버십 가입에 대해 대화하는 것을 듣게 됩니다.

남: 안녕하세요, 무엇을 도와 드릴까요?

여: 네, 여기 피트니스 센터에 가입하고 싶은데요. 어떤 멤버십 종류들이 제공되는지 알고 싶어서요.

남: 네, 어서 이쪽으로 좀 앉으세요. 펜 하나만 가지고 올 게요...네, 성함이 어떻게 되세요?

여: 네, 메리 하트포드예요.

남: 중간에 T가 포함된 하트포드인가요?

여: 네, 맞아요.

남: 네, 생년월일이 어떻게 되세요?

여: ❶ 1972년 8월 24일이에요.

남: 감사합니다. 그리고 집 주소는요?

여: ❷ 뱅크로 59번지요.

남: 우편 번호도 알려 주시겠어요?

여: 네, TW8 2LC입니다.

남: 좋습니다. 감사해요. 어떤 정보를 알고 싶으신가요?

여: 네, 먼저 회원비 지불 방식들에 대해서 알고 싶은데요.

남: 저희 센터에는 두 가지 형식이 있는데요 – 월 단위와 연 단위가 있어요. 월 단위로 가입을 하시면 매달 조금 더 요금을 지불하셔야 하지만 처음 가입비는 상당히 더 저렴하고요. 연 단위는 가입비가 비싸지만 다달이 요금은 매우 저렴합니다.

여: 연 단위 가입이 제일 나을 것 같아요. 둘 다 연말이 되면 똑같은 결과를 가져다 주겠지만요. 확실히 저를 더 건강해지게 만들어 주겠죠! ❸ 하지만 가능한 돈을 절약할 수 있으면 좋겠어요. 그리고 1년을 투자하는 것이 큰 일로 느껴지진 않네요.

남: 네, 그렇다면 연간 회원이 적당하겠네요.

여: 오, 하지만 문제가 좀 있어요. ❹ 7월 중 대부분 제가

W: Oh, but I may have a problem. ❹ For most of July, I will not be able to come to the gym because I'll be out of town. It's for work actually. I'll be back toward the beginning of August.

M: Well, that's no problem. We can put your membership on hold while you're gone.

W: Oh, that's a relief. Actually, I'll be gone again later in the fall for a week or so, for my sister's graduation, as well.

M: Just let us know a little before you leave, and it should be fine.

W: OK, great. Thanks.

M: Well, let me tell you a bit about the special programmes and classes we offer.

W: Yes, I'd like to hear about that.

M: We offer individual weight-training programmes, where you can work 1-on-1 with a trainer learning how to use some of the equipment in our weight room.

W: ❺ That does sound interesting. Will I need to get in better shape on my own first?

M: No, it is designed for all fitness levels, so you could start right away. You could also try our group swimming classes, where one of our instructors will guide you through water aerobic exercises.

W: ❻ Oh, that doesn't sound like my style. I don't like classes with a fixed schedule like that.

M: Well, in that case, we can design an individual swimming programme for you, based on your current fitness levels.

W: ❼ That does sound good, but I would like to raise my overall fitness level first, before I try something like that.

M: Sure, that's no problem. Our group fitness classes are also very popular – we offer yoga, Pilates and a variety of dance classes at fixed times throughout the week.

W: ❽ Oh, I don't think I'll be participating in those. I'm really not a fan of working out with a lot of other people.

M: Oh, I can certainly understand that. Another thing we offer here is a sauna. It's great for relaxing after your workout.

W: ❾ Oh, that is not my idea of relaxation. I just don't like to be in hot environments.

M: It's not for everybody, I suppose. One last thing – I wanted to mention that we have a childcare service. If you have children, it can be very convenient, and it's only £3 a child.

W: ❿ Wow, that does sound good. For now, my mother has taken some time off, so she can take care of my children while I'm away, but when she goes back to work, ❿ I will probably be taking advantage of that service.

어디를 좀 가서요, 센터에 올 수가 없어요. 사실 일 때문이에요. 8월 초쯤에나 돌아올 것 같아요.

남: 네, 괜찮습니다. 떠나 계시는 동안 멤버십 기간을 보류해 놓으면 됩니다.

여: 오, 다행이네요. 실은, 또 가을에 일주일 정도 동생 졸업식 때문에 오지 못 할 것 같아요.

남: 떠나시기 조금 전에 저희에게 알려만 주세요, 그러면 됩니다.

여: 좋아요. 감사합니다.

남: 자, 저희가 현재 운영하는 특별한 프로그램들과 수업들에 대해서 안내 좀 해 드릴게요.

여: 네, 듣고 싶어요.

남: 현재 개인 근력 운동 프로그램을 운영하고 있는데요. 저희 트레이너와 1대 1로 웨이트 룸에서 몇 가지 운동기구 사용법 등을 배우시게 됩니다.

여: ❺ 정말 흥미롭네요. 그러면 우선 저 혼자 체력을 좀 키워야 할까요?

남: 아니요, 모든 체력 수준에 맞게 구성해 놓은 프로그램이라 바로 시작하시면 됩니다. 또 그룹 수영 수업도 있는데요, 강사 중 한 분께서 수중 유산소 운동을 도와드릴 거예요.

여: ❻ 오, 그건 제 스타일은 아닌 것 같네요. 그렇게 정해진 스케줄이 있는 수업들은 별로 좋아하지 않아요.

남: 음, 그렇다면 현재 체력 수준에 알맞은 개인 수영 프로그램을 짜 드릴 수도 있어요.

여: ❼ 괜찮은 이야기지만 저는 그런 것들을 시도하기 전에 먼저 전반적인 체력을 좀 끌어 올리고 싶어요.

남: 네, 문제 없습니다. 저희 그룹 수업들도 매우 인기가 좋아요 – 요가, 필라테스 그리고 다양한 댄스 수업들까지 매주 정해진 시간에 스케줄이 잡혀 있습니다.

여: ❽ 오, 전 그런 수업들은 참여하지 않을 것 같아요. 다른 사람들과 함께 운동하는 것을 그리 좋아하지 않거든요.

남: 오, 충분히 이해합니다. 또 한 가지 저희가 제공하는 것은 사우나인데요. 운동 후에 몸 풀기 정말 좋으실 거예요.

여: ❾ 오, 그건 제 스타일의 휴식 방식이 아니에요. 저는 그냥 더운 환경 자체를 싫어해요.

남: 네, 모두가 좋아하는 건 아니죠. 그리고 마지막으로 – 저희가 탁아 서비스를 제공하고 있다는 것을 말씀 드리고 싶어요. 아이가 있으시면 정말 편리할겁니다. 아이 한 명당 3파운드예요.

여: ❿ 와, 그건 정말 좋은 서비스네요. 요즘은 저희 어머니께서 휴직 중이시라 제가 없는 동안 아이들을 돌봐 주시고 계시지만, 다시 복직하시면 ❿ 아마도 그

M: That sounds great. Well, if there's nothing else you want to ask me about, why don't we go ahead and take care of the payment and you can get started...

> 서비스 덕을 좀 봐야 할 것 같아요.
> **남:** 좋네요. 만약 더 여쭤보실 것이 없으시면, 이제 회원비 지불하시는 것을 좀 도와드린 후에 본격적으로 시작을...

어휘 grab v 집어 들다 monthly adj 매월의 yearly adj 매년의 signup n 가입 significantly adv 상당히 substantial adj 상당한 result n 결과 fit adj 건강한 commitment n 전념, 투자 hardly adv 좀처럼 ~않다 a big deal 대단한 일 toward prep (시간의) 무렵 on hold 보류된 graduation n 졸업 as well 또한 individual adj 개인적인 trainer n 트레이너 get in shape 좋은 몸 상태를 유지하다 fitness n 체력, 건강 instructor n 강사, 지도자 aerobic adj 유산소의 fixed adj 고정된 current adj 현재의 raise v 올리다, 들다 participate in ~에 참여하다 be a fan of ~를 좋아하다 relaxing adj 편한 workout n 운동 relaxation n 휴식 childcare n 보육, 탁아 convenient adj 편리한 take time off 휴식[휴직] 중이다 take advantage of ~의 득을 보다

Questions 1–2

신입 회원 정보
이름: 메리 하트포드
생년월일: 1972년 **1** ....
집 주소: **2** .... 로 59번지
우편번호: TW8 2LC

1 **해설** 생년월일의 '날짜'를 받아 적는 단순 정보 받아쓰기 문제이다. 영문으로 월과 일을 적는 일반적인 표기법을 익혀 두고 늘 동일하게 사용하는 것이 좋다. 생년월일이 1972년 8월 24일이라고 하므로 정답은 August 24이다. 미국식 표기법은 August 24, 영국식 표기법은 24 August인데, 여기서 24에 th를 붙이든 안 붙이든 전혀 상관없다. 21st 나 22nd, 23rd 등과 같은 날짜에 th를 붙이지 않도록 주의만 하면 된다. 24 August, 24th August, August 24, August 24th 모두 정답이다.

2 **해설** 영문 주소에 도로명이 없으므로 '도로 이름'을 묻는 문제이다. 보통명사 '은행'의 의미를 가진 bank가 언급되었다. 여기서는 도로의 이름을 나타내므로 반드시 첫 문자 B는 대문자로 처리해야 한다. 정답은 Bank이다. 뒤에 Lane 은 도로명에서 Street, Road, Lane, Boulevard 등과 더불어 두루 나오는 표현이니 눈여겨 봐 두자.

Questions 3–4

3 여성이 연회원 가입을 선택한 이유는
   A 그녀를 더 건강하게 해 줄 것 같기 때문이다.
   B 돈이 더 적게 들기 때문이다.
   C 더 큰 노력을 하고 싶기 때문이다.

4 여성이 왜 7월에 떠나야 하나?
   A 개인적인 일을 처리해야 해서
   B 일을 위한 업무 처리를 위해서
   C 졸업식에 참석해야 해서

3 **해설** 여자의 '연회원 가입 선택 이유'를 묻는 문제이다. 여자는 월 단위 가입과 연 단위 가입 중 '1년 가입'을 선택한 다. 남자 직원의 실마리를 들으며 집중했다면 충분히 유추할 수 있는 문제로, 여자가 결정적인 실마리를 제공하니 어 렵지 않게 정답을 찾을 수 있다. 대화의 주제 자체가 돈에 관련된 것이고 여자가 직접적으로 돈을 절약하고 싶다고

했으므로 정답은 B it costs less money이다. cost less money가 save money로 Paraphrasing되었다. 보기 A는 어떤 플랜이든 둘 다 그녀를 더 건강하게 해 줄 것이라고 말했으므로 내용상 오답이다. 보기 C는 일 년을 건강 관리를 하는 데에 투자하는 것이 그리 큰 일은 아닌 것 같다고 말했으므로 오답이다.

4   **해설** 여자가 '7월에 떠나는 이유'를 묻는 문제이다. 보기가 여러 개인 다지선다형 문제가 나오면 반드시 보기들 속에 함정이 있기 마련이므로 정답을 결정해야 하는 순간이 오면 모든 보기들을 집중해서 해석해 보자. 보기 A와 C는 둘 다 개인적인 문제로 회원 기간을 유예해야 한다는 이야기이다. 가장 동떨어진 의미의 보기 B가 가장 의심스럽다. Recording에서 7월에 홀드를 해야 하는 이유는 일 때문이라고 했으므로 직장의 업무관련 정답은 B to meet some requirements for her job이다.

Questions 5-10

다음 프로그램들에 대하여 여자는 어떻게 생각하는가?

> A 현재 관심 있다.
> B 관심 없다.
> C 후에 관심이 있을 수 있다.

프로그램 목록

5   웨이트 트레이닝   ....

6   그룹 수영   ....

7   개인 수영   ....

8   그룹 수업들   ....

9   사우나   ....

10 탁아 서비스   ....

5   **해설** 이 센터에서 운영하고 있는 '웨이트 트레이닝'에 대한 여자의 의견을 묻는 문제이다. 문제가 원하는 것은 각 정보를 알맞게 분류하는 것이다. 문제 5번부터 바로 보지 말고 반드시 맨 윗줄 How does the woman feel about~? 부분부터 차분하게 읽어 내려가며 정확히 무엇을 들어야 하는지 파악해야 한다. 피트니스 센터에 있는 다양한 프로그램들 중 여자가 '현재 하고 싶은 것', '하고 싶지 않은 것', 또는 '나중에 하고 싶을 것 같은 것' 이렇게 구분해야 하는 문제이다. 흐름을 놓치지 말고 여자의 의사를 끝까지 들으며 필요한 실마리들을 메모한다. 너무 성급하게 판단하여 보기 A와 C를 혼동해서는 안 된다. 웨이트 트레이닝은 여자가 흥미롭다고 했을 뿐 아니라 남자가 바로 시작할 수 있다고도 했으므로 '현재 하고 싶은 것'에 속한다. 정답은 A이다.

6   **해설** 이 센터에서 운영하고 있는 '그룹 수영 프로그램'에 대한 여자의 의견을 묻는 문제이다. 그룹 수영은 여자가 '내스타일이 아니다'라고 했지만 바로 알아듣지 못했더라도 바로 뒤이어 I don't like라고 하는 부분을 듣고 정답을 찾을 수 있는 난이도가 낮은 문제였다. 정답은 B이다.

7   **해설** 이 센터에서 운영하고 있는 '개인 수영 프로그램'에 대한 여자의 의견을 묻는 문제이다. 이번 문제는 끝까지 신중히 듣고 판단해야 한다. 여자의 sound good만 듣고 바로 보기 A를 선택하면 안 된다. 개인 수영 수업 같은 경우는 먼저 전반적인 체력을 끌어 올린 후에 하고 싶다고 한다. 정답은 C이다.

8   **해설** 이 센터에서 운영하고 있는 다양한 '그룹 수업들'에 대한 여자의 의견을 묻는 문제이다. 난이도가 상대적으로 낮은 문제이다. 다른 사람들과 함께 운동하는 것을 안 좋아한다고 분명한 취향을 이야기했으므로 정답은 B이다. 바로 이어서 not a fan of (~을 좋아하지 않다)라는 표현이 재차 주어지니 의심의 여지가 없다.

9 해설 이 센터에 준비되어 있는 '사우나'에 대한 여자의 의견을 묻는 문제이다. not my idea 또는 don't like와 같은 부정의 표현들로 분명한 취향을 드러낸다. 정답은 B이다. 실마리가 분명한 문제로 고민없이 답을 고를 수 있다.

10 해설 이 센터에서 제공하고 있는 '탁아 서비스'에 대한 여자의 의견을 묻는 문제이다. 이 문제는 여자가 상대적으로 길게 이야기를 풀어 나가며 위의 8번이나 9번처럼 분명하고 직설적으로 실마리를 주지 않는다. 그러니 끝까지 집중해서 결정적인 부분을 캐치해야 한다. 우선 너무 좋다고 하지만 뒤이어 현재는 어머니께서 아이들을 돌봐주고 있으니 지금은 필요 없고 나중에 어머니께서 복직을 하시면 이용하겠다고 한다. 정답은 C이다.

Questions 11–20

영국 🎧 AT3-02

Part 2. You will hear a tour guide at an outdoor market in New Zealand, describing how a region has changed.

W: This part of the country has a long and rich history when it comes to food production. Centuries ago, it was known for producing salt, as in the past the ocean rose much higher in this area. Later, local residents raised goats and sheep in the hills you see here. And it was also known for grain production. ⓫ My family, in fact, engaged in this activity for generations. They were farmers, raising wheat and barley.

In the past several decades, the demographics of this region have changed quite dramatically. This area has become quite popular with retired people. Universities in the area have struggled, resulting in fewer students than in the past. ⓬ However, thanks to an improved public school district and municipal services, the number of young families has grown at a much higher rate than any other group, resulting in big changes to the economy.

The evolving population has resulted in many changes in people's eating habits, which has made its impact felt on the restaurant industry. ⓭ Without a doubt, the biggest trend is that people are more interested in the origins of the ingredients in their food. There is a growing preference for local products rather than imported ones. Residents are also concerned with prices, and they tend to prefer simple, quick recipes, but these trends have not had any big impacts.

People in this region have a variety of concerns related to food safety and nutrition. ⓮ The biggest concern at the moment is related to whether chemicals and other additives are being added to food. Natural ingredients may not be more nutritious, but most parents still feel they are a safer and healthier choice - especially for

파트 2. 가이드가 뉴질랜드의 한 옥외 시장에서 이 지역이 어떻게 변화했는지 이야기하는 것을 듣게 됩니다.

여: 뉴질랜드의 이 지역은 식량 생산에 있어서 길고 풍부한 역사를 자랑합니다. 수 세기 전, 이곳은 과거 이 지역의 해수면이 훨씬 더 높았을 당시 소금의 생산으로 알려져 있었습니다. 후에, 지역 주민들이 여기 보이는 이 언덕에서 염소와 양들을 길렀습니다. 그리고 또한 곡물 생산으로도 잘 알려져 있었습니다. ⓫ 사실, 저의 가족도 세대에 걸쳐 이 일에 종사했었죠. 그들은 밀과 보리를 기르는 농부들이었습니다.

지난 몇십 년에 걸쳐 이 지역의 인구 통계는 꽤 극적인 변화를 겪었습니다. 이 지역은 퇴직한 사람들에게 꽤 많은 인기를 얻어 왔습니다. 지역 대학교들은 과거보다 적어진 학생들의 수 때문에 고충을 겪어 왔죠. ⓬ 하지만, 개선된 공립학군과 시의 행정 서비스 덕분에 젊은 가족들의 수가 다른 인구 부문보다 훨씬 더 높은 비율로 증가해 왔고 이에 따라 지역 경제에 큰 변화가 초래되었습니다.

증가하는 인구는 사람들의 식습관에도 많은 변화를 가져왔는데요, 이 지역의 외식 산업이 확실히 그 영향을 받았습니다. ⓭ 두말할 것도 없이, 가장 큰 변화는 사람들이 자신이 먹는 음식의 재료들이 어디에서 생산되었는지에 더욱 관심을 가지게 되었다는 겁니다. 수입된 식품들보다 토산품에 대한 선호도가 높아졌죠. 주민들은 또한 가격에도 신경을 쓰게 되었으며, 손쉽고 빠른 조리법을 선호하는 성향이 있지만, 이런 변화들은 그리 큰 영향을 미치지는 못했습니다.

이 지역 사람들은 식품의 안전과 영양에 대한 갖가지 우려들을 가지고 있습니다. ⓮ 현재 가장 큰 걱정은 화학물질이나 다른 첨가물들이 음식에 들어가는지에 대한 것입니다. 천연 재료들은 영양가가 더 풍부하지 못할 수도 있지만 대부분의 부모들은 여전히 천연 재료들이 더 안전하고 건강한 선택이라고 생각합니다 – 특히 어린 자녀들을 위해서는요. 몇몇의 경

young children. In some cases, this issue has caused factory farms to shift their marketing strategies in order to compete with local farms.

I will now move on and describe some of the most popular restaurants in the area. But first, I'd like to remind you that ⑮ after the presentation today, we have arranged for some of the local farmers and ranchers from the area to provide samples of their speciality food products. And don't forget to pick up some souvenirs from the visitor centre located just beside the train station before you leave town.

The first restaurant I would like to tell you about is Four Woods Restaurant. This traditional restaurant has been running for over 100 years, and has remained popular with locals because of its evolving menu. ⑯ Each month the restaurant features new dishes based on whatever is in season at the time. Plan to spend a bit of time waiting for your food though.

Next, let me tell you about Valleyview Restaurant. Despite the name, this restaurant is not famous for its beautiful views of the valley. ⑰ However, people come back again and again for its famous squid ink pasta, which cannot be found at any other restaurant in town. It is truly not to be missed.

Castle Restaurant delivers a standard high-quality pub menu, but it is best known for its atmosphere. ⑱ With an extensive cocktail list, loud music and an area for dancing, it's a great place to go out with friends and unwind. If you are looking to have a quiet meal with your family, this may not be an appropriate choice.

Green Restaurant is an old favourite that is sure to see a new boost in popularity. The atmosphere has recently improved dramatically, thanks to a renovation project completed in the spring. The menu is very simple, but each dish is done to perfection. ⑲ They also bring your order out extremely quickly, making this an excellent spot for a quick lunch with a friend or colleague.

Finally, I want to mention Shady Grove Restaurant, the newest addition to the restaurant scene here. The menu has been praised by critics and the public alike. ⑳ The atmosphere is very relaxed here, and there is a small playground just outside, which makes this restaurant

우에는 이러한 이슈 때문에 공장식 축산 농장들이 지역 농장들과 경쟁하기 위해 자신들의 마케팅 전략을 바꾸기도 했습니다.

자 이제 이 지역에서 가장 인기가 많은 식당들 중 몇몇에 대한 이야기를 해 드리도록 하겠습니다. 그러나 먼저 알려드리고 싶은 것은, ⑮ 오늘 프레젠테이션이 끝난 후 이 지역의 농부들과 목장주들 중 몇몇 분들께서 여러분이 그들의 특산 식품들을 시식할 수 있도록 자리를 마련해 주셨습니다. 그리고 마을을 떠나시기 전에 기차역 바로 옆에 있는 방문객 센터에서 기념품을 사시는 것도 잊지 마세요.

제가 소개해드리고 싶은 첫 번째 레스토랑은 포우즈 레스토랑입니다. 이 전통 식당은 100년이 넘게 운영되어 오고 있는데요, 늘 새롭게 개발하는 메뉴들로 지역 주민들에게 꾸준한 인기를 얻고 있습니다. ⑯ 매달 레스토랑에서는 제철에 알맞은 새로운 요리를 선보이죠. 이 식당에서는 음식을 기다리는 데 다소 시간이 소요될 것이라는 것은 미리 알고 계셔야 합니다.

다음으로, 벨리뷰 레스토랑을 소개해 드릴게요. 이름과는 다르게 이 식당은 계곡의 멋진 전망 때문에 유명한 것이 아닙니다. ⑰ 그러나 사람들이 계속 다시 찾아오는 이유는 이곳의 어떤 식당에서도 맛볼 수 없는 유명한 오징어 먹물 파스타 때문이에요. 정말 놓칠 수 없는 맛입니다.

캐슬 레스토랑은 모두가 인정하는 수준의 질 좋은 술집 메뉴를 가지고 있지만, 무엇보다 분위기 때문에 유명하죠. ⑱ 광범위한 칵테일 종류, 큰 음악 소리와 춤을 출 수 있는 공간과 함께 이 식당은 친구들과 함께 외출하여 긴장을 풀 수 있는 멋진 곳입니다. 만약 가족들과 조용한 식사를 하고 싶으시다면, 이곳은 적절치 못하겠네요.

그린 레스토랑은 오랫동안 사랑 받은 곳인데요, 그 인기에 있어 분명 새로운 변화가 생길 겁니다. 봄에 완성된 리모델링 덕분에 분위기가 최근에 상당히 개선되었어요. 메뉴는 간단하지만 요리마다 완벽함을 추구합니다. ⑲ 그리고 주문한 요리들은 매우 빠르게 나오는데요, 그래서 친구들이나 동료들과 간단한 점심식사를 하기에는 최고의 장소입니다.

마지막으로 소개해드리고 싶은 곳은 셰이디 그로브 레스토랑입니다. 이곳은 가장 최근에 생긴 식당인데요. 이곳의 메뉴는 비평가들과 대중들 모두에게 칭

ideal for parents with small children.

Now, if you follow me, we will move on to …

찬을 받아 왔습니다. ㉗ 분위기는 매우 편안하고 외부에 작은 놀이터가 있어서 부모님들과 어린 아이들에게 아주 이상적인 식사 장소입니다.

자, 이제 저를 따라서, 이곳으로 이동을…

어휘 raise ⓥ 기르다   generation ⓝ 세대   wheat ⓝ 밀   barley ⓝ 보리   demographics ⓝ 인구 통계   retired adj 퇴직한, 은퇴한   struggle ⓥ 고생하다   result in ~을 초래하다   public school 국립학교   district ⓝ 구역   municipal adj 자치의, 시의   evolving adj 발전하는   eating habit 식습관   restaurant industry 외식 산업   origin ⓝ 기원, 출처   ingredient ⓝ 성분, 재료   imported adj 수입된   additive ⓝ 첨가물   nutritious adj 영양이 풍부한   shift ⓥ 바꾸다, 변화시키다   strategy ⓝ 전략, 계획   compete with ~와 경쟁하다   arrange ⓥ 마련하다, 주선하다   rancher ⓝ 목장 주인   squid ink 오징어 먹물   standard adj (모두가 인정하는) 수준의   high-quality adj 질 좋은   pub ⓝ 술집   extensive adj 광범위한   unwind ⓥ 스트레스[긴장]를 풀다   appropriate adj 적절한   boost ⓝ 증진, 증대   perfection ⓝ 완벽함   colleague ⓝ (직장) 동료   praise ⓥ 칭찬하다   ideal adj 이상적인

Questions 11–15

11 화자의 가족이 관련되었던 일은
  A 소금 생산이었다.
  B 축산업이었다.
  C 곡물 재배였다.

12 인구의 어떤 부분이 최근에 가장 많이 증가하였나?
  A 노년층
  B 학생들
  C 가족들

13 음식에 대한 어떤 변화가 지역의 외식 산업에 가장 큰 영향을 미쳐왔는가?
  A 주민들이 지역에서 생산된 식재료들을 선호한다.
  B 주민들이 더 간단한 조리법을 선호한다.
  C 주민들이 질 좋은 식품들을 위해 기꺼이 소비를 할 의향이 있다.

14 사람들이 가장 우려하는 것은 무엇인가?
  A 농부들 사이의 경쟁
  B 인공 식품 첨가물
  C 식재료들의 영양가

15 프레젠테이션 직후에, 화자가 권장하는 것은
  A 지역 식당을 방문하는 것이다.
  B 기념품을 구매하는 것이다.
  C 몇 가지 지역 식품들을 시식하는 것이다.

11 **해설** 화자의 '가족과 관련된 일이 무엇인가'를 묻는 문제이다. 메모를 할 때에는 나중에 내용을 짜깁기하기 수월하게 '세로로' 키워드를 메모하는 것이 좋다. [salt, goats/sheep, grain, my family, farmers]를 세로로 메모해 두었다면 my family의 위와 아래에 '곡물'과 '농부들'이 적혀있는 것만 보고도 정답을 쉽게 찾을 수 있다. 정답은 농사에 관련된 보기인 C grain growing이다.

12 **해설** 인구의 '어떤 부분이 최근에 가장 많이 증가했는지'를 묻는 문제이다. 문제 속 segment가 무슨 뜻인지 몰라도 문제의 가장 마지막 표현인 grown the most를 보고 무엇을 묻는 문제인지는 유추할 수 있다. 모든 보기가 언급되지만 최근의 긍정적인 변화들 덕분에 이 지역에 다시 몰리기 시작한 인구 부분은 young families라고 했으니 정답은 C families이다. grown the most (가장 많이 증가한)와 grown at a much higher rate than any other group (그 어떤 그룹보다 더 높은 비율로 증가한)은 같은 의미의 표현이다. '최상급 = 비교급 than any other 단수명사'를 따로 정리해 두자.

(Paraphrasing!) grown the most → grown at a much higher rate than any other group

13 해설 음식에 대한 최근의 '어떤 변화가 이 지역의 외식 산업에 가장 큰 영향을 미쳤는지'를 묻는 문제이다. 여기서 '영향을 미친 것'과 '영향을 미치지 않은 것'을 구분해서 완벽하게 이해하며 듣는 것은 쉽지 않다. 문제 속 the most에서 힌트를 얻어 내용상에서 최상급이 사용된 표현이 나오면 긴장하고 메모를 하는 것이 효과적이다. the biggest가 들린 이후에 [origins, ingredients, local, imported] 등을 메모한 후, 보기들을 차분히 읽으며 정답을 결정해야 한다. recipes나 prices를 듣고 보기 B나 C에 눈길을 줘서는 안 된다. 빈 공간에 세로로 키워드들을 메모해 두고 다음 문제로 넘어가야 한다. 본인의 시행착오를 반드시 다시 점검하고 훈련하자. 지역 주민들이 음식 재료들이 어디에서 생산되었는지에 관심을 가진다고 했다. 정답은 A Residents prefer ingredients produced locally이다.

14 해설 사람들이 '가장 우려하는 바가 무엇인지'를 묻는 문제이다. 문제 속에 worried가 나오면 흔하게 사용되는 동의어인 concerned나 concern이 등장한다. 종종 서로 교대로 등장하니 문제 속에 concerned가 나오면 내용상에 worried가 나올 것이라고 예측할 수 있다. the biggest concern이라는 표현 다음에 가장 선명하게 들리는 것이 바로 chemicals이다. 이 단어만 적어 놓았어도 보기들 중 정답을 도출하는 것이 어렵지 않았을 것이다. chemical과 함께 자주 등장하는 동의어 artificial과 반의어인 natural, biological도 잘 기억해 두자. 정답은 B artificial food additives이다.

15 해설 가이드가 관광객들에게 '프레젠테이션 직후에 무엇을 하라고 추천하는지' 묻고 있다. 다지선다형 문제들은 문제 자체를 잘 파악해 두는 것이 우선이다. directly after를 보고 그 이후의 상황과 관련된 이야기도 언급되리라는 것을 예측할 수 있다. 프레젠테이션 이후에 마련된 시식장에서 지역 농부들과 목장주들이 마련한 자신들의 대표 음식들을 맛보라고 권했으므로 정답은 C sampling some local products이다. sample은 동사와 명사가 같은 형태로, '시식하다, 시식, 시음'이라는 의미로 종종 등장하니 잘 기억해 두자.

오답 함정 피하기 보기 A가 오답인 이유는 방문하라고 한 적이 없기 때문이고, 보기 B는 before you leave town(떠나기 전에)이라고 했으니 프레젠테이션 직후가 아니기 때문에 오답이다.

Questions 16–20

각 레스토랑에 알맞은 특징은 무엇인가?

특징들

A 곧 개선될 예정임
B 가족들에게 적합함
C 독특한 메뉴 항목
D 신속한 서비스
E 시간을 보내기 즐거운 장소
F 아름다운 경치
G 제철 메뉴

16 포우즈 레스토랑 ....

17 벨리뷰 레스토랑 ....

18 캐슬 레스토랑 ....

19 그린 레스토랑 ....

20 셰이디 그로브 레스토랑 ....

16 해설 '포우즈 레스토랑'에 대한 가이드의 소개를 듣고 사실과 일치하는 특징을 선택하는 문제이다. 정보 연결형 (Matching) 문제 유형은 듣는 것과 동시에 보기에서 정답을 고르려고 하지만 않는다면 무난하게 80% 이상 맞출 수

있으니 꼭 스스로 조절하며 실마리 메모에 집중하자. 16번부터 20번까지 주어진 문제는 단순하게 각 레스토랑의 특징을 사실과 같이 진술해 놓은 것을 고르는 문제이니, 들리는 것들을 두서없이 적어도 좋고 얼핏 들렸던 단어들만 적어도 좋다. 첫 번째 레스토랑을 위한 실마리들은 [traditional, popular, evolving, new dishes, season, waiting] 등이다. 내용을 짜깁기하면, 인기가 많은 전통식당이며 새로운 요리를 계절별로 개발하는 곳이다. 여기에 웨이팅이 길다는 점으로 보아 인기가 많은 곳이라는 점까지 파악할 수 있다. 주어진 보기들 중 위의 내용에 가장 맞아 떨어지는 것은 보기 G의 계절 메뉴이다. 정답은 G a seasonal menu이다.

[오답 함정 피하기] 혼동될 수 있는 보기로 A와 C가 있지만 A는 시점(미래)이 맞지 않고 C는 unique(독특한)가 new(새로운)와 비슷하다고 하기에는 무리가 있다.

17 [해설] '벨리뷰 레스토랑'에 대한 가이드의 소개를 듣고 사실과 일치하는 특징을 선택하는 문제이다. 두 번째 레스토랑에 대한 실마리들은 [not famous, beautiful views, come back, pasta, 다른 곳에는 없음, 놓치지 마] 등이다. 이런 식으로 Recording을 들으면서 본인이 들리는 대로 한글이든 영어로든 재빠르게 메모하는 습관을 들이자. 위 내용을 조합해 보면, '아름다워서 유명한 것은 아닌데 사람들이 컴백한다, 다른 식당에는 없는 파스타 때문에, 이 메뉴 놓치면 안 된다' 정도로 내용 짜깁기를 해볼 수 있다. 메모를 바탕으로, 보기들 중 후보는 C와 F 정도로 추릴 수 있다. 하지만 Recording에서 들린 beautiful views를 그대로 적어 놓은 보기는 의심해야 한다. 사람들이 계속 찾아오는 이유는 어떤 식당에서도 맛볼 수 없는 유명한 오징어 먹물 파스타 때문이라고 했으므로 무언가 특별한 메뉴 한 가지 때문임을 알 수 있다. 정답은 C a unique menu item이다.

18 [해설] '캐슬 레스토랑'에 대한 가이드의 소개를 듣고 사실과 일치하는 특징을 선택해야 하는 문제이다. Recording에서 Castle Restaurant을 듣고 바로 메모하기 시작하면, [high-quality, atmosphere, 칵테일, music, dancing, friends, quiet, not 적절함] 정도의 실마리를 메모할 수 있다. 메모의 내용을 짜깁기해보면, 음악과 춤이 있고 친구들과 시간을 보내기에 좋다고 했으므로 보기들 중 E가 가장 잘 맞아 떨어진다. 정답은 E a fun place to hang out 이다. 메모하기(Note-taking)는 충분한 훈련으로 발달시킬 수 있는 스킬이다. 절대 포기하지 말고 Recording 속 성우의 속도감에 익숙해진 후 Recording의 속도대로 따라가며 주요 표현들을 메모하는 훈련을 하도록 한다.

19 [해설] '그린 레스토랑'에 대한 가이드의 소개를 듣고 사실과 일치하는 특징을 선택하는 문제이다. Recording에서 Green Restaurant을 듣고 바로 메모하기 시작하면, [old favourite, new, popularity, recently, renovation, 완성, perfection, quickly, quick lunch, 직장 동료] 등이다. 메모의 내용을 짜깁기하여 보기들 중 후보를 추려보면 A와 D 정도이다. 보기 A는 곧 좋아질 것이라는 의미이지만 사실 이 레스토랑은 최근에(recently) 리모델링이 완성되었다고 했으므로 오답이다. 후반부에 나온 실마리인 quickly와 quick에서 음식이 빨리 나오는 레스토랑임을 알 수 있다. 정답은 D speedy service이다.

20 [해설] '셰이디 그로브 레스토랑'에 대한 가이드의 소개를 듣고 사실과 일치하는 특징을 선택하는 문제이다. 마지막 레스토랑에 대한 정보를 들으며 적은 실마리들은 [newest, praised, 비평가, 분위기, relaxed, playground, parents, children] 등이다. 메모의 내용을 짜깁기해보자면, '가장 최근에 생긴 레스토랑이며 비평가들의 칭찬(praised)이 자자하고, 분위기가 편안하고, 놀이터가 있어 부모들과 아이들 모두에게 좋다' 이 정도이다. 보기들 중 이렇게 짜깁기한 내용과 가장 맞아 떨어지는 보기는 B이므로 정답은 B suitable for families이다.

[오답 함정 피하기] playground 때문에 fun place가 있는 보기 E를 선택하지 않도록 주의하자. hang out은 성인들에 관련된 표현이지 아이들에 관련된 표현이 아니다.

Part 3. You will hear a conversation between two students and their professor about a research project examining restaurant customer behaviours.

T: Please come in and have a seat. Thanks for coming to see me.

M: Of course, we have a couple of weeks until our project is due, so we're looking forward to receiving your feedback.

T: Well, let's talk about your project then. Why did you decide to work together on this?

W: **㉑** <u>We felt it would be interesting to have two different ways of looking at the topic.</u> I'm a business student, and Martin's major is sociology, so we could take two different approaches to the same experiment.

M: Yes, and when Emma mentioned that she was also interested in this subject, I thought we would make a good team. Personally, I think our research interests overlap in really interesting ways.

T: Well, it seems you made a good decision there. Just looking at your topic, I wonder: did you happen to come across Colby's research on people's reactions to menu item descriptions?

M: Yes, that was our starting point in fact. In Colby's experiment, he wrote three different descriptions for the same healthy menu item and put them on three separate menus. **㉒** <u>He then handed a menu to a customer and asked them to indicate what they wanted.</u> He wanted to see if people were more likely to pick the healthy item depending on how it was described. He found out that people respond to descriptions that emphasise taste, rather than health value.

T: Anything else?

W: That was really the only conclusion he was looking for with the study. **㉓** <u>However, he also warned that using an overly long description can actually decrease the perceived value of the item.</u> I guess when you go into too much detail, people feel that they are being sold something and they tend to react negatively. On his advice, we tried to keep our descriptions roughly the same length as the other items on the menu.

T: So you'd decided to repeat Colby's experiment, then?

W: Yes, we ran Colby's experiment again to see if the results would hold true. We did our best to maintain all of the parameters that Colby set up in his study.

T: Where did you decide to run the experiment?

교: 어서들 들어와 앉으세요. 와줘서 고마워요.

남: 물론이죠, 교수님. 프로젝트 마감이 이제 2주 정도 남아서 교수님의 피드백을 받기를 기다리고 있었습니다.

교: 그래요. 그럼 프로젝트에 대해서 이야기해 보세요. 왜 둘이 같이 이 프로젝트를 하기로 결정했나요?

여: **㉑** <u>저희가 두 가지의 다른 방식으로 그 주제를 살펴보는 것이 흥미로울 거라고 생각했어요.</u> 전 경영학과 학생이고, 마틴은 사회학 전공이라서요. 같은 실험에 두 가지의 서로 다른 접근법을 취할 수 있을 거라고 생각했어요.

남: 네, 그리고 엠마도 이 주제에 관심이 있다고 이야기했을 때, 전 저희가 좋은 팀이 될 수 있겠다고 생각했어요. 개인적으로, 전 저희들의 관심사가 정말 흥미롭게 겹친다고 생각해요.

교: 음, 좋은 결정을 한 것 같군요. 그 주제를 살펴보다가 내가 궁금했던 것이 있는데, 혹시 레스토랑 메뉴 설명들에 대한 사람들의 반응을 조사한 콜비의 연구를 살펴본 적이 있나요?

남: 네, 그것이 사실 저희의 기점이었어요. 실험에서 콜비는 한 가지 건강 메뉴에 대한 세 가지의 다른 설명들을 쓰고, 그것들을 세 개의 제각기 다른 메뉴판에 붙여 놓았죠. **㉒** <u>그 다음 메뉴판을 손님에게 건네주고 무엇을 드시고 싶은지 알려 달라고 했어요.</u> 그는 사람들이 메뉴가 어떻게 설명되어 있는지에 따라 건강에 좋은 요리를 선택할 가능성이 있는지 알아보고 싶었죠. 그는 사람들이 영양가보다 맛을 강조하는 설명들에 더 반응한다는 사실을 알게 됐어요.

교: 또 다른 건 없나요?

여: 그것이 그가 연구를 통해서 알아보고자 했던 유일한 결론이었어요. **㉓** <u>하지만, 콜비는 또한 지나치게 긴 메뉴의 설명은 사실 그 음식의 가치를 이해하기 힘들게 한다고도 경고했어요.</u> 제 생각에도 너무 상세한 설명은 장사를 하는 것처럼 느껴져서 사람들이 부정적으로 반응하는 경향이 있는 것 같아요. 그의 조언을 따라서 저희는 메뉴에 있는 다른 음식들의 설명과 같은 길이로 얼추 맞추려고 노력했어요.

교: 그럼, 콜비의 실험을 그대로 반복하기로 결정했던 건가요?

여: 네, 그 결과들이 사실인지 알아보기 위해서 콜비의 실험을 다시 한번 해 봤어요. 최선을 다해서 콜비가 자신의 연구에서 정해 놓은 모든 일정한 한도들을

M: Well, Emma's parents own a restaurant, so that seemed like the most obvious choice for location, but since it is quite small, we decided against it. It would have taken a long time to get enough of a sample size to draw any real conclusions. We also thought about doing it on campus, but we thought it would be better to have more than just university students participate. ㉔ So we ended up choosing a large family restaurant downtown, much like Colby used in his study.

T: What results did you find when you ran the experiment?

W: ㉕-㉖ We were initially a bit surprised that the healthy menu option was not chosen by very many people. We thought that it had to do with its position toward the bottom of the menu, but this turned out not to be the case. When we altered its position on the menu, the results remained consistent. ㉕-㉖ Also, women seemed to be more interested in the item, as they asked the waiter about it more often. And a majority of people who asked about the item ended up ordering it, and men as well as women appeared to be satisfied with this choice.

T: Those are some interesting conclusions. Did you encounter any problems when you considered the sociology side of the experiment?

M: The most difficult task we faced was trying ㉗-㉘ to determine exactly which sociological factors were affecting their decisions to either choose or not choose the healthy item. We just couldn't collect enough data to be sure. Initially, we were also worried that using only one restaurant would limit the results of the experiment, but it turned out to be a blessing, as it limited the variables and helped to control the experiment. ㉗-㉘ One other thing: when we tried to interview participants after the study, we encountered some mistrust, making them less likely to answer our questions about things like age, ethnicity or educational background.

T: Right. Those are all fairly personal questions, so that doesn't' make it easy. What about from a business perspective?

W: ㉙-㉚ It was hard to measure what kind of impact we had on profits. There was a slight rise in revenue when we emphasised flavour in the description, but I think we would need to perform the experiment over a much longer period to prove anything with certainty. ㉙-㉚ Another thing that limits our conclusions is that we used only one type of restaurant, so we can't necessarily

---

그대로 유지했고요.

교: 그 실험을 어디에서 하기로 결정했었나요?

남: 엠마의 부모님께서 식당을 운영하셔서 위치로는 가장 당연한 선택일 것 같았지만, 그 식당이 꽤 작아서 생각을 바꿨어요. 현실적인 결론을 이끌어낼 만큼 충분한 규모로 조사를 하는 것은 시간이 너무 많이 걸릴 것 같더라고요. 또 캠퍼스 안에서 실험을 해볼까 생각하기도 했었지만 교내 학생들 외에도 실험에 참여하는 것이 더 나을 거라고 생각했어요. ㉔ 그래서 결국 시내에 있는 대형 패밀리 레스토랑을 선택했죠. 콜비가 그랬던 것과 꽤 비슷하게요.

교: 실험을 할 때 어떤 결과들을 도출해 낼 수 있었나요?

여: ㉕-㉖ 처음에는 건강메뉴가 많은 사람들에게 선택받지 못해서 약간 놀랐어요. 메뉴판의 가장 아래에 적혀 있어서 그랬다고 생각했지만, 알고 보니 그건 아니었어요. 저희가 메뉴판에서 그 건강 메뉴의 위치를 변경했을 때에도 결과는 같았거든요. ㉕/㉖ 또한, 여성 고객들은 그 메뉴에 관심을 더 보였고 웨이터에게 더 자주 그 메뉴에 대해서 물어 보았죠. 그리고 물어봤던 대다수의 사람들이 결국 그 건강메뉴를 주문 했어요. 여성들뿐 아니라 남성들도 자신들이 선택한 메뉴에 꽤 만족하는 것처럼 보였습니다.

교: 흥미로운 결론이군요. 그 실험의 사회학적인 면을 고려했을 때 어떤 난관에 부딪히지는 않았나요?

남: 저희가 겪었던 가장 어려웠던 과제는 ㉗-㉘ 고객들이 그 건강메뉴를 선택하게 만드는 사회학적인 요인들이 정확히 무엇인지를 파악하는 것이었죠. 그 사실을 확인할 수 있을 정도의 충분한 자료를 모을 수가 없었어요. 처음에, 저희는 한 곳의 레스토랑에서만 실험을 하는 것이 결과에 한계를 드러내지는 않을까 걱정했지만, 너무나 다행히도 오히려 변수를 제한하고 그 실험을 통제하는 것에 더 도움이 되었죠. ㉗-㉘ 그리고 또 한 가지는 조사 후에 참여자들을 인터뷰하려고 할 때, 저희들을 좀 못 미더워하는 것 같았어요. 그들의 연령, 민족성 또는 교육적 배경과 같은 것들을 질문했을 때 대답하기 좀 꺼려했거든요.

교: 그랬군요. 그래요, 모두 꽤 개인적인 질문들이니 쉽지는 않겠지요. 경영학적인 관점에서 봤을 땐 어땠나요?

여: ㉙-㉚ 이윤에 있어 저희의 실험이 어떤 영향을 미쳤는지 알아보기 쉽지 않았어요. 메뉴에 대한 설명에서 맛을 강조했을 땐 수익이 약간 증가했었지만, 무엇이든 확실하게 증명을 하려면 아무래도 좀 더 긴 기간에 걸쳐서 실험을 해야 할 것 같아요. ㉙-㉚ 결론에 대한 또 한가지 한계점은 저희가 단 한 종류의 레스토랑만 이용을 했다는 거예요. 이런 실험 결과

apply these results to fast food, upscale restaurants and others. Also, we only used one particular menu item throughout the entire experiment, so I'd certainly like the chance to run the experiment again with some other variables...

를 패스트 푸드점이나 고급 레스토랑 또는 그 외의 식당들에 그대로 적용할 수는 없죠. 또한, 저희는 전체 실험을 진행하는 동안 한 가지 특정 메뉴만 사용했어요. 그래서 다른 변수들을 이용해서 다시 실험을 해 보고 싶은데...

어휘 sociology ⓝ 사회학   approach ⓝ 접근법   overlap ⓥ 겹치다   reaction ⓝ 반응   starting point 출발점, 기점   hand ⓥ 건네주다   indicate ⓥ 나타내다   respond to ~에 반응하다   emphasise ⓥ 강조하다   perceive ⓥ 인지하다, 이해하다   roughly ⓐⓥ 대충, 대강   maintain ⓥ 유지하다   parameter ⓝ (일정하게 정한) 한도   draw a conclusion 결론을 도출하다, 끌어내다   have to do with ~과 관련 있다   turn out to be ~로 밝혀지다   alter ⓥ 바꾸다, 변경하다   remain ⓥ (~한 상태로) 있다   consistent ⓐⓓⓙ 일관된   be satisfied with ~에 만족하다   face ⓥ 직면하다, 마주하다   blessing 좋은 점, 다행스러운 것   variable ⓝ 변수   mistrust ⓝ 불신   ethnicity ⓝ 종족, 민족성   perspective ⓝ 관점, 시각   have an impact on ~에 영향을 미치다   with certainty 확신을 가지고, 정확하게   apply A to B A를 B에 적용하다

Questions 21–24

21 학생들은 왜 그 프로젝트를 함께 하기로 결정했나?
   A 둘 다 사회학에 관심이 있기 때문이다.
   B 그전에는 한 번도 팀으로 프로젝트를 해본 적이 없기 때문이다.
   C 그 주제에 대한 다른 관점을 가지고 있기 때문이다.

22 콜비의 연구에서 무슨 일이 있었나?
   A 참여자들에게 여러 가지의 음식들을 맛 보도록 했다.
   B 참여자들에게 한 가지 음식을 선택하게 했다.
   C 참여자들에게 세 가지 음식의 설명을 쓰도록 했다.

23 콜비가 그의 연구에서 어떤 위험성에 대해 언급했나?
   A 설명의 길이가 과하면 효과를 잃을 수 있다.
   B 식당 고객들은 가성비를 신경 쓴다.
   C 긴 목록의 메뉴들은 판매량을 감소시킬 수 있다.

24 학생들은 실험을 어디에서 진행했나?
   A 패밀리 레스토랑에서
   B 콜비가 이용했던 똑같은 레스토랑에서
   C 학교 캠퍼스에서

21 **해설** 학생들이 프로젝트를 '함께 하기로 한 이유'를 묻는 문제이다. Part 3에서 세 명의 화자가 등장하는 경우 주로 두 명의 학생과 한 명의 교수님이 등장하여 세 명의 다른 성우의 목소리가 들린다. 여기서 교수님은 늘 토론을 이끌어가는 역할을 담당하며, 21번 문제에 관련된 이야기가 끝나고 22번 문제에 관련된 이야기로 넘어갈 때 신호를 주는 고마운 화자이다. 문제를 위한 실마리는 남학생 또는 여학생이 제공한다. 이 문제에서는 교수님이 왜 둘이 이 프로젝트를 같이 하느냐고 물을 때 메모할 타이밍을 바로 잡아야 한다. 연이어 여학생과 남학생이 왜 이 프로젝트를 함께 하게 되었는지 이유를 이야기한다. 주로 들린 키워드는 [different ways, business, sociology, different approaches, same experiment, good team, overlap, interesting] 정도이다. 여학생이 자신은 경영학과, 마틴은 사회학과라고 언급한 부분만 이해했더라도 보기 A는 바로 소거할 수 있다. 두 사람 모두에게서 언급된 공통적인 내용은 '같은 실험, 다른 방식들'이다. 이에 해당하는 것으로 보기 C가 가장 적절하다. perspective는 어떤 대상을 바라보는 '관점 또는 시각'을 의미한다. 보기 B는 이전에 한 번도 팀으로 작업을 해본 적이 없다는 이야기가 언급되지 않으므로 오답이다. 정답은 C They had different perspectives on the subject이다.

22 **해설** '콜비의 연구에서 있었던 일'을 묻는 문제로, 이해하기 다소 어려운 내용이다. 이렇게 문제 속에 what happened? (무슨 일이 있었나?)가 나오면 반드시 타이밍을 잡고 동사 위주로 메모를 해야 한다. 따라서 이 문제에서는 보기 속 공통적인 주어인 participants(실험의 참여자들)가 했던 행동들을 나타내는 동사들 위주로 메모하며 살펴봐야 한다. 여기서 주의해야 할 것은 연구가인 콜비의 행동이 아니라, 보기들 속에 주어진 '참가자들'이 실험에서 어떤 행동을 했었는지 집중해야 한다는 것이다. 대부분 잘 들렸던 동사들을 살펴보면, [indicate, wanted, pick, respond to] 정도이다. 이 실험에 참여한 사람들은 주문하고 싶은 메뉴를 드러내고, 고르고, 반응하라는 요청을 받은 것으로 예측할 수 있다. 똑같은 메뉴에 세 가지 다른 설명을 각기 다른 메뉴판에 적어서 그 설명이 얼마나 사람들의 선택

에 영향을 미치는지 알아보고자 했던 실험이다. 정답은 B Participants were asked to select a menu item이다.

23 [해설] 콜비가 연구를 진행하면서 알게 된 '위험성'에 대해 묻는 문제이다. 문제 속 danger를 너무 과하게 해석하지 않아도 된다. 식당 메뉴를 작성하는 것에 관련된 실험이니 그저 '주의해야 할 점' 정도로 해석하면 된다. 콜비도 실험을 통해 알게 된 사실이니 '실험의 결과, 결론'이 언급되는 부분에 집중해야 한다. Part 3에서 이렇게 조사, 연구 또는 실험에 대한 토론을 하는 경우, [조사 대상 → 조사 목적 → 조사 방법 → 조사 결과 → 비교]의 순서로 늘 그 내용의 전개가 흡사하니 미리 알아두자. 이 문제는 '조사 결과'에 해당되는 부분으로 conclusion을 키워드로 잡고 메모해야 한다. danger를 의미하는 warned가 언급된 후의 실마리 표현들을 메모해 보면 [long 설명, decrease, value, too much detail, sold, negatively] 등이다. 조합해 보면, '메뉴에 대한 긴 설명이 가치를 떨어뜨리고, 너무 과한 디테일은 부정적으로 작용한다'라고 정리할 수 있다. 정답은 A Explanations lose effectiveness if their length is excessive이다. 보기 C는 '설명'이 길다는 것이 아니라 '메뉴판에 적힌 메뉴들의 목록'이 길다는 의미이므로 이를 혼동해서는 안 된다.

> **Tip!** Paper-based IELTS 시험은 청취 후 추가 10분이 주어지지만, Computer-delivered IELTS 시험은 청취 후 추가 2분이 주어진다. 물론 본인의 청해력 수준에 맞게 시험 방식을 선택하는 것이 맞지만, 둘 중 어떤 경우라도 신속하게 정보를 파악하고 '말도 안 되는 구색 맞추기용' 보기들을 소거한 후 의심되는 보기를 정답으로 과감히 선택해야 한다는 사실을 잊지 말자.

24 [해설] 학생들이 실험을 '어디에서 진행했는지'를 묻는 문제이다. [오답 → 오답 → 정답]의 패턴으로 전형적인 오답 함정을 이용했다. 이렇게 보기가 간단한 문제는 보기를 따라가며 O/X 퀴즈처럼 풀어도 좋지만, Recording을 들으면서 우측의 빈 공간에 본인이 들리는 대로 한글이든 영어로든 재빠르게 메모하는 것이 좋다. 이 문제에서는 [부모님 식당, but 너무 작음, campus, but 대학생들만 참여] 이런 식으로 들리는 단어들이 있으면 바로 메모해야 한다. 콜비가 실험을 진행했던 식당이 아니라 그 식당과 매우 흡사한(much like) 레스토랑이라고 했으므로 보기 B는 오답이다. 보기 A 역시 캠퍼스는 학생들만 대상으로 조사를 해야 하니 한계가 있다고 생각했으므로 오답이다. 정답은 end up -ing(결국 ~하다)를 활용해 시내에 있는 대형 레스토랑을 선택했다고 하므로 A a family restaurant이다.

Questions 25–26

학생들의 실험의 두 가지 결과들은 다음 중 무엇인가?

A 여성들이 남성들보다 건강메뉴에 대하여 더 많이 물어보았다.
B 많은 사람들이 건강메뉴에 대하여 웨이터에게 물어보았다.
C 메뉴판의 아래쪽에 적혀진 메뉴들이 덜 인기가 있었다.
D 건강메뉴를 선택한 사람들이 거의 없었다.
E 남성들이 여성들보다 선택한 메뉴에 대해 더 만족스러워 했다.

25- [해설] 학생들이 실험을 통해서 알게 된 '결과들'에 대한 문제이다. 어떠한 결과를 알게 됨으로써 '놀라다, 드러나다, 실
26 망하다, 기쁘다' 등과 같은 감정을 함께 언급할 수 있으므로 관련 어휘가 들리면 정답 쪽에 메모를 해야 한다.

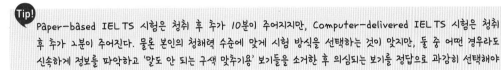

실제 드러난 사실들	기대와 달랐던 것
surprised → not chosen *Also seemed →* 여자 > 남자 *(interested)* *And appeared →* 여자 = 남자 *(satisfied)*	*thought → bottom, but not the case*

실험을 통해 드러난 사실들을 취합해 보면, [첫째, 메뉴 설명을 작성해서 실험을 했는데, 그 메뉴가 선택 받지 못해 놀랐다. 둘째, 그 메뉴에 대하여 여자들이 더 많은 관심을 보였다. 셋째, 여자든 남자든 그 메뉴에 대한 만족감은 같

았다.] 정도로 정리할 수 있다. 예상했던 것과 달랐던 것은 실험을 위한 그 건강메뉴를 메뉴판의 가장 아래에 배치해 놓아서 인기가 없다고 생각했지만 위치를 바꿔도 결과가 마찬가지였으므로 그건 아니다(not the case)라는 것이다. 주어진 보기들 중 취합된 내용과 일치하는 것과 일치하지 않는 것을 구분하여 두 개의 정답을 찾아 보자.

❶ A(여성들이 더 많이 물어 보았다 = 여성들이 더 관심이 많았다)는 정답이다.

❷ B(많은 사람들이 웨이터에게 물어 보았다 ≠ 물어본 사람들 중 대부분이 주문을 했다)에는 many people과 Recording 상 a majority people이 같은 의미이기에 선택을 유도하는 오답 함정이다. 많은 사람들이 물어봤다는 의미가 아니라 물어본 사람들 중 많은 사람들이 주문을 했다는 이야기이므로 일치하지 않는다.

❸ C(메뉴판의 가장 아래에 위치된 메뉴들이 인기가 덜 있었다 ≠ 사실과 달랐다)는 오답이다.

❹ D(기대했던 것 보다 더 적은 수의 사람들이 그 메뉴를 선택했다 = 많은 사람들이 선택하지 않아서 놀랐다)는 정답이다. surprised는 본인들의 예상과 달랐기 때문에 놀랐다는 뜻이므로 동일한 의미로 볼 수 있다. 문제나 보기들 속에 few의 비교급인 fewer나 little의 비교급인 less가 등장하면 해석을 신중하게 해서 정확한 사실을 파악해야 한다.

❺ E(여성들보다 남성들이 더 만족했다 ≠ 선택한 메뉴에 있어서는 남성과 여성이 동등하게 만족했다)는 오답이다. interested 면에 있어서 여성들이 더 관심을 보였다고 한 것과 혼동하면 안 된다.

정답은 순서에 상관없이 A와 D를 25번과 26번 답지에 옮겨 적으면 된다. 둘 중 하나라도 적어 넣으면 하나는 정답 처리가 되니 반드시 오답들을 신중히 소거하여 하나라도 맞추자.

Questions 27-28

그 실험의 사회학적인 면모들에 관한 두 가지 문제점들은 다음 중 무엇인가?

A 제한적인 변수들
B 메뉴에 대한 정확한 설명
C 불충분한 자료
D 고객들의 신뢰를 얻는 것
E 인터뷰 참여자들에 대한 교육

27- **해설** 실험의 '사회학적 면모들에 대한 두 가지 문제점'을 묻는 문제이다. 사회학은 남학생의 전공이다. 남학생이 이
28 야기하는 것에 정답과 오답이 모두 섞여서 언급된다. 그러나 문제 속 sociology(사회학)에 대한 전문적인 이야기는 전혀 없다. 사회학이 무엇인지 모르더라도 단순히 두 학생이 실험을 진행하면서 직면했던 problems(문제점, 장애물, 난관)들만 메모해 둔다면 정답을 쉽게 끌어낼 수 있다. 문제 속에서 sociology는 단순히 타이밍만 잡아 주는 표현이고, 중요한 신호 키워드는 problems임을 파악해야 한다. 학생들이 어떤 조사 또는 연구를 하면서 문제를 겪었다면 [not easy, hard, difficult, challenging, difficulty, obstacle(장애물), setback(걸림돌), limitation (한계)] 등과 같은 표현들이 나올 것이다. 학생들이 힘들었다고 말하는 부분을 잘 캐치해서 듣고 메모해 두어야 한다.

Problem	No problem
difficult → 정확한 요인들 / choose or not choose couldn't → enough data encounter mistrust → 질문에 답하기를 꺼려함	only one restaurant → but, a blessing limit variables help control 실험

실험에서 사회학적인 요인들을 파악하는 데에 두 학생들이 마주했던 문제점들을 취합해 보면 [첫째, 사람들이 건강메뉴를 선택함에 있어 정확하게 어떤 요인들이 결정적인 역할을 했는지 파악하기가 힘들었다. 둘째, 이를 파악하기에 충분한 자료가 없었다. 셋째, 인터뷰 시 질문에 답하는 것을 꺼려해서 힘들었다.] 정도로 정리할 수 있다. 사실 다양한 레스토랑이 아니라 한 군데에서 실험을 한 것이 한계를 드러내는 것이 아닐까 걱정했지만 오히려 한 군데에서 실험해서 변수적인 요인들을 제한시킬 수 있었고, 실험 자체를 통제하는 것에 도움이 되었다고 했으니 이에 해당하는 보기들은 모두 오답이 된다. 보기들 중 B의 accurate는 함정이고 descriptions는 '메뉴판에 특정 음식에 대한 설명을 해 놓은 것'을 의미하므로 적절하지 않다. 정답은 순서에 상관없이 C와 D를 27번과 28번 답지에 옮겨 적으면 된다.

Questions 29–30

그 실험의 경영학적인 면모들에 관한 두 가지 문제점들은 다음 중 무엇인가?

A 경영에 미치는 영향에 대한 측정

B 패스트푸드와 고급 레스토랑 사이의 가격 차이

C 수입 부족에 대한 이유의 설명

D 건강메뉴에 대한 불충분한 마케팅

E 다른 유형의 레스토랑에서의 실험 적용

29- **해설** 실험의 '경영학적인 면모들에 대한 두 가지 문제점'을 묻는 문제이다. 경영학은 여학생의 전공이다. 여학생은 경
30 영학적인 측면에서 이 실험을 하면서 겪었던 어려움을 언급한다. 사회학과 마찬가지로 무언가 전문적인 이론이 언급
되는 것은 아니다. 누구나 쉽게 알 수 있는 '이윤, 매출, 소득'에 대한 이야기 정도만 등장한다. 동사의 시제나 명사의
단/복수형태는 무시하고 들렸던 단어들 위주로 메모를 해 보면 [hard, measure, impact, profit, rise, revenue,
flavour, longer period, limit, one type, result, fast food, only one menu, chance, variable] 등이다. 보기
B의 fast food, 보기 C의 revenue는 메모해 둔 단어들이 보기에 그대로 언급된 것으로 오답이다. 이런 식으로 대부
분의 경우 오답 세 개 중 두 개는 쉽게 소거할 수 있다. 메모한 단어 중 measure는 '조사, 실험, 연구'에 대한 내용에
서 필수로 등장하는 동사로, '측정하다, 재다, 판단하다' 등의 의미를 가진 'survey, calculate, find out, determine'
등으로 Paraphrasing되어 나온다. 또한, 보기 A의 effect는 impact가 Paraphrasing된 표현으로, IELTS에 자주
등장하는 동의어이므로 기억하자. 실험이 어떤 영향을 미쳤는지 알아보기 쉽지 않았다고 한 A가 정답이다. 또한 학
생들이 실험을 진행하지 않은 패스트푸드점이 언급된 것으로 보아 '다른 유형의 레스토랑'에는 적용할 수 없는 결론
이 나온 것이 아닌가 유추할 수 있으므로 E도 정답이다. 보기 D의 '마케팅, 홍보'에 관련된 이야기는 언급된 적이 없
으니 오답이다. 정답은 순서에 상관없이 A와 E를 29번과 30번 답지에 옮겨 적으면 된다.

Questions 31–40

영국 AT3-04

Part 4. You will hear part of a lecture about the evolution of dogs and humans, giving details about their shared history.

M: In this lecture, I'm going to tell you about the shared evolution of humans and dogs. I would like to explain how the human-dog relationship began and the effects that it has had on both species.

Dogs and humans have a powerful social bond formed over thousands of years of living and working together. But there is actually little anthropological evidence to suggest exactly how dogs and humans came to form this social partnership. **③①** In fact, the domestication of wolves is somewhat of a mystery to anthropologists, as they represent one of the only predators we have decided to befriend rather than kill off. Dogs are also the only animal that was domesticated while humans were still hunter-gatherers, before the agricultural age, between 15,000 and 30,000 years ago. **㉜** Most animals are domesticated because they serve some purpose for human society, like the way that pigs are used for food and horses are used for transportation. It's easy to assume that our ancestors decided to domesticate wolves so that they could protect them and help them

파트 4. 개과 인간들의 진화와 공동의 역사에 대해 상세히 설명하는 강의의 일부를 듣게 됩니다.

남: 이번 강의에서는 인간과 개들의 공동 진화에 대해 이야기를 할까 합니다. 어떻게 인간과 개의 관계가 시작되었고 이 관계가 그들 둘에게 어떤 영향을 미쳤는지 설명해 보겠습니다.

개와 인간은 함께 생활하고 일하며 수천 년에 걸쳐 형성해 온 강한 사회적 유대감을 가지고 있습니다. 그러나 사실 그들이 정확히 어떻게 이런 사회적인 파트너십을 형성하게 되었는지 말해줄 수 있는 인류학적 근거는 거의 없습니다. **③①** 사실, 늑대들의 사육은 인류학자들에게는 일종의 미스터리입니다. 늑대들은 우리 인간들이 죽이기보다 친구가 되기로 결정했던 유일한 포식자들 중 하나이기 때문이죠. 개들은 인간들이 수렵 생활을 할 당시, 만 오천 년과 삼만 년 전 사이, 농경시대 이전에 사육된 유일한 동물이었어요. **㉜** 대부분의 동물들은 인간 사회를 위한 어떤 목적을 바탕으로 사육됩니다. 가령, 돼지들은 식량을 위하여 말들은 이동수단을 위해 이용되죠. 선조들이 자신들을 보호하고 사냥을 도와줄 수 있도록 늑대들을 사육했다는 사실은 쉬이 추정할 수 있습니다. 현실은 그리 간단하지만은 않지만 말이죠.

hunt for food. The reality is more complex.

In fact, it is likely that the ancestors of modern dogs first approached humans, not the other way around. For prehistoric wolves, there were two strategies for getting food from us: stealing or begging. As people became more adept at protecting themselves and eradicating carnivorous predators, for the wolves, survival of the fittest became survival of the friendliest. ❸❸ <u>More aggressive wolves were driven away or killed, but friendlier wolves were allowed to stay.</u> As friendliness became more advantageous, generation by generation, natural selection dramatically changed both the appearance and behaviour of wolves. ❸❹ <u>Their ears became droopier, they began to wag their tails, and their dark coats started to show more white blotches.</u> In short, they became cuter. Over time, they also learned how to read human behaviour. The ability of dogs to read our emotions, moods, and intentions with the slightest change in body language is unrivaled by any other species on earth.

The more finely dogs became attuned to their humans, the more valuable they became. As loyal and perceptive partners, dogs were useful in all sorts of ways. First, hunting. A hunter would be significantly more effective with a dog than without one. ❸❺ <u>Even today, many cultures use dogs to track prey.</u> For example, in Arctic regions, moose hunters who are accompanied by dogs are able to bring back 56 per cent more meat than those who hunt alone. In addition, dogs were useful as warning systems. ❸❻ <u>With their pack mentality extended to cover their human companions, their finely tuned senses of hearing and smell could detect other predators and hostile strangers from other tribes long before their humans would notice anything wrong.</u>

❸❼ <u>Another advantage of dog ownership for hunter-gatherers was their potential as an emergency food source.</u> Fossil evidence suggests that as hunter-gatherers, early humans did not store food near their settlements for future use. It is not pleasant to think about, but when times were difficult and food was scarce, the least valuable dog could be sacrificed to save the rest of the pack. Some scientists have theorised that ❸❽ <u>this situation may have actually led to humans becoming interested in trapping and breeding livestock, as well as growing vegetables and grains.</u> If

사실, 현대 개들의 조상들이 먼저 인간에게 접근했을 가능성이 높습니다. 그 반대가 아니라 말이죠. 선사시대의 늑대들에게는 우리 인간들로부터 먹이를 얻어낼 수 있는 두 가지 전략이 있었어요. 훔치거나 구걸하는 것이었죠. 사람들이 스스로를 보호하고 육식 포식자들을 제거하는 것에 더 능숙해지면서, 늑대들에게는 적자 생존이 곧 가장 친화적인 생존이 되었어요. ❸❸ 공격성이 더 큰 늑대들은 쫓겨나거나 사살당했지만, 친화적인 늑대들은 머무를 수 있었죠. 친화력이 더 유리해지면서, 세대에 걸쳐 그런 자연적인 선택이 늑대들의 외모와 행동 모두를 급격하게 바꾸게 됩니다. ❸❹ 귀는 더 축 늘어지게 되고, 꼬리를 흔들기 시작했으며, 그들의 어두웠던 가죽의 색은 하얀 얼룩들을 드러내기 시작했어요. 다시 말해, 늑대들이 더 귀여워진 거죠. 시간이 흐르며, 그들은 또한 인간의 행동을 읽을 줄도 알게 됩니다. 바디 랭귀지에 있어 가장 최소한의 변화로도 인간의 감정과 기분 그리고 의도까지 읽을 줄 아는 개들의 능력은 지구상의 그 어떤 다른 동물들과도 비교할 수 없습니다.

더 섬세하게 인간들에게 스스로를 맞출수록, 개들은 더 가치 있게 되었습니다. 충직하고 통찰력 있는 파트너로서, 개들은 온갖 다양한 면에서 유용했죠. 먼저, 사냥입니다. 사냥꾼은 개와 함께 사냥을 하는 것이 그렇지 않은 것보다 훨씬 더 효과적이었죠. ❸❺ 심지어 오늘날, 많은 문화권에서도 먹이를 쫓는 데에 개들이 이용됩니다. 예를 들어, 북극 지방에서는, 사냥개를 동반한 엘크 사냥꾼들은 혼자 사냥하는 사람들에 비해 56퍼센트 더 많은 고기를 가져올 수 있어요. 게다가, 개들은 경고 장치로서도 유용합니다. ❸❻ 자신들의 동반자인 인간들까지 한 무리라고 생각하는 사고방식으로, 개들의 섬세하게 조율된 청각과 후각은 인간들이 무언가 잘못됐다는 것을 눈치채기 훨씬 이전에 다른 포식자들이나 다른 부족에서 온 적대적인 이방인들을 감지할 수 있었죠.

❸❼ 수렵인들이 개를 사육하는 것의 또 하나의 장점은 비상 식량원으로서의 가능성이었습니다. 화석 증거에 따르면, 수렵생활을 하던 초기 인간들은 후에 이용하기 위하여 주거지 근처에 음식을 저장해두지 않았다는 사실이 드러납니다. 물론 그리 유쾌한 사실은 아니겠지만, 어려운 시기나 식량이 부족한 경우, 가장 쓸모가 적은 개는 나머지 무리들을 위하여 희생될 수 있었죠. 몇몇 과학자들은 ❸❽ 이런 상황이 실제 인간들이 야채나 곡물을 기르는 것뿐 아니라, 가축을 잡아서 번식시키는 것에 관심을 가지게 된 계기라는 이론을 제시해 왔습니다. 만약 식량원을

we find it useful to have a food source close at hand, why not build some fences and keep some bigger animals in there? And why not find a way to get plants to grow close to our homes so that we don't have to walk all over the countryside trying to find them? If this is true, dogs may have been one of the key elements in moving humankind toward modern civilisation.

Comparing wolves and dogs side-by-side, the biological effects of living with us are obvious. However, scientists have recently uncovered evidence to suggest that the reverse is also true, that human evolution was affected by our relationships with dogs. ❸❾ A recent study which sequenced DNA samples of both dogs and humans has indicated that several traits have been passed down in both animals, including serotonin transmitters, which help to regulate mood. They also found several diseases that evolved side-by-side in both dogs and humans, including obsessive-compulsive disorder, obesity, and some cancers. Two species affecting each other's development, known as 'convergent evolution', is extremely rare, although perhaps not surprising given the long history of dog and human cohabitation. Further tests will be needed to see if other domesticated animals like sheep and horses have similarly affected human DNA.

Truly, the relationships between dogs and humans are unique. On the surface, dogs have undergone more changes to their appearance and behaviour than humans have. But the evidence suggests that on a deeper biological level, humans may have been affected nearly as much as dogs have been. Some have even questioned whether the word domestication perhaps gives humans too much credit. ❹⓪ After all, it was really dogs that approached us first, offering hunting skills and companionship in exchange for food and shelter. Perhaps, if we adjust our perspective, it was not we who domesticated dogs, but dogs that domesticated us.

손쉽게 구할 수 있다는 사실을 알았다면, 왜 울타리를 지어서 그곳에서 더 큰 동물들을 기르고 싶지 않겠습니까? 그리고 식물들을 찾아서 시골 전역을 걸어 다니지 않아도 된다면 왜 가까이에서 식물을 기를 수 있는 방법을 찾지 않겠습니까? 만약 이것이 사실이라면, 개들은 인류를 현대의 문명사회로 진보하게 만든 주요 요소들 중 하나였을지도 모릅니다.

늑대와 개를 나란히 두고 비교해 보자면, 우리 인간들과 함께 생활하는 것의 생물학적인 영향은 명백합니다. 그러나, 최근 과학자들은 그 반대, 즉 인간의 진화가 개와의 관계에 영향을 받았다는 것 또한 사실이라는 것을 제시하는 근거를 밝혀냈습니다. ❸❾ 개와 인간의 DNA 샘플을 배열한 최근의 한 연구 결과, 기분을 조절하는 데 영향을 미치는 전달세포인 세로토닌을 포함한 여러 가지 특성들이 둘 모두에게 대물림 되어 왔다고 합니다. 또한 개와 인간 모두에게 나란히 발달되었던 여러 질병들 또한 발견되었는데요, 강박 장애, 비만 그리고 몇몇 암 등이 포함되어 있습니다. 서로의 발달에 영향을 미치는 두 종, 즉 '수렴 진화(계통이 전혀 다른 종족의 외형이 닮아 가는 진화 현상)'는 극히 드물지만, 개와 인간의 긴 동거의 역사를 볼 때 아마도 놀랄 일은 아니죠. 만약 양이나 말처럼 인간들에게 사육되었던 동물들이 인간의 DNA에 유사한 영향을 미쳤는지 확인하기 위해서는 더 많은 시험들이 필요할 겁니다.

정말로, 개와 인간의 관계는 특별합니다. 표면적으로 봤을 때, 개는 외모나 행동에 있어서 인간들보다 더 많은 변화를 거쳤죠. 하지만 더 심오한 생물학적 측면에서 봤을 때, 인간들도 개들이 그랬던 것과 거의 마찬가지의 영향을 받아왔다는 근거들이 있습니다. 몇몇 사람들은 사육이라는 표현이 아마도 인간들에게 너무 많은 공로를 돌리는 표현이 아닌지 의문을 던져 왔습니다. ❹⓪ 사실 결국엔, 우리 인간에게 먼저 다가온 것도, 먹을 것과 지낼 곳을 얻어 내기 위해 사냥 기술과 동지애를 보여준 것도 개들이었죠. 아마 다른 시각에서 본다면 우리가 개들을 사육시킨 것이 아니라, 개들이 우리를 사육시킨 것이 아닐까요?

어휘 bond ⓝ 유대감   anthropological adj 인류학적인   domestication ⓝ 사육   anthropologist ⓝ 인류학자   befriend ⓥ 친구가 되다   hunter-gatherer ⓝ 수렵인   agricultural age 농경시대   ancestor ⓝ 조상, 선조   the other way around 반대로   prehistoric adj 선사시대의   beg ⓥ 빌다, 구걸하다   survival of the fittest 적자생존   aggressive adj 공격적인   advantageous adj 유리한   natural selection 자연 도태   droopy adj 축 늘어진   wag ⓥ 흔들다, 살랑거리다   coat ⓝ (동물의) 가죽   blotch ⓝ 얼룩, 반점   in short 요컨대, 다시 말해   intention ⓝ 의도   finely adv 세심하게, 정교하게   attune ⓥ 조율하다   perceptive adj 통찰력 있는   track ⓥ 추적하다, 뒤쫓다   Arctic adj 북극의   moose ⓝ 큰 사슴, 엘크   warning system 경고 장치   pack mentality '한 패' 사고방식   extend ⓥ 확대되다, 포괄하다   companion ⓝ 동료, 동지   detect ⓥ 알아내다, 감지하다   hostile adj 적대적인   tribe ⓝ 부족   emergency food 비상 식량   fossil ⓝ 화석   store ⓥ 저장하다

settlement n 거처, 정착지　scarce adj 부족한, 드문　sacrifice v 희생시키다　theorise v 이론화하다　trap v 덫을 놓아 잡다　breed v 기르다, 번식시키다　close at hand 가까운 곳에　side-by-side adv 나란히　uncover v 밝히다, 드러내다　reverse n 정반대의 것　sequenced adj 병렬된, 배열된　trait n 특징, 성질　obsessive-compulsive disorder 강박증　obesity n 비만　convergent evolution 수렴 진화　cohabitation n 동거　undergo v 겪다, 경험하다　give credit 공로를 인정하다　in exchange for ~ 대신으로　shelter n 거처, 은신처　adjust v 조정하다　perspective n 관점, 시각

Questions 31–40

인간과 개의 공동 진화

늑대 사육의 미스터리
- 인간들은 대부분의 **31** _____과 친구가 되기 보다 죽였다.
- 개들은 인간이 농사를 짓기 전부터 사육되었다.
- 대부분의 동물들은 **32** _____에 이득이 되기 위하여 사육되었다.
  예) 돼지, 말

인간들로의 개의 접근
- 친근한 늑대들은 인간들과 함께 머물 수 있었지만, **33** _____인 늑대들은 죽이거나 쫓아냈다.
- 늑대들의 생김새와 행동들은 변했다.
  예) 축 늘어진 **34** _____, 살살 흔드는 꼬리, 털 위의 하얀 반점들

인간에 대한 혜택들
사냥
- 개들은 **35** _____를 찾는 데에 유용해졌다.
  예) 엘크 사냥꾼들은 개와 함께 56퍼센트 더 많은 고기를 사냥한다.
경고 시스템
- 개들은 훌륭한 **36** _____를 가지고 있다 – 위험을 감지하는 데에 유용하다.
  예) 청각과 후각
비상 **37** _____
- 개들은 어려운 시기에 희생될 수 있었다.
- 개들을 기르는 것의 혜택들이 **38** _____과 농작물을 기르는 것에 대한 호기심을 자극했을 가능성이 있다.

인간 진화에 대한 생물학적 영향들
- 개와 인간은 비슷한 유전자를 가지고 있다.
  예) 세로토닌 전달세포 – 신체는 이것이 없으면 기분을 **39** _____할 수 없다.
  예) 강박증, 비만 그리고 암을 포함한 공통적인 질병들
- 개와 인간은 '수렴 진화'의 흔치 않은 예이다.

특별한 관계
- 생물학적으로 개들 만큼이나 인간들도 영향을 많이 받았다.
- 개들은 먹이와 거처를 위해 **40** _____과 동료애를 교환하였다.
- 아마도 개들이 인간들을 사육한 것일지도 모른다, 그 반대가 아니라.

31　**Mystery of wolf domestication**
- Humans killed most **31** _____ rather than befriending them.

해설 인간들이 '무엇을 죽였는지' 묻는 문제이다. 문장의 형태와 구조 즉, 문형 자체가 바뀐 상태로 나온 문제로, 바로 내용을 정확히 파악하고 해결하는 게 쉽지 않다. 관련 정보가 나오는 타이밍에서 들리는 주요 키워드 명사 몇 개를 메모하고 이를 빈칸에 대입하여 말이 되는 명사를 찾아야 한다. 그러니 내용 파악보다는 [전체 제목 확인–소제목

확인-이야기 흐름을 놓치지 않게 도와줄 신호 키워드 체크]의 단계로 진행한다. 신호 키워드인 domestication이 들린 이후에 '죽였다'의 목적어 빈칸에 들어갈 수 있을 만한 명사들을 메모해야 한다. Recording에서 첫 번째 메모와 두 번째 메모 사이의 흐름이 매우 신속하게 진행되니 흐름을 놓치지 않고 따라가는 것이 중요하다. 그 사이에서 정답으로 처리할 만한 명사는 anthropologists와 predators이다. '(동물의) 포식자들'을 의미하는 predators가 정답이다. 피식자(prey)와 포식자(predator)는 IELTS에서 환경과 생태계에 관한 이야기가 나올 때 반드시 등장하는 필수 어휘이므로 기억하자. 빈칸 앞에 most가 나오므로 반드시 복수형으로 처리해야 한다. 정답은 predators이다.

> **Tip!**
> 소제목 바로 밑의 bullet point(·)들에 해당하는 정보 속 신호 키워드를 미리 연필로 체크해 두면 어디까지 듣고 메모를 한 후 이동하면 될지 눈치챌 수 있으므로 꼭 기억하고 훈련해 두자. 다시 말해, 문제지를 볼 수 있는 초반 50초 가량의 시간이 주어졌을 때, 빈칸 양옆의 정보들만 보지 말고, 반드시 위아래의 흐름을 따라갈 수 있도록 중간 중간 신호 키워드들을 모두 신속하게 체크해야 한다는 의미이다. 그러면 Recording에서 also가 들리는 순간 두 번째 포인트로 이동한다는 것도 알아 챌 수 있을 것이다. 무엇보다 흐름을 따라가는 것이 기본이라는 것을 늘 기억하고 Part 4에 대처하자.

32
- Most animals were domesticated to benefit **32** ....
  e.g. pigs, horses

해설 대부분의 동물들이 '무엇을 위해 인간들에게 사육되었는지' 묻는 문제이다. 문제지를 보면 알 수 있듯이 Part 4 에서는 주어진 문제처럼 두 글자까지 처리하는 주관식 문제들도, 세 개의 보기 중 선택해야 하는 다지선다형 문제들도 다양하게 출제될 수 있으니 다양하게 훈련해 두자. 빈칸은 '~에게 혜택을 주다'라는 의미의 완전 타동사인 benefit 의 목적어 자리이다. 아래에 주어진 예들도 함께 살펴 보며 '돼지와 말과 같은 대부분의 동물들은'으로 해석하면 내용 연결이 매끄럽다. 일반적인 강의의 경우, 먼저 전체적인 주제를 제시한 후 그에 해당하는 구체적인 예를 드는 순서로 전개된다. 이번 내용도 먼저 animals ~ for human society로 시작하여 그 실례로 pigs ~ for food 그리고 horses ~ for transportation 이렇게 구체적으로 예를 들고 있다. 따라서 빈칸에 정답이 되는 것은 food와 transportation 을 포괄하는 개념인 human society이다. 이는 인간 사회 전체를 총체적으로 나타내는 집합명사이므로 단수 처리 하는 것이 맞다. 정답은 human society이다.

33
Dogs approached humans
- **33** .... wolves were killed or driven off while friendly wolves could stay.

해설 인간들이 '어떤 늑대들을 죽이거나 내쫓는지' 묻는 문제이다. 빈칸의 형태 예측은 기본적인 준비 단계이다. 문장의 병치 구조를 파악하고 빈칸의 자리가 바로 뒤의 friendly와 같은 형용사 자리라는 것을 미리 파악해야 한다. 중간 접속사 while을 체크한 후 빈칸에 [형용사, friendly와 반대 개념]이라고 메모해 두면 쉽게 정답을 찾을 수 있는 문제이다. 정답은 friendly와 상반된 의미인 '공격적인'이라는 의미의 형용사 aggressive이다. 두 단어까지 정답 처리 가 가능하니 들린 그대로 more aggressive도 가능하다. 정답은 aggressive 또는 more aggressive이다.

34
- The appearance and behaviour of wolves changed.
  e.g. droopy **34** .... , wagging tails, white spots on fur

해설 늑대들의 '외모나 행동이 어떻게 변했는지'를 묻는 문제이다. 상대적으로 난이도가 낮은 문제로, 중요한 키워드는 바로 윗줄의 appearance이다. 인간들과 생활하면서 늑대들의 외모가 변했다는 이야기이니, 포괄적 개념인 appearance 다음, 구체적 예가 언급될 차례임을 알 수 있다. 빈칸의 앞뒤에 나온 droopy, wagging 등의 표현이 낯설어도 그 뒤에 적힌 tails나 fur의 의미를 알고 있다면 예측할 수 있다. 첫 번째로 언급된 것은 늑대들의 '귀'의 생김새에 대한 것으로, 문제지에 귀에 대한 이야기가 언급되어 있지 않으니 정답이다. droopy가 무슨 의미인지 정확히 알지 못해도 새로 언급된 특정 부위인 '귀'를 메모해야 한다. 정답은 ears 복수형이다. 일반적 개념의 신체부위들 중 arms(팔), legs(다리), eyes(눈)와 더불어 늘 복수 처리되는 대표적인 명사이다.

35 Advantages for humans
Hunting
- Dogs have been useful for finding **35** ....
  e.g. moose hunters get 56% more meat with dogs

해설 개들이 '무엇을 찾는 데에 도움이 되었는지' 묻는 문제이다. 소주제가 사냥이므로 빈칸에는 '사냥거리, 사냥감' 이 와야 한다. 정보 배열 문제 유형으로, [포괄적 개념 → 구체적인 예]라는 패턴을 사용하고 있으므로 빈칸 앞뒤만 살피지 말고 아래의 e.g.부분을 보며 정보의 병치 구조를 파악하자. 빈칸 앞의 find는 아래의 e.g.부분에서 get으로 달리 언급되었으니, 빈칸은 get의 목적어인 meat과 같은 자리이다. '고기를 얻다 = 먹이를 찾다' 구조의 병치로, 정답은 먹이를 의미하는 prey이다. 이는 대표적인 집합명사로 늘 단수 처리한다. a prey 또는 preys는 '먹잇감'이라는 의미로 인간을 비유하는 경우를 제외하고 실제 동물에 대한 이야기를 할 때에는 부적절한 표현임을 기억해 두자. 정답은 prey이다.

36 *Warning system*
- Dogs have excellent **36** .... – useful for detecting danger.
  e.g. hearing and smell

해설 개들이 '위험을 감지하는 데에 사용하는 동물적 감각'에 대한 문제이다. 사냥 기술, 싸움의 기술, 생존 기술 등 어떤 능력이나 기술들에 대한 이야기가 나오는 경우 반드시 등장하는 것이 바로 동물들의 감각기관들이다. 후각(sense of smell), 촉각(sense of touch), 시각(sense of vision), 미각(sense of taste) 그리고 청각(acoustic sense, hearing)은 다섯 개의 기본 감각들로, 이는 IELTS Reading 지문에 특정 야생동물에 대한 이야기가 등장할 때도 늘 언급되는 소재들이니 꼭 기억해 두자. 정답은 senses 복수형이다. [포괄적 개념(senses) → 구체적 예(hearing and smell)] 순서로 내용 전개가 되었음을 잊지 말자.

37 *Emergency* **37** ....
- Dogs could be sacrificed in difficult times.

해설 개들이 '인간들에게 도움이 되는 또 다른 면'을 묻는 문제이다. 위의 hunting과 warning system은 둘 다 상위 제목인 advantages for humans(인간을 위한 혜택들)에 포함된 내용들이다. 그렇다면 빈칸에는 개들이 인간에게 '응급상황'에서 도움이 되었던 무언가에 대한 이야기가 나올 것임을 예측할 수 있다. 다른 문제들에 비해 난이도가 낮은 편으로, 이야기의 중후반대에 이렇게 쉽게 해결할 수 있는 문제를 제시함으로써 내용 파악보다 이야기의 흐름을 파악하는 것이 우선이라는 것을 일깨워주는 문제이다. 타이밍을 놓치지만 않았다면 emergency food source를 쉽게 받아 적을 수 있었을 것이다. 개는 하나의 source이기에 단수 처리한다. 정답은 food source이다.

38
- The benefits of keeping dogs may have stimulated curiosity about raising
  38 .... and crops.

해설 개를 기르면서 다양한 이득을 본 이후 인간들의 호기심이 촉발되어 '무엇을 기르기 시작했는지'를 묻는 문제이다. 개를 통해 '길러서 먹는다'는 개념을 느꼈던 것이다. 흐름을 따라가며 메모할 때 인간(humans)이 주체이고 길러서 먹는 것들이 객체이니 목적어 자리에 언급된 주요 명사들(livestock, vegetables and grains)을 메모한 후에 정답을 결정한다. 여기서 crop은 인간이 농사를 지어 생산, 재배, 유통, 그리고 판매하는 모든 농산물들을 가리킨다. 'crops=vegetables and grains'라는 사실을 잘 몰랐다면 이번 기회에 꼭 암기하고 넘어가도록 하자. 정답은

livestock이다. 35번 정답 prey처럼 livestock은 집합명사이므로 단수 처리를 한다. 종종 주관식 정답으로 나오니 꼭 기억해 두자.

39 **Biological effects on human evolution**
- Dogs and humans both contain similar genes.
  e.g. serotonin transmitters – body cannot **39** .... mood without them
  e.g. shared diseases including OCD, obesity and cancer

해설 세로토닌이라는 전달세포(transmitter)가 없으면 '기분을 어떻게 할 수 없는지'를 묻고 있다. Recording에서 serotonin을 듣고 바로 regulate mood를 메모해야 한다. 빈칸은 조동사 cannot 뒤의 동사의 원형자리로, '규제하다, 통제하다, 조절하다'의 의미를 가지고 있는 동사 regulate가 정답이다. 명사인 regulation도 형용사인 regulatory도 모두 주관식 정답으로 종종 등장하는 단어이니 꼭 기억하고 스펠링을 외워 두자.

40

Unique relationship
- Humans were affected as much as dogs, biologically.
- Dogs traded **40** .... and companionship for food and shelter.

해설 개들이 먹이와 지낼 곳을 위해 '인간들에게 무엇을 주었는지' 묻는 문제이다. 문장 구조는 trade A for B (A를 B와 맞교환하다)이다. 인간들 옆에서 지내면 밥도 주고 안전하게 지낼 곳도 주니 자신이 가지고 있는 '이것'과 의리, 동료애를 맞바꿨다는 이야기임을 예측할 수 있다. 문제지에서 빈칸 바로 위에 등장한 포인트인 biological이 들린 직후 긴장하며 기다려야 한다. 개들이 인간에게 제공한 것은 두 가지로 hunting skills와 companionship이 언급되니 정답은 '사냥 기술'을 의미하는 hunting skills이다. 기술이라는 뜻으로 사용되는 단어 skill은 가산명사 즉, 셀 수 있는 명사로 빈칸 앞에 a 또는 every와 같은 단수 처리를 해야 하는 문법적 근거가 없으니 반드시 복수 처리를 해야 한다.

1	245	**2**	gate	**3**	kitchen	**4**	devices	**5**	canopy
6	fee	**7**	Faintree	**8**	hills	**9**	valley	**10**	cave
11	D	**12**	E	**13**	C	**14**	C	**15**	E
16	D	**17**	G	**18**	B	**19**	4848988	**20**	Thursday
21	B	**22**	B	**23**	C	**24**	B	**25**	A
26	B	**27**	A	**28**	B	**29**	A	**30**	B
31	habit(s)	**32**	capacity	**33**	analysis	**34**	needs	**35**	term
36	popularity	**37**	health	**38**	interest	**39**	alternative	**40**	police

Questions 1–10

호주 ↔ 영국 · AT4-01

Part 1. You will hear a man enquiring about a venue to hire for his company's upcoming picnic.

W: Good morning. You have reached Lakestone National Park. How can I help you?

M: Hello. I'm looking to find a suitable venue for a company picnic this fall, so I would like to ask you some information, if that's okay.

W: Sure, I'm happy to help.

M: For starters, do you stay open throughout the year?

W: No, we are closed for the winter season, from the beginning of November until the beginning of March.

M: All right, that won't be a problem. Our event is planned for early September. Let's see... Could you tell me about the prices? I have a fairly limited budget.

W: How many people will be attending?

M: I expect around 150 people.

W: Well, we have outdoor spaces available for $200 per day, but for that many people, ❶ I would recommend the area called Rocky Hill. It is available for $245.

M: Oh, I see. Do we pay that in advance?

W: No, not entirely. We will need you to pay a deposit of 25% in order to reserve the space. ❷ You can pay the rest when you arrive at the front gate.

M: Oh, that sounds fine. Do you provide access to water and electricity?

W: Yes. Near the event space is a large cabin that is available for all of our guests to use. ❸ That building has running water available in every room, one of which is a small kitchen. And there are locations designated for collecting drinking water located throughout the campground. Electricity is only available in the cabin. ❹ Your guests should feel free to charge their devices,

파트 1. 한 남성이 회사에서 갈 야유회를 위하여 장소 대여에 대해 문의하는 내용을 듣게 됩니다.

여: 좋은 아침입니다. 레이크스톤 국립공원입니다. 무엇을 도와 드릴까요?

남: 안녕하세요. 올 가을에 회사 야유회 장소로 적절한 곳을 알아보는 중인데요. 가능하면 몇 가지 정보 좀 여쭤봐도 될까요?

여: 물론이죠. 기꺼이 도와 드릴게요.

남: 먼저, 연중 내내 운영하시나요?

여: 아니요, 겨울 시즌에는 문을 닫습니다. 11월 초부터 3월 초까지요.

남: 아, 문제가 되지는 않겠네요. 저희 행사는 9월 초로 계획하고 있어서요. 어디 보자... 가격에 대한 정보 좀 주시겠어요? 저희가 예산이 빠듯해서요.

여: 인원이 어떻게 되나요?

남: 한 150명 정도일 겁니다.

여: 흠, 저희 야외 공간은 하루에 200달러이지만, 그 정도 인원수라면 ❶ 로키힐이라는 곳이 더 나을 듯 합니다. 그 곳은 245달러에 빌리실 수 있어요.

남: 오, 알겠습니다. 사전 지불해야 하나요?

여: 아니요, 전액 다는 아닙니다. 그곳을 예약하시려면 전액의 25%를 예치금으로 지불하시면 됩니다. ❷ 그리고 나머지는 정문에 오셔서 지불하시면 되고요.

남: 오, 괜찮네요. 수도나 전기도 사용 가능한가요?

여: 네, 행사장 근처에 큰 객실이 있는데요, 모든 고객들께서 이용하실 수 있어요. ❸ 그 건물의 모든 방에 수돗물이 있고요, 방들 중 한 곳은 작은 부엌이에요. 그리고 캠핑장 전체에 식수대로 지정된 장소들이 있습니다. 전기는 객실 안에서만 사용할 수 있어요. ❹ 손님들께서 각종 기기들을 자유롭게 충전 하실 수 있지만 방치하시면 안됩니다. 분실물에 대해서는 책임지지 않아요.

but please do not leave them unattended. We are not responsible for any lost or stolen property.

M: Yes, I understand. Now, I'm also concerned about the possibility of rain. Would it still be possible to hold the picnic in the event of bad weather?

W: Yes, of course. The centre of the space has rows of tables for people to sit down and eat, and ❺ <u>these tables are covered by a large canopy.</u> Activities will be more limited, but at least you won't get wet.

M: OK, that sounds good. Are there any rules I should be aware of?

W: Well, all kinds of beverages are allowed on-site, but we do not allow any glass containers. Plastic and aluminum only. ❻ <u>Also, we have a fairly limited number of staff, so you'll need to be responsible for cleaning up after yourselves. Otherwise, we charge an additional 80-dollar fee.</u>

M: All right, we'll make sure to leave the place as we found it.

- -

M: Several of my coworkers are avid hikers. My friend who recommended this park mentioned that there are some nice trails, isn't that right?

W: Oh yes, you have heard right. There are several smaller trails located right around the campground itself, but if you are experienced hikers, I would recommend trying the Faintree Trail.

M: Oh, I'd like to write this down. Could you tell me the name one more time?

W: ❼ <u>Yes, the Faintree Trail. F-A-I-N-T-R-double E.</u> It is the most demanding trail in the area, so you'll have to be in pretty good shape to finish it. ❽ <u>It isn't the terrain that is so demanding, but rather the number of hills.</u> It is really quite steep in some parts.

M: Oh, that shouldn't be a problem. I think we'd enjoy the challenge.

W: Great. The other long trail is called Pine Ridge Trail. ❾ <u>It is easier, but it also allows you to get a much clearer look at the surrounding valley.</u>

M: Oh, maybe we should take that one. I've heard the valley is really spectacular at this time of year.

W: You won't be disappointed. The first half of the trail runs alongside the river and then crosses a large meadow and ❿ <u>finishes at the mouth of an impressive cave.</u> You're free to explore it, just be careful.

M: That sounds great. Well, I think that's all the questions I have ......

남: 네, 알겠습니다. 저 또 한 가지 걱정되는 부분이 비가 올 경우인데요. 날씨가 안 좋아도 야유회를 열 수 있을까요?

여: 네, 그럼요. 그 공간 중앙에 앉아서 식사를 하실 수 있는 테이블들이 줄지어 있는데요, ❺ <u>이 테이블들은 위에 큰 캐노피로 덮여 있어요.</u> 활동에 제약은 있지만 적어도 비에 젖지는 않으실 거예요.

남: 네, 좋네요. 혹시 알아두어야 하는 규칙이 있나요?

여: 음, 어떤 종류의 음료든 현장에서는 반입이 가능하지만, 유리병은 안됩니다. 플라스틱과 알루미늄만 반입 가능합니다. ❻ <u>또한, 직원 수가 많지 않아서 행사 후에 직접 정리를 해 주셔야 합니다. 그렇지 않으면 추가 비용 80달러를 지불하셔야 합니다.</u>

남: 네, 처음 봤던 그대로 잘 정리해 두도록 하겠습니다.

- -

남: 저희 동료들 중 몇몇이 등산을 매우 좋아합니다. 이 공원을 추천해 준 제 친구가 좋은 둘레길이 있다고 하던데, 맞습니까?

여: 오, 네, 제대로 들으셨네요. 캠핑장 바로 주변에 작은 산책길들이 여럿 있지만, 만약 경험이 많은 등산가라면 페인트리 둘레길을 추천해 드릴게요.

남: 오, 좀 적어야 할 것 같아요. 이름을 다시 한 번 말씀해 주시겠어요?

여: ❼ <u>네, 페인트리 둘레길이에요. F-A-I-N-T-R-더블 E예요.</u> 이곳에서는 가장 난이도가 높은 둘레길이라서 끝까지 가시려면 체력이 꽤 좋으셔야 할 겁니다. ❽ <u>지형 자체가 힘든 것이 아니라 언덕 수가 많아서 힘들 거예요.</u> 꽤 가파른 지점들이 몇 군데 있거든요.

남: 오, 문제 없을 거예요. 저희는 힘든 것을 더 즐길 겁니다.

여: 네. 또 다른 긴 둘레길은 파인리지 둘레길이라고 하는데요, ❾ <u>페인트리보다 쉽지만 주변 계곡들이 더 선명하게 잘 보일 겁니다.</u>

남: 오, 그곳으로 가는 것도 좋겠네요. 요즘 이맘때쯤 그 계곡이 정말 장관이라는 얘기를 들었어요.

여: 절대 실망하지 않으실 겁니다. 둘레길의 처음 절반 정도는 강가를 따라 걷다가 큰 목초지를 가로질러서 ❿ <u>멋진 동굴 입구에서 끝납니다.</u> 동굴로 들어가 보셔도 됩니다. 조심만 하세요.

남: 정말 좋겠네요. 흠, 이 정도면 제가 여쭤보고 싶은 것을 모두 여쭤본 것 같은데...

suitable `adj` 적합한   venue `n` 장소   for starters 우선 첫째로   limited `adj` 제한된   budget `n` 예산   attend `v` 참석하다
outdoor `adj` 야외의   in advance 사전에   deposit `n` 예치금   reserve `v` 예약하다   access `n` 이용, 접근   electricity `n`
전기   cabin `n` 객실   running water 수돗물   designate `v` 지정하다   drinking water 식수   device `n` 기기, 장비   leave
~ unattended ~을 방치하다   lost or stolen property 분실물, 도난품   rows of 줄줄이 늘어진   canopy `n` 덮개   wet
`adj` 젖은   beverage `n` 음료   on-site `adv` 현장에   container `n` 용기   be responsible for ~에 책임이 있다   clean up
`v` 치우다, 정리하다   charge `v` 청구하다   additional `adj` 추가의   avid `adj` 열렬한   hiker `n` 등산가   trail `n` 산길, 둘레길
experienced `adj` 경험 있는, 능숙한   demanding `adj` 힘든   terrain `n` 지형, 지대   hill `n` 언덕, 동산   steep `adj` 가파른
clear `adj` 깨끗한   valley `n` 계곡   spectacular `adj` 멋진, 장관인   disappointed `adj` 실망한   alongside `prep` ~을 따라서
cross `v` 가로지르다   meadow `n` 목초지   mouth `n` 입구   cave `n` 동굴   explore `v` 탐험하다

Questions 1–10

레이크스톤 국립 공원

운영하는 달: 11월부터 3월까지 문을 닫음

요금:
- 하루에 **1** .... 달러(로키힐)
- 요금의 25%를 예치금으로 지불
- 나머지 요금은 **2** .... 에서 지불

시설들:
- 객실 모든 곳에 수돗물과 **3** .... 구비
- 곳곳에 식수대 구비
- 객실 내에 **4** .... 을 충전할 수 있는 전기 사용 가능
- 우천시 **5** .... 로 보호되는 테이블들

규칙들:
- 유리용기 반입 금지
- 추가 **6** .... 을 피하기 위해 행사 후 사용자가 직접 정리 정돈

등산 둘레길들:
- **7** .... 둘레길
  - 경험이 있는 등산가들에게 추천
  - **8** .... 으로 인해 힘든 코스
- 파인리지 둘레길
  - 더 쉬움
  - **9** .... 의 더 나은 경치들
  - **10** .... 의 입구까지 진입

Questions 1–6

1   **Fees:**
- $ **1** .... per day (Rocky Hill)

해설 한 장소의 '일일 대여료'를 묻는 문제이다. 소개 멘트인 'Part 1. You will hear a ~' 부분을 듣고 상황파악이 이미 된 상태여야 한다. 장소를 대여(hire)하는 상황이므로 당연히 요금과 지불 방식 등에 대한 내용이 나올 것이라는 것을 예측할 수 있다. 1번 문제의 포인트는 괄호 속 Rocky Hill이다. 특정한 한 장소의 대여료를 묻는다면 그곳이 아닌 다른 장소의 대여료도 오답 함정으로 함께 언급될 수 있다는 것을 미리 예측하고 듣도록 한다. Recording에서

수치 정보, 돈의 액수는 200달러와 245달러 두 개가 등장한다. 로키힐은 후자이니 정답은 245이다. 스펠링이 틀릴 수 있으므로 수치 정보는 two hundred and forty-five 이렇게 직접 표기하지 말고 아라비아 숫자로 처리한다.

2
- pay 25% as deposit
- pay the remaining portion at the **2** ....

해설 대여료의 25%를 예치금(deposit)으로 지불한 후에 나머지 75%를 '어디에서 지불해야 하는지' 묻는 문제이다. the remaining portion(나머지 몫)이라는 표현이 실제 Recording에서 the rest(나머지)로 Paraphrasing되었으며, 이 금액은 현장에서 지불하면 된다고 했으니 at the front gate를 ONE WORD로 처리하면 gate뿐이다. 정답은 gate이다.

Paraphrasing! the remaining portion → the rest

3
Facilities:
- running water in all parts of cabin, including a **3** ....
- drinking water available at various locations

해설 '어떤 시설들을 갖추고 있는지' 묻는 문제이다. 노트 완성형(Note Completion) 문제 유형에서 bullet point(·)가 주어지면 언급하고자 하는 소재가 전환된다는 의미이다. 주로 [새로운 소재 + 부연설명]의 패턴으로 정보가 제공되며, 여기서 늘 긴장하고 메모해야 하는 것은 '새로운 소재'이다. Recording에서 그 건물의 모든 방에 수돗물이 있고, 방들 중 한 곳은 작은 부엌이라고 하였다. running water 다음에 언급된 새로운 소재는 '부엌'뿐이고 바로 아래 bullet point에 메모된 drinking water 이야기로 넘어가니 정답은 kitchen이다. 종종 오히려 빈칸을 넣고 해석하는 것이 더 방해가 되는 경우가 있다. 그러니 bullet point로 메모를 정리해 놓은 경우 위의 패턴을 꼭 기억하고 '지금까지 언급된 적 없는 새로운 소재'가 들리면 메모하는 습관을 기르자.

4
- electricity in cabin for charging **4** ....

해설 사람들이 객실에서 '전기로 충전할 수 있는 것이 무엇인지' 묻는 문제이다. Recording을 듣기 전에 내용 예측을 해보면, smartphones나 cellphones 정도로 대략 예측이 가능하다. Recording상에서는 각종 기기들을 충전할 수 있다고 했으므로 정답은 devices이다. device는 보통명사로 빈칸 앞에 a가 없으므로 일반적 개념의 표기법인 복수 형태로 표기하는 것이 맞다.

5
- tables protected by a **5** .... in case of rain

해설 비가 오는 경우 '테이블을 보호해 줄 수 있는 것'을 묻는 문제이다. 내용만 예측하자면 우산, 파라솔, 천막 등이 있다. Part 1에서 한 문제도 놓치고 싶지 않다면 늘 이렇게 직극적으로 예측하고 기다려야 한다. 실제 내용상에서는 a large canopy라고 했지만 한 글자만 정답 처리를 해야 하므로 정답은 canopy이다. 이 어휘는 Reading영역의 주관식 문제에도 종종 정답으로 나왔던 표현이므로 스펠링이 생소했다면 외워두자.

6
Rules:
- no glass containers
- users should tidy up after finishing to avoid an extra **6** ....

해설 지켜야 하는 '규칙들의 항목'을 묻는 문제이다. tidy up은 '정리 정돈하다'라는 의미로, 공간을 사용하는 사용자(users)가 직접 정돈을 해야 한다면 추가적인 '무엇'을 피하기 위해서일지 내용을 예측해보는 것도 좋다. Recording

에서 직원 수가 많지 않아서 행사 후에 직접 뒷정리를 해야 하며 그렇지 않을 경우 추가 비용 80달러를 지급해야 한다고 한다. 문제의 extra가 Recording상에는 additional로 Paraphrasing이 되었지만, 여기서는 그것보다 to avoid가 otherwise로 바꾸어 표현된 것이 더 중요하다. [추가 비용을 '피하기 위해' 직접 정리해라는 표현이 실제 Recording에서는 [직접 정리를 해라. '그렇지 않으면,' 추가 비용이 발생한다]로 Paraphrasing된 점을 꼭 기억하고 넘어가자. 빈칸 앞에 주어진 an을 놓치지 말고 반드시 정답은 fee 단수형으로 처리한다.

(Paraphrasing!) extra → additional / to avoid → otherwise

Questions 7–10

7　**Hiking Trails:**
- **7** .... Trail
  - recommended for experienced hikers

[해설] 8번 문제 아래에 Trail의 이름이 주어진 것을 보니 7번 빈칸도 특정한 '둘레길의 이름'을 받아 적는 단순 정보 받아쓰기 문제이다. 빈칸의 앞뒤만 살펴보지 말고 시야를 넓혀 위아래에 적혀있는 정보도 살펴야 한다. Recording에서 페인트리의 스펠링을 불러주고 있으므로 잘 받아 적었다면 그리 어렵지 않았을 것이다. double에 주의하여 정답을 작성한다. 정답은 첫 문자를 대문자로 처리한 Faintree이다. 대소문자를 구분해서 정답 처리를 하는 것에 대해 개인적으로 판단을 내리는 것보다 더 신빙성이 있는 방법은 바로 뒤에 이미 적혀진 Trail과 그 겉모습을 일치시키는 것이다. Trail도 T는 대문자 그리고 나머지는 소문자 처리가 되어 있으니 빈칸 자리도 F는 대문자, 나머지는 소문자로 처리하자.

8　　- demanding due to **8** ....

[해설] 이 둘레길이 '무엇 때문에 힘든지' 묻는 문제이다. 바로 윗줄에 experienced(경험이 많은) 등산가들에게 추천한다고 했으니 쉬운 코스는 아님을 알 수 있다. 정답이 분명히 제시된 문제로, Recording에서 지형 때문이 아니라 언덕의 수가 많아서 체력적으로 힘든 코스라고 한다. 하나의 큰 동산이 있는 것이 아니라 둘레길 전체적으로 여러 개의 언덕이 있다는 의미이므로 복수형 처리를 한다. 정답은 hills이다.

9　- Pine Ridge Trail
  - easier
  - better views of the **9** ....

[해설] 또 다른 둘레길의 '특징'을 묻는 문제이다. 페인트리 둘레길보다 더 수월하고 '이것'의 경치가 더 좋은 둘레길에 대한 소개이다. 무언가 새로운 정보가 추가될 때 자주 등장하는 표현인 'and, as well as, in addition, also' 또한 잊지 말고 정리해 두자. 새롭게 등장한 소재는 valley뿐이다. 정답은 계곡을 의미하는 valley이다.

10　　- leads to entrance of a **10** ....

[해설] 이 둘레길의 '끝자락이 어디인지'를 묻는 문제이다. lead to는 '~까지 이끌고 가다'라는 의미로 Recording에서 둘레길은 멋진 동굴 입구에서 끝난다고 했으므로 정답은 cave이다. entrance가 '입'을 의미하는 mouth로 Paraphrasing되어 표현된 것이 흥미로운 문제이다.

(Paraphrasing!) entrance → mouth

Part 2. You will hear a resort manager talking to a guest about an appliance he needs to use.

W: Guest Services, how may I help you?

M: Hi, it's Jeff Malone in Cabin 305. I'm in the cabin now, but the air conditioning doesn't seem to be working.

W: I can probably help you with that. On the wall next to the refrigerator, you should see a control panel. Along the bottom of the panel, you'll see the four main buttons. ⓫ The one that's all the way to the right is the main power button. That's the first thing you should check. If the power is on, that button should be lit up. If not, it'll be dark. Now the one right next to it is the timer control. If the power is on but you're still not getting cold air, this may need to be adjusted. If you push it for about three seconds, a menu will appear on the screen and you can change the times to your liking. The other buttons, the two on the left, control the mode and fan speed. They should be set to "Cool" and "Medium," which are proper settings to cool the entire cabin.

Above the buttons, you'll see a number of lights. ⓬ The light on the top left should be on – that's the signal that shows the air conditioning is running. If that light's not on, even though the power is on, you'll probably see that the light at the bottom left is on instead. This means the heater is running, so you'll want to push the button right below it to change modes. ⓭ Oh, one more thing. If the light to the right of the others is on, that's letting you know that something could be wrong. If that's the case, turn off the power immediately and let us know – we might need to change the filter or adjust the wiring to make sure the system operates safely.

M: Oh, okay. I'll check that for sure.

W: Now, while I've got you, I'd also like to tell you about a couple of other things that you'll need during the stay, such as bath towels and cooking utensils. ⓮ If you look to the left of the sink in the ground floor bathroom, you should see a cabinet. Open that up and the towels will be on the bottom shelf. And all of our cabins have fully furnished kitchens, so you should have all the pots, pans, and tableware you need. ⓯ They're most likely in the storage pantry, around the corner from the refrigerator. If there's anything missing, just let me know.

파트 2. 한 리조트 매니저가 한 고객에게 그가 사용해야 하는 기기에 대해 설명하는 것을 듣게 됩니다.

여: 고객 서비스입니다. 무엇을 도와 드릴까요?

남: 안녕하세요, 305호에 묵고 있는 제프 말론인데요. 지금 객실 안에 있는데, 에어컨이 작동을 안 하는 것 같아서요.

여: 제가 도와드릴게요. 냉장고 옆 벽에 보시면 에어컨 제어판이 보이실 겁니다. 제어판 가장 아래쪽에 네 개의 메인 버튼을 보실 수 있는데요. ⓫ 가장 오른쪽에 있는 버튼이 전원 버튼이에요. 일단 그것을 먼저 확인하세요. 전원이 켜 있으면 그 버튼에 불이 들어와 있어야 합니다. 전원이 꺼져 있으면, 불도 꺼져 있을 거예요. 그리고 바로 옆에 있는 버튼은 타이머예요. 만약 전원이 켜져 있는데 찬바람이 안 나오면, 이 버튼을 조절해야 하실 수도 있어요. 한 3초 정도 꾹 누르시면 스크린에 메뉴가 나오는데요, 그때 좋으실 대로 타이머를 변경하시면 됩니다. 그리고 나머지 두 개의 버튼들, 좌측에 있는 두 개는 운전 모드와 팬 속도를 조절하는 버튼들입니다. 모드는 '냉방'에 속도는 '중간'에 세팅되어 있으면 객실 전체가 시원해지는 데에 가장 적당합니다.

그 버튼들 위에 보시면 불들이 여러 개 있어요. ⓬ 좌측 상단에 있는 불이 켜져 있어야 하는데 이게 냉방이 되고 있다는 신호예요. 만약 전원이 켜 있는데도 그 불이 꺼져 있으면, 그 불 대신에 왼쪽 가장 아래에 있는 불이 대신 켜져 있음을 보실 수 있을겁니다. 이게 켜져 있으면 난방이 되고 있는 거라서요, 바로 밑에 버튼을 눌러서 운전 모드를 바꾸셔야 합니다. ⓭ 오, 한 가지만 더요. 만약 오른쪽에 하나 있는 불이 켜져 있으면 무언가 문제가 생겼다는 뜻입니다. 만약 그렇다면, 전원 버튼을 즉시 끄신 다음에 저희에게 알려 주세요 – 필터를 갈아야 하거나 에어컨이 안전하게 작동되도록 배선을 조정해야 할 수도 있거든요.

남: 오, 네. 꼭 확인할게요.

여: 저, 이왕 통화가 된 김에 몇 가지 계시는 동안 필요하실 것들에 대해 말씀드릴게요. 욕실 타월이나 조리 도구들에 대해서요. ⓮ 1층 화장실에 세면대 왼쪽을 보시면 선반이 하나 있을 거예요. 그것을 열면, 타월이 가장 아래쪽에 있을 겁니다. 그리고 저희 객실 부엌들을 모두 완벽히 잘 갖추어져 있어서요, 필요하신 솥이랑 프라이팬 그리고 식기류도 모두 있습니다. ⓯ 냉장고에서 모퉁이를 돌면 있는 식료품 저

⑯ <u>And one more thing – the remote control for the entertainment system is on the shelf behind the sofa.</u> It has a lot of different functions, so if you get confused, there's an instruction booklet in the drawer right below the TV set. **⑰** <u>Also, if you want to do any minor cleanup, you'll find a vacuum cleaner and basic cleaning supplies in the small cupboard at the top of the stairs.</u> But our housekeeping staff is always available to help with that if you prefer – just push the button on the wall next to the cooker to communicate with them via our intercom system.

M: Oh, that sounds convenient!

W: We hope so. Oh, and speaking of convenience, we've left a mobile phone for you which you can use to make local calls and get directions around town. **⑱** <u>That's attached to a recharger on the desk in the master bedroom.</u> There's no charge to use it, unless of course you misplace the device like the last guest. Fortunately, somebody found it and returned it to the front desk.

M: Oh, that was nice of them. So what would you recommend doing in the area?

W: Well, I would highly recommend spending at least one day at the beach. It gets a little crowded around this time of year, but if you arrive in the morning you'll be able to find a spot to relax without too much trouble. There's an electric tram that goes at 8.00 am and returns here at 3.00 pm, or **⑲** <u>you can book a taxi if that's more convenient for you. If you want to do that, just call 4-8-4-8-9-double 8, to arrange it.</u> To reserve a seat on the tram, call 9-3-7-double 2-4-5.

Oh, also, you won't want to miss the Water Park. Admission is not cheap, but the park has won several awards for being one of the top amusement parks in the state. Most locals go there on Saturday, but if you don't want to wait in a queue, **⑳** <u>I'd suggest Thursday – they also have discounted admission on that day.</u>

M: Oh, that sounds great!

장실에 대부분이 다 있어요. 없는 것이 있으면, 저에게 알려 주시면 됩니다.

⑯ 그리고 한 가지 더요 – 홈 엔터테인먼트 시스템의 리모컨은 소파 뒤 선반 위에 있습니다. 그 시스템에는 다양한 기능들이 있는데요, 혹시 잘 모르시겠으면 TV 바로 아래 서랍 속에 사용 설명서 책자가 있으니 보세요. **⑰** 또, 만약 간단한 청소를 하고 싶으시면, 계단 맨 위에 있는 작은 벽장 안에서 청소기와 간단한 청소 도구들을 찾으실 수 있으실 겁니다. 하지만 원하시면 저희 청소 직원들이 도와드릴 수 있도록 늘 근무 중이니까요 – 가스 레인지 옆 벽에 있는 버튼만 누르시면 구내전화로 직원들과 통화하실 수 있습니다.

남: 오, 정말 편리하겠네요!

여: 네, 맞아요. 오, 편리하다고 하시니 생각이 났는데요, 시내 통화를 하셔야 하거나 도시 주변의 위치 검색을 해야 하실 경우를 대비해서 휴대폰 하나를 놔뒀습니다. **⑱** 마스터 침실 안의 책상 위에 충전기에 꽂아 두었어요. 지난번 고객님처럼 기기를 잃어 버리셨을 때를 제외하고 이용료는 무료입니다. 다행히도, 그땐 누가 발견해서 프론트에 가져다 주셨지만 말이죠.

남: 오, 좋은 분이셨네요. 저, 혹시 이 지역에서 무엇을 하면 좋을까요?

여: 오, 최소 하루는 해변에서 보내실 것을 적극 추천합니다. 매년 이맘때쯤이면 다소 붐비기는 하지만, 아침에 가시면 아무 문제없이 느긋하게 쉴 수 있는 장소를 찾으실 수 있으실 거예요. 해변으로 오전 8시에 출발해서 오후 3시에 여기로 다시 돌아오는 전기 트램이 있는데요, **⑲** 만약 택시가 더 편하시면 택시를 예약하실 수도 있어요. 택시는 484 8988로 전화해서 예약하시면 됩니다. 트램에 좌석을 예약하시려면 937 2245로 전화하시면 되고요.

오, 그리고 워터파크는 놓치시면 안 되요. 입장료가 싼 편은 아니지만, 주에서 최고의 유원지들 중 하나로 여러 번 수상을 했습니다. 이곳 주민들은 대부분 토요일에 그곳에 가지만, 만약 줄 서는 것이 싫으시다면 **⑳** 목요일에 가시는 것을 추천합니다. 그날 가시면 입장료 할인도 해 주거든요.

남: 오, 그거 좋은 정보네요!

어휘 cabin ⓝ 객실, 선실   refrigerator ⓝ 냉장고   control panel 제어판   all the way 완전히   lit up (불이) 켜진   adjust ⓥ 조정하다   to one's liking ～의 취향에 맞게   proper adj 적당한, 알맞은   wiring ⓝ 배선   operate ⓥ 작동하다   sink ⓝ 세면대, 싱크대   ground floor 1층   furnished adj 갖춰진, 구비된   tableware ⓝ 식기류   pantry ⓝ 식료품 저장고   booklet ⓝ 책자   minor adj 작은, 사소한   cleanup ⓝ 청소, 정리   supply ⓝ 보급품, 물품   cupboard ⓝ (문 달린) 선반   cooker ⓝ (가스·전기) 레인지   intercom ⓝ 구내전화   local call 시내통화   recharger ⓝ 충전기   master bedroom 안방   misplace ⓥ 잃어버리다   admission ⓝ 입장(료)   win an award 상을 받다   amusement park 유원지   discounted adj 할인된

Questions 11–13

A 난방 표시
B 팬 속도 조정
C 경고등
D 전원 스위치
E 냉방 표시
F 운전 모드 조정

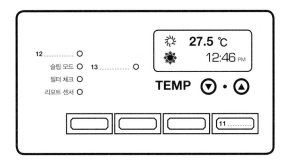

11 해설 '우측 하단의 버튼이 무엇인지' 묻는 문제이다. 가장 먼저 언급되는 문제이므로 초반 집중력이 중요하다. 먼저 상식을 바탕으로 주어진 그림에서 어떤 이야기가 나올지 예측하는 것은 어렵지 않다. 그림 속 온도나 시간, 바람 그림과 눈 결정 그림을 통해 에어컨이나 난방 조작 패널이라는 것을 쉽게 알 수 있다. 11번의 위치를 우선 확인해보면 그림에서 우측 하단에 있는 것을 확인할 수 있다. Recording에서 가장 오른쪽에 있는 버튼이 전원 버튼이라는 것을 들었다면 가장 오른쪽에 있는 11번 공간에 일단 main power라고 재빠르게 메모해 둔다. 결정적인 실마리는 the bottom of the panel(패널의 아래쪽)과 all the way to the right(가장 맨 오른쪽)이다. 보기들 중 기계 자체의 '전원(power)'을 의미하는 정답은 D on/off switch이다.

12 해설 '조작 패널 위의 표시등이 무엇인지' 묻는 문제이다. 11번 옆에 남아 있는 버튼들에 대한 설명이 먼저 나온 후에 12번에 대한 설명이 이어질 것임을 예상하고 집중해서 같이 따라가야 한다는 것을 잊지 말자. 아래쪽 버튼들에 대한 설명을 마친 후, above the buttons가 신호가 되어 12번에 관련된 이야기가 시작된다는 것을 알려준다. 소재가 buttons에서 lights로 바뀌는 순간부터 더욱 집중해서 그림을 따라가야 한다. Recording에서 좌측 상단에 있는 불이 냉방기에 대한 것이라고 말하므로 메모는 [에어컨 is running] 정도면 충분하다. 보기들 중 냉방이 작동하고 있다는 것을 보여주는 불빛을 의미하는 정답은 E cooling indicator이다. 정답의 위치를 알려 준 결정적 실마리 표현은 on the top left(좌측 상단)이다.

13 해설 '조작 패널 위의 또 다른 표시등이 무엇인지' 묻는 문제이다. Recording에서 표시등들 중 나머지와는 다르게 오른쪽에 혼자(to the right of the others) 위치한 등이 켜지면 무언가 잘못된 것이라고 한다. 메모는 [something, wrong, 전원 바로 꺼라, safely] 정도면 충분하다. '무언가 잘못되었다(wrong)' 또는 '안전하게(safely) 작동되는지 확인해야 한다' 등에 관한 보기는 한 가지뿐이다. 정답은 C warning light이다. 보기에 제시된 박스 속 모든 표현들이 Recording에 등장하므로 그림을 보지 않고 박스 속에 적힌 표현들만 보며 귀를 기울이면 누구든 혼동되기 마련이다. 다지선다형 문제 유형은 절대적으로 '문제와 실마리'에만 집중해야 한다는 사실을 다시 한번 기억하자.

Questions 14–18

아래의 각 용품은 어디에 있는가?

> **A** TV 아래 서랍 속에
> **B** 가장 큰 침실에
> **C** 화장실 세면대 옆에
> **D** 거실에
> **E** 부엌 창고에
> **F** 레인지 옆 벽에
> **G** 위층 벽장에

14 목욕 타월 ....

15 조리 도구들 ....

16 리모컨 ....

17 청소 도구들 ....

18 휴대폰 ....

14 해설 남성 고객이 묵는 객실 안에 각 물품이 어디에 있는지 설명하는 내용으로, '목욕 타월'의 위치를 묻고 있다. 늘 문항의 개수보다 보기의 개수가 더 많기 때문에 청취 중에 보기들을 위아래로 훑는 것은 아무 의미가 없다. 14번부터 차분히 내용의 흐름을 따라가며 Recording을 들으면서 들리는 대로 한글이든 영어로든 재빠르게 메모를 하고, 보기들 중에서 가장 적당한 것을 정답으로 선택하면 된다. Recording에서 1층 화장실 세면대 왼쪽 선반을 열면 가장 아래에 있다고 했다. 이를 듣고 [left, sink, ground floor, bathroom, bottom shelf] 등을 메모한 후 조금이라도 연관이 있는 보기들을 후보로 고른다. 정답은 C next to the restroom sink이다. 박스 안 주어진 보기들을 보면 상식적으로 수건을 보관할 수 없는 위치들이 보일 것이다. 가스 레인지 옆 벽에 목욕 타월을 보관하는 곳은 흔치 않으므로 보기 F를 소거할 수 있다. 이런 식으로 IELTS는 약간의 상식을 가지고도 풀 수 있는 문제가 출제되므로 키워드를 놓치더라도 긴장을 풀고 흐름을 따라가도록 한다.

15 해설 '조리 도구'의 위치를 묻는 문제이다. 문제의 utensil이 낯선 표현이더라도 요리와 관련된 표현이라는 걸 눈치 챈다면 그리 어렵지 않게 접근할 수 있다. Recording에서 냉장고에서 모퉁이를 돌면 있는 식료품 저장실에 있다는 내용을 듣고 [storage, corner, 냉장고]라고 메모 한 후 조금이라도 연관이 있는 보기들을 찾아 보자. Recording에서 언급되지 않은 정보를 걸러내면 가장 답이 될 수 있는 보기는 하나뿐이다. 정답은 E in the kitchen storage room이다. 다지선다형 문제에서 100퍼센트 확신을 가지고 정답을 결정하는 경우는 흔치 않다. 상식과 소거법을 이용하여 정답을 결정하도록 하자.

16 해설 객실 안에 '리모컨'이 어디에 있는지 묻는 문제이다. Recording에서 홈 엔터테인먼트 시스템 리모컨은 소파 뒤 선반 위에 있다고 하며 [shelf, sofa]가 언급되었다. 사실 뒤에서 TV가 가장 잘 들렸을 것이지만 TV 아래 서랍 안에 있는 것은 리모컨이 아니라 사용 매뉴얼(instruction booklet)이다. 응접실 또는 거실을 의미하는 sitting area가 메모한 sofa에 가장 적절히 맞아 떨어지므로 정답은 D in the sitting area이다. 일반적으로 거실은 living room을 많이 사용하지만 소파나 TV 등이 있는 곳을 sitting area 또는 sitting room이라고 표현하기도 하니 함께 알아 두자.

17 해설 '청소 도구들'이 어디에 구비되어 있는지 묻는 문제이다. Recording에서 장기간 투숙을 하는 경우, 간단한 청소 정도는 직접 할 수 있도록 객실 안에 청소기나 먼지떨이 등을 구비해 놓은 곳도 있다고 한다. vacuum cleaner가 들린 후 [small cupboard, top, stairs] 등이 언급되었다. 여기서 cupboard는 일반적으로 문이 달린 모든 선반들 또는 부엌의 찬장들을 의미하는데, 이것도 좋은 실마리가 되지만 top도 정답을 선택하는 데에 결정적인 도움을 준다. 보기들 중 연관된 정보가 있는 보기는 하나뿐이다. 정답은 G upstairs in the closet이다. 가스 레인지 옆에 벽

에 누를 수 있는 버튼 이야기가 나오지만 이는 청소기의 위치가 아니라 '구내전화'를 할 수 있는 버튼 이야기를 한 것이므로 오답 함정이다.

18 해설 시내 통화를 자유롭게 할 수 있도록 숙소에서 서비스로 제공해 준 '휴대폰'은 어디에 있는지 묻는 문제이다. 18번 이야기가 마무리되면 바로 19번과 20번으로 내용이 이어지기 때문에 18번에만 집중하면서 바로 정답을 선택하려고 하면 19번과 20번 문제까지 모두 놓칠 수 있다. 그러므로 반드시 20번까지 다 듣고 풀어야 한다. [desk, master bedroom]이라고 메모한 후 Recording에서 휴대폰을 마스터 침실 안 책상 위 충전기에 꽂아 두었다고 하므로, 정답은 B in the largest bedroom이다. master bedroom은 '부부용 침실'로 한 집에서 가장 큰 침실을 일컫는 표현이다.

Questions 19–20

> 자리를 맡기 위해서 아침 일찍 해변으로 가세요.
> 택시를 예약하기 위하여, **19** ....으로 전화하세요.
> **20** ....에는 워터파크 입장료가 할인됩니다.

19 Visit the beach early in the day to find a place
To reserve a taxi, call **19** ....

해설 '전화번호'를 적는 단순 정보 받아쓰기 문제이다. 18번 다음 바로 19번 내용이 나오므로 18번과 19번 사이의 타이밍을 놓치지 않도록 집중해야 한다. 그리고 이런 메모 형식의 문제는 소재의 전환에 필요한 키워드들을 먼저 빨리 체크해 두어야 한다. 첫 줄의 beach, 그리고 taxi, 마지막으로 Water Park에 동그라미를 쳐 두고 신속하게 흐름을 따라가야 한다. 19번 문제는 전화번호를 받아쓰는 단순한 문제이지만 taxi말고 다른 전화번호가 언급될 수도 있으므로 이 점 역시 염두를 하고 들어야 한다. 정답은 띄어쓰거나 하이픈 없이 4848988을 메모하면 정답 처리가 된다. 사실 484 띄우고 8988 이렇게 표시하는 것이 맞지만, 이는 우리나라 전화번호가 아니므로 임의대로 띄어 쓰거나 484-8988와 같이 하이픈 처리를 하면 정답 처리가 될 수 있을지 확신할 수 없다. 그러니 안전하게 붙여서 작성하도록 하자. 정답은 4848988이다.

20 Reduced price for entry to Water Park on **20** ....

해설 할인되는 '요일'을 묻는 단순 정보 받아쓰기 문제이다. 빈칸 채우기 문제는 빈칸 정보를 미리 예측하는 것이 가장 좋은 스킬이다. 전치사 on 다음에 시간 정보가 필요할 때 '날짜, 요일, 공휴일명' 등이 나온다는 것을 알아야 한다. 일반적으로 워터파크 같은 유원지에서 입장료를 할인해 주는 날로 주말이나 성수기는 아닐 것임을 예측할 수 있다. 또한 이런 단순 정보 받아쓰기 문제는 오답들도 함께 제시되기 때문에 오답 함정에 현혹되지 않도록 주의해야 한다. 오답은 '(상식적으로) 사람들이 몰리는' Saturday이다. 내용이 어렵지 않기 때문에 18번 문제에서 건너오는 타이밍이 중요하다. 정답은 Thursday이다.

Part 3. You will hear a student called Cordelia and her tutor discussing a videoconference on the topic of robotics.

M: Oh, hi, Cordelia. Glad you could stop by.

W: I appreciate you making time for me.

M: So when we spoke before, you said you wanted to talk about the videoconference you're leading this Friday on the subject of robotics, isn't that right?

W: Correct. I'm afraid the preparation hasn't been going as easily as I'd hoped. Robotics is a topic I'd always wanted to learn more about, and I've found there are really abundant resources to do so. And I've focused in on a couple of specific aspects of the field that I want to discuss. ㉑ But what worries me is I'm not sure how much prior knowledge the other participants may have, you know, from other courses or their work experience.

M: Well, that's going to be hard to determine at this point.

W: I know. I think I'll have to assume the audience has just a basic familiarity with the subject.

M: That's probably wise. Now, you could centre your talk on the variety of ways robotics affects our daily lives, you know, giving a broad overview...

W: Hmm, I thought about that.

M: Then again, it might be interesting to back up and tie that in with the early origins of the discipline, and then look at how it has become more important in the years that followed and up to the present time.

W: That might be interesting. I was surprised to learn how far back the history of robotics actually goes.

M: Yes, a lot of people say that. ㉒ Now on the other hand, you could keep it focused on current developments, and make some predictions for one field where you believe robotics is going to be highly influential in the years to come.

W: ㉒ I think the audience would be most interested in that, to be honest.

M: ㉒ I suppose you're right.

W: So do you think I should actually demonstrate some products or processes that involve robotics?

M: Well, there would certainly be some advantages to doing so. I mean, several of the core concepts of robotics are really best understood by some sort of visual demonstration. But realistically, you wouldn't be demonstrating more than one device in a short videoconference. And if something went wrong with that device, it could completely ruin the presentation.

파트 3. 코델리아라는 학생과 교수가 로봇 공학에 관한 영상 회의에 대해 토론하는 것을 듣게 됩니다.

남: 안녕하세요, 코델리아 학생, 들러줘서 고마워요.

여: 시간 내 주셔서 감사해요, 교수님.

남: 그래요, 전에 만났을 때, 이번 주 금요일에 학생이 진행하는 로봇 공학 관련 영상 회의에 대해 상의하고 싶어했죠, 그렇죠?

여: 네, 맞아요. 제가 생각했던 것만큼 준비가 잘 안 되고 있는 것 같아서 걱정돼요. 로봇 공학은 늘 제가 더 배우고 싶었던 주제이고, 관련된 정말 풍부한 자료들이 많다는 사실을 알게 되었어요. 그리고 제가 다루고 싶은 그 분야의 몇 가지 구체적인 측면에 대해 집중적으로 짚어봤어요. ㉑ 하지만 제가 걱정되는 것은 회의에 참여할 다른 교과과정을 듣거나 다른 경력들을 가진 사람들이 얼만큼의 사전 지식을 가지고 있는지예요.

남: 음, 지금 시점에서는 그걸 파악하기는 힘들 거예요.

여: 맞아요. 청중들이 그 주제에 대해 가장 기본적인 면만 알고 있다고 생각해야 할 것 같아요.

남: 그게 아마도 현명할 것 같네요. 로봇 공학이 우리의 일상 생활에 미치는 다양한 영향들에 초점을 맞추면 좋을 것 같아요, 개괄적인 개요를 제시하면서 말이죠...

여: 네, 저도 생각해 봤어요.

남: 그리고, 그 사실을 뒷받침하고 그 분야의 첫 시작과 접목시켜, 이후에 그리고 현재까지 어떻게 로봇 공학이 더 중요해져 왔는지를 살펴보는 것도 흥미로울 수 있어요.

여: 재미있겠네요. 전 사실 로봇 공학의 역사가 얼마나 거슬러 올라가는지 알고 놀랐어요.

남: 그래요, 많은 사람들이 그렇게 말하죠. ㉒ 하지만 지금 학생은 현재의 변화들에 초점을 두고 앞으로 로봇 공학이 매우 영향력이 있을 것으로 생각되는 한 가지 분야에 대한 예측을 하는 게 좋을 것 같아요.

여: ㉒ 솔직히 제 생각에도 청중들이 사실 그것에 가장 관심이 많을 것 같아요.

남: ㉒ 학생 말이 맞는 거 같네요.

여: 제가 로봇 공학을 이용하는 몇몇 상품들이나 공정 과정들을 실제로 시연을 해야 할까요?

남: 오, 그러면 확실히 좋은 점들이 있겠죠. 예컨대, 로봇 공학의 여러 핵심 개념들은 일종의 시각적 시연을 통해서 가장 잘 이해할 수 있거든요. 하지만 현실적으로, 짧은 영상 회의 시간 동안 한 가지 이상의 기기를 선보일 순 없겠죠. 그리고 만약 그 기기에 문제가 생기면, 발표를 망치는 거니까요. ㉓ 그러니 저라면

㉓ So I think I'd steer clear of that approach, just to be on the safe side.

W: Okay. I suppose some simpler visuals like slides or perhaps a video clip or two might be more appropriate.

M: That could be good. So once you have made your main presentation, how are you going to wrap up the conference? Will you take questions from the participants?

W: Since the time is short, I'll probably ask them to hold their questions for discussion at a later time. But at several key points in the presentation, I plan to survey the listeners and see what they think. **㉔** Then I'll share their responses to each survey question at the end.

M: **㉔** Interesting. I suppose that thinking back to the survey questions will also help them to remember those key points, so it could be an effective way to make sure they retain the material.

W: **㉔** That's the idea. I just hope it works as planned.

M: Well, you never know until you try. So once you've got that all prepared, how are you going to practice?

W: I was thinking of writing it all out beforehand, and then memorising what I want to say.

M: Hmm, that sounds like a lot of work. I think you'd be better off working from a list of bullet points, and just explaining them in your own words. You know, as if you were talking to a friend. **㉕** You can take a video of yourself doing that a couple of times, until you're comfortable with the results. And remember, it doesn't have to be perfect!

W: That's great advice.

M: How did the videoconference go?

W: I think it was pretty successful! I was a little concerned at first, because I had to defer answers to a couple of challenging questions that one listener insisted on asking. **㉖** But everybody gave me high marks in the audience satisfaction survey after I finished, so it seems like they got a lot out of it.

M: That's great. And I'm sure the experience will give you a lot of confidence for future presentations, regardless of the venue.

W: Yes, and it may even have opened up a new career path for me.

M: Oh? How so? Surely you haven't learnt how to design robots just yet, have you?

W: [laughing] No, no. But I wanted to be as well-informed as possible about the subject. I started by asking to sit

---

그 방법은 피할 것 같아요. 안전하게 진행하려면요.

여: 네, 제 생각에도 슬라이드나 아니면 한두 개의 짧은 영상 등 더 단순한 시각적인 자료들이 아마도 더 적당할 것 같아요.

남: 그게 좋겠네요. 그리고 일단 메인 발표를 끝낸 후에 어떻게 콘퍼런스를 마무리할 예정인가요? 참가자들에게 질문을 받을 생각인가요?

여: 시간이 짧아서요. 콘퍼런스 후에 토론 시간이 있으니까 질문들을 잠시 가지고 계시라고 할 것 같아요. 하지만 발표 중에 여러 부분에 있어서 청중들을 대상으로 설문 조사를 하며 의견을 물어볼 계획이에요. **㉔** 그 후에 마지막에 각 질문에 대한 그들의 반응을 공유할 거예요.

남: **㉔** 흥미롭군요. 제 생각에도 조사했던 질문들을 되짚어 보면 사람들에게 주요 포인트들을 상기시켜줄 것 같아요. 그러니 그 조사 자료를 확실히 보유할 수 있는 효과적인 방법일 수 있어요.

여: **㉔** 바로 그거네요. 제발 계획한 대로 잘 되면 좋겠어요.

남: 네, 해 보기 전까지는 모르는 법이죠. 일단 모든 준비가 되면, 어떻게 연습을 할 생각인가요?

여: 회의 전에 모든 내용을 글로 적은 후에, 할 이야기들을 외우려고 했어요.

남: 흠, 일이 너무 많을 것 같군요. 제 생각엔 먼저 중요 항목들을 작성해서 그냥 생각나는 말들로 설명을 하는 것이 더 좋을 것 같은데요. 왜, 마치 친구에게 이야기하는 것처럼 말이죠. 자연스러워질 때까지 **㉕** 두세 번 정도 연습하는 것을 직접 비디오 촬영을 해보세요. 그리고 완벽할 필요는 없다는 점 기억하세요!

여: 조언 감사합니다.

남: 그 영상 회의는 잘 진행했나요?

여: 꽤 성공적이었던 것 같아요! 한 분이 계속 난해한 질문들을 해서, 대답을 바로 못하고 미루느라 처음에는 약간 걱정했었어요. **㉖** 하지만 발표를 마친 후에 청중들에게 만족도 조사를 했는데, 모든 사람들이 높은 점수를 줘서, 이번 회의를 통해 다들 많이 도움을 받았구나 싶었어요.

남: 잘됐군요. 이번 경험이 장소에 상관없이 앞으로 할 발표들에 대한 자신감을 학생에게 많이 줄 거라고 확신해요.

여: 네, 그리고 심지어는 저에게 새로운 진로에 대한 가능성까지 열어준 것 같아요.

남: 오? 어떻게 그렇죠? 아직 로봇을 디자인하는 방법은 배운적 없지 않나요?

여: [웃음] 아녜요, 그런 건 아니에요. 하지만 가능한 한 그 주제에 대해서 잘 알고 싶어졌어요. 그래서 학

in on a few classes related to robotics at the university, but those are only open to Mechanical Engineering students.

M: That's too bad.

W: Well, since I couldn't get access to a class, **㉗** I started working a few hours in the afternoon at a small robotics company near campus instead. I'm hoping to continue with that in the long term.

M: Oh, good! What are you doing for them?

W: Well, obviously, I'm new to the field. But I have some IT experience so there's plenty of troubleshooting work. **㉘** I really need to learn more about the technical vocabulary that scientists and engineers use, though.

M: I'm sure you'll pick it up quickly. So are you considering a change of major?

W: **㉙** I'm actually fairly happy with the Accounting programme. I feel like it's given me a good balance of computer and business skills. Mechanical Engineering would be interesting, but at this point I would have to go back and take a lot of different prerequisites.

M: That's true. It's a pity you can't at least take a few engineering courses, though.

W: Yeah, **㉚** I wish the university would create more degree paths where students got a chance to learn the core concepts of other disciplines. I mean, it's hard to know what types of job opportunities will occur after graduation, so that kind of broad exposure could really help the job hunt.

M: Oh, well. At least you've gotten some good early exposure to the discipline of public speaking!

W: Yes, no doubt about that!

교에서 로봇 공학 수업들을 좀 들을 수 있을지 여쭤봤지만 그 수업들은 기계 공학과 학생들만 들을 수 있더라고요.

남: 저런, 안됐군요.

여: 수업을 들을 수가 없어서, **㉗** 대신에 학교 근처에 있는 한 작은 로봇 회사에서 오후에 몇 시간 아르바이트를 시작했어요. 장기적으로 계속 일하고 싶어요.

남: 오, 잘됐군요! 어떤 일을 하나요?

여: 당연히 저는 이쪽 분야가 처음이라서요. 하지만 제가 IT쪽 경험이 조금 있어서, 충분히 제가 해결할 수 있는 작업들이 있습니다. **㉘** 그래도 과학자들과 기술자들이 사용하는 전문 어휘들을 정말 더 많이 배우고 싶어요.

남: 학생도 금방 배우게 될 거예요. 그러면 전공 과목을 바꾸려고 생각 중인가요?

여: **㉙** 사실 저는 회계학에 꽤 만족하고 있어요. 제 전공이 컴퓨터와 경영 기술의 탄탄한 균형을 잘 잡아 준다고 생각해요. 기계 공학도 재미있겠지만, 지금 만약 바꾼다면 다시 처음으로 돌아가서 많은 다양한 필수 과목들을 들어야 할 거 같아요.

남: 그건 사실이에요. 그래도 최소한 단 몇 개의 공학 수업도 듣지 못해서 안타깝네요.

여: 네, **㉚** 학교에서 더 많은 학과 과정들을 개설해서 학생들이 다른 분야의 핵심 개념들도 배울 수 있게 기회를 마련해 주면 참 좋을 텐데요. 사실, 졸업 후에 어떤 취업 기회들이 생길지 아무도 모르는 거잖아요. 그러니 그렇게 폭 넓은 경험이 정말 취업에 도움이 많이 될 텐데요.

남: 흠, 그렇죠. 그래도 학생이 공개 발표 분야에 있어서는 좋은 경험을 이미 하지 않았나요!

여: 네, 그건 확실하죠!

어휘 robotics **ⓝ** 로봇 공학   stop by (잠시) 들르다   abundant **adj** 풍부한   prior **adj** 사전의   participant **ⓝ** 참가자   determine **ⓥ** 알아내다   familiarity **ⓝ** 친숙함, 익숙함   centre **ⓥ** ~을 중심에 두다   broad **adj** 전반적인, 넓은   overview **ⓝ** 개요   back up **ⓥ** 뒷받침하다   tie **ⓥ** 결부시키다, 연결하다   discipline **ⓝ** 학문 분야   development **ⓝ** (새로이 전개된) 변화, 사건   prediction **ⓝ** 예측   influential **adj** 영향력이 있는   demonstrate **ⓥ** 시연하다   core concept 핵심 개념   realistically **adv** 현실적으로   device **ⓝ** 장치, 기기   ruin **ⓥ** 망치다, 엉망으로 만들다   video clip (짧은) 동영상   appropriate **adj** 적절한   wrap up 마무리하다   survey **ⓥ** 설문 조사하다   effective **adj** 효과적인   retain **ⓥ** 보유하다, 가지고 있다   beforehand **adv** 사전에   memorise **ⓥ** 암기하다   be better off (상태가) 더 낫다   bullet point 주요 항목   take a video 촬영하다   defer **ⓥ** 연기하다, 미루다   challenging **adj** 힘든, 난해한   insist on ~을 고집하다   give high marks 높은 점수를 주다   get a lot out of ~에서 많은 것을 얻다   regardless of ~에 상관없이   venue **ⓝ** (행사) 장소   career path (직업적) 진로   well-informed **adj** 잘 알고 있는   get access to ~에 접근하다   troubleshooting **ⓝ** 해결   technical vocabulary 전문 어휘   pick up 배우다, 익히다   prerequisite **ⓝ** 필수 조건   exposure **ⓝ** (특정 환경에의) 노출

로봇 공학에 대한 영상 회의

21 코델리아는 영상 회의를 준비하는 과정에서 어떤 문제를 겪고 있나?
A 로봇 공학에 충분히 친숙해질 수 있는 자료가 부족해서
B 청중들에 대한 배경 정보가 부족해서
C 발표 주제에서 초점을 두어야 하는 범위를 얼만큼 좁혀야 할지 몰라서

22 코델리아와 교수는 발표를 위하여 그녀가
A 로봇 공학의 역사를 기원부터 현재까지 추적해야 한다고 결정한다.
B 한 가지 분야에서 로봇 공학의 미래의 활용에 대한 가능성에 초점을 두어야 한다고 결정한다.
C 로봇 공학이 일상 생활에 어떻게 영향을 미치는지에 대한 전반적 개요를 주어야 한다고 결정한다.

23 교수님은 코델리아가
A 발표를 한 가지 시범 설명을 중심으로 해야 한다고 생각한다.
B 로봇 공학의 핵심 개념의 예를 들어줄 수 있는 시각 자료들을 포함시켜야 한다고 생각한다.
C 실수의 위험성을 줄이기 위해 실질적인 시범 설명을 피해야 한다고 생각한다.

24 영상 회의를 마무리하기 위하여, 두 사람이 가장 효과적일 것이라고 결정하는 것은
A 청중들과 질의응답 시간을 가지는 것이다.
B 로봇 공학을 주제로 한 여론 조사의 결과들을 공유하는 것이다.
C 이전 논의에서 다루었던 주요 포인트들을 다시 짚어 보는 것이다.

25 교수님은 준비를 하기 위하여 코델리아가 무엇을 하기를 제안하는가?
A 발표의 주요 요점들을 설명하는 자신을 촬영해 보라고
B 발표의 한 마디 한 마디를 스크립트로 작성하라고
C 친구와 영상 채팅으로 중요한 개념들을 설명하는 것을 연습하라고

21 해설 코델리아가 겪는 '문제점'에 대해 묻는 문제이다. 문제에서의 포인트는 problem이다. 학생이 과제 준비 과정에서 문제를 겪고 있다면 교수님께 그 부분에 있어 조언을 구할 것이다. 보기가 길고 복잡하다고 하여 위압감을 느끼지 말고, 구체적으로 무엇을 들어야 하는지 정확하게 파악하여 기다리자. 여학생의 목소리에서 중요한 신호 키워드는 바로 But이다. 실마리 메모에 들어가기에 앞서 들리는 주요 표현들을 메모해도 좋다. 이 경우에 주요 표현을 메모하는 방법은 두 가지로, 하나는 여학생의 답변을 들으며 무조건 들리는 표현을 메모하는 것이고 또 다른 하나는 여학생의 답변 중 부정적이거나 우려되는 부분을 언급하는 순간에 들리는 표현들을 메모하는 것이다. 전자의 방법은 가능한 많은 실마리들을 메모한 후 보기들 중 오답들을 소거할 수 있게 도와준다. 반면 후자의 방법은 문제에 있는 problem을 키워드로 체크해 두고 이것을 중점적으로 들으며 정답 하나를 정확하게 잡아낼 수 있다. 둘 중에 어떠한 메모 방식을 선택해도 좋다.

여학생의 답변에서 언급되는 주요 표현들 메모	여학생이 '우려'하는 부분에만 관련된 표현들 메모
topic *abundant resources* → 보기 (A) X focused *specific aspects* → 보기 (C) X but prior knowledge *participants* → 보기 (B) X courses work experience	[신호] *But what worries me* prior knowledge [보기 B] *participants* → 보기 (B) O courses work experience

만약 메모하는 스킬이 익숙하지 않을 경우, 가만히 듣지만 말고 왼쪽 메모 방식처럼 부지런하게 모든 표현을 다 작성해야 한다. 보기 A가 오답인 이유는 abundant(풍부한)와 limited(한정된)가 상반된 의미이기 때문이다. 그리고 여학생은 이미 specific aspects(구체적으로 초점을 맞출 점들)를 정해 놓은 상태이기 때문에 not knowing(모른다)이라고 한 보기 C 또한 오답이다. 자신의 발표를 듣는 participants(참가자들)가 로봇 공학에 대한 어느 정도의 prior knowledge(사전 지식)를 가지고 있는지 모르겠다고 했으니 정답은 B a lack of information on the background of the audience이다.

22 **해설** 발표를 위해 코델리아가 교수와 상의하며 '함께 결정하는 것이 무엇인지'를 묻는 문제이다. 한 사람이 질문하고 다른 한 사람이 답변을 하는 질의응답의 형식이 아니라 긴 논의를 통해 두 화자가 함께 결정하는 부분이므로 쉽게 정답이 결정되지는 않는다. 적어도 [남 → 여 → 남 → 여 → 남 → 여] 이렇게 여러 차례 주고 받는 과정을 거쳐야 결론에 도달하는 것이 일반적이다. 그러니 끈기를 가지고 서로 주고 받는 부분에서 상대방의 반응이 부정적인지 긍정적인지에 집중해야 한다. 아래 메모를 참고하자.

남	variety / affects / daily / overview
여	Hmm [부정적 반응]
남	early origins / 더 중요 / present time
여	might be / history [부정적 반응]
남	current developments / predictions / influential
여	most interested [긍정적 반응]
남	you're right [동의]

Part 3의 옥신각신 패턴 중 가장 출제 빈도가 높고 난이도가 낮은 패턴① [오답 →오답 →정답] 순서로 토론이 진행된다. 마지막에 언급한 predictions(미래에 대한 예측들)가 결정적인 역할을 한다. 지금까지의 변화보다 '앞으로의 변화'에 초점을 두는 것에 두 사람 모두가 입을 모아 찬성하였으니 정답은 B focus on the potential for future applications of robotics in one area이다.

23 **해설** 교수가 코델리아가 '무엇을 해야 한다고 하는지'를 묻는 문제이다. 이번 문제는 교수의 조언을 들어야 하므로 교수의 목소리를 집중해서 들어야 한다. 여학생이 언급하는 실마리들 [should demonstrate products, visuals]가 언급된 보기 A와 B는 오답이며, 교수님 목소리에서 언급된 실마리들 [something went wrong, could ruin, steer clear of that, safe side]를 조합해 보면 정답이 C로 결정된다. 교수님은 실제 로봇 공학의 핵심 개념을 선보일 수 있는 기기들을 시연하는 것이 위험하다고 생각한다. 자칫 발표 자체를 ruin(망치다)할 수 있으니 steer clear(피해가라)하라고 조언하고 있으므로 정답은 C avoid giving a practical demonstration to reduce the risk of errors이다.

24 **해설** 두 사람이 영상 회의의 마무리를 위한 '가장 효과적인 방법을 무엇이라고 결정하는지'를 묻는 문제이다. 토론 속 옥신각신 패턴을 따라가며 다시 한번 '함께 결정'하는 부분을 잡아야 한다. 이번에는 타이밍도 중요한데, 문제 속 conclude(결론 내리다)가 실제 내용상에는 wrap up(마무리하다)과 at the end(마지막에)로 언급되며 신호를 준다. 아래와 같이 함께 메모해 보자.

남	take questions?
여	short / probably / hold share / responses / at the end

남	*interesting* *thinking back / survey questions* *will help / effective*
여	*that's the idea*

위와 같이 메모를 한 다음 보기들을 살펴 보자. 이 문제는 실전과 유사한 난이도의 문제이다. 한 학생이 특정 주제를 바탕으로 발표를 한 후 마무리하는 방식은 다양하다. 대부분 청중들에게 질문을 받는 것이 일반적이지만 코델리아는 어차피 이후에 토론 시간이 있기 때문에 그보다 발표 중 진행했던 설문조사에 대한 사람들의 반응을 공유하고 싶다고 한다. 이에 교수도 도움이 될 것이라며 찬성한다. 보기 A를 소거하는 것은 그리 어렵지 않지만, 다소 혼동되었던 부분이 바로 보기 C의 revisit이다. '다시 방문하다 = 다시 살펴본다'는 맞지만 발표에서 다뤘던 내용을 다시 살펴본다는 말이 아니라 발표 중 진행했던 설문 조사에 대한 반응들을 공유하면서 설문 조사 질문들(survey questions)을 다시 살펴본다는 의미였으므로 오답이 된다. 정답은 B share the results of an opinion poll on the topic of robotics이다. 난이도가 높은 문제들은 정답과 오답 구분 없이 오답도 Paraphrasing(revisit → thinking back)되고, 정답도 들린 표현 그대로(share) 제시되기도 한다. 다양한 스타일을 경험하며 연습해 보자.

25 해설 발표 준비를 위해 교수가 코델리아에게 '어떤 제안을 하는지' 묻는 문제이다. 교수의 제안을 묻는 이번 문제도 화자 구분이 명확하다. 그렇다면 여학생이 언급한 실마리들 [writing, memorising]은 오답을 부르는 표현들이고, 교수가 언급한 실마리들 [bullet points, own words, take a video]는 정답과 관련이 있음을 예측할 수 있다. 주어진 보기들 중 여학생이 언급한 '적어서 외운다'의 의미인 보기 B는 소거된다. 교수가 한 조언은 '연습하는 모습을 직접 비디오로 찍어봐라'이므로 정답은 A try recording herself delivering the main points of the talk이다. 보기 C는 Recording에 언급된 단어들이 몇 개 보이지만 해석해 보면 오답임을 쉽게 알 수 있으니 너무 조급하지 말고 스스로 이해하고 분석하는 시간을 꼭 가지도록 하자.

Questions 26–30

26 코델리아가 영상 회의의 결과를 통해 용기를 얻게 된 이유는 무엇인가?
  A 참가자들의 여러 난해한 질문들에 답변을 할 수 있었기 때문에
  B 회의 후 리뷰에서 많은 칭찬을 받았기 때문에
  C 또 다른 장소에서 같은 발표를 해 달라는 요청을 받았기 때문에

27 코델리아가 로봇 공학에 대한 이해를 증진시키기 위하여 무엇을 했나?
  A 한 지역 로봇 회사에 아르바이트 자리를 구했다.
  B 그녀의 학교에서 기계 공학 수업 하나를 청강했다.
  C 로봇 공학 기술을 이용하여 자신만의 실험을 했다.

28 코델리아는 앞으로 어떤 능력을 향상시키기를 원하는가?
  A 즉각적으로 컴퓨터 문제들을 수정할 수 있는 능력
  B 기술과 관련된 특정 용어에 대한 이해력
  C 발표 자료들의 개요를 빠르게 짤 수 있는 속도력

29 코델리아는 현재 어떤 과목을 전공하고 있는가?
  A 회계학
  B 컴퓨터 과학
  C 공학 기술

30 코델리아는 그녀의 학교가
  A 졸업을 앞둔 고학년들을 위하여 취업 스킬에 대한 중요성을 강조해야 한다고 생각한다.
  B 학문간 학습기회를 더 제공해야 한다고 생각한다.
  C 신입생들에게 공개 발표수업을 듣게 해야 한다고 생각한다.

26 해설 코델리아가 영상 회의의 결과를 통해 '용기를 얻게 된 이유가 무엇인지' 묻는 문제이다. 그렇다면 실망스럽거나 아쉽다기보다 뿌듯하고 만족스러운 분위기로 대화가 이어지리라는 것을 예측할 수 있다. 이렇게 각 문제마다 길고 복잡한 보기들이 나올 때는 문제를 정확히 해석하여 확실히 어떤 내용이 나오고 또 무엇을 중점적으로 들어야 하는지를 빠르게 파악하는 것이 중요하다. 아래와 같이 함께 메모를 해보자.

I was concerned	But
answers	high marks
challenging questions	satisfaction
one listener	survey

I was concerned(우려) 부분에 적어 놓은 실마리들에 관련된 보기 A는 오답이고, 보기 C도 교수가 언급하는 실마리들 [future presentations, venue]가 포함되어 있으니 오답이다. 비록 어려운 질문을 해서 난감하게 만들었던 사람이 한 명 있었지만, 그래도 발표 후 '만족도 조사'에서 높은 점수를 받았기에 다행이라고 생각했으니 정답은 B She received a number of compliments in a post-conference review이다. compliment는 '칭찬'이라는 의미이고, 어떤 표현이든 post가 포함되어 있으면 '이후'라는 의미이며, 비록 이 둘을 잘 모르고 있더라도 review를 보고 충분히 답을 찾을 수 있다. 발표를 들어본 '후기'에 관련된 내용이라는 것을 유추하여 정답을 결정해야 한다.

27 해설 코델리아가 로봇 공학에 대해 더 잘 이해하기 위해 '무엇을 했는지' 묻는 문제이다. 후반부 문제들은 대부분 코델리아의 이야기로 이루어져 있고 교수는 단순히 질문 또는 리액션을 하고 있다. 하지만 교수의 리액션만으로도 그것이 긍정적인 이야기인지 부정적인 이야기인지 구분할 수 있으니 무시해서는 안 된다. 문제에서 'What did Cordelia do~?'라고 했으므로 학생의 노력에 집중하자. 정답을 한 번에 제공해줄 리가 없으니 집중해서 반드시 '연결어'도 꼭 곁들여 메모하자. 실마리들은 [classes → university → but → 엔지니어링 students → (too bad) → started working → company → campus] 등이며, 중간에 but과 교수의 too bad라는 리액션을 듣고, 처음 언급된 내용은 오답이라는 것을 알아차려야 한다. 후에 학교 근처에서 아르바이트를 시작했다고 했으니 정답은 A She took a part-time job at a local robotics company이다. 보기 C는 단순히 구색을 맞추기 위해 작성된 것으로 전혀 연관이 없으니 혼동되지 말자.

28 해설 코델리아가 앞으로 '어떤 능력을 향상시키길 원하는지'를 묻는 문제이다. 문제에서 hope를 보고 '아직 가지지 못한' 스킬임을 예측할 수 있다. 27번 문제와 연관시켜 추리해 보면, 코델리아는 로봇 공학에 관심이 많아서 기계 공학과 학생들이 듣는 전공 수업도 듣고 싶어하고, 로봇 회사에서 아르바이트까지 시작했다. 그렇다면 앞으로 실력을 향상시키고 싶은 부분은 그쪽 분야에 대한 것임을 알 수 있다. 이미 IT분야의 경험을 바탕으로 잘 하고 있는 trouble-shooting(트러블 해결) 능력은 오답이며, 과학자들과 기술자들이 사용하는 '전문 용어들(technical vocabulary)'에 대해 배우고 싶다가 정답이다. 문제지 빈 공간에 들리는 어휘를 메모해두고 그 어휘와 조금이라도 관련 있는 표현이 들어간 보기를 찾는다면 쉽게 보기 B를 선택할 수 있다. 정답은 B her understanding of specialised language related to technology이다.

29 해설 코델리아가 현재 '어떤 과목을 전공하고 있는지'를 묻는 문제이다. 전반부에서 난이도가 높은 문제가 나온 뒤 후반부에 수월하게 해결할 수 있는 문제들을 주는 것이 IELTS 시험의 일반적인 출제 패턴이다. 그러니 흐름을 놓치지 말아야 한다. 29번 문제는 앞의 27번과 28번 문제에서 발목이 잡히면 덩달아 놓칠 수 밖에 없으므로 당황하지 말고 침착하게 메모하면서 페이스를 유지하는 훈련을 해야 한다. 수업을 듣고 싶었지만 들을 수가 없었다고 하므로 코델리아의 전공은 보기 C의 공학 기술은 아니다. 보기 B는 자신이 아르바이트를 하고 있는 회사에서 IT 경험을 살려 일에 도움이 되고 있다는 언급을 활용한 오답 함정이다. Recording에서 전공 과목을 바꾸려고 하는지 물어보는 교수의 말에 학생이 회계학에 현재 꽤 만족하고 있다고 하므로 정답은 A Accounting이다.

30 해설 코델리아가 학교에게 '바라는 것이 무엇인지'를 묻는 문제이다. 학교에 대해 아쉬운 점은 이미 위에서 언급된 바 있다. 앞서 코델리아가 아쉬워했던 점이 무엇이었는지 다시 생각해보자. Recording에서 로봇 공학 수업을 몇 개라

도 듣고 싶었는데 '기계 공학과 학생들만' 들을 수 있어서 안타까워했었다. 교수가 다시 그 이슈를 꺼내 코델리아의 반응을 끌어낸다. 메모할 만한 실마리들은 [degree → chance → concepts → disciplines → 취업기회 → graduation → job hunt] 등이다. 먼저 마지막에 적은 job hunt가 너무 그대로 언급된 보기 A는 소거한다. 보기 C에서 언급된 first-year students는 내용 속에 전혀 언급된 적이 없으므로 바로 소거한다. 마지막으로, 메모한 chance가 opportunities로 언급된 보기 B가 가장 유력한데, interdisciplinary가 정확히 무슨 의미인지 모르더라도 inter가 '서로 서로'라는 의미라는 것만 유추할 수 있다면 무리 없이 정답을 고를 수 있다. 다른 전공학과 학생들도 '교차적으로' 수강을 할 수 있게 해주면 좋겠다는 의미이므로 정답은 B offer more interdisciplinary study opportunities 이다. discipline은 '훈육, 훈련'의 의미만이 아니라 학문적인 문맥에서 복수형으로 쓰이는 disciplines는 '학문 분야들'을 의미한다는 것도 더불어 알아 두자.

Questions 31–40

영국   🎧 AT4-04

Part 4. You will hear part of a lecture for business students.	파트 4. 경영학과 학생들을 위한 한 강연의 일부를 듣게 됩니다.
W: Good afternoon, everyone. Did you know that nearly 75 per cent of all retail products fail to create meaningful profit in their first year? In today's lecture I will be sharing with you some ideas about why certain products succeed when they enter the market, and more importantly, why so many products do not meet with the same degree of success.	**여:** 안녕하세요, 여러분. 여러분은 모든 소매 상품들 중 75퍼센트 정도가 출시된 첫 해에는 의미 있는 이익을 창출하지 못한다는 사실을 알고 있나요? 오늘 강의에서는 특정 상품들이 시장에 출시된 후 성공하는 이유와, 더 중요하게는, 왜 그렇게 많은 상품들이 그 정도로 성공하지 못하는지에 대해 이야기해 보도록 하겠습니다.
❸❶ One of the biggest barriers to initial success in the market is the shopping habits of the average consumer in the UK. It's very difficult to convince shoppers that they should do something different, and that makes it difficult to get a new product on the radar. Recognisable brands are often favoured over newer brands, even if the new brand offers better value. A recent study conducted by a consulting firm found that British families, on average, buy the same 100 products again and again, and these products cover over 90 per cent of their household needs.	❸❶ 시장에서의 초기 성공을 방해하는 가장 큰 장애물 중 하나는 영국 일반 소비자의 쇼핑 습관들입니다. 쇼핑객들에게 뭔가 새로운 시도를 하도록 설득하는 것도, 신상품으로 그들의 관심을 끄는 것도 매우 어려운 일이죠. 비록 새로 나온 상품이 가성비가 더 좋아도 소비자들은 새로운 상표보다 익숙한 상표들을 더 선호합니다. 한 컨설턴트 회사에서 시행한 최근의 연구에 따르면 영국 가정들은 평균적으로 100가지의 같은 상품들을 반복적으로 구매하며 이런 상품들이 가정용 필수품들 중 90퍼센트 이상을 차지한다고 합니다.
❸❷ An additional problem, especially for computer software or other products that involve technology, is that companies often overestimate the capacity of consumers to fully understand and appreciate what their product can offer. They often realise this danger too late, and are left spending a large portion of their advertising budget simply trying to educate the public about the functionality of the product.	❸❷ 또 하나의 문제점은, 컴퓨터 소프트웨어나 그 외 기술을 수반하는 상품들의 경우, 회사들은 종종 소비자들이 그들의 상품이 제공하는 기능을 제대로 이해하고 인식할 수 있을 것이라 과대평가하는 성향이 있다는 것입니다. 제조사들은 주로 이 위험성을 너무 늦게 인지하고, 그 상품의 기능에 대해 대중들에게 알려주기 위한 이유만으로 광고 예산의 큰 비중을 결국 소비하게 됩니다.
From the companies' standpoint, the biggest reason why a product fails to launch is simply down to preparation. ❸❸ We tend to put so much time and energy into developing the product itself, without devoting the same time to appropriate analysis of the market. What limited market research is done is too often centred on	회사들의 관점에서 봤을 때, 하나의 상품이 출시되지 못하는 가장 큰 이유는 단순히 준비과정 때문입니다. ❸❸ 같은 시간을 들여 시장에 대한 제대로 된 분석을 하지 않은 채, 그 상품 자체를 개발하는 데에만 너무 많은 시간과 에너지를 쏟는 경향이 있죠. 제

anecdotal claims from the experiences of a handful of customers. ㉞ Instead, it is important to gain a thorough understanding of how the needs of your consumer base are changing over time. Doing substantial research based on hard data could save your company millions. It is also important for the product to be completely ready for market before it is released. Modern consumers expect a product to be 100 per cent ready to go, right from day one, and technology has made it easier for bad rumours about your product to spread. Now more than ever, problems with the product at the point of launch can doom a new product entirely, even if the problems are fixed quickly.

Now, I'd like to discuss two potential product flaws that could cause a launch to fail. ㉟ The first flaw affects products that capitalise on short-term trends. I know it is not always easy to know whether a trend will last a long time, but the distinction is vital. ㊱ If you create a product based on a fad, your product's popularity will die right along with it. A classic example is Coca-Cola's 2004 launch of C2, a diet cola drink aimed primarily at men. One of the key benefits of C2 was that it contained only half of the carbohydrates of the original Coca-Cola Classic. ㊲ Unfortunately, this showed us the danger of depending on a health trend for the value of your product. The trend turned out to be short-lived, and C2 was quickly pulled from the market.

The second potential flaw for any new product is that however revolutionary the product may be, ㊳ it's possible that the interest of consumers will not be captured. It's important not to get so overexcited about the product that you don't ask the simple question, "Who is going to buy this?" The Segway, a personal electric scooter, is a great example of this problem. ㊴ Originally touted as an alternative to the automobile, inventor Dean Kamen quickly discovered that customers did not see any real application for the product, at least not one that justified the 5,000 dollar price tag. ㊵ While Segway eventually found a market with police departments and tour agencies, the initial launch of the product was undeniably a failure.

With these lessons in mind, let's be sure to do the necessary preparation and research so that…

한적인 시장 조사는 소수의 고객들의 경험에서 비롯된 입증되지 않은 주장에 주로 초점을 맞춥니다. ㉞ 사실, 어떻게 소비자층의 니즈가 시간에 따라 바뀌고 있는지에 대해 정확하게 이해를 하는 것이 중요한데 말이죠. 확실한 데이터를 기반으로 충분한 조사를 하는 것이 회사가 많은 것을 절약할 수 있는 방법입니다. 그리고 또한 출시되기 전에 상품은 시장에 대한 확실한 준비가 되어 있어야 하는 것 역시 중요합니다. 현대 소비자들은 구매한 첫날부터 그 상품이 완벽히 바로 사용될 준비가 되어 있기를 바라고, 현대 기술 덕분에 상품에 대한 안 좋은 소문은 더 쉽게 퍼지기 마련이죠. 그 어느 때보다도 요즘은 출시에 임박한 상품에 문제가 발생되면, 설사 빠르게 그 문제들이 해결되더라도, 신상품 자체에 안 좋은 결과를 초래할 수 있습니다.

자, 이제 상품의 출시를 어렵게 만드는 두 가지 잠재적 결함들에 대해 이야기해 보겠습니다. ㉟ 첫 번째 결함은 단기적 유행을 이용하는 제품들에 영향을 줍니다. 어떤 유행이 오래 지속될 것인지를 파악하는 것이 늘 쉽지는 않다는 것을 알지만, 그 변별력은 필수적이죠. ㊱ 만약 유행을 기반으로 제품을 만든다면, 그 인기는 유행과 함께 곧 사라질 겁니다. 전형적인 예가 바로 코카콜라가 2004년 남성 소비자들을 주로 겨냥하여 출시한 C2라는 다이어트 음료입니다. C2의 가장 큰 장점들 중 하나는 오리지널 코카콜라의 절반 수준의 탄수화물을 함유했다는 것이었습니다. ㊲ 공교롭게도, 이는 한 제품의 가치가 건강 트렌드에 영향을 받을 수 있다는 위험성을 증명했죠. 그 유행은 오래 가지 못했고, 결국 C2는 빠르게 시장에서 철수되었습니다.

그 어떤 신제품들도 피할 수 없는 두 번째 잠재적 문제점은, 그 제품이 아무리 획기적이라 할지라도, ㊳ 소비자들의 관심이 쏠리지 않을 수 있다는 사실입니다. 신제품에 대한 지나친 기대감으로 "누가 이것을 살 것인가?"라는 간단한 질문조차 하지 않으면 안됩니다. 자가용 전기 스쿠터인 세그웨이는 이 문제점을 잘 보여주는 예입니다. ㊴ 자동차의 대안으로 최초 홍보를 했던 발명가 딘 케이먼은 고객들이 그 제품의 실질적인 용도, 5천달러의 가격표를 정당화시킬 수 있을 만한 최소 하나의 실제 용도도 알지 못한다는 사실을 빠르게 파악하게 됩니다. ㊵ 세그웨이는 결국엔 경찰서와 여행사에 제품을 판매하지만, 이 스쿠터의 초기 출시는 명백한 실패였죠.

이 교훈들을 마음에 새기며, 필수적인 준비과정과 조사를 반드시 시행하여…

어휘 retail [n] 소매   fail to ~하지 못하다   meaningful [adj] 의미 있는   barrier [n] 장벽, 장애물   initial [adj] 처음의, 초기의   convince [v] 설득하다   on the radar 사람들의 관심을 끄는   recognisable [adj] 알아볼 수 있는   conduct [v] 시행하다   household [adj] 가정의   overestimate [v] 과대평가하다   capacity [n] 능력, 수용력   portion [n] 몫, 비중   functionality [n] 기능성, 기능   standpoint [n] 관점, 견지   launch [v] 시작하다, 출시하다   be down to ~의 책임이다   centre ~ on ~에 초점을 맞추다   anecdotal [adj] 입증되지 않은, 일화적인   a handful of 소수의   thorough [adj] 철저한   needs [n] 니즈, 요구   consumer base 소비자층   substantial [adj] 충분한   doom [v] 불행한 운명을 맞게 하다   flaw [n] 결함, 문제점   capitalise on ~을 이용하다   distinction [n] 변별력, 구분   vital [adj] 매우 중요한   fad [n] 유행   aim [v] 겨냥하다   short-lived [adj] 단명하는   pull [v] 끌어내다, 철수시키다   revolutionary [adj] 획기적인   tout [v] 홍보하다, 선전하다   alternative [n] 대안, 차선책   application [n] (실용적) 용도, 적용   justify [v] 정당화하다   undeniably [adv] 명백히

Questions 31–40

> ### 사업 실패의 원인들에 대한 조사
>
> **서론**
> 약 75퍼센트의 소매 상품들이 출시 첫 해에 충분한 수익을 창출하지 못한다.
>
> **초기 성공의 가장 큰 장애물들**
> - 쇼핑에 대한 일반 소비자의 **31** ....
>   - 익숙한 상품들이 신상품들보다 더 선호된다
>   - 일반 영국 가정은 같은 제품들을 재구매한다
> - 회사들은 제품의 기능을 제대로 이해할 수 있는 소비자들의 **32** .... 을 과대평가한다
>
> **신제품 출시가 실패하는 이유**
> - 준비과정에서 시장에 대한 제대로 된 **33** .... 없이 제품을 개발하는 데에 주로 초점을 둔다
>
> **성공률을 높이는 방법**
> - 소비자 **34** .... 변화에 대한 철저한 이해
> - 확실한 근거를 기반으로 한 충분한 조사
> - 부정적인 소문을 초래하는 초기의 문제점을 피하도록 주의
>
> **첫 번째 잠재적 문제**
> - 긴 **35** .... 이 아닌 유행을 기반으로 한 제품들
> - 유행에 접목시킨 제품들의 **36** .... 의 급격한 하락
> - 관련 사례: 코카콜라의 C2 프로젝트
>   - C2는 빠르게 사라졌던 **37** .... 트렌드에 의존한 이후 실패했다
>
> **두 번째 잠재적 문제**
> - 소비자들의 **38** .... 을 사로잡지 못함
> - 관련 사례: 세그웨이 스쿠터
>   - 스쿠터는 자동차의 **39** .... 으로서 마케팅 되었다
>   - 잠재 구매자들이 이 제품의 필요성을 느끼지 못했다
>   - 얼마 후 **40** .... 들과 관광 가이드들이 스쿠터를 이용하기 시작했다

31   **Biggest obstacles to initial success**
- the average consumer's **31** .... regarding shopping

해설 사업에 있어 '초기 성공을 방해하는 요인들'에 대해 묻는 문제이다. Part 4에 대비하기 위해서는 내용을 완전

히 이해하려는 노력보다 Recording의 흐름을 따라가며 성우가 특히 강세 있게 언급하는 부분이나 주요 표현들을 메모하도록 한다. [barrier, success, shopping habits, consumer, something different, new product] 등을 메모할 수 있다. 메모 연습을 하는 것이 익숙해진 상태라면, 들을 땐 듣고 정답 관련 정보만 메모를 하는 '표적 메모'를 할 준비도 되어 있어야 한다. 위에 메모한 표현들 중 이미 문제지에 적혀있는 표현들을 기반으로 [obstacles 대신 barrier로 들림, success 그대로, average consumer 그대로, shopping 그대로]와 같이 체크할 수 있다. 또한 빈칸의 주변에 문제에 적혀있지 않은 새로운 표현들 [habits, something different, new product] 등만 실속 있게 메모하는 것도 훈련해야 한다. 빈칸은 consumer's와 shopping 사이이다. 여기에 필요한 정보는 메모해 놓은 표현들 중 habits뿐이다. '쇼핑과 관련된 일반 소비자의 습관들'이 초기 성공의 가장 큰 장애물이라고 해석할 수 있으므로 정답은 habit 또는 habits이다. '한 명의 일반 소비자'의 습관이므로 한 가지의 습관 또는 여러 습관들일 수 있기에 둘 다 정답이다.

Paraphrasing! obstacle → barrier

32
• companies overestimate consumers' **32** .... to truly appreciate the functionality of their products

해설 회사들이 소비자들의 '무엇을 과대평가하고 있는지' 묻는 문제이다. 빈칸 앞의 동사 overestimate가 Paraphrasing 없이 그대로 제시되므로 이 동사의 목적어만 잘 들으면 된다. 31번, 32번 모두 영어의 대표적인 소유 전치사인 of를 활용한 정보 배열 순서 문제로, [consumers' _____ → the capacity of consumers]로 제시되었음을 파악할 수 있다. 31번은 '한 명의 소비자'의 습관이어서 한 명이 가진 습관이 하나일 수도, 여러 개일 수도 있기에 단수와 복수 형태 둘 다 정답으로 인정되지만, 32번의 capacity는 '여러 명이 가지고 있을 수 있는 한 가지를 할 수 있는 능력'을 의미하기에 뒤에 to 부정사 이하에 대한 '한 가지 특정 능력'을 의미하므로 단수 형태만 정답으로 인정된다. 그러니 무조건 정답의 단수와 복수 형태를 a consumer's ~, 또는 consumers' ~ 이렇게 앞의 명사의 형태에만 맞출 수 없다. 반드시 논리와 의미를 정확히 파악하여 처리해야 한다는 사실을 꼭 기억하고, 그것이 아니라면 '들린 그대로' 처리하는 것이 가장 안전한 방법이다. 회사들이 종종 소비자들이 상품들의 기능을 잘 이해하고 인식할 수 있을 것이라며, 소비자들의 '능력'을 과대평가한다고 하므로 정답은 capacity이다.

33   **Reason why a new product would fail to launch**
• preparation usually focuses on developing the product without proper **33** .... of the market

해설 신상품 출시가 '실패하는 요인'에 대해 묻는 문제이다. 소제목 속 fail의 이유를 찾는데, 빈칸 앞에 without이 있다. 시장에 대한 제대로 된 무언가를 하지 않은 상태에서 제품을 개발하는 데에만 초점을 맞추기 때문에 실패한다는 이야기임을 파악할 수 있다. preparation이 들리면 일단 흐름을 잡고, without 뒤 들리는 명사들 [time, analysis, market]을 메모한 후 내용상 가장 적절한 표현을 고르면 analysis가 가장 적절하다. 특히 analysis는 business, marketing과 관련된 내용이 나오면 반드시 등장하는 단골 어휘이므로 그 발음과 철자에 반드시 익숙해져야 한다. 동사 analyse[애널라이즈]와 명사형 analysis[어날러시스]의 발음이 다르므로 스스로 연습해 두어야 한다. 시장에 대한 제대로 된 '분석'을 하지 않은 채, 상품 자체를 개발하는 데 많은 시간과 에너지를 쏟는 경향이 있다고 하므로 정답은 analysis이다.

34   **How to increase success rates**
• thorough understanding of changes in consumer **34** ....

해설 사업 성공률을 '높일 수 있는 방법'에 대해 묻는 문제이다. 바로 위 33번에서 시장에 대한 제대로 된 분석없이 출시하면 제품이 성공할 가능성이 적어진다고 했다. 그러니 그 사전 분석 중 하나로 소비자 '무엇'에 있어서의 변화를 정확히 이해해야 하는지를 파악해야 한다. 만약 Recording상에서 들리는 consumer base 때문에 빈칸에 바로

base를 메모하고 이를 정답이라 확신했다면 조금 더 신중해야 한다. '무엇'이 변하는지가 핵심 포인트인데, '고객층'이 변하는 것이 아니라 '고객층의 니즈'가 어떻게 변하는지에 대한 이해가 필요하다고 했으니 정답은 needs이다. 빈칸 앞의 시작 표현인 thorough understanding이 들리는 순간부터 긴장하여 주요 명사들 [needs, base, time]만 적어 두었다면 쉽게 맞출 수 있는 문제이다. needs는 '소비자의 요구'란 의미의 마케팅 용어로 복수형으로 사용한다. 정답은 needs이다.

35
35 First potential issue
- products based on trends that are not long **35** ....

해설 신상품의 출시가 '실패로 돌아갈 수 있는 두 가지 쟁점들 중 그 첫 번째'에 대해 묻는 문제이다. 후반 여섯 개의 문제들은 문제지에 제시된 빈칸의 위치만 봐도 문제간 흐름이 빠르게 진행될 것임을 알 수 있다. 따라서, 정답으로 확신하는 단어를 적지 못했어도 흐름 자체를 놓치지 않고 뒤의 문제들까지 이어서 따라가는 것이 중요하다. 35번부터 40번까지는 시장에 출시된 후 초기에 성공하지 못했던 제품들의 실례를 제시한다. 첫 번째 케이스는 코카콜라에서 출시했던 C2라는 제품이고, 두 번째 케이스는 세그웨이라는 브랜드의 스쿠터이다. 처음 문제지를 살펴볼 시간 50초 가량이 주어졌을 때 이렇게 전체적인 이야기 전개를 미리 파악했거나 스스로 점검해 보자. 35번 문제는 선행사 뒤 관계절을 배치한 정보 배열 순서 문제의 전형적인 유형으로, [trends (that are not long _____) → (not long _____) trends] 이렇게 바뀌어 나올 것임을 예측할 수 있다. 그렇다면 '어떤' 트렌드를 바탕으로 한 제품들이 지금까지 시장에 출시된 후 성공하지 못하고 다시 철수되었을지를 생각해보면 된다. Recording상에서 short-term trends를 빈 공간에 메모해 둔 상태에서, 문제의 not long이 Recording의 short와 같다는 것이 파악된다면 정답을 쉽게 찾을 수 있다. 정답은 term이다. 사실 '장기적인'이라는 의미의 합성 형용사이지만 서술적용법(be 동사의 보어)으로 사용된 경우는 중간에 하이픈(–)이 필요 없다. 하지만 뒤에 명사를 수식해 주는 한정적 용법으로 사용될 경우에는 중간에 long-term과 같이 하이픈이 필요하니 꼭 기억하자.

36
- rapid decline in **36** .... of products tied to fads

해설 신상품 출시의 실패가 상품들의 '무엇이 급격히 감소하기 때문인지' 묻는 문제이다. fads(유행)가 무슨 의미인지 몰라도 빈칸 앞뒤의 decline(하락)과 products(제품들)의 의미를 안다면 해석하는 것이 어렵지 않을 것이다. 'a change in 분야/영역, a rise/fall/decline in 분야/영역, a development in 분야/영역, an improvement in 분야/영역'과 같은 구문은 IELTS의 네 과목에서 전반적으로 자주 등장하는 표현 방식이니 미리 학습해 두어야 한다. Recording에서 fad를 들은 뒤 주요 키워드들을 메모해 보면 [product, popularity, die] 등이다. 실패하는 제품은 당연히 '인기'가 떨어져서 그럴 것이다. 정답은 popularity이다. 이후에 바로 코카콜라 이야기가 등장하므로 놓쳤다면 신속히 37번으로 이동해서 다음 정답을 위해 실마리를 메모할 준비를 해야 한다.

37
- C2 failed after relying on a **37** .... trend that faded quickly

해설 코카콜라의 신상품 'C2가 실패했던 원인'에 대해 묻는 문제이다. rely on이 depend on으로 Paraphrasing되는 것은 매우 평이하고 흔하다. 코카콜라에서 출시했던 다이어트 음료는 유행과 함께 빠르게 사라졌다. 이 제품이 시장에서 살아남지 못했던 이유는 한 제품이 '건강'에 대한 소비자들의 관심에 좌지우지될 수 있다는 것을 보였기 때문이므로 health가 정답이다.

(Paraphrasing!) rely on → depend on

38 Second potential issue
- inability to catch the **38** .... of consumers
- case in point: Segway scooter

해설 신상품의 출시가 실패로 돌아갈 수 있는 '또 다른 이유'에 대해 묻는 문제이다. 빈칸 앞의 inability는 '~ 할 수 없는 것'을 의미한다. 이와 관련된 다양한 Paraphrasing 표현들 [not be able to, not have the ability, cannot, may not, impossible] 등이 머릿속에 정리되어 있다면 도움이 되었을 것이다. Paraphrasing 스킬은 '들리는 순간' 또는 '읽는 순간' 재빠르게 눈치 채는 것이니, 이 능력을 위해 평소에 자신만의 데이터베이스를 확장시킬 수 있도록 노력하자. 문제의 inability는 Recording에서 possible~not으로 변형되었다. 정답 처리가 가능한 명사는 소비자 들의 '관심'을 의미하는 interest뿐이다. 이는 추상명사이므로 단수로 처리해야 한다. 정답은 interest이다.

(Paraphrasing!) inability → possible~ not

---

39   – scooter was marketed as an **39** .... to a car

해설 한 회사에서 출시했던 '스쿠터의 판매 실패의 원인'에 대해 묻는 문제이다. 기본적으로 빈칸 앞에 an이 있다 는 것은 '발음이 모음으로 시작되는 단어'가 정답이라는 의미이다. touted가 무슨 의미인지 몰라도, alternative와 automobile을 둘 다 메모해 두었다면, 둘 다 an 뒤에 배치될 수 있는 명사들이므로 무엇이 더 적절한지 정확히 해 석해야 한다. 빈칸 뒤의 car가 메모해 둔 automobile과 동의어라는 것을 알았다면 정답은 alternative이고, 빈칸 앞의 marketed가 touted와 동의어임을 알아챌 수 있을 것이다. touted라는 표현이 '홍보된, 선전된'이라는 의미 인지 몰랐더라도 당황하지 말고 본인이 아는 선에서 최선을 다하면 된다. 정답인 alternative는 IELTS 기출어휘 중에서 '환경과 에너지' 주제에서 늘 등장하는 표현이므로 미리 외워 두는 것이 좋다. 형용사와 명사의 형태가 같고, alternative energy sources(대체 에너지원) 또는 alternative fuels(대체 연료) 등의 표현으로 자주 사용되며, 명사 로는 '차선책' 또는 '무엇에 대한 대안'이라는 의미로 전치사 to와 함께 쓰인다. 정답은 alternative이다.

---

40   – after some time, **40** .... officers and tour guides began using it

해설 초기에 성공하지 못했던 이 스쿠터를 '후에 누가 사용하기 시작했는지' 묻는 문제이다. Recording을 듣지 않아 도 정답을 예측할 수 있을 정도로 난이도가 낮은 문제이다. 이렇게 뒤로 가서 난이도가 낮은 문제가 출제되기도 하니 앞 문제들을 놓치더라도 포기하지 않고 반드시 끝까지 문제를 풀도록 한다. 40번 문제는 실마리 제공 후 내용이 이 어지지 않고 Recording이 바로 멈추기 때문에 더 맞추기가 쉽다. 비록 초기에 '이젠 자동차가 아니라 스쿠터의 시 대가 온다'라며 공감할 수 없는 방식으로 광고를 해서 성공을 거두지 못했지만, 시간이 지나며 그 필요성을 느낀 사 람들에게 판매가 되기 시작했다. 빈칸에 적합한 표현은 police뿐이다. 일반적으로 뒤에 officers(교관들)와 함께 합 성으로 사용되는 표현은 경찰관들을 의미하는 police officers 이외에 알고 있는 것이 많지 않을 것이다. 그러니 듣 지 않아도 예측이 가능하다. 주관식 정답들은 상식과 편견을 바탕으로 선 의심하고 후 확인하는 방식으로 접근하면 훨씬 더 쉽게 문제를 해결할 수 있다. 정답은 police이다.